Julia M. Eckert (Hg.)
Anthropologie der Konflikte

JULIA M. ECKERT (HG.)
ANTHROPOLOGIE DER KONFLIKTE

Georg Elwerts konflikttheoretische Thesen
in der Diskussion

[transcript]

Gefördert durch die Junge Akademie der Berlin-Brandenburgischen Akademie der Wissenschaften und der Leopoldina

Bibliografische Information der Deutschen Bibliothek
Die Deutsche Bibliothek verzeichnet diese Publikation in der
Deutschen Nationalbibliografie; detaillierte bibliografische
Daten sind im Internet über http://dnb.ddb.de abrufbar.

Umschlaggestaltung: Kordula Röckenhaus, Bielefeld
Lektorat & Satz: Gesine Koch/Mirco Lomoth, Halle
Druck: Majuskel Medienproduktion GmbH, Wetzlar
ISBN 3-89942-271-6

Gedruckt auf alterungsbeständigem Papier mit chlorfrei gebleichtem Zellstoff.

Besuchen Sie uns im Internet: http://www.transcript-verlag.de

Bitte fordern Sie unser Gesamtverzeichnis und andere Broschüren an unter:
info@transcript-verlag.de

INHALT

GEWALT, MEIDUNG UND VERFAHREN:
ZUR KONFLIKTTHEORIE GEORG ELWERTS

Julia Eckert

2 gegensätzliche Positionen

Die Geschichte der Konflikttheorie ist vom Gegensatz zwischen jenen Positionen gekennzeichnet, die Konflikt als grundsätzlich dysfunktional oder destabilisierend betrachten und jenen, die Konflikt als ordnungsgenerierend oder produktiv sehen. Georg Elwert hat der Frage nach der Rolle von Konflikt für die soziale Ordnung eine anthropologische Wendung gegeben. Ob und wann Konflikte destabilisierend wirken und wann und inwiefern sie ordnungsgenerierend sind, ist ihm zufolge zunächst eine empirische Frage. Konflikte sind vielschichtig: sie können zur Integration von Gesellschaften beitragen, wie diese zerbrechen. Georg Elwert stellt sich mit seiner Konflikttheorie in eine Tradition, in der Konflikt an sich nicht erklärungsbedürftig ist; Konflikt ist nicht „Ausnahme", „irrationales" oder „emotionales" abweichendes Verhalten und eben auch nicht notwendig destruktiv. Konflikt ist vielmehr Grundmerkmal jedes menschlichen Zusammenseins. *S.7:1. Absatz*

Konflikte können entscheidender Motor des Wandels sein; sie können, so betont Elwert, Lern- und Selektionsprozesse beinhalten, die maßgeblich sind für die Form sozialen Wandels. Ob sie dieses Potenzial entfalten, hängt in Elwerts Perspektive allerdings von den Austragungsformen der Konfliktbearbeitung ab. Gewalt, Meidung und Verfahren als die von ihm identifizierten Grundtypen der Konfliktaustragung haben in dieser Hinsicht unterschiedliche Wirkungen. Erklärungsbedürftig sind daher die Bedingungen und Folgen spezifischer Konfliktbearbeitungsprozesse. Elwert fragt nach dem wechselseitigen Strukturierungsprozess, in dem sich die Formen der sozialen Organisation auf die Formen der Konfliktaustragung auswirken und umgekehrt die Austragungsformen von Konflikten wiederum auf die soziale Organisation und den Verlauf sozialen Wandels zurückwirken. Dieser gegenseitige Strukturierungsprozess betrifft insbesondere die Rolle von Konflikten für die Selektion von Alternativen des sozialen Wandels, womit Elwert eine These Dahrendorfs (1954) aufgreift und präzisiert, sowie für die Genese von Institutionen und für die Genese von sozialen Gruppen. *S.7: 2. Abschnitt*

Konflikte sind Elwert zufolge maßgeblich für die Entstehung sozialer Kohäsion. Mit dieser zuerst paradox anmutenden These, geht Elwert über die Beobachtung hinaus, dass Konflikte auf Grund ihrer Dichotomisierungstendenzen Gruppenidentifikationen bestärken können, die schon in der frühen

S.7:3. Abschnitt

ethnologischen Konflikttheorie bei Evans-Pritchard angelegt war (siehe Zitelmann, in diesem Band). Konflikte können ihm zufolge nicht nur Gruppen hervorbringen, sondern auch Gruppen übergreifende Institutionen. Über die Austragung von Konflikten bilden Gesellschaften Institutionen aus, die den Konfliktparteien gemeinsam sind und die somit zu einer übergreifenden „Systembindung" führen. Erfolgreich bewältigte Konflikte lassen, so Elwert in Anlehnung an Albert O. Hirschman (1994), Vertrauen in diejenigen Institutionen entstehen, die einen solchen Erfolg zu Wege gebracht haben.

Elwert verortet sich mit diesen Thesen in einer Theorie sozialer Differenzierung.[1] Sein Ansatz fordert eine vergleichende Methode, welche die Bedingungen und Folgen differenter Strukturierungsprozesse analysiert. Der Gesellschaftsvergleich ist für Georg Elwert die vornehmlichste Aufgabe und das Anliegen der Ethnologie und die Grundlage ihrer Theoriebildung. Thomas Zitelmann weist in seiner theoriegeschichtlichen Diskussion (in diesem Band) darauf hin, dass Elwert schon früh die „Richtung einer Entprivilegierung konkreter Sozialstrukturen [eingeschlagen] und hin zum Blick auf unterschiedliche Differenzierungsformen der Konfliktkanalisierung" gefunden habe. Bezeichnend ist für Elwert dabei auch die Überwindung der Dichotomie von Moderne und Tradition, von industrialisierten und nicht-industrialisierten Gesellschaften, von segmentären und komplexen Strukturen, welche die in den verschiedenen Gesellschaften bestehenden Differenzen für die Theoriebildung zugänglich macht. Noch heute sind populäre Wahrnehmungen nicht- oder teilindustrialisierter Gesellschaften häufig entweder von Annahmen eines quasi-Hobbesianischen kriegerischen Urzustandes unter nicht staatlich verfassten Gesellschaften oder von Vorstellungen von der paradiesischen Friedfertigkeit derselben geprägt. Solche Perspektiven will Georg Elwert mit seinem vergleichenden Ansatz überwinden. Für ihn stellen sich die Fragen der Bedingungen und Folgen spezifischer Institutionen der Konfliktregulierung an alle Formen der sozialen Organisation. In seiner Charakterisierung der „Berliner Schule" um Elwert fasst Thomas Huesken (in diesem Band) die Grundposition dieses Ansatzes zusammen: „Die skeptische Sozialanthropologie geht davon aus, dass die produktive Organisation von Heterogenität letztlich alle Gesellschaften vor ähnliche Herausforderungen stellt. In diesem Sinne vertritt sie die Position eines pragmatischen Universalismus." Gewalt, Meidung und Verfahren sind allen Vergesellschaftungsformen eigen. Elwert richtet seine Frage darauf,

---

1   Thomas Zitelmann (in diesem Band) zeichnet in seiner theoriegeschichtlichen Darstellung ethnologischer Konflikttheorie den Weg Georg Elwerts zu einer institutionalistischen Position nach. Bevor Elwert diese institutionalistische Perspektive auf Konflikt entwickelte, so schreibt Zitelmann, „musste erst der Filter der französischen struktural-marxistischen Produktionsweisendebatte an- und wieder abgesetzt werden. Die komplexe Verbindung der konflikttheoretischen und struktural-marxistischen Perspektive ist kein Einzelfall. Sie ist allgemein verknüpft mit dem Stellenwert marxistischer und konflikttheoretischer Positionen in der Ethnologie der 1970er und 1980er Jahre, mit Paradigmenwechseln und mit generationsspezifischen ethnologischen Karrieren."

unter welchen sozialstrukturellen Bedingungen und mit welchen Folgen für die soziale Ordnung welche dieser Formen zum dominanten Muster der Konfliktaustragung in einer Gesellschaft wird. Die weiterführende Frage, die Elwert dann stellt, ist, wie diese verschiedenen Formen im Einzelnen institutionalisiert sind. Konkret bedeutet dies auch zu untersuchen, welche dieser Formen in welchen spezifischen Konflikten und zwischen welchen besonderen Konfliktbeteiligten zum Tragen kommt und wie sich solche Konfliktbeziehungen wandeln. Alle Gesellschaften prägen Regeln auch dahingehend aus, welche Art von Konflikten welche Austragungsformen nach sich ziehen oder nach sich ziehen sollten. Ob Ehekonflikte über Gewalt oder Verfahren über Meidung ausgetragen werden, sagt noch wenig darüber, welche Formen in der gleichen Gesellschaft Konflikte zwischen staatlichen Instanzen und Bürgern (oder auch verschiedenen Kategorien von Bürgern) oder innerhalb von Organisationen nehmen. Bierschenk plädiert dafür, „die drei großen Elwertschen Modi der Konfliktaustragung (Verfahren, Meidung, Gewalt – während Zerstörung einen Sonderstatus hat) nicht als exklusive und alternative Kategorien, sondern komplementär und kombinierbar zu denken. In jeder Gesellschaft haben soziale Akteure bei Konflikten prinzipiell immer mehrere Handlungsoptionen. Deren Spannweite ist jedoch immer auch begrenzt, und zwar sowohl durch die Gesellschaftsstruktur, wie auch die sozialen Attribute der Akteure, wie auch die Natur der Konflikte". Auch hier mahnt Elwerts Verweis auf die Innovationspotenziale von Konflikten, kein statisches Modell anzunehmen, sondern von Lernprozessen auszugehen, die jeden der genannten Typen hervorbringen können. Erdmute Alber zum Beispiel zeigt in ihrem Beitrag einen solchen „historischen Lern- und Selektionsprozess, innerhalb dessen sich die Baatombu Meidungs- und Ausweichstrategien als ihre spezifische Art des Umgangs mit Konflikten angeeignet haben". Sie zeigt ebenfalls, wie Konfliktstrategien aus einer Konfliktarena in andere übertragen wurden.

Der Gesellschaftsvergleich muss auf der Analyse sozialer Mikroprozesse beruhen. Tatjana Thelen (in diesem Band) zeigt am Beispiel der Konflikte um die Kollektivierung der Landwirtschaft in Rumänien und Ungarn z.B. deutlich, wie die Bedingungen unterschiedlicher Verläufe sozialer Reproduktion nur auf der Mikroebene wiederkehrender Interaktionen sichtbar werden. Ihre Analysen der gegensätzlichen (Makro-)Entwicklungen der sozialen Hierarchien in Folge der Kollektivierung sind durch die Kenntnisse der Mikroprozesse fundiert. Diese Verknüpfung von genauen Beobachtungen von Mikroprozessen und Entwicklungen auf der Makroebene, sowie die Tatsache, dass sie kein gesellschaftliches Modell als Bezugspunkt privilegiert, ist die besondere Leistung einer anthropologischen Perspektive auf Konflikte.

Elwert distanziert sich mit seinem Ansatz von den interpretativen Ansätzen einer hermeneutischen Anthropologie (etwa der Geertzschen Prägung) und sucht eine nomothetische Kasuistik funktionaler Equivalente aufzuzeichnen. Das heißt, er versucht über den Gesellschaftsvergleich die Bedingungen zu identifizieren, unter denen Menschen spezifische Konflikte über spezifische Modi der Konfliktaustragung verhandeln, sowie aufzuzeigen, wie sich die Korrelation zwischen spezifischen Konflikttypen und spezifischen Austragungsformen wandelt. Dazu ist es notwendig, wie Gabbert (in diesem Band) konstatiert, „als Grundlage des Vergleichs Kategorien [zu] verwenden, die von der emischen kulturspezifischen Begrifflichkeit abweichen. [...] Schließlich würde eine Orientierung der Begriffsdefinition an den kulturspezifischen Bedeutungen und Bewertungen von Verhaltensweisen einen erheblichen Teil vergleichender Forschung unmöglich machen".

Die Absage an die Hermeneutik bedeutet indessen nicht, Konfliktaustragungsformen von ihrem sozialen Kontext zu abstrahieren. Denn für Elwert sind Konflikte immer zumindest partiell „eingebettetes soziales Handeln". Die soziale Organisation prägt ihm zufolge die Formen der Konfliktaustragung entscheidender als z.B. die Technologie. Entscheidend ist hier der Begriff der Einbettung, den Elwert im Anschluss an Polanyi entwickelt. Als Einbettung fasst Elwert „das Ensemble von moralischen Werten, Normen und institutionalisierten Arrangements, die bestimmte Handlungstypen begrenzen und gleichzeitig das Ergebnis dieser Handlung berechenbar machen". Diese Vorstellung sozialer Einbettung korrespondiert mit einem Kulturbegriff, der, wie Jan Koehler (in diesem Band) es fasst, „nicht vor allem konservativer Identitätsgarant, abgesichert durch zähe, veränderungsabweisende informelle Institutionen [ist]. Menschen haben durch Kultur die Fähigkeit, Wirklichkeit selektiv in Symbolform abzubilden, bestimmte Aspekte relevant zu setzen und hierarchisch zu ordnen, eigene Plausibilitätsstrukturen mit Kultur beteiligten Akteuren zu entwickeln und Informationen schnell untereinander auszutauschen und weiter zu geben. Kultur ist dabei nur unter ganz besonderen Integrations- und Kontrollbedingungen homogen und unumstritten. Typisch werden über Kultur alternative, teils widersprüchliche Interpretationen der Welt transportiert".

Soziale Einbettung ist demnach kein statischer Zustand; normative Einbettungen wandeln sich, und mit ihnen die Formen der Konfliktregulierung. Juliana Ströbele-Gregor beschreibt in ihrem Beitrag zum Rechts- und Unrechtsbewusstseins gegenüber häuslicher Gewalt in Peru einen solchen Wandel der normativen Einbettung von Gewalt auf der Mikroebene. Ströbele-Gregor identifiziert für ihren Fall vier Faktoren, die einen solchen Wandel befördert haben: „Hervorgerufen wird diese Entwicklung durch [...] Erfahrungen mit neuen Verhaltensmustern, die in anderen Lebenszusammenhängen angeeignet werden, z.B. über Migration, über Kontakt mit Religionsgemeinschaften oder Kirchen, die neue ethische Normen vermitteln [...]; neue, aus der Gemeinschaft hervorgegangene oder von ihr legitimierte Institutionen mit Schlichtungs-, Schutz- und Rechtssprechungsfunktionen [...]; stärkere Präsenz von bzw. Zugang zu staatlichen Rechtsinstitutionen; zunehmender Zugang der Frauen zu Wissen über Grundrechte – Menschenrechte – Frauenrechte." Deutlich wird in ihrem Beispiel auch, dass solch normativer Wandel unterschiedliche „Betroffene" ganz unterschiedlich involviert. Er vollzieht sich nicht konsensuell, noch evolviert er als quasi-automatischer Anpassungsprozess; vielmehr wird solch normativer Wandel seinerseits über Konflikte ausgehandelt.

Als langfristigen Wandel von Einbettungsformen beschreibt Artur Bogner in seinem Beitrag zur Genese kollektiver Akteure in Konflikten den Prozess der Pazifizierung im Zuge der Monopolisierung legitimer Gewalt. Er schlägt damit eine Brücke zwischen Elwerts konflikttheoretischen Überlegungen und der Eliasschen Zivilisationstheorie. Die Pazifizierung, so schreibt er, betrifft nicht nur die innere Befriedung einer Gruppe, sondern auch „die Pazifizierung auf der Ebene der Emotionen, d.h. auf der Ebene des Mitleids, der Empathie gegenüber dem Leiden von Gewaltopfern, auf der Ebene der Identifizierung mit anderen Menschen und Tieren, des Abscheus vor Gewaltanwendung, sei es eine eigene Gewalthandlung oder die eines anderen Menschen. [...] Der Begriff Pazifizierung bezeichnet in diesem Kontext einen langfristigen Wandel in der Art und Weise, wie Empathie, Angst, Misstrauen, Ekel und Hass organisiert und strukturiert sind und wie diese Emotionen gesteuert werden". Die Analyse von sich wandelnden Einbettungsmustern zielt so darauf, die Verschiebungen normativer Bewertungen und die soziale Verregelung spezifischer Verhaltensmuster in den Blick zu nehmen. Für die Konflikttheorie bedeutet dies, die Handlungsoptionen von Akteuren in Konflikten in den Blick zu nehmen. Thomas Bierschenk (in diesem Band) weist darauf hin, dass Gesellschaften sich eben gerade danach unterscheiden, in welchem Maße sie die Handlungsoptionen von Individuen in der Wahl der Konfliktaustragungsmodi eingrenzen. „In einer afrikanischen Gesellschaft wie der beninischen scheint [...] die Spannbreite und Kombinierbarkeit der Handlungsoptionen (die Möglichkeit der ‚optation' im Sinne Gluckmans (1961)) größer zu sein als in der deutschen, in der einiges dafür spricht, von einer Dominanz des Verfahrensmodus zu sprechen. In Benin steht, bei einer größeren Zahl von Konflikten und für eine größere Bandbreite von Akteuren, nicht nur eine größere Zahl von Verfahren zur Verfügung (selbst innerhalb der Justiz, wo das Gerichtsverfahren nur ein mögliches Verfahren unter vielen ist), sondern alternativ und kombiniert damit auch eine größere Menge an Optionen jenseits der Verfahren."

Allerdings zeigt Dieter Neuberts Beitrag, dass die Richtung eines solchen Wandels sozialer und normativer Einbettungsmuster offen ist. Es kann nicht von einer grundsätzlich automatisch voranschreitenden „Pazifizierung" oder „Zivilisierung" ausgegangen werden. Neubert beobachtet in Bezug auf die Vorgeschichte des Genozids in Ruanda, dass „Gewalt [...] öffentlich als probates Mittel der politischen Auseinandersetzung akzeptiert (wurde). [...] Gewalt drang so immer weiter in den Alltag ein, wurde zunehmend präsent [...]. Es kam zu einer Veralltäglichung der Gewalt". Christoph Zürcher (in diesem Band) schlägt vor, bei solchen Prozessen von einer „Entbettung" zu sprechen. Dies verweist auf die zentrale Frage, die sich für Elwert hinsichtlich der Rolle von Gewalt in Konfliktaustragungsformen stellt, nämlich der nach den Formen ihrer Institutionalisierung und Graden ihrer Verregelung.

Gewalt

Neben Meidung und Verfahren ist Gewalt für Elwert eine der Formen von Konfliktaustragung. Er unterscheidet Gewalt in Zerstörung, Krieg und Fehde. Im Krieg, und in noch stärkerem Maß in der Fehde ist Gewalt meist Regeln unterworfen, die bestimmen, welche Formen der Gewalt gegenüber welchen Gegnern legitim sind. Selbst bei der zunächst regellos und „entbettet" erscheinenden Zerstörung – wie dem Genozid – lässt sich zumeist Regelhaftigkeit nachweisen. Gänzlich regellose Gewalt ist nach Elwert relativ selten. Meist unterliegt die Nutzung von Gewalt normativen Kontrollen und Regeln – und wenn diese nur ihre Entregelung in spezifischen Situationen oder gegenüber spezifischen Gegnern oder Opfern betreffen.

Georg Elwert hat in seinen Analysen immer wieder darauf hingewiesen, dass Gewalt Elemente der Emotionalität (bzw. der Emotionsstiftung) wie auch Elemente der rationalen Planung enthalte. Genauer: Für ihn waren gerade die emotiven Elemente von Konflikten Grundlagen für die instrumentelle Nutzung derselben in interessengeleiteten Strategien (Elwert, in diesem Band, 1989, 1999, 2003). Damit setzt sich Georg Elwert von drei populären Erklärungen von exzessiver Gewalt ab, nämlich der Annahme „alter" (ethnischer) Feindschaft, der malthusischen Konkurrenz um knappe Güter, insbesondere um Boden oder der massenpsychologischen Vorstellung vom hasserfüllten „Blutrausch". Dieter Neubert stellt in seinem Beitrag die These auf, dass „extreme gewalttätige Konfliktereignisse weniger über eine Bestimmung von Konfliktursachen als über die Beschreibung des Prozesses der Eskalation analysiert werden können". Am Beispiel des ruandischen Genozids verweist Neubert auf gesellschaftliche Bedingungen, die er als „gewalttätige gesellschaftliche Situation" beschreibt. Dazu gehören sowohl gesellschaftlich bedeutsame Konfliktthemen, die Existenz gewalttätiger Akteure, die Anerkennung und Legitimierung von Gewalt als auch ein perforiertes Gewaltmonopol und eine Kultur der Straflosigkeit sowie dichotomisierte Identitäten. „Im Falle eines eskalierten Konfliktes kommt es dann zu einem Moment der Unnachgiebigkeit, in dem sich schließlich unversöhnliche Gegner gegenüberstehen, die sich subjektiv zur Gewalt gezwungen sehen."

Gewalt ist, wie Elwert konstatiert, das deutlichste Mittel, Grenzen zwischen Freund und Feind zu ziehen. Diese Aufsplitterung hat ihre Eigendynamik. Von ihr werden auch „friedliche" Bevölkerungsgruppen erfasst, für die ethnische Zugehörigkeit zunächst nicht handlungsrelevant ist. Alternative „neutrale" Identitäten werden unmöglich. Dies bedeutet in ethnischen Konflikten die „Zwangsethnisierung", wie Neubert am Beispiel von Tutsi und Hutuoppositionellen in Ruanda zeigt. Wer dem dichotomen Freund-Feindbild, welches Grundlage und Resultat von Konflikten (gerade gewalttätigen) sein kann, nicht folgt, dem sind vielfach die Möglichkeiten der Selbstorganisation genommen, die kollektives Handeln außerhalb der Dichotomien der Feindschaft ermöglichen würden. „Die Eskalation erfordert und bewirkt zugleich eine weitere Dichotomisierung der Identitäten", schreibt Neubert. Artur Bogner (in diesem Band) sieht dies darin begründet, dass „ethnische Konflikte einer höheren Eskalationsstufe [...] in der Regel die Folge [haben], die Netzwerke der Freundschaft, der sozialen Kontrolle, des Klatsches und der materiellen Reziprozität an den Grenzen der Konfliktparteien zu unterbrechen oder doch zu stören und damit tendenziell jene Konvergenz verschiedenartiger sozialer Netzwerke herbeizuführen bzw. zu verstärken, die dem Identitätskonstrukt einer ethnischen Wir-Gruppe empirische Plausibilität verleiht". Genau durch diese Konvergenz von Netzwerken werden lose konstituierte Wir-Gruppen zu kollektiven Akteuren. Die Bedingungen der Einschränkung der Verregelung von Gewalt auf eine bestimmte Wir-Gruppe sieht Bogner in Situationen gegeben, in denen Menschen durch einen Mangel an physischer Sicherheit auf soziale Netzwerke zurückgeworfen werden, die Funktionen der soziale Kontrolle und des soziale Managements von physischer Gewalt übernehmen. Er schlägt die These vor, dass die Chancen eines entbetteten Konfliktverlaufs dann hoch sind, wenn der Staat alternative Instanzen der Gewaltkontrolle entmachtet hat, aber selber kein Gewaltmonopol inne hat.

Auch Christoph Zürcher (in diesem Band) identifiziert Prozesse der Entbettung, d.h. der Entregelung von Konfliktaustragung vornehmlich aber nicht grundsätzlich mit staatlichen Zerfallsprozessen: „Die Schritte der Entbettung sind Verlust der Bindekraft staatlicher Institutionen, Verlust des legitimen Gewaltmonopols, Zugang zu für Gewaltorganisation notwendigen Ressourcen und schließlich Herstellung der internen Koordination innerhalb der gewaltbereiten Gruppe." Allerdings weist Dieter Neubert (in diesem Band) darauf hin, dass, auch wenn ein „perforierte[s] Gewaltmonopol [zwar] auf ein Versagen des Staates als Ordnungskraft hinweist, [...] keineswegs von der Handlungsunfähigkeit des Staates gesprochen werden" kann. Gerade bei der Planung und Durchführung des Genozids in Ruanda war nach Neubert der in vielerlei Hinsicht versagende Staat äußerst handlungsfähig.

Die gezielte Entbettung von Gewalteinsatz von staatlicher Seite zeigt auch Tatjana Thelen (in diesem Band) in ihrer Diskussion der unterschiedlichen Kollektivierungsverläufe in Rumänien und Ungarn. Während nämlich im Falle von Ungarn der Einsatz von Gewalt gegenüber so genannten „Kulaken" normativ begrenzt wurde, wurden im Falle von Rumänien solche normativen Grenzen überschritten. Dieser unterschiedliche Gewalteinsatz hat die verschiedenen Verläufe des Kollektivierungsprozesses begründet; er hatte langfristige Folgen in Hinblick auf die soziale Reproduktion lokaler Hierarchien. Damit thematisiert sie die Frage, welcher Zusammenhang zwischen gewaltförmig ausgetragenen Konflikten und sozialem Wandel besteht.

Elwert bewertet die Innovationspotenziale gewalttätiger Konfliktaustragung skeptisch. Freilich lädt Thelens Beobachtung zur Rolle von Gewalt im rumänischen Kollektivierungsprozess zu einer anderen These ein. Wie sie in ihrem Beitrag zeigt, vermochte es der Einsatz von Gewalt, angestrebte soziale Veränderung, in ihrem Fall die landwirtschaftliche Kollektivierung und die politische und ökonomische Enteignung vorsozialistischer „Eliten", nachhaltiger durchzusetzen, als verfahrensmäßig organisierte Prozesse. „Die vorsozia-

13

listische Elite verlor in Rumänien nach der Zeit der Verfolgung definitiv ihre frühere Stellung während die Familien, die von dem Umbruch profitierten ihre neue Stellung langfristig behaupten konnten. In Ungarn dagegen konnten sich Teile der früheren Elite erneut behaupten, während die frühe sozialistische Elite ihre neue Macht nicht festigen konnte." Freilich könnte man an Hand ihres Beispiels argumentieren, dass der durch entbetteten Gewalteinsatz bewerkstelligte soziale Wandel zwar nachhaltig war, aber ein extrem lernunfähiges und in sich innovationsfeindliches System hervorgebracht hat. (Siehe zur praktiven Rolle von Gewalt auch Eckert 2003.)

Meist bedeutet Entbettung also nicht eine völlige Entregelung der Konfliktaustragung, sondern eine Transformation des Regelsystems in Hinblick auf die normative Bewertung einzelner Verhaltensmuster, die die Konfliktaustragung zwischen verschiedenen Gruppen oder innerhalb derselben kennzeichnen. Christoph Zürcher (in diesem Band) zum Beispiel beobachtet, dass das Wegfallen von Regeln und Kontrollen häufig dazu führt, dass neue Regelsysteme mit Bezug auf kleinere Einheiten entstehen. Der letzte Schritt der Entbettung von Konfliktaustragung sei, so sagt Zürcher, das „Organisationspotenzial und [...] die Mechanismen zur internen Kontrolle und Sanktion", die nun innerhalb anderer Einheiten aufgebaut werden. So wie Bogner (in diesem Band) den Monopolisierungs- und Integrationsprozess von zentralen Gewaltinstanzen mit der Desintegration „älterer Zentren der Integration" verknüpft, so beschreibt Zürcher den umgekehrten Prozess, nämlich die Desintegration größerer Einheiten zugunsten der Entstehung und Kontrollbemächtigung kleinerer (neuer oder neo-traditionaler) Einheiten. Entbettung heißt also zuerst – aber meist nicht auf Dauer – die Auflösung von sanktionsfähigen Normen, vielfach dann aber die Etablierung neuer Normensysteme und neuer Sanktionsapparate. Da die neuen Regelsysteme meist jedoch keinen gruppenübergreifenden Charakter haben, verlagern sich auch die Systembindungen von Akteuren, die Elwert als Potenzial der Institutionalisierung von Konfliktaustragung betont, auf die Wir-Gruppe allein.

In Hinblick auf den Zusammenhang von Desintegrations- und Zentralisierungsprozessen verweist Artur Bogner in diesem Band auf die von H.-D. Evers benannte Dialektik von Zivilisierungs- und Dezivilisierungsprozessen: „Es gibt Dezivilisierungsprozesse, die nicht einfach nur das Gegenteil, sondern selber einen immanenten Aspekt oder die Kehrseite eines bestimmten Zivilisationsprozesses darstellen, nämlich die Kehrseite eines langfristigen Prozesses der Konzentration von bestimmten Machtchancen in den Händen einer staatlichen Zentralmacht oder der verstärkten Integration in überlokale Verflechtungszusammenhänge". Er spricht deswegen im Bezug auf das Gewaltmonopol weniger von einem irgendwann eingerichteten Monopol als von langfristigen Monopolisierungsprozessen. Wichtig ist für ihn auch der Zusammenhang von Monopolisierung der Gewaltmittel und der Monopolisierung der legitimen Gewaltausübung, die analytisch unterschieden werden müssen, aber verknüpft sind, weil heute kaum ein Herrschaftsverband Legitimitätsglauben gewinnen kann, ohne die physische Sicherheit der Machtunterworfenen zumindest in begrenztem Maße zu gewährleisten. Er bedauert, dass in Analysen ethnopolitischer Bewegungen übersehen wurde, dass „die Regeln einer ‚moralischen Ökonomie' […] zugleich die Regeln einer ‚moralischen Politik' sind, die ebenso gut physische Sicherheit und politischen Schutz betreffen wie ökonomische Güter".

Die zentrale Rolle der physischen Sicherheit für die Legitimität von Herrschaft und die Bindung an das politische System verweisen nicht nur auf das Gewaltmonopol an sich, sondern auch auf Gewalt als Option der Rechtssanktion. Letztlich zielt das Gewaltmonopol darauf, die Rolle von Gewalt in der Konfliktaustragung auf die Rechtssanktion und ihre Gewaltdrohung zu limitieren. Die richterliche Sanktion in formalen Verfahren ist die vielleicht am stärksten verregelte Form der Gewalt. Die Sanktion ist für Elwert entscheidendes Kriterium für den Normbegriff. „Verbote und Vorschriften, die nicht an Sanktionen gekoppelt sind, sind moralische Werte und keine Normen im engen Sinne." Während Elwert auch Reputationssanktionen, also Verweigerung von Anerkennung, nennt, ist Verfahrensrecht immer letztlich auch durch Gewaltdrohung gestützt. Der Zusammenhang von Recht und Gewalt, insbesondere der legitimen bzw. legalen Sanktion mit ihrer Gewaltdrohung ist freilich in der Geschichte und in verschiedenen Gesellschaften sehr unterschiedlich konstruiert worden. Deswegen entwickelt Wolfgang Gabbert (in diesem Band) einen Gewaltbegriff, der die kulturelle Relativität emischer Gewaltkonzepte ernst nimmt, von ihnen aber abstrahiert, um sie einer vergleichenden Forschung zugänglich zu machen. Sowohl für den synchronen, als auch den diachronen, historischen Vergleich sei, so betont er, ein Gewaltbegriff wichtig, der weniger die unterschiedlichen Konzeptionen von Gewalt und verschiedenen Beurteilungen der gleichen Verhaltensformen in unterschiedlichen Gesellschaften berücksichtige, als die Elemente der Intentionalität, der Verletzung, der Multiperspektivität von Täter, Opfer und Dritten, sowie den Aspekt der Macht.

Meidung

Die Meidung als Konfliktstrategie wird von Elwert als innovationsfeindlichste und institutionenärmste Strategie eingeschätzt; Meidungsstrategien bedingen keinen Aufbau von Institutionen der Konfliktbewältigung, können somit auch keine gruppenübergreifenden geteilten Institutionen generieren – und sind daher letztlich der Gefahr der entbetteten Zerstörung als Weg der Konfliktaustragung viel eher ausgesetzt, als Systeme, die eine mehr oder weniger erfolgreiche institutionelle Landschaft der Konfliktaustragung kennen.

Was aber genau ist Meidung? Ist jede *Exit*-Option, also die Abkehr von oder Abwanderung aus kooperativen oder interaktiven Beziehungen immer eine Konflikt(ver)meidung? Albert O. Hirschman hat in seiner Revision seiner Überlegungen zu *Exit* und *Voice* aus Anlass der Auflösung der DDR (Hirschman 1992) den Gegensatz von Abwanderung und Widerspruch relati-

viert. Er sah hier die Abwanderungsstrategien von Bürgern der DDR als andere Form des Protests (*voice*), die expliziten Widerspruch ergänzten und verstärkten, und somit als Formen der indirekten Kommunikation. Diese Interpretation von Meidungsstrategien thematisiert auch Erdmute Alber (in diesem
Band) an ihrem Beispiel der Konfliktstrategien der Baatombu. Zunächst definiert sie Meidungsstrategien als „jene soziale Handlungen, die auf der Wahrnehmung von teilweise inkompatiblen Interessen oder Intentionen der beteiligten Personen oder Personengruppen beruhen, diese jedoch zu verschleiern
oder zu umgehen versuchen. Dabei versucht die die Meidungsstrategien anwendende Konfliktpartei entweder, den Konflikt als solchen zu umgehen oder
zu ignorieren und ihn durch Nicht-Handeln ins Leere laufen zu lassen. Oder
sie setzt Meidungsstrategien ein, um ihre eigentlichen Interessen möglichst
vor dem Konfliktpartner zu verbergen". Meidungsstrategien können sowohl
bei schwacher Institutionalisierung von Herrschaft, wie auch bei extremen
Machtunterschieden auftreten. Alber betrachtet Situationen, in denen ein ekla-
tantes Machtgefälle zwischen den am Konflikt Beteiligten besteht; gerade
wenn ein solches Gefälle besteht, wird es für die schwächere Seite attraktiv,
Meidungsstrategien zu verfolgen. Besonders erfolgreich sind diese, wenn auch
die mächtigere Seite relativ schwach ist, sodass sie diese Abwanderung nicht
verhindern kann, wie sie mit Verweis auf Gerd Spittlers Thesen zur kolonialen
Verwaltung in Afrika darlegt. Tatsächlich gehen Strategien der Meidung mit
zeitweise enormem Gewalteinsatz einher. Alber stellt diese Verknüpfung von
Konfliktstrategien und Herrschaftsformen nun den von Elwert (in diesem
Band) skizzierten Überlegungen zur Meidung gegenüber, in denen weniger
die Herrschaftsform als der geringe Grad an Institutionalisierung und eine generelle Gewaltarmut als Vorbedingung von Meidung thematisiert wird.

Unterscheiden kann man also zwischen Bedingungen, die Meidung möglich machen, und solchen die sie – zumindest für eine der Konfliktparteien –
notwendig werden lassen, weil andere Konfliktaustragungsformen wenig
Chancen zur Durchsetzung der Forderungen der schwächeren Partei hätten. So
weist z.B. Alber darauf hin, dass eine der Bedingungen, die Meidungsstrategien möglich machen, der geringe Kooperationszwang in der bäuerlichen Produktionsweise sei; eine andere sei die räumliche Ausdehnung und die Tatsache, dass es an landwirtschaftlich nutzbarem Boden für die Baatombu nicht
mangele. Welches sind aber die Bedingungen der Möglichkeit von Meidungsstrategien in komplexen, arbeitsteiligen Gesellschaften? Welche Form nehmen
Meidungsstrategien dort, wo die räumliche Abwanderung nicht möglich ist?
Und welche Folgen haben dort Meidungsstrategien für die soziale Ordnung,
insbesondere für die fortdauernde Koexistenz sozialer Gruppen? Können zum
Beispiel ethnische oder subkulturelle Nischen- oder Ghettobildung auch als
Meidungsstrategien in grundsätzlichen Normkonflikten bei relativ starken
Machtunterschieden verstanden werden? Und was würde eine solche Interpre-
tation für die Möglichkeiten bedeuten, für solche grundsätzlichen Normkonflikte Institutionen auszubilden, die von allen Beteiligten angenommen werden und die, wie es Elwerts Verfahrensbegriff vorsieht, die Machtdifferenzen

zwischen den betroffenen Konfliktparteien ausschalten? Elwert spricht die hohe Wahrscheinlichkeit des Umschlagens von (fehlgeschlagenen) Meidungsstrategien in Zerstörung an. Empirisch wäre jedoch auch zu klären, was die Bedingungen dafür sind, dass Meidungsstrategien in institutionalisiertere Formen der Konfliktaustragung überführt werden. Die Seltenheit, mit der Meidungsstrategien als Form der Konfliktbearbeitung in den Blick genommen werden, lassen hier noch viele Forschungsfragen offen. Insbesondere wäre es wünschenswert, den Zusammenhang zwischen Meidungschancen und sozialer Differenzierung bzw. überlokaler Organisation von Gesellschaft zu thematisieren.

Verfahren

concludere : schließen, zusammenfassen
konklusion = Schlussfolgerung

Kernelemente des Verfahrensbegriffs von Georg Elwert sind erstens die handlungsleitende Konklusivität eines Verfahrens und zweitens die temporäre Aussetzung von Machtdifferenzen zwischen den Konfliktparteien. „Ein Vorgang sollte nur dann Verfahren genannt werden, wenn sein Abschluss sinnvolle Konsequenzen für Handeln zur Folge hat", schreibt er. Entscheidend ist für ihn zum einen die Herstellung von Berechenbarkeit und Voraussagbarkeit. Vorhersehbarkeit ist von grundlegender Bedeutung für die Reproduktion der sozialen Ordnung, denn „durch das entstehende verallgemeinerte Vertrauen [werden] die Voraussetzung für komplexere Kooperations- und Tauschbeziehungen [unspezifische Reziprozität] geschaffen", wie Jan Koehler (in diesem Band) schreibt. Entscheidend an (konklusiven handlungsleitenden) Verfahren sind aber auch ihre Potenziale, als Selektionsmechanismen von Alternativen zu dienen. Inkonklusive Verfahren, die nicht in Entscheidungen münden, anhängige oder verschleppte Verfahren als Konfliktsstrategien sowohl von Seiten der juridischen Instanzen oder des Staates, wie sie Barbara Christophe in ihrem Beitrag beschreibt, oder aber zwischen Streitparteien, wie sie in der rechtssoziologischen Literatur immer wieder besprochen werden, ordnet Elwert der Kategorie der kriegerischen Auseinandersetzung zu, denn sie dienten eher als Strategie des Kampfes denn als Konfliktregelungsmechanismus. Damit verwendet Elwert einen engen und präzisen Verfahrensbegriff im Sinne Luhmanns. Betrachtet man die Beispiele, die in den Beiträgen dargelegt werden, so stellen sich an diesen idealtypischen Verfahrensbegriff verschiedene Fragen: Was leisten jene Verfahren, die, wie Thomas Bierschenks Beispiel deutlich macht, in der Praxis weit von Elwerts Kriterien abweichen, bei der Regelung von Konflikten? Können Verfahren an sich Legitimität generieren, wie Chris Hann fragt? Ist es sinnvoll, die Suspendierung von Macht zum Definitionsmerkmal zu machen? Machtdifferenzen sind auch in formalen Verfahren kaum gänzlich auszuschalten (sie z.B. Galanter 1974) und sind auch grundsätzlich in jeder Rechtsordnung impliziert, wie im Beitrag von Franz und Keebet von Benda-Beckmann (in diesem Band) deutlich wird. Müsste die Frage nach der Rolle von Macht in Verfahren empirisch gewendet werden, damit die einzelnen Modi oder Kapitalien der Macht, mit denen Verfahren „vermachtet" werden, in ihren Bedingungen und ihrem nach sozialen Regeln bestimmten „Wert" sichtbar werden?

In der Darstellung der Funktionsweisen der Beniner Justiz von Thomas Bierschenk werden die Bedingungen deutlich, unter welchen Verfahren praktisch funktionieren. Sie sind gekennzeichnet von extremer Unterausstattung des Justizapparats in jeder Hinsicht, von einer Überlastung der Richter, vielfach anachronistischen und damit nicht anwendbaren Gesetzen, mangelnden Rechtskenntnissen der Justizbeamten und meist einer extrem langen Verfahrensdauer. Solche Bedingungen sind freilich nicht auf Benin beschränkt, sondern kennzeichnen die Situation in vielen Staaten. Daher sind Bierschenks Überlegungen zu den pragmatischen „kollusive[n] Entlastungsstrategien", die solche Systeme einschlagen, auch für andere Zusammenhänge gültig. Er beschreibt die „Einbettung der Korruption in das ‚normale' Funktionieren eine bürokratischen Apparates". Damit bezeichnet er die Informalisierungsprozesse, die „notwendig zur Entlastung des Systems [sind]. Ohne diese Praktiken würde die Justiz noch schlechter funktionieren, als sie das ohnehin tut. [...] Andererseits entziehen sie dem System Ressourcen [ökonomische und legitimatorische] und setzen tendenziell Grundprinzipien der Justiz außer Kraft [...]. Sie verstärken somit in einer negativen Rückkoppelungsschleife die Funktionsprobleme, deren Ergebnis sie sind. [...] Das System stabilisiert sich auf niedrigem Niveau."

Chris Hann kritisiert in seinem Beitrag grundsätzlicher die allzu schnelle Annahme, formale Verfahren könnten an sich schon Legitimität erzeugen und eine übergreifende Systembindung und somit soziale Kohäsion generieren. Für ihn bedeutet Legitimität „eine grundlegende existenzielle Zufriedenheit der Bevölkerung, eine Wahrnehmung von zuverlässigen ‚Prävisionsräumen' (Elwert 1999) und auch eine gewisse moralische Zustimmung zum Herrschaftsmodell". Diese wird, wie er am Beispiel des postsozialistischen Ungarns zeigt, von einer gesellschaftlichen Form des Konfliktmanagments über (Gerichts-) Verfahren weniger geleistet, als von Langfristrechten an (insbesondere den sozialen) Bürgerrechten. Hanns Erklärung dafür, warum ein Gewinn an ‚Verfahren' nur beschränkt und ausschließlich im politischen Bereich zur Legitimation des neuen Systems beigetragen hat, das relativ „verfahrensarme" sozialistische System aber einen hohen Grad an Legitimität oder Systembindung hervorrufen konnte, verweist auf „eine Art von friedlicher Konfliktbewältigung [...], die weder auf Vermeidung noch auf Verfahren beruht. Ich nenne diese Zwischenkategorie ‚Vertuschung durch sozialistische Verbürgerlichung'". Systembindung entsteht für Hann also nicht durch die Legitimität von Verfahren, sondern durch Formen der „Verdrängung durch private Anhäufungsmöglichkeiten", die „nicht nur im ungarischen Sozialismus vorhanden, sondern auch Kernmerkmale des Kapitalismus überhaupt und insbesondere des neuen Neoliberalismus sind". Konflikte über solche Bürgerrechte bzw. über strukturelle Spannungen wie zum Beispiel die Gegensätze zwischen Stadt und Land werden allerdings tatsächlich dadurch, dass sich parlamentarische Wahlen von einem Ritual zu „schlüssigen Verfahren" gewandelt haben, geregelt.

Chris Hanns Skepsis gegenüber auch letzterer Rolle von politischen (Wahl-)Verfahren verweist auf die entgegen Georg Elwerts Annahmen unter Umständen doch relevanten rituellen Elemente von Verfahren. Thomas Zitelmanns Hinweis auf Victor Turners Ritualtheorie, die auch als Konflikttheorie gelesen werden könne, ließe den Schluss zu, dass Rituale letztendlich Verfahren sind, und Verfahren immer auch Rituale, und dass ihr ritueller Charakter nicht ihre handlungsleitende und konfliktkanalisierende Wirkung mindert, sondern mit ausmacht. Die Ritualität von Verfahren kann tatsächlich produktiv für die Beziehungen zwischen Konfliktparteien sein; wie die durch „rein rituelle" Verfahren erreichten Ergebnisse in Hinblick auf Konfliktlösung und Systemlegitimität bewertet werden können, bleibt dahingestellt. Eine ritualtheoretische Analyse im Sinne Victor Turners würde dabei zu anderen Ergebnissen kommen müssen, als eine, die im systemtheoretischen Verfahrensbegriff Niklas Luhmanns fußt. Hann folgt einer dritten Lesart: die Legitimität, die er demokratischen Wahlverfahren im postsozialistischen Ungarn attribuiert, verdeckt ihm zufolge, dass diese auch die Funktion haben, strukturelle Spannungen nicht aufzulösen, sondern zu verlagern.

Welche paradoxen Folgen reine „Schein-Verfahren" für die Frage nach Systemwandel, Systemstabilität und Konfliktkanalisierung haben können, zeigt Barbara Christophe (in diesem Band) am Beispiel der Konfliktstrategien staatlicher Instanzen in Georgien. Die beschriebenen Scheinverfahren, mit denen die staatliche Verwaltung Konflikte innerhalb der Verwaltung, aber auch mit Bürgern austrägt, münden, so ihre zuerst paradox anmutende These, in einer erstaunlichen Systemstabilität. „Anders als in seinem [Cosers] Erklärungsmodell vorausgesetzt, zielen Scheinkonflikte auf lokaler Ebene in Georgien offensichtlich nicht auf die Herstellung von *Eindeutigkeit* durch die Konstruktion einer fiktiven Konfliktlinie. Sie produzieren vielmehr *Unübersichtlichkeit* und *Orientierungslosigkeit*. Es geht nicht darum, interne Gegensätze, die den Gruppenzusammenhalt bedrohen, verschwimmen zu lassen. [...] die Inszenierung von Scheinkonflikten [zielt] vielmehr auf die Produktion von kognitiven Chaos [...], in dem die Lokalisierung des präzisen Ortes der Macht unmöglich wird. Der Ausbruch von authentischen Konflikten scheitert in der Folge immer an der Unfähigkeit zur Identifikation von Angriffsflächen." Der Zusammenhang von Konflikt und Herrschaft stellt sich also hier nicht über die soziale Kohäsion her, die über Konflikte innerhalb oder zwischen Gruppen generiert werden kann, sondern dadurch, dass den Machtunterworfenen über Scheinkonflikte die Identifikation von Angriffsflächen und damit die Artikulation von Protest unmöglich gemacht wird. „Das Machtzentrum wird unsichtbar und damit unangreifbar." So löst Christophe auch den Gegensatz von Stagnation und Stabilität auf. „Die Blockade von Konflikten [...] müsste sich über die Vereitelung von Innovation eigentlich in eine Reduzierung von Anpassungsfähigkeit übersetzen und damit die Überlebensfähigkeit der betroffenen Systeme empfindlich schwächen." Stattdessen tragen die von ihr be-

schriebenen Schein-Konflikte über die Blockade von echten Konflikten zur
Stabilisierung des Systems bei, auch wenn sie keinerlei Systembindung oder
Legitimität produzieren.

Der zweite konstitutive Aspekt des Verfahrens ist für Elwert, die temporäre Abstraktion von Machtdifferenzen. Die Abstraktion von der Person und der
Situation, die besonders dem römischen Recht eigen ist, und die Konzentration auf einzelne entscheidungsrelevante Situationsmerkmale, ist besondere Eigenschaft des formalen Verfahrens.

In der praktischen Durchführung von Verfahren, ist dieser Anspruch, wie
Bierschenks Beitrag zeigt, selten erfüllt. Er verweist auf die „Ressourcen, die
die beteiligten Akteure zur Beeinflussung von Verfahren mobilisieren". Neben den von Elwert genannten Kapitalien von Geld, Zeit und sozialen Status,
ergänzt Bierschenk für Benin „‚soziale Beziehungen', ‚Kontrolle über übernatürliche Kräfte' und ‚physische Gewalt'". Diese stehen nicht nur den Betroffenen in unterschiedlichem Maße zur Verfügung, sie haben auch ein unterschiedliches Gewicht in der Beeinflussung von Verfahren. „Es erweist sich,
dass diese Ressourcen ‚Währungen' (oder Kapitalien im Sinne von Bourdieu
1991) darstellen, die in einem gewissen Ausmaß ineinander konvertierbar
sind." In Frage stehen demnach auch die Regeln, die ein System entwickelt,
nach denen die verschiedenen Kapitalien „Zeit", „Geld", „sozialer Status",
„soziale Beziehungen", „übernatürliche Kräfte" ineinander konvertiert werden.

Die Annahme, dass Verfahren von Machtdifferenzen abstrahieren würden,
stellen Keebet und Franz von Benda-Beckmann in ihrem Beitrag zu der Rolle
von Recht in der Konstruktion und Austragung von verschiedenen regionalen
Konflikten in Indonesien in Frage. Ihnen zu Folge ist jedes Verfahren insofern
in Bezug zu spezifischen Macht- und Herrschaftsverhältnissen zu sehen, als
„die Kontrolle über die Interpretation bestehenden und die Schaffung neuen
Rechts wichtige Machtsressourcen [sind], die in sozialen und politischen Konflikten eingesetzt werden können". Freilich ist die Definitionsmacht derer, die
Recht setzen nicht das einzige Element des Rechts, da, wie schon E.P.
Thompson feststellte, das Recht auch das Potenzial enthält, diejenigen, die es
geschaffen haben, darauf festzulegen. Insbesondere weil heute jede Forderung, die Aussichten auf Anerkennung durch den Staat oder durch die internationale Staatengemeinschaft haben will, sich mit Bezug auf staatliches [oder
internationales] Recht formulieren muss, müssen Akteure ihre „Forderungen
und Ansprüche und ihrer politisch-moralischen Wertvorstellungen in rechtlich
legitimierte Formen [übersetzen]". So spielt Recht „in der Strukturierung von
Konfliktinhalten und in der Rationalisierung und Rechtfertigung der Forderungen und des Verhaltens der Konfliktparteien" eine zentrale Rolle. Damit
formulieren alle, die Aussichten auf Erfolg ihrer Ansprüche haben wollen,
diese im Rahmen grundsätzlich von Machtbeziehungen gezeichneten Rechtsordnungen.

Unterschiedliche Rechtsordnungen beinhalten jedoch unterschiedliche
Chancen für die Anerkennung von spezifischen Forderungen. Franz und Kee-

bet von Benda-Beckmann vergleichen die Situationen, in denen auf unterschiedliche Rechtsformen Rekurs genommen wird unter dem Gesichtspunkt, „unter welchen Umständen das Potenzial der unterschiedlichen rechtlichen Ordnungen zur Rationalisierung und Legitimierung von wirtschaftlichen und politischen Forderungen „greift". Denn ihnen zufolge ist jeder Norm nur ein Potenzial der Legitimierung von Forderungen inhärent. Die Faktoren, die bestimmen, ob dieses Potenzial im Einzelfall „greift" sind dabei komplex. Dies veranschaulichen sie an der strategischen Nutzung unterschiedlicher Rechtsordnungen in Konflikten zwischen indonesischem Zentralstaat und Regionen. Deutlich wird dabei auch, dass Recht, weil es „Positionen und Beziehungen sozialer, wirtschaftlicher und politischer Macht definiert", vielfach zum Anlass von Konflikten wird. Gerade weil spezifische Rechtsordnungen spezifische Machtverhältnisse implizieren und diese die durch sie privilegierten Personen oder Gruppen und ihre Forderungen mit Legitimität oder zumindest Legalität ausstatten, haben viele Konflikte eben die Gültigkeit einzelner Rechtsordnungen zum Inhalt.

Auch Jan Koehler (in diesem Band) und Christoph Zürcher (in diesem Band) stellen in ihren Beiträgen fest, dass Normkonflikte, das heißt, Konflikte in denen es um die Normen geht, nach denen Konflikte entschieden werden (also auch Konflikte um Rechtsnormen) „viel stärker eskalationsgefährdet [sind] als reine Ressourcen-Konflikte" (Zürcher). „Konflikte um Institutionen [...] sind immer riskanter für soziale Kohäsion als Konflikte, die innerhalb von akzeptierten Institutionen ausgetragen werden" (Koehler). Zürcher schlägt die These vor, dass „institutionelle Konkurrenz [...] das Risiko der Entbettung [erhöht]; institutionelle Redundanz dagegen senkt das Risiko der Entbettung". So bietet sich kein einfacher Rückschluss von pluralistischen Situationen und Konflikthäufung an. Entscheidend dafür ist vielmehr die Frage, in welchem Verhältnis die verschiedenen Normen zueinander stehen, das heißt ob sie in hierarchischer Subsidiarität gegliedert sind, miteinander konkurrieren, in relativer Autonomie parallel zueinander existieren oder, wie Jan Koehler (in diesem Band) und Christoph Zürcher (in diesem Band) formulieren, „redundant" sind, d.h. sich gegenseitig funktional verstärken. Zürcher fasst den von Koehler und Zürcher verwendeten Redundanzbegriff folgender Maßen: „Formale Institutionen [...] und informelle Institutionen [...] überlappen und verstärken sich gegenseitig; sie sind redundant in dem Sinne, dass eine Institution die angestrebte Funktion auch beim Ausfall der andern Institutionen aufrechterhalten kann." Jan Koehler verweist in seinem Beitrag denn auch auf die Potenziale solcher Redundanz. Er zeigt an einem Beispiel der erfolgreichen Regelung der Verteilung der äußert knappen Ressource Wasser ohne Rekurs auf eine übergeordnete Zentralinstanz, "wie institutioneller Pluralismus es Gemeinden ermöglicht hat, auch unter sich rapide verändernden und äußerst schwierigen Rahmenbedingungen nach dem Zusammenbruch der Sowjetunion funktionale Stabilität von institutionalisierter Konfliktaustragung durch Anpassung des Regelwerkes und Innovation in der Organisation von Konfliktaustragung zu erhalten". Auch die soziale Einbettung neuer Institutionen wird, wie Koehler schreibt, befördert, wenn: „das Verfahren […] als etwas Eigenes wiedererkannt (wird). Hierfür kann eine bestimmte Form institutioneller Tandems sorgen, die formale Regelungen mit informellen, sozial eingebetteten und vertrauten Spielregeln in einer redundanten, sich gegenseitig verstärkenden Weise kombinieren".

Dass Verfahren nicht nur Machtgefälle zwischen Konfliktparteien suspendieren, sondern ganz neue Machtpositionen schaffen können, zeigt Georg Klute an der zentralen Position des „Richters" als Antwort auf das grundlegende gesellschaftliche Problem von Normkonflikten. Klute bezieht die Rolle des Richters und Friedensstifters zurück auf die Frage nach dem Zusammenhang von Recht(-ssprechung) und Macht. „Die Regulierung von Konflikten" schreibt er, gehört „zu den konstitutiven Elementen von Vergesellschaftung und zugleich ihren wichtigsten Voraussetzungen; […]; zum anderen [darf nicht übersehen werden], dass die Institutionalisierung von Richtern, Friedensstiftern oder auch Schlichtungseinrichtungen zu einem Teil von Prozessen der Herrschaftsbildung werden kann". In seinen Beispielen wird deutlich, wie die Übernahme der Rolle des Friedensrichters Häuptlinge in Mali dazu ermächtigte, parasouveräne Herrschaftsformen zu etablieren, die sich durch den „Anspruch auf das regionale Gewaltmonopol, das Recht zur Besetzung von regional oder national wichtigen Ämtern, schließlich auch direkte Beziehungen zu internationalen Organisationen der Konfliktregelung und der Entwicklungshilfe" auszeichnet. Klute argumentiert, dass erstens jede Richterrolle Machtchancen enthält, die akkumuliert und zu einer Herrschaft verfestigt werden können. Dass, zweitens, der Rückgriff auf traditionelle Friedensstifter das Gewaltproblem nicht in der gleichen Weise lösen kann, wie wir es von einer staatlichen Gewaltlösung erwarten und gewohnt sind. Zudem beobachtet Klute, dass unter Bedingungen der weltweiten Verbreitung der Idee der „generalisierten Staatlichkeit" traditionelle oder neo-traditionelle Instanzen meist nur eine sekundäre Option zur Streitregelung sind, die dann gewählt wird, wenn staatliche Instanzen versagen. Er kritisiert daher den Rückgriff auf vorstaatliche Institutionen der Friedensstiftung durch die Entwicklungszusammenarbeit. „Von außen finanzierte Friedensstifter oder Streitregelungseinrichtungen jedenfalls stellen tatsächlich eine Bedrohung für die Herrschaft des betroffenen Staates dar und höhlen seine Legitimität in weit stärkerem Maß aus, als dies, wie Neubert (1997) gezeigt hat, durch wohlfahrtsstaatliche Projekte der Entwicklungszusammenarbeit sowieso schon geschieht."

Elwerts Grundthese ist, dass es für den Frieden in einer Gesellschaft um so besser ist, je mehr Konflikte zugelassen und formalisiert werden. Obwohl die Quantität der Konflikte ansteige, mindere sich doch ihre Intensität. Deswegen ist Konfliktunterdrückung wie auch Konfliktvermeidung erstens kontraproduktiv und führt meistens zur Eskalation von Konflikten. Vor allem aber könnten erfolgreich ausgetragene Konflikte Selektionsmechanismen für Alternativen des sozialen Wandels für eine Gesellschaft sein. Konflikte bringen häufig alternative Möglichkeiten der sozialen Organisation in den Blick, und sei es nur in den Anstrengungen ihrer Regulierung. „Ihre alltäglichen Auflösungen sind eine ständige Herausforderung an menschliche Findigkeit und Kreativität", meint Thomas Zitelmann (in diesem Band). So führen Konflikte zu neuen institutionellen Regelungen. Elwert überwindet so den Gegensatz zwischen funktionalistischen und Macht-analytischen Konflikttheorien, in dem er den sozialen Wandel gerade mit institutionalisierten Verfahren der Konfliktbearbeitung und den darin möglichen Selektions- und Lernprozessen identifiziert.[2]

Ob Innovation und gesellschaftliche Lernprozesse zur Pluralisierung (politisch) und Differenzierung (systemisch) führen, ist eine empirische Frage. Deutlich scheint aber zu werden, dass Innovationen dann nachhaltiger sind, wenn sie auf Bekanntes rekurrieren. Auch Jan Koehler (in diesem Band) weist auf die Bedeutung der Einbettung von institutionellen Innovationen hin: „Kulturelle Einbettung von Institutionen der Konfliktaustragung – also das Wiedererkennen der Regeln als etwas Eigenes – ist für die gesellschaftliche Akzeptanz von Verfahren als bevorzugter Modus von Konflikt entscheidend."

Diese Überlegungen sind nicht blanke Theorie, sondern haben eminent praktische Bedeutung. Koehler spricht die Probleme des *institutional engeneering* der gegenwärtigen Entwicklungspolitik mit ihren Schwerpunkten auf *civil society*, *good governance* und Institutionenaufbau an, und verweist auf die mangelnde Einbettung bzw. Anschlussfähigkeit mancher über Entwicklungsprogramme eingeführten Institutionen, die zu deren Versagen führen könne. Und Thomas Bierschenk zeigt die Widersprüchlichkeit und die Ironie der verschiedenen Interventionen von internationaler Seite auf, wenn er auf die parallel verlaufende Ressourcenverknappung staatlicher Instanzen durch die Strukturanpassungsprogramme der Weltbank und die gleichermaßen von *good governance* Programmen gewünschten Dienstleistungsverbesserungen derselben hinweist: Das „Missverhältnis zwischen Abbau von staatlichen Ressourcen und gleichzeitiger Erhöhung der Anforderungen an staatliche *outputs* ist ein schönes Beispiel – der Schulbetrieb mit seiner wachsenden Zahl von Schülern und sinkenden Zahl von Lehrern wäre ein anderes – für die Paradoxien und Widersprüche, an denen die internationale Entwicklungskooperation so reich ist". Um solche Widersprüche zu vermeiden, plädiert Elwert für eine in der Empirie fußende Anwendungsorientierung.

Die Praxisrelevanz der Erforschung der Handlungskonsequenzen von Interventionen unter den konflikttheoretischen Dimensionen Elwerts spitzt sich angesichts des gegenwärtigen Sicherheitsdiskurses zu. Thomas Zitelmann charakterisiert Elwerts Position dazu folgendermaßen: „Die neue Überschnei-

---

2   So könnte man auch die von Georg Klute beschriebene Erfindung von Tradition als Prozess des Lernens beschreiben, in dem neue Institutionen über ihre aktive Einbettung bzw. die Herstellung von Bezügen zu scheinbar Bekanntem, funktionsfähig wurden – auch wenn diese Bezüge wenig historischen Gehalt hatten, und auch wenn der Lernprozess unter Umständen vor allem von denjenigen vollzogen wurden, die damit ihre Machtposition festigen konnten. Mit Georg Elwerts Konzept von „Tradition als Ressource" (2000) ließe sich diese Interpretation verfolgen.

dung sicherheitspolitischer Felder mit klassischen Feldern ethnologischer und ethnographischer Forschung hat speziell dort Auswirkungen, wo sich eher langfristig formulierende ethnologische Entwicklungs- und Konfliktforschung mit je aktuellen sicherheitspolitischen Paradigmen und Erwartungen an die Wissenschaft treffen. […] Elwerts anwendungsorientiertes Angebot an die post-11.-September-Sicherheitslage ist die Verbindung von verfahrensmäßiger Vorhersehbarkeit, bei kontingenter Gesamtlage, unter dem Postulat von Möglichkeiten und Wenn/Dann-Hypothesen." Tom Hüsken unterstreicht dabei den Gesichtspunkt, dass die Lerneffekte erfolgreicher Konfliktaustragung nie als selbstverständlich genommen werden können. Er zeigt, dass dies auch für eigentlich von hohen Institutionalisierungsgraden geprägte Organisationen und Projektarenen gilt und ebenso für Gesellschaften, die, wie die unsere, davon ausgehen, stabile Verfahren der Konfliktbearbeitung entwickelt zu haben. Die Konfrontation mit neuen Konfliktkonstellationen fordert auch hier, weitere kreative Institutionenbildung: Nicht Kultur, sondern Verfahren zur Aushandlung von Heterogenität sind die Engpässe gesellschaftlicher Organisation.

Die Theorie der Konflikte ist so widersprüchlich wie ihr Gegenstand selbst. Gewiss ist Konflikttheorie noch keine Gesellschaftstheorie – weil es Konsens, Empathie und Liebe gibt –, auf der anderen Seite sind alle Institutionen dadurch bestimmt, dass sie auch Konflikte bearbeiten müssen. Gesellschaftliche Integration vollzieht sich eben nicht nur über moralische Sozialisation oder symbolische Integration, sondern auch über Konfliktregulierung. Ob Konflikte Ressourcen vergeuden und/oder mobilisieren, ob sie den sozialen Zusammenhang sprengen oder stiften, ob sie das, was Menschen Glück nennen, vernichten oder stimulieren, das ist letztlich eine Frage der empirischen Analyse. Nachdem das „Ende der Geschichte" nicht stattgefunden hat, wird diese Frage immer dringlicher. Dabei ist es gerade die Sozialanthropologie, die Wesentliches beitragen kann, weil sie kein Gesellschaftsmodell grundbegrifflich privilegiert. Gerade darum kann sie die Institutionalisierung von Recht als fortdauerndes Problem begreifen. Georg Elwerts Perspektive, welche die Produktivität von Konflikten von einer handlungsttheoretischen Perspektive her ernst nimmt, ist heute wieder dringender denn je.

Werner Schiffauer und Roland Eckert danke ich für ihre kritischen Anregungen. Ich danke dem Max-Planck-Institut für ethnologische Forschung für die großzügige und freudige Unterstützung bei der Herstellung des Manuskripts, und hier besonders Gesine Koch und Mirco Lomoth. Der Jungen Akademie der Berlin Brandenburgischen Akademie der Wissenschaften und der Leopoldina danke ich für die finanzielle Unterstützung des Projekts.

Literatur

Dahrendorf, Ralf (1954): „Out of Utopia", in: *The American Journal of Sociology* 64, S. 115-127.

Eckert, Julia (2003): *The Charisma of Direct Action*, Oxford, Delhi: Oxford University Press.

Elwert, Georg (1989): „Nationalismus und Ethnizität: über die Bildung von Wir-Gruppen", in: *Kölner Zeitschrift für Soziologie und Sozialpsychologie* 3, S. 440-464.

Elwert, Georg (1997): „Gewaltmärkte. Beobachtung zur Zweckrationalität der Gewalt", in: Trutz von Trotha (Hg.), *Soziologie der Gewalt*, Opladen: Westdeutscher Verlag, S. 86-101.

Elwert, Georg (2000): „Selbstveränderung als Programm und Tradition als Ressource", in: Beate Hentschel (Hg.), *Verborgene Potentiale*, München, Wien: Hauser, S. 67-94.

Elwert, Georg (2004): „Biologische und sozialanthropologische Ansätze in der Konkurrenz der Perspektiven", in: Wilhelm Heitmeyer/Georg Soeffner, (Hg.), *Gewalt. Entwicklungen, Strukturen, Analyseprobleme*, Frankfurt a. M.: Suhrkamp, S. 436-472.

Galanter, Mark (1974): „Why the ‚Haves' Come Out Ahead: Speculations on the Limits of Legal Change", in: *Law & Society Review* 9, S. 95-160.

Hirschman, Albert O. (1994): „Wieviel Gemeinsinn braucht die liberale Gesellschaft?", in: *Leviathan:* 22 (2), S. 293-304.

Hirschman, Albert O., (1992): „Abwanderung, Widerspruch und das Schicksal der Deutschen Demokratischen Republik", in: *Leviathan* 20 (3), S. 330-358.

ANTHROPOLOGISCHE PERSPEKTIVEN AUF KONFLIKT[1]

Georg Elwert

Konflikt ist soziales Handeln, das auf der Wahrnehmung von teilweise inkompatiblen Interessen oder Intentionen zweier oder mehrerer Personen basiert. Die Wahrnehmung der unvereinbaren Interessen muss nicht notwendigerweise von beiden Seiten geteilt werden. Formulierungen von Interessen und Intentionen sind notwendigerweise kulturell gebunden und können auch innerhalb einer Kultur Gegenstand der Auslegung sein. Für analytische Zwecke bleiben Konzeptionen von Intention und Interesse häufig Projektionen. Was vom Beobachter als Interesse oder Intention verstanden werden kann, muss unter Berücksichtigung des Kontexts geklärt werden. Es muss jedoch in der Beobachtung von Aussagen oder von Handlungsketten begründet sein, die offen ist für Operationalisierung und Falsifikation. Des Weiteren benötigt die Wahrnehmung von Konflikt nicht notwendigerweise reale Intentionen oder reale Personen, um Handlung hervorzubringen. Die Annahme von Hexerei z.B. kann Fehden generieren.

Ziele einer anthropologischen Theorie des Konfliktes

- Eine anthropologische Konflikttheorie kann zur Erklärung von Gewalt beitragen. Konflikt ist jedoch nicht das einzige Element, das zur Erklärung von Gewalt beitragen kann. Gewalt kann z.B. als starker symbolischer Marker bei Ritualen notwendig sein. Eine anthropologische Theorie der Konflikte muss jedoch vor einem populären Gebrauch geschützt werden, der annimmt, dass jeder „Konflikt" gewalttätig sein muss.
- Sie kann zu einer Theorie der Anziehung oder Verlagerung von Emotionen beitragen. Hass gegen Feinde z.B. ist nicht etwas Natürliches, sondern das Ergebnis spezifischer Konstruktionen von Konflikt.
- Die Konflikttheorie konkurriert mit kulturalistischen Ansätzen als eine Erklärung von sozialem Zusammenhalt. Verschiedene Formen der Konfliktregulierung können die relative Intensität eines Konfliktes zwi-

---

1   Aus dem Englischen von Karola Kretschmer-Elwert.

schen Personen reduzieren und somit Treue zu dem System oder der Organisation schaffen, die für die Konfliktregulierung zuständig ist.

- Eine anthropologische Konflikttheorie trägt wesentlich zur Theorie der sozialen Evolution bei. Die Art und Weise, in der eine Gesellschaft Konflikte reguliert, dient auch als Mittel für die Selektion von Alternativen für ihre Zukunft.

Die Geschichte der anthropologischen Konflikttheorie

Die anthropologische Konfliktforschung ist die Geschichte vieler verlorener Hoffnungen und weniger Resultate. Es war eine klassische Überzeugung (zurückgehend auf Thomas Hobbes), dass ein „primitiver" oder „natürlicher" Gesellschaftszustand durch allgegenwärtige Gewalt gekennzeichnet sei. Konrad Lorenz (1966) schlug ein biologisches Paradigma vor, das von einer genetischen Programmierung für Gewalt ausging. Dem hat Ashley Montagu (1968) überzeugend widersprochen. Denn wir finden eine breite Varianz von Verhalten in potenziell konfliktiven Situationen in allen verschiedenen Formen menschlicher sozialer Organisation. Wenn etwas genetisch kodiert ist, ist es zweierlei: einerseits ein Potenzial für Aggression und andererseits ein Potenzial für Flucht und Konfliktmeidung.

Verschiedene Typen gewalttätiger Konflikte wurden (sogar von Malinowski 1941) mit unterschiedlichen „kulturellen Niveaus" assoziiert. Es wurde im Gegensatz zu den Hobbesianischen Ansätzen argumentiert, dass es auf den früheren Niveaus weniger Gewalt gäbe. Manche Autoren (z.B. Chagnon 1968) nahmen an, dass für diese Gesellschaften ein spezifischer Typ von Ressourcenkonkurrenz ein starkes Motiv für Konflikt bilde (dagegen Hallpike 1973). Helbling (1999) hat jedoch gezeigt, dass das Vorkommen und die Intensität von Konflikt nicht direkt mit unterschiedlichen Typen von sozialer Organisation korreliert sind, sondern eher mit der Bevölkerungsdichte eines bestimmten Typs von Sozialorganisation. So können Gesellschaften, die den Schwendbau praktizieren, ebenso wie Jäger- und Sammlergesellschaften ein hohes Konfliktvorkommen zeigen, wenn sie mit hoher Bevölkerungsdichte konfrontiert sind.

Marcel Mauss (1923/1924) entwickelte seine Theorie des Gabentauschs („Die Gabe"), um eine Theorie des Friedens zur Verfügung zu stellen. Reziprozitätsbeziehungen, die als Basis für den Tausch, Marktbeziehungen eingeschlossen, dienen, sind dennoch mit kriegerischen Beziehungen kompatibel. Polanyi (1968) belegte dies am Beispiel der saisonalen Kriegszüge des Königreiches Dahomey in Westafrika.

Für lange Zeit war eine der prominentesten anthropologischen Konflikttheorien die von Max Gluckman (1956). Er stellte die These auf, dass die vielfältigen sich überschneidenden Beziehungen den Ausbruch von Konflikten verhindern oder mindern würden, weil die potenziellen Feinde gleichzeitig auch immer indirekt miteinander durch Allianzen verbunden wären. Hallpike

(1977; siehe auch Schlee 2000) hat jedoch gezeigt, dass sich überschneidende Beziehungen auch als Organisationsform von Konkurrenz operieren und somit Konflikt begünstigen können.

Sahlins' Studie (1961) über die Tiv in Nigeria, den „Lineages mit räuberischer Expansion", suggerierte, dass genealogische Nähe gewalttätige Konflikte generell unwahrscheinlich mache. Barths Studie über die Swat Pathanen (1959) hat jedoch gezeigt, dass dieses Muster noch nicht einmal für Lineage-Gesellschaften generalisiert werden kann. Konfrontation kann sich auch gegen den engsten Konkurrenten ergeben, auch dann, wenn die betreffenden Kontrahenten eng miteinander verwandt sind.

Eine dauerhafte Leistung der Anthropologie stellt Sumners (1911) Ethnozentrismustheorie dar. Er arbeitete früh heraus, wie die Organisation von Gewalt die Definition von Grenzen erfordert. Leach (1965) fügte dem trocken hinzu, dass Töten das machtvollste Instrument der Zuordnungen darstelle – für die Überlebenden.

Ein anderes Ergebnis der anthropologischen Konflikttheorie, welches nicht so einfach einem einzelnen Namen zugeordnet werden kann, ist die Beobachtung, dass Eigenschaften der sozialen Organisation einen stärkeren Einfluss als Technologie darauf haben, welche Konfliktsstrategien erfolgreich sind. Obwohl frühe historische Beiträge stark auf der Wirkung des Pfeiles, dem Einsatz von Pferden und Feuerwaffen oder viel stärker noch von Bombenflugzeugen insistierten, haben spätere Forschungen dagegen die Organisation des Zugangs zu Technologie, die Weitergabe von Wissen, das Training von bestimmten Fähigkeiten und nicht zuletzt die soziale Organisation der Risikowahrnehmung betont. So erfordern gewaltsame Konflikte, dass Risiken und potenzielle Vorteile abgewogen werden; diejenige Strategie, die dies erfolgreich vermag und vermittelt, wird auch die erfolgreichere Konfliktstrategie sein.

Methodologische Probleme der Konfliktforschung

Damit menschliches Handeln als konfliktives Handeln interpretiert wird, müssen bestimmte, vorher festgelegte Muster erfüllt werden. Die Wahrnehmung dieser Muster bedeutet auch, dass zufälliges Handeln ohne konfliktive Intentionen wahrscheinlich als konfliktiv interpretiert wird, wenn es verletzend ist und eine Intention hinein interpretiert werden kann.

Gesellschaften tendieren dazu, Konflikte als unvorhersehbar oder sogar als chaotisch darzustellen. In der Selbstdarstellung von Gesellschaften ist Konflikt manchmal sogar ausgeschlossen. Konflikt kann als böse oder als psychologisches, und nicht als soziales Phänomen dargestellt werden. Je weniger Konflikte „normalisiert", das heißt mit niedriger Intensität institutionalisiert sind, umso größere Probleme wird ein Feldforscher haben, wenn er versucht, etwas über bestehende Konflikte oder über die Muster ihrer Organisation und ihrer Lösungsstrategien zu erfahren. Vorhandene Konflikte können geleugnet, und gruppeninterne Konflikte können hinter Konflikten mit Außenseitern versteckt werden.

Konflikte als eingebettetes soziales Handeln

Der populären Sichtweise auf Konflikte als chaotisch und ungeordnet, wurde von der Anthropologie widersprochen. Das Bild von Chaos ist jedoch auf Erfahrung gegründet. Erfolgreiches Konfliktmanagement im Sinne der Handelnden erfordert Überraschung, die den Eindruck von Unvorhersehbarkeit schaffen kann. Konflikte folgen jedoch meist sozial geordneten Pfaden. Wie im Fall von Lawinenabgängen sind der genaue Zeitpunkt und die Stärke schwer vorher zu bestimmen. Man kennt jedoch die Umgebung, in der sie stattfinden, und man weiß, welche Wege sie einschlagen. Die Anthropologie hat gezeigt, dass sogar gewaltsame Konflikte kulturell kodierten Mustern folgen und institutionalisierte Formen haben, und dass ihre Erscheinungsform kontrolliert und gelenkt ist. Dies wurde soziale Einbettung genannt (Elwert 1999). Unter Einbettung versteht man das Ensemble von moralischen Werten, Normen und institutionalisierten Arrangements, die bestimmte Handlungstypen begrenzen und gleichzeitig das Ergebnis dieser Handlung berechenbar machen. Die Tatsache, dass Konflikte sowohl über kontrollierte und vorhersagbare Aspekte als auch über ein Element von Überraschung verfügen, gibt ihnen eine hybride Struktur. Deshalb könnte man von partieller Einbettung sprechen.

Charakteristisch für Konfliktsituationen ist, dass einer der Akteure über einen relativ autonomen Zeitgebrauch verfügt. Das Ergebnis von Konflikten ist bezogen auf die relativen Gewinne und Verluste unvorhersehbar. Auf der anderen Seite schaffen Gesellschaften durch Routinen und Normen auch Vorhersehbarkeit, welche die Austragung von Konflikten kanalisiert. Normen, als ein Mittel von Konfliktkanalisation, haben eine stärkere Wirkung als bloße Routinen, sind aber gleichzeitig weitaus unflexibler als Routinen. Ein Charakteristikum sozialer Normen ist deshalb, dass sie unterlaufen werden: Man sollte daher nicht erwarten, dass Normen, die Konflikte regulieren, zu hundert Prozent eingehalten werden.

Der Normenbegriff erlaubt es uns, Normkonflikte und Akteurskonflikte zu unterscheiden. In Normkonflikten verletzt eine Person oder Gruppe Normen, indem sie gegen die Rechte einer Person oder einer Gruppe verstößt. In Akteurskonflikten treffen Individuen oder Gruppen aufeinander und versuchen, sich gegenseitig auf einem Handlungsfeld zu verletzen, das über normativ definierte Grenzen verfügt, in dem jedoch keine der Seiten Normen in Anspruch nehmen kann, um ihre Ziele und ihr Handeln zu rechtfertigen.

Formen von Akteurskonflikten

Die Vielfalt von Begriffen, die Konflikte beschreiben (Krieg, Genozid, Konkurrenz, Fehde, Schlacht etc.) können in einem Feld mit vier Polen geordnet werden (siehe Abbildung 1).

	mehr Gewalt	weniger Gewalt
stärkere Einbettung	Kriegerisch	Verfahren
schwächere Einbettung	Zerstörung	Meidung

Abbildung 1: Das Feld der vier Pole

Von Polen zu sprechen bedeutet, dass die empirischen Beispiele und emischen Kategorien zwischen diese abstrakten Kategorien positioniert werden können. Die Kriterien sind mehr oder weniger Gewalt und stärkere oder schwächere Einbettung. Die Kategorie „kriegerisch" umfasst sowohl Fehde als auch Krieg. Krieg ist ein gewaltsamer Konflikt, der physische Risiken impliziert, aber durch einige Regeln begrenzt wird. Die Fehde ist definiert als ein gewaltsamer Konflikt, in welchem die potenziellen Opfer, der Ort und der Zeitpunkt des Konfliktes sowie die erlaubten Waffen eine Sache von bindendem Einvernehmen sind. Ein notwendiges Kriterium der Fehde ist, dass die Mittel, den Konflikt zu beenden, Teil der Vereinbarung sind. Sie ist somit stärker eingebettet und generell auch weniger gewaltsam als Kriege. Fehde und Konkurrenzkampf können nicht klar getrennt werden; sie haben einen fließenden Übergang. Konkurrenzkampf sollte jedoch als Teil von Verfahren gesehen werden. Verfahrensmäßig organisierter Konkurrenzkampf, der in abstrakten Parametern (z.B. Geld oder Geschwindigkeit) gemessen wird, erlaubt einen kontinuierlichen Konflikt ohne Gewalt.

Im Gegensatz zur Rechtssoziologie, die Verfahren als eine spezifische – ritualisierte – Form definiert, kann sich die Anthropologie als vergleichende Wissenschaft nicht allein auf emische Begriffe verlassen, die durch die Akteure definiert werden. Ein anthropologischer Begriff von Verfahren muss deshalb die von Luhmann (1969) formulierten Vorschläge zur Definition von Verfahren aufgreifen. Verfahren sind von täglichen Interaktionen durch ihre Form und ihre geordneten Sequenzen zu unterscheiden. Während eines Verfahrens werden einige Machtdifferenziale außer Kraft gesetzt. Es kann während eines Verfahrens z.B. ausgeschlossen werden, dass eine stärkere Person eine schwächere physisch verletzt. Ein weiteres Definitionskriterium ist auch, dass das Ergebnis eines Verfahrens Konsequenzen für das Handeln hat. Ein Vorgang sollte nur dann Verfahren genannt werden, wenn sein Abschluss sinnvolle Konsequenzen für Handeln zur Folge hat. Wer von dem Ergebnis profitiert, ist freilich prinzipiell offen. Anhängige Verfahren, welche die rituelle Form eines Verfahrens einhalten, aber nie zum Abschluss mit Konsequenzen kommen, müssen von abgeschlossenen Verfahren unterschieden werden. In diesem Sinn ist das anhängige Verfahren kein Weg der Konfliktlösung, sondern eine Methode der Konfliktperpetuierung. Anhängige Verfahren können ein hohes Ärgernispotenzial haben und sind deshalb eher den kriegerischen Formen mit reduzierter Gewalt zuzuordnen. Wahlen, Gerichtsverfahren und Auktionen können auch als Verfahren zur Konfliktlösung betrachtet werden.

Zerstörung (z.B. Genozid) unterscheidet sich von kriegerischen Handlungen dadurch, dass ihr Ziel die totale Auslöschung des Anderen ist. Hier gibt es keine beide Partner bindende Übereinkunft. Trotzdem folgt die Zerstörung der anderen Seite kulturell kodierten Mustern. Es gibt keine menschliche Gesellschaft, die das Töten erlaubt, ohne gleichzeitig Regeln für „richtiges" Töten aufzustellen.

Meidung als Konfliktstrategie ist in Konflikttheorien selten berücksichtigt worden (Radcliffe-Brown 1952). Um jedoch eine vollständige Begriffsstruktur zu erhalten, müssen wir auch diesen „Null-Fall" in Erwägung ziehen. In manchen Gesellschaften ist die Meidung der dominante Modus, mit Konflikten umzugehen (vgl. Elwert 2001 zu den Byalebe in Westafrika). Dort, wo Meidung als Konfliktaustragungsstrategie dominant ist, ist es wahrscheinlich, dass, wenn sie versagt, Zerstörung an ihre Stelle tritt. Die Institutionalisierung von Verfahren in Situationen, in denen Meidung der dominante Modus ist, ist unwahrscheinlich.

Der normative Konflikt

Ein normativer Konflikt besteht dann, wenn das Handeln einer Person gegenüber anderen oder gegenüber einer Sache, die für andere Bedeutung hat, Normen verletzt. Dabei geht es um Normen im engen Sinne, also solche Gebote, mit denen Kontrolle und Sanktionen einhergehen. Verbote und Vorschriften, die nicht an Sanktionen gekoppelt sind, sind moralische Werte und keine Normen im engen Sinne. Diese Definition unterscheidet sich von emischen Definitionen. Generell gibt es mehr Vorschriften und Verbote, welche als „Normen" angesehen werden, als solche, deren Übertretung wirklich verfolgt und sanktioniert wird. Kontrolle bzw. Überwachung und *monitoring* ist notwendig, um ein Sanktionspotenzial zu schaffen. In einigen Gesellschaften wird diese Kontrolle Spezialisten oder Personen übertragen, die mit dahingehenden Kompetenzen ausgestattet sind.

Reaktionen auf Normenverstöße decken ein weites Spektrum ab. In staatlich verfassten Gesellschaften ist die dominierende Reaktion die Sanktion durch einen zentralisierten Apparat, die Zwangsgewalt. Eine andere Lösung stellt der „Sanktionsdienst" dar. In staatlich verfassten Gesellschaften kann dieser parallel zur Zentralgewalt operieren, z.B. bei der Mafia (Krauthausen 1997); er wird dann häufig als illegitim betrachtet. In Gesellschaften ohne Staat können diese Sanktionsdienste durch Spezialisten ausgeübt werden, die als Korporationen, Altersgruppen oder Geheimgesellschaften organisiert sind.

Eine dritte Option ist die Selbsthilfe, die eine Form ähnlich der Fehde annehmen kann (Spittler 1980). Selbsthilfe erfordert ein breiteres Einverständnis darüber, dass eine Norm verletzt wurde. Dieses Einverständnis kann z.b. in einer Gerichtsverhandlung etabliert werden, welche die Opfer der Normverletzung dazu berechtigt, selbst Maßnahmen zu ergreifen oder zu diesem Zweck andere anzustellen (vgl. Würth 2001 zu den *Shari'a* Gerichtsverhandlungen in Jemen). Eine vierte Option, die nicht übersehen werden darf, ist, die Normverletzung zu ignorieren. Dies ist eine häufige Lösung, wenn es weder starke Zentralinstanzen noch Sanktionsdienste gibt und wenn die Grenze zwischen Akteurs- und Normkonflikt unscharf ist.

Sanktionen können nicht nur physische Beeinträchtigungen (wie körperliche Verletzung, Verstümmelung, Bewegungseinschränkung oder materielle und ökonomische Strafen), sondern auch Statusverlust und Rufschädigung umfassen. Die Reputationssanktion ist in solchen Kontexten üblich, in welchen eine Person den Kontakt zum Opfer oder den Richtern nicht vermeiden kann. Da Gesellschaften jedoch nie homogen sind, müssen Teilgruppen einzelne Normen nicht teilen (Pospisil 1958). Die Reputationssanktion ist dann in ihrer Wirksamkeit begrenzt. Die Redundanz sich überschneidender Referenzgruppen, mit jeweils eigener Sanktionsfähigkeit, kann damit umgehen (Elwert 1980).

Der normative Konflikt ist ein Prozess von zwei Schritten. Der erste Schritt besteht in dem Normenverstoß, der zweite im Sanktionsprozess. Dass der Normenverstoß ein Verstoß ist, wird definitiv erst nach dem Sanktionsprozess deutlich. Das Ergebnis des Sanktionsprozesses kann prompt (z.B. Lynch-Justiz) oder prozesshaft sein. Alle menschlichen Gesellschaften – nicht nur die „modernen" – kennen den Vorteil prozesshafter Sanktionen gegenüber den sofortigen. Wahrheitsfindung kann eine Sache von Aushandlung sein, insbesondere wenn über Situationsinterpretationen und Normbrüche mangelndes Einverständnis herrscht. Die Zeit, die charakteristischer Weise in Prozesse investiert wird, erlaubt es, Informationen zu überprüfen und Emotionen abkühlen zu lassen. Verfahren können allerdings auch dazu benutzt werden, um die Vielzahl von Wahrnehmungen eines Konflikts auf die Durchsetzung einer Wahrnehmung und einer etablierten Wahrheit hin zu steuern und können auch Emotionen so anheizen, dass Sanktionen wahrscheinlicher oder gewalttätiger werden.

Die Anziehung und die Verlagerung von Emotionen

Die populäre Sichtweise, dass Konflikte durch Emotionen motiviert sind, kann von der Anthropologie nicht bestätigt werden. Menschen reagieren weniger auf Emotionen als auf angenommene oder wahrgenommene Handlungsziele. Die Reaktion auf eine Konfliktsituation hat höhere strategische Qualitäten, wenn sie auf kühler Kalkulation und nicht auf Emotionen basiert. Emotionen zu „zeigen", kann dennoch sehr wichtig sein, um Handlung in einer Konfliktsituation zu legitimieren oder um den Gegner zu beeindrucken. Handlungen in Konflikten können jedoch Emotionen hervorrufen. Dies korreliert mit einem Wandel in den Relevanzstrukturen und kann dazu beitragen, die Ressourcen im Konflikt zu konzentrieren. Akteurskonflikte rufen starke Emotionen hervor, umso stärker, wenn Gewalt beteiligt ist. In der Behandlung von Konflikten durch Verfahren, insbesondere in normativen Konflikten können Emotionen weniger intensiv sein. Sie erscheinen vergleichsweise losgelöst oder verlagert. Eine Gesellschaft, die normativen Konflikten den Vorzug gibt, und die Verfahren privilegiert, lässt die Verlagerung von Emotionen zu. Eine literarische Darstellung von Konflikten oder sportliche Wettkämpfe – eine Konfliktform, die geringere Auswirkungen auf persönliche Lebensziele hat – können dann stärkere Emotionen hervorrufen als gelebte Konflikte.

Konfliktmotive

Wir können drei Kategorien von Motiven unterscheiden: Ehre, Macht und materieller Gewinn. Jedes dieser Motive verfügt über eine eigene Definition, wer in der Konfliktsituation gewonnen hat. Was z.b. ein Außenstehender als ökonomischen Verlust wahrnehmen kann, kann für Beteiligte als ein Zuwachs an Prestige erscheinen. In den meisten Fällen überlappen sich jedoch die Motive und erschweren es uns zu erkennen, wer der Gewinner ist. Es ist jedoch hilfreich, zwischen den verschiedenen Kategorien von Motiven zu unterscheiden, um die Konsequenzen zu erkennen, die sich für die Organisation eines Konfliktes daraus ergeben, welche Prioritäten die Beteiligten setzen. Wenn die Ehre das Hauptziel ist – und noch mehr dann, wenn Ehre zugeschrieben wird, indem eine tote Person zum Helden erklärt wird – steigt die Risikobereitschaft. Dies kann in sich wiederholenden Kriegen münden, denn neue Generationen benötigen neues Prestige (vgl. Evans-Pritchard 1957 zu den Azande Kriegen). Wenn das Ziel Macht bzw. die Kontrolle über Personen ist, muss das Konfliktende das Gewaltpotential des Siegers über die Verlierer festigen. Wenn das Ziel materielle Gewinne sind, so können diese in einen sich selbst perpetuierenden Prozess reinvestiert werden, um in weiteren Konflikten noch mehr zu verdienen.

Systeme der Blutfehde oder -rache sind häufig von Systemen der Ehrzuschreibung und Schande dominiert. Eine Person zu töten, bedeutet Ehre. Wenn die Tötung nicht vergolten wird, entsteht Schande. Rache „wäscht die Schande weg" (Schwandner 1999) und stellt die Ehre wieder her.

Hinter dem Schleier ideologischer Motive verfolgen Kriegsherren hauptsächlich ökonomische Vorteile, gleich ob die Mittel friedfertig oder gewalttätig sind. Ohne die typischerweise friedliche Einbettung von Märkten schafft dieses unternehmerische Handeln einen Gewaltmarkt (Elwert 1999). Auch wenn Kriegsherren in ihrer subjektiven Wahrnehmung keine ökonomischen

Ziele verfolgen, brauchen sie, um ihre Handlungen zu reproduzieren, Waffen und Soldaten. Die Gewinne aus Raub, Erpressung, Geiselnahme, Zöllen und Handel (in besonders teuren Gütern, wie wertvollen Metallen und Steinen, Drogen und Waffen) müssen die Ausgaben decken und Profit abwerfen.

Gruppenkonflikte haben ihren Ursprung in Interessengegensätzen oder in der Konstruktion derselben. Die Konstruktion von Interessengegensätzen dient meist der endostrategischen Mobilisierung bzw. ist Strategie der Machtkontrolle innerhalb einer Gruppe. Dabei wird der Außenkonflikt angeheizt, um die Gruppe zusammenzuschweißen und zu homogenisieren. Damit werden neue Normen oder neue Machtstrukturen durchgesetzt. Grenzen zu „den anderen" werden gezogen oder betont. Endostrategische Mobilisierung ist das typische Instrument von aufstrebenden Eliten, die sich Macht aneignen wollen. Sie stellen vielfach die herrschenden Eliten als Personen dar, welche die kollektiven Interessen nicht hinreichend vertreten oder die sogar als Agenten für die andere Partei fungierten.

Konfliktregulierung und sozialer Zusammenhalt

Auf den ersten Blick erscheint es paradox, die soziale Organisation von Konflikt mit sozialem Zusammenhalt zu verknüpfen. Seit Anthropologen nicht mehr daran glauben, dass es eine natürliche Harmonie zwischen Menschen gibt, können wir uns dem Gedanken nicht entziehen, dass die Normalisierung und Institutionalisierung von Konflikten eine unabdingbare Voraussetzung für sozialen Zusammenhalt ist. Gegensätzliche Interessen sind zwischen Menschen allgegenwärtig. Wenn es keine geregelten Methoden gibt, dies auszudrücken, werden zufällige Konflikte, und in noch stärkerem Maße deren Meidung die Chancen für Kooperation minimieren. Kooperation erfordert nicht Konfliktunterdrückung, sondern berechenbare Möglichkeiten, Konflikte auszudrücken und auszutragen. Weniger destruktive Formen des Konfliktes und insbesondere solche Formen, welche die Interessen beider Seiten in die Form eines Kompromisses gießen, fördern die Bereitschaft, Konflikte auszutragen. Dies wird dadurch ermöglicht, dass das geringere Risiko während der Konfliktaustragung die Voraussetzungen der Kooperation während oder nach dem Konflikt weniger bedroht. Deshalb kann die Institutionalisierung von Konflikt die Inzidenz von Konflikten erhöhen, weil diese weniger gewalttätig und so auch weniger riskant für andere Lebensziele werden.

Eine soziale Gruppe mit einem gemeinsamen Bezug ist nicht notwendigerweise eine „Konfliktgruppe", innerhalb derer sich Gruppierungen bilden, die gegeneinander agieren. Eine Konfliktgruppe zeichnet sich durch interne Sanktionskapazität aus. Ohne diese könnten gemeinsame Unternehmungen von Trittbrettfahrern unterminiert werden, die den Nutzen aus den Siegen genießen, aber das Risiko des Konfliktes selbst vermeiden wollen. Die Schaffung einer solchen Sanktionskapazität durch ein internes Sanktionssystem ist ein wichtiger Indikator für das Mobilisationspotenzial in Unruhen und Bürgerkriegen.

Wir können beobachten, dass Wir-Gruppen, Organisationen oder Gesellschaften dazu tendieren, die Gewalt von internen Konflikten zu begrenzen und einzudämmen. Diese Tendenz schafft jedoch kein verallgemeinerbares Muster. Die materiellen und immateriellen (wie z.b. Ehre) Ressourcen, die Kooperation schafft, können selbst zu weiteren Konflikten führen. Deshalb kann in Konflikten die Gewalt innerhalb von Gruppen stärker sein als zwischen unterschiedlichen Gruppen. Solange diese Konflikte nicht in eine systematische Vernichtung eines Teils der Gruppe umschlagen, kann die Kohäsion dieser Gruppen trotzdem aufrechterhalten bleiben.

Albert Hirschmans (1994) Beobachtungen über moderne Gesellschaften können möglicherweise auf andere Gesellschaften übertragen werden: Gruppenzusammenhalt korreliert stark mit dem Zugang zu anerkannten Mitteln der Konfliktregulierung. Geteilte kulturelle Werte, auch solche, die eine starke emotionale Bindung herstellen, wie Sprache oder Religion, tragen weniger dazu bei, sozialen Zusammenhalt zu erklären als die Präsenz von Institutionen, die eine Chance ermöglichen, die eigenen Interessen bei geringem Risiko zu verfolgen. Aus anthropologischer Sicht muss man hinzufügen, dass Verfahren eine höhere Kohäsion schaffen als andere geregelte Konfliktlösungsstrategien. Hirschman zeigte weiter, dass Verfahren, die Mehr-oder-weniger-Lösungen bevorzugen (in unserer Terminologie inkrementale Konfliktlösungen), eine bessere Chance haben, Kohäsion herzustellen als solche, mit Entweder-oder-Stukturen (alternative Konfliktlösung). Der Kompromiss berücksichtigt Interessen von beiden Seiten. Das vereinfacht die Identifikation mit dem Ergebnis der Konfliktregulierung. Diese Sichtweise wird von der Anthropologie auf moderne Gesellschaften angewendet. In einem Fall wurde gezeigt, dass, unabhängig von kulturellen Parametern, wie Sprache oder Religion, die Verhinderung von Zugang zu normativ regulierten Institutionen von Konfliktlösung, Separatismus und Trennung hervorrufen (Elwert 1997). Für afrikanische Staaten wurde gezeigt, dass der klassische Zündfunke bei Bürgerkriegen der arbiträre Gebrauch von Gewalt durch Staatsagenten ist (Wirz 1982).

Institutionen der Konfliktregulierung als zentrale Determinanten sozialen Wandels

Nach Ralf Dahrendorf (1954) sind die Formen der Konfliktregulierung zentrale Marker für die unterschiedlichen Wege der sozialen Transformation. Häufig (jedoch nicht immer oder ausschließlich) sichert die normative Struktur die Reproduktion einer Gesellschaft und ihre Kontinuität (oder Gleichförmigkeit) auf Zeit (Identität). Sozialer Wandel erfordert Brüche in der Reproduktion von Gleichförmigkeit. Er kann jedoch nicht nach dem Prinzip „alles ist möglich" vonstatten gehen, da dies das Ende der Reproduktion bedeuten und weiteren

Wandel unterminieren würde. Stimuli für Wandel, seien sie nun endogen oder exogen, müssen als Alternativen von etwas behandelt werden und nicht als unzusammenhängende Ereignisse. Alternativen sind niemals abstrakt, sie erfordern immer menschliche Intentionen. Indem sie Alternativen wahrnimmt und auswählt, erhält die Organisation von sozialen Konflikten eine Schlüsselrolle für sozialen Wandel.

Gesellschaften, die normativen Konflikten den Vorzug geben, erhöhen die Vorhersehbarkeit des individuellen Handelns. Solange man die Normen befolgt, ist das Konfliktrisiko gemindert. Es erhöht sich dabei gleichzeitig die Konfliktverarbeitungskapazität. Es gibt relativ weniger zufällige Konflikte, und die Möglichkeit, sich in geregelten Konflikten zu engagieren, wird größer. Eine höhere Konfliktverarbeitungskapazität bedeutet mehr Variation. Wenn eine Gesellschaft diese Institutionen nicht nur benützt, um Gewinner und Verlierer zu identifizieren, sondern auch, um einzelne Elemente sozialer Ordnung, Formen des Konsums und neue Produkte menschlicher Aktivität auszuwählen, dann kann Innovation akzeptiert werden. Es ist die höhere Selektivität, welche die Angst vor Neuem reduziert.

Man kann jedoch nicht sagen, dass eine solche Gesellschaft „entwickelter" ist als andere. Abhängig vom Typus der sozialen Umwelt erscheinen verschiedene Typen der Konfliktregulierung als optimal angepasst (Hallpike 1973). Gesellschaften, die Meidung bevorzugen, finden sich unter den expansivsten Typen von sozialer Organisation in einer Umgebung, die durch Raub, besonders Sklavenraub, charakterisiert ist. Meidung produziert eine hohe Streuung und verhindert somit Bevölkerungskonzentrationen, die notwendig sind, um Sklavenraub zu einer profitablen Unternehmung zu machen, wie z.B. in manchen Sahelregionen und im Sudan. An den Rändern aggressiver, imperialistischer Staaten erscheinen zu Fehde neigende Gesellschaften als stabilstes Arrangement. Diese Gesellschaften bewahren sich intern ein hohes Maß an kriegerischen Kompetenzen, die auf diese imperialistischen Kräfte abschreckend wirken, wie dies im Fall des Kaukasus oder einiger Balkanregionen gezeigt werden kann. Wenn sich Gesellschaften mit den Mitteln des reziproken Wettbewerbs ihrer Märkte gegenseitig durchdringen, dann wird dieser Wettbewerb durch hohe Innovationskapazität angestoßen. Gesellschaften, die zu Verfahren neigen, erscheinen in diesem Punkt besonders stark, wie z.B. einige mittelalterliche, orientalische und einige westliche Gesellschaften.

Literatur

Barth, Fredrik (1959): *Political Leadership among the Swath Pathans*, London: Athlone.

Chagnon, Napoleon (1968): *Yanomamö: The Fierce People*, New York: Holt, Rinehart & Winston.

Dahrendorf, Ralf (1954): „Out of Utopia", in: *The American Journal of Sociology* 64, S. 115-127 (auch in: Lewis Coser/Bernard Rosenberg (Hg.) (1964): *Sociological Theory: A Book of Readings*, New York: Macmillan).

Elwert, Georg/Feuchtwang, Stephan/Neubert, Dieter (Hg.) (1999): *Dynamics of Violence. Processes of Escalation and De-Escalation in Violent Group Conflicts*, Berlin: Duncker & Humblot.

Elwert, Georg (1980): „Die Elemente der traditionellen Solidarität", in: *Kölner Zeitschrift für Soziologie* 4, S. 681-704.

Elwert, Georg (1997): „Deutsche Nation", in: Bernhard Schäfers/Wolfgang Zapf (Hg.), *Zur Gesellschaft Deutschlands*, Opladen: Leske & Budrich, S. 123-134.

Elwert, Georg (1999): „Markets of Violence", in: Georg Elwert/Stephan Feuchtwang/Dieter Neubert (Hg.), *Dynamics of Violence. Processes of Escalation and De-Escalation in Violent Group Conflicts*, Berlin: Duncker & Humblot, S. 85-102.

Elwert, Georg (2001): „Herausforderung durch das Fremde", in: Wolfgang Fikentscher (Hg.), *Begegnungen und Konflikt – eine kulturanthropologische Bestandsaufnahme*, München: Verlag der Bayerischen Akademie der Wissenschaften, S. 132-144.

Evans-Pritchard, Edward (1957): „Azande Warfare", in: *Anthropos* 52, S. 239-262.

Gluckman, Max (1973) [1956]: *Custom and Conflict in Africa*, Oxford: Blackwell.

Hallpike, Christopher (1973): „Functionalist Interpretation of Primitive Warfare", in: *Man* 8, S. 451-470.

Hallpike, Christopher (1977): *Bloodshed and Vengeance in the Papuan Mountains*, London, Oxford: University Press.

Helbling, Jürg (1999): „The Dynamics of War and Alliance among the Yanomami", in: Georg Elwert/Stephan Feuchtwang/Dieter Neubert (Hg.), *Dynamics of Violence*, Berlin: Duncker & Humblot, S. 103-116.

Hirschman, Albert O. (1994): „Social Conflicts as Pillars of Democratic Market Society", in: *Political Theory* 22, S. 203-218.

Krauthausen, Ciro (1997): *Moderne Gewalten. Organisierte Kriminalität in Kolumbien und Italien*, Frankfurt am Main: Campus.

Leach, Edmund (1965): „The Nature of War", in: *Disarmament and Arms Control* 3, S. 165-183.

Lorenz, Konrad (1966): *On aggression*, New York: Harcourt, Brace & World.

Luhmann, Niklas (1969): *Legitimation durch Verfahren*, Neuwied am Rhein: Luchterhand.

Malinowski, Bronislav (1941): „War – Past, Present and Future", in: Jesse Clarksen/ Thomas Cochrane (Hg.), *War as a Social Institution. The Historians Perspective*, New York: Columbia University Press, S. 21-31.

Mauss, Marcel (1923/24): „Essai sur le don", in: *Année Sociologique (N.S.)* 1, S. 30-186.

Montagu, Ashley (Hg.) (1968): *Man and Aggression*, Oxford, New York: Oxford University Press.

Polanyi, Karl (1966/1968): *Dahomey and the Slave Trade*, Seattle: The University of Washington Press.

Pospisil, Leopold (1958): *Kapauku Papuans and their Law*, New Haven: Yale University Publications in Anthropology.

Radcliffe-Brown, Alfred (1952): *Structure and Function in Primitive Society*, London: Cohen & West.

Sahlins, Marshall D. (1961): „The Segmentary Lineage: An Organization of Predatory Expansion", in: *American Anthropologist* 63, S. 322-345.

Schlee, Günther (2000): „Identitätskontruktionen und Parteinahme: Überlegungen zur Koflikttheorie", in: *Sociologus* 1, S. 64-89.

Schwandner-Sievers, Stephanie (1999): „Humiliation and Reconciliation in Northern Albania. The Logics of Feuding in Symbolic and Diachronic Perspectives", in: Georg Elwert/Stephan Feuchtwang/Dieter Neubert (Hg.), *Dynamics of Violence. Processes of Escalation and De-Escalation in Violent Group Conflicts*, Berlin: Duncker & Humblot, S. 133-152.

Spittler, Gerd (1980): „Konfliktaustragung in akephalen Gesellschaften: Selbsthilfe und Verhandlung", in: Erhard Blankenburg et al. (Hg.), *Alternative Rechtsformen und Alternativen zum Recht*, Opladen: Westdeutscher Verlag, S. 142-164.

Sumner, William (1911): *War and other Essays*, New Haven: Yale University Press.

Wirz, Albert (1982): *Krieg in Afrika – Die nachkolonialen Konflikte in Nigeria, Sudan, Tschad und Kongo*, Wiesbaden: Steiner.

Würth, Anna (2001): *As-Sari'a fi Bab al-Yaman. Recht, Richter und Rechtspraxis*, Berlin: Duncker & Humblot.

WEGE ZUR KONFLIKTETHNOLOGIE.[1]
EINE SUBJEKTIVE ERINNERUNG

Thomas Zitelmann

Eine Konfliktethnologie, die die Fülle alltäglicher Konflikterfahrungen mit langfristigen prozessualen Konfliktlagen, mit den Extremen von Gewalt und Krieg und mit Beiträgen der allgemeinen Konflikttheorie in einem kohärenten theoretischen Modell verbindet, steht noch in den Anfängen. Georg Elwert (in diesem Band) hat mit seinem Anspruch, Konflikte in Wechselwirkung mit den Institutionen zu betrachten, über die sie kanalisiert werden, begonnen, eine dringend notwendige Diskussion zu systematisieren.

„Konflikt ist soziales Handeln, das auf der Wahrnehmung von teilweise inkompatiblen Interessen oder Intentionen zweier oder mehrerer Personen basiert." (Elwert, in diesem Band). Konflikttheoretisch steht diese Sichtweise näher an Georg Simmel und Lewis Coser als an Ralph Dahrendorf (Reduktion von Konfliktanlass und Verlauf auf „Macht") oder Pierre Bourdieu (Reduktion auf „Knappheit"). Im Kern stellt es sich als einen Versuch dar, einen Konfliktbegriff zu entwickeln, der die „grundbegriffliche Privilegierung eines Sozialmodells" (Kieserling 2004: 134) vermeiden will und im Gesellschaftsvergleich auf unterschiedliche soziale Formen als Differenzierungsweisen ähnlicher Problemlagen blickt.

Was soll Konfliktethnologie im Sinne Georg Elwerts leisten? Sie soll Gewalt erklären. Sie soll den Faktor Emotion (Hass, Zuneigung) als Mittel der sozialen Abgrenzung ernst nehmen. Sie soll eine Alternative zur kulturalistischen Deutung von sozialem Zusammenhalt (in Deutschland die berühmte „Leitkultur") schaffen. Sie soll, und das nicht zuletzt, einen Beitrag zur Theorie der sozialen Evolution leisten, die hier von der Annahme ausgeht, dass Wege der Konfliktregulierung immer auch Mittel der Selektion zukünftiger Alternativen von Entwicklungsprozessen sind (Elwert, in diesem Band). Konflikte dienen als Katalysatoren multi-evolutionärer Prozesse. Im Verweis auf die „Theorie der sozialen Evolution" als Selektion von Alternativen drückt sich spurenhaft eine theoretische Bindung an Luhmanns Systemtheorie aus. Hier wird einerseits die soziologische Anschlussfähigkeit ethnologischer Konflikttheorie formuliert, andererseits kann man es auch als systemtheoretische

---

1 Unter dem Ethnologiebegriff sind hier auch Fachrichtungen wie die britische *social anthropology*, die amerikanische *cultural anthropology*, die französische *anthropologie* etc. zusammengefaßt.

Anregung lesen, bisherige geistes- und sozialwissenschaftliche Ansätze der Konfliktforschung empirisch und theoretisch zu überdenken.

Blicke in die Geschichte ethnologischer Konfliktforschung

Ethnologische Forschung hat, als Teil der historischen Sozialwissenschaften und als eigenes Fach, viel zur Variierung, Remodulierung und Weiterentwicklung konflikttheoretischer Annahmen beigetragen. Dennoch wird die Inkohärenz ethnologischer Positionen zu Konflikten seit mehr als vierzig Jahren immer wieder beklagt (LeVine 1961: 3, 14; Howell 1975: 675; Sluka 1992: 20). Es gibt kein facheigenes Bewusstsein des Gesamtzusammenhanges der spezifischen Beiträge der Ethnologie zur Konflikttheorie. Es gibt dominierende Diskussionssegmente, die sich gegenwärtig stark auf die Verbindung von „Konflikt", „Gewalt" und „Krieg" konzentrieren. Aber Krieg konnte auch ohne direkte Bindung zu „Konflikt" gesehen werden (Howell 1975). Gerade die Verbindung von Krieg, Recht, Wettbewerb und Gewaltformen weniger mit zweckgebundenem Konflikt als mit zweckfreiem Spiel ist ein altes kulturanthropologisches und historisches Thema (Huizinga 1956, passim).

Ethnologische Konflikttheorie, bezogen auf Herrschafts- und soziale Konflikte, kann in den Anfängen nicht von soziologischer Konflikttheorie getrennt werden. Bevor unterschiedliche systematische Zugänge zum Thema seit den zwanziger Jahren des letzten Jahrhunderts unter dem Begriff „Konflikt" zusammengefasst wurden (Lasswell 1930/1937), beherrschten Synonyme das Feld: Opposition, Antagonismus, Streit, Kampf, Wettbewerb, Konkurrenz, Auslese, Auseinandersetzung. Massenhaftes Kämpfen und Konkurrieren, mit lückenlosen Übergängen zwischen blutigem Kampf, geregelter Konkurrenz bis hin zum Wahlkampf, bestimmten Max Webers Blick auf Konflikte. Die sozialen Techniken des Austragens von Konflikten schwankten zwischen physischer Kraft, Demagogentechnik – das „Charisma der Rede" – und der Entwicklung effektiver wert- und zweckrationaler Ordnungen (Weber 1972: 20-22, 667).

Konflikt ist der Urgrund von Entwicklung und Fortschritt. Diese Denkfigur des 19. Jahrhunderts hat die sozialwissenschaftlichen Debatten zur Erforschung von Konflikten nachhaltig beeinflusst. Drei konflikttheoretische Paradigma des 19. Jahrhunderts bilden die Säulen des Fortschrittsmodells. Karl Marx und der sozio-ökonomisch begründete Kampf der Klassen; Charles Darwin und der biologisch begründete Kampf der Arten und Alexis de Tocqueville als Theoretiker der politisch begründeten bürgerlichen Revolution. Neben diesen drei Modellen, die eine lineare Entwicklung postulieren, hat auch ein mechanisch-physikalisches Denken in Kategorien von Kräften, Gegenkräften und Wechselwirkungen zur Entwicklung sozialwissenschaftlicher Konfliktparadigma beigetragen. Bei Gabriel Tarde, in seinem Verständnis „universeller Opposition" (Tarde 1969: 165-174) drückt sich dies in ungeschminkt mechanischer Argumentation aus. In der Soziologie Georg Simmels ist es über die Bedeutung der „Wechselwirkung" als Zusammenhang von Oppositionen (Glück/Leid, Tugend/Laster, Stärke/Unzulänglichkeit, Gelingen/Fehlschlagen, Inhalte/Pausen), als Teil des Vergesellschaftungsprozesses, in verfeinerter Form aufgenommen worden. Soziale Phänomene wie der „Streit" (im Englischen dann „conflict") oder der „Fremde" sind nur zwei von zahlreichen Realisierungsformen der Wechselwirkungen (Simmel 1992: 284-382, 764-771). Mit dem phänomenologischen Blick auf Konflikte verschiebt sich ein prozessuales und evolutionäres Nacheinander in horizontale Verbindungszusammenhänge und ein Nebeneinander von Situationen. Neben systemischen Überlegungen zu Zusammenhängen zwischen Sieg, Überleben, Anpassung und institutioneller Differenzierung treten auch Überlegungen über Bewusstwerdungsprozesse von Konflikten, die institutionellen Transformationen vorausgehen müssen. Im Transformationsprozess bilden sich neue Instrumente, individuelle und kollektive Qualitäten der Konfliktaustragung und langfristiger Lern- und Entwicklungsprozesse heraus.

Stärker noch als der Marxismus hatte Anknüpfung an Darwins Theorien Einfluss auf die Wurzeln ethnologischen Denkens über Konflikte. Teilweise lag dies an einer Anpassung, teilweise an einer Kritik Darwinscher Ideen. Herbert Spencer hat konkurrierende institutionelle Vielfalt in der Entwicklung von „kollektiver Handlung" (*corporate action*) als Adaption biologischer Varianten gesehen (Spencer 1885: 509ff). Ähnlich auch, aber mit anderer Wendung, hat Durkheim seine Kooperationstheorie aus einem Begriff der Arbeitsteilung heraus entwickelt, der kritisch-distanziert an Darwin anschließt. Soziale Einheiten, die sich zu ähnlich sind, tendieren zu Konflikt. Kooperation entwickelt sich aus arbeitsteiliger Diversifikation (Durkheim 1988: 252-253, 325-330). Marcel Mauss, der Neffe und akademische Erbe Durkheims sah Reziprozität, Tausch und Markt als inhärente Qualitäten von Frieden (Mauss 1978: 141f). Mauss' Neuformulierung der Ideen Durkheims fand unter dem Eindruck des 1. Weltkrieges statt. William Sumners Theorie des Ethnozentrismus, der universellen Unterscheidung zwischen „uns" und „ihnen" und der „Wir-Gruppe" hat ihre theoretischen Wurzeln im politischen Sozialdarwinismus (Sumner 1906).

Über die „Eroberungstheorie des Staates" hatten sozialdarwinistische Deutungen von Herrschaftskonflikten nachhaltigen Einfluss auf ethnologische Staatstheorien des beginnenden 20. Jahrhunderts (Mühlmann 1948: 129-134; Krader 1968: 44-51; Krysmanski 1971: 37ff). Was eine ältere Generation von Theoretikern (Ratzenhofer, Gumplowicz, Oppenheimer, auch noch Richard Thurnwald) als ethnisch/rassische Überlagerung/Eroberung betrachtete, wurde in der Soziologie, in Verbindung mit Marxschen Ansätzen, zum theoretischen Hybrid aktivistischer Elitetheorien mit faschistischer Stossrichtung (Sorel, Pareto, Michels).

Die frühen Konflikt bezogenen Versuche amerikanischer Kulturanthropologen, wie Margaret Mead (1973 [1928]: 164f) und Ruth Benedict (1955 [1934]), richteten sich gegen biologische Determinierungen kriegerischen, gewalttätigen und abweichenden Verhaltens. Franz Boas hatte dies als Stoßrichtung gegen biologistische Strömungen in der Anthropologie vorgegeben (Bräunlein 1995: 15ff). Der Kern der Botschaft der *cultural anthropology*, „Krieg ist eine Erfindung" (ebd.: 12), wurde auch durch Bronislaw Malinowski geteilt. Krieg war eine Krise, die erst spät in der menschlichen Entwicklungsgeschichte auftrat. Krieg war interessiertes Mittel zum Zweck in Herrschaftskonflikten und ein Zeichen von Unfreiheit (Malinowski 1986 [1942]: 212). Krieg war keine Institution der primären Bedürfnisbefriedigung. Malinowski erkannte jedoch eine vor gelagerte Konfliktebene, die die primären menschlichen Bedürfnisse berührte und damit auch primäre Institutionen zur Folge hatte. In „Familienkonflikten" wurden negative/positive Gefühle zwischen Kindern und Mutter/Vater psychologisiert und internalisiert. Patri- und matrilaterale Strukturen organisierten diese Art der Primärkonflikte auf jeweils andere Weise und mit anderen Folgen (Malinowski 1975 [1944]: 226-231). Der „Vater als Tyrann" (ebd.) im polnischen Bauernhaushalt hinterließ bei Malinowski keine nostalgischen Gefühle.

Der 2. Weltkrieg und seine Folgen richtete die frühe anthropologische Konfliktforschung stromlinienförmig aus. Malinowski und Wilhelm Mühlmann, ein Anhänger von William Sumners natürlichem Ethnozentrismus, tauschten entfernte Argumente über ein generelles Recht auf Krieg aus, wie dies Mühlmann sah (Mühlmann 1940; Malinowski 1986: 218; Streck 1995: 8). Mead und Benedict begannen als Kritiker biologistischer Positionen. Ihre kulturalistischen Positionen wurden im 2. Weltkrieg in die amerikanischen Kriegsanstrengungen integriert und dienten als Argumente für das kulturelle Potenzial von demokratischer Umerziehung (Bräunlein 1995: 25ff).

Politische Anthropologie, in dem Sinne, was Anthropologen mit Politik machen, hat sich in den Anfängen als Begleitung der nordamerikanischen Indianerkriege entwickelt, als Nebenprodukt des Eisenbahnbaues in den Fernen Westens (nicht zu vergessen, dass Marx' und Engels ethnologischer Stichwortgeber Lewis Henry Morgan Rechtsanwalt der Eisenbahnen war!) und der Besiedelung der *Great Plains* (Vincent 1990: 33ff). Auf die Entwicklung von Konflikttheorie im Rahmen der politischen Anthropologie der britischen *social anthropology* kann eine analoge Perspektive angesetzt werden. Hier hat die koloniale Situation im subsaharischen Afrika die praktische Seite bestimmt. Evans-Pritchard hatte in den 1920er und 1930er Jahren des letzten Jahrhunderts lokale Fehden und kleine koloniale Kriege im südlichen Sudan vor Augen. Im Rahmen staatenloser, segmentärer Systeme, erschienen Krieg und Gegnerschaft, die „segmentäre Opposition" zwischen benachbarten Gruppen, als Zeichen einer paradoxen gegenseitigen Anerkennung. Um ein „Wir" zu definieren, brauchte es ein gegensätzliches „Sie". Je weiter das Ganze eines segmentären Systems in Konflikt verwickelt war, desto mehr stieg die Wahrscheinlichkeit, dass dies zu einem Maximum an interner Integration beitrug. Konflikt trug zur Integration der Sozialstruktur bei (Evans-Pritchard 1940a: 50, 131; 1940b).

Die frühen *social anthropologists* konstruierten ihr politisches Subjekt (vage an Weber orientiert) als Einheit, die nach Innen Recht setzt und nach

Außen durch Krieg in Erscheinung tritt (Gledhill 1994: 12). Die Erfahrung mit und das Interesse an Krieg determinierte die frühen Zugänge zu Konflikt (Goody 1995: 122). Das Interesse an Recht wurde durch einige geteilt, speziell durch Max Gluckman (1954, 1965), aber eine nachhaltige Rechtsanthropologie entwickelte sich erst seit Ende der 1960er Jahre des letzten Jahrhunderts (Bohannan 1967; Moore 2001). Der Brutgrund der Konflikttheorie der *social anthropology* war mehr Krieg als Recht. In gewisser Weise entsprach dies der gewalttätigen kolonialen Situation, die auch eine Geschichte der Durchsetzung des Gewaltmonopols des Staates gegen staatsferne, segmentäre Gesellschaften war. Damit sind bis heute wichtige ethnologische Diskussionen um die Geschichte von Staatsbildung und staatlichem Gewaltmonopol, der Legitimisierung eines Typus von Gewalt, verbunden (Sigrist 1967; Clastre 1976; Gledhill 1994; Riches 1986: 3).

Evans-Pritchards Blick auf soziale Struktur als totale Einheit wurde bald durch Max Gluckmans Beitrag zur anthropologischen Konflikttheorie herausgefordert. Aus Südafrika kommend und in marxistischer Theorie bewandert, wurde Gluckmans Perspektive bereits durch das sich entwickelnde Apartheidsystem bestimmt. Wo Evans-Pritchard kollektives strukturelles Verhalten in Konfliktsituationen sah, betonte Gluckman die individuellen Kapazitäten der Abweichung von der Norm. Er entdeckte auch in Evans-Pritchards Beispielen aus dem Südsudan (den Nuer) überschneidende Beziehungen (*cross-cutting ties*) zwischen konfliktierenden Einheiten, über die gewalttätige Auseinandersetzungen vermittelnd abgeschwächt werden konnten (Gluckman 1955, 1967).[2] Gluckman sah besonders in afrikanischen politischen Formationen einen stark wiederholenden Charakter von Konfliktsituationen, die er als ritualisierte Sicherheitsventile betrachtete, um vor dem Zusammenbruch sozialer Ordnung zu bewahren (Gluckman 1963). In den 1930er Jahren, als Gluckman auch durch Stalins Theorie des Sozialfaschismus beeinflusst war, dachte er Ähnliches über die reformistische Sozialdemokratie in Europa. Die finale analytische Botschaft des Argumentes war, dass Konflikt Teil institutionellen Verhaltens war, das durch die Spannung zwischen normativen Erwartungen und realem Verhalten gekennzeichnet war. Die Stärke normativer Strukturen wird durch ihr Vermögen Konflikt auszuhalten gekennzeichnet (Zitelmann 2001).

Gluckmans Zugang zu Konflikten war eng mit der Entwicklung der Manchester Schule der *social anthropology* verbunden. Victor Turner setzte seinen

---

2 Auf eine paradoxe Variante der *cross-cutting ties* stieß Alvin Wolfe in den 1960er Jahren des letzten Jahrhunderts. Übernational agierende Minengesellschaften im südlichen und zentralen Afrika waren ohne bürokratische Organisation, aber durch überlappende Mitgliedschaften von Eignern miteinander verbunden. Rebellion oder Revolte gegen dieses System supranationaler „azephaler Kontrolle" erschien Wolfe „strukturell unmöglich" (Wolfe 1996). In gewisser Weise könnte die Verfolgung eines derartigen Argumentes Johan Galtungs „strukturelle Gewalt" handlungstheoretisch auflösen und ethnographisch zugänglich machen.

Ansatz fort und entfernte sich noch weiter von der totalen Sozialstruktur auf Mikroebenen der sozialen Organisation. Turner beobachtete Alltagskonflikte auf dörflicher Mikroebene, die verknüpft waren mit Scheidung, residentieller Mobilität, Erbrecht, Generationskonflikten, Landrechten und so weiter. Er beobachtete die ritualisierte Bearbeitung dieser Konflikte und die Macht von Ritualen, zu einer Lösung beizutragen (Turner 1957, 1969). Für Gluckman war Ritual noch eine bloße Widerspiegelung des sozialen Ganzen. Für Turner war es der dynamische Mikrokosmos sozialer Praktiken und Kommentare über tatsächliches, erwartetes und mögliches Verhalten. Es war soziale Struktur in Aktion (Deflem 1991). Bis heute ist Turners Zugang zu Konflikten der vermutlich am wenigsten politisch angewandte Bereich ethnologischer Konflikttheorie.

Zentral für Turners Beitrag war sein erwachendes Interesse an Arnold van Genneps (1986 [1908]) Theorie der Übergangsriten (*rites des passages*). Für van Gennep war (im Gegensatz zu Durkheim) jeder Übergang, sei er sozial, räumlich, eine Stufe im individuellen Leben, durch konfliktive Situationen gekennzeichnet. Rituale standardisieren Mechanismen des Überganges und machen dabei mögliche Problemlagen vorhersehbar und kalkulierbar (Schomburg-Scherff 1986: 253). Das Versprechen (oder die Illusion?) der Kalkulierbarkeit trägt viel zum gegenwärtigen Interesse an ethnologischer Konflikttheorie bei.

Zwei weitere Trends müssen einbezogen werden. Das eine Interesse lag in der Kenntnis von Krieg (und Frieden) in kleinen Gesellschaften, insbesondere indigene Gesellschaften in Südamerika, Südostasien und Neuguinea. Das andere bestand in der Anthropologie der Gewalt, die sich seit den 1980er Jahren in der *social anthropology* entwickelte.

Seit den 1950er Jahren bewegte sich das Interesse um Krieg (und Frieden) in kleinen Gesellschaften im Schatten zweier Diskussionen. Der eine Diskussionsstrang betrachtete das Verhältnis zwischen Krieg, Konflikt und biologischen Determinanten der Aggression, z.B. Napoleon Chagnons Forschungen zu den Yanomamo; der andere Diskussionsstrang betraf die möglichen systemischen (ökologischen, demographischen, kulturmaterialistischen) Beziehungen zwischen Krieg, Konflikt und Umwelt (Nettleship et al. 1975; Haas 1990; Bräunlein/Lauser 1995: IXff). Die Umwelt bezogene Diskussion fand in den 1990er Jahren eine Wiederkehr, diesmal weniger bei Anthropologen als in der politischen Wissenschaft, die auf ökologische Einflüsse bei gewalttätigen post-Kalten-Krieg-Konflikten (vor allem im subsaharischen Afrika) schauten. Die Forschungsergebnisse fanden keine direkte Umwelt-Krieg/Gewalt-Dynamik, sondern wiesen auf die Bedeutung vorhandener oder nicht-vorhandener institutioneller Vermittlungen, etwa in Form der „Findigkeitslücke" bei der Schaffung von Institutionen, die mit Ressourcenknappheit umgehen können (Klem 2003). Dies nähert sich stark der institutionalistischen Perspektive in der anthropologischen Konfliktforschung.

Die Diskussion über die biologischen Determinanten von Aggression setzt sich in immer neuen Varianten fort. Die Yanomamo dienten wieder und wieder als Beispiel. Leslie Sponsel, ein führender nordamerikanischer Vertreter einer „Friedensanthropologie" (Sponsel/Gregor 1994), wird beschuldigt, seine Revision der Argumente Chagnons sei eher politisch als wissenschaftlich (Marano 2000). In gewisser Weise setzt sich hier eine Kontroverse zwischen Biologisten und Kulturalisten fort, in der sich schon Franz Boas engagierte, nun entlang der Kontroverse „Wissenschaft" vs. „Anti-Wissenschaft" und moralischer Anwaltschaft. Gerade die rudimentäre Friedensanthropologie (Howell/Willis 1989; Silverberg/Gray 1992) war in den letzten Jahrzehnten stark mit einer Widerlegung sozio-biologistischer (oder ethologischer) Argumente zur angeborenen Aggression beschäftigt (Bräunlein/Lauser 1995). Die Konflikttheorie in der *social anthropology* war dadurch wenig tangiert. Hier gab es keine wirkliche „Konkurrenz der Perspektiven" (Elwert 2004).

Seit Mitte der 1980er Jahre erschien eine wachsende Anzahl von Texten, die sich auf eine Anthropologie der Gewalt bezogen.[3] Die Blicke richteten sich auf die Geschichte des Gewaltmonopols des Staates, auf Kognitionen, Emotionen, Rhetorik, Kommunikation, Ästhetik, Imagination und metaphorische und metonymische Ausdrucksformen von Gewalt, den Körper, Intentionalität vs. Nicht-Intentionalität, die Autopoesie von Gewalt, Gewaltökonomien und Märkte, logische Prozesse von Gewalt (Linearität, Verschwommenheit, sozialer Wandel, Unterbrechung), Rationalitäten (Nützlichkeit, Verantwortlichkeit), Akteure (Täter, Opfer, Zeuge, Individuum, Kollektiv, Anonymität), Gewalt und die kulturelle Dimension von „Geschlecht", Ethnographien der Gewalt, Formen der Gewalt, Gewalt als totaler sozialer Fakt, die Verbindung von Gewalt mit Ethnizität und Religion. Aus der Ethnologie und aus anderen qualitativ forschenden Sozialwissenschaften heraus wurde früh seismographisch auf die mit dem ausgehenden Ost-West-Konflikt einhergehenden Auflösungen klassischer systemischer Widersprüche reagiert. In den Blick gerieten die beobachtbaren und beschreibbaren Teile von Widersprüchen. Indem der Fokus aber eng auf Gewalt ausgerichtet wurde, ging die Perspektive verloren, dass Konflikt und Konflikttransformation zuallererst ein unspektakulärer Teil des Alltags ist.

Konfliktethnologische Annahmen

Ethnologische Herangehensweisen an Konflikte schwanken zwischen methodischem Kollektivismus und Individualismus. Der Ansatz der *social anthropology* betont, dass alle sozialen und kulturellen Systeme organisatorischen Charakter haben, der sie bestimmten Typen von Konflikten aussetzt. Sozial-

---

3 Vgl. (als Auswahl) Riches (1986); Scheffler (1991); Ferguson/Whitehead (1992); Nordstrom/Martin (1992); Nordstrom/Robben (1995); Orywal (1996); Orywal et al. (1996); von Trotha (1997); Turton (1997); Köhler/Heyer (1998); Elwert et al. (1999); Ferguson/Whitehead (2000); Aijmer/Abbink (2000); Schmidt/Schroeder (2001); Schlee (2002).

strukturelle Quellen gestalten Konflikte. Die Untersuchung von Formen der Sozialstruktur mit der Frequenz und Form von Konflikten ist Eckstein dieser Forschung (Sluka 1992: 27). Demgegenüber betont eine weniger strukturell als kognitiv ausgerichtete Position die Pluralität von Konfliktpotenzialen (materiell, Macht bezogen, emotiv), die damit verbundene Anlassvielfalt von Konflikten und die für Konfliktverläufe entscheidenden Verbindungen mit individuellen Motivations- und Kognitionsstrukturen (Orywal 1996). In der Soziologie hat Luhmann mit seinem systemtheoretischen Konfliktansatz versucht, die strukturellen Bedingungen von Konflikten (das jeweilige „Leitmotiv") unabhängig von den Anlässen auf der Verhaltensebene zu betrachten, auf der sich Konfliktanlässe aus Widerspruchserfahrungen unter Anwesenden entwickeln (Luhmann 1988: 534). Strukturelle und kognitive, individuelle und kollektive Perspektiven, müssten in einer Konfliktethnologie Raum finden.

Eine Konfliktethnologie muss unterschiedliche Paradigmen zusammenfassen, die nicht alle nur aus der eigenen Fachgeschichte stammen. Sie muss sich mit Paradigmen der älteren politischen Philosophie (Thomas Hobbes und Folgen), biologischen Paradigmen (Darwin und Folgen), der politischen Ökonomie (Marx und Folgen), den soziologischen Nachbarn (Spencer, Durkheim, Simmel, Weber und Folgen) auseinandersetzen, bevor die im engeren Sinne ethnologische Paradigmenbildung erreicht wird: 1) das Prinzip der „segmentären Opposition", das Verhältnis von Nähe/Friedlichkeit und Distanz/Gewalt (Edward Evans-Pritchard); 2) die Theorie kultureller Ebenen, die Konflikt/ Gewalt auf einer höheren Ebene als institutionalisierte Bedürfnisbefriedigung ansiedelt (Bronislaw Malinowski); 3) das Verhältnis von Tausch und Frieden (Marcel Mauss); die konfliktierende Einheiten überbrückenden „cross-cutting ties" (Max Gluckman); der natürliche Ethnozentrismus der ethno-soziologischen „Wir-Gruppe" (William Sumner) und vieles mehr. Georg Elwert weist immer wieder darauf hin, wie jedes Beispiel durch modifizierende Gegenbeispiele relativiert werden kann. Die Swat Pathanen sind eine ebenso segmentäre Gesellschaft wie die Tiv (oder die Nuer), aber es ist bei den Swat gerade Nähe, die Gewalt und Entfernung, die Friedlichkeit birgt. Gegen Marcel Mauss zeigt Karl Polanyi, dass Tausch und Markt (in Dahomey) mit periodischem Krieg verbunden sein kann. „Cross-cutting ties" im Sinne Max Gluckmans können Konflikte bremsen, aber sie können auch gegenteilige Wirkung haben (Elwert, in diesem Band). Unter ähnlichen strukturellen Bedingungen können sich unterschiedliche Organisationsformen, normative und pragmatische Varianten entwickeln.

Die dialektische Perspektive auf das empirische Material und die daraus abgeleiteten Paradigmen münden in einem Arrangement von Annahmen. Soziale Organisation ist für die Austragung von Konflikten wichtiger als technische Organisation. Die soziale Organisation von Konflikten ist mit Prozessen der Übertragung von Wissen und Risikobewusstsein verbunden. Konflikte sind nicht chaotisch, sondern sie enthalten institutionelle Ordnungsmuster, die sozial oder kulturell organisiert oder „eingebettet" sein können. Dies macht Konflikte in gewisser Weise vorhersehbar. Konflikte folgen in der Regel vorhersehbaren Pfaden. Sie ähneln dabei Lawinen. Man kann den genauen Zeitpunkt und die Intensität einer Lawine schlecht voraussagen, aber den Ort der Gefahr und auch den wahrscheinlichen Weg (Elwert, in diesem Band). Gesellschaften schaffen Vorhersehbarkeit, indem Routinen und Normen entwickelt werden, die die Austragung von Konflikten kanalisieren. Normen haben als Mittel, Konflikte zu kanalisieren stärkere Effekte als einfache Routinen. Normen haben aber auch den Nachteil, dass sie weniger flexibel sind als Routinen. Die Idee der Normen erlaubt es, zwischen zwei grundsätzlichen Konflikttypen zu unterscheiden: normative Konflikte vs. akteurs-zentrierte Konflikte (Elwert, in diesem Band)

In normativen Konflikten verstoßen Personen oder Gruppen von Personen gegen Normen, wenn sie die Rechte anderer beschädigen. Gesellschaften, die normativen Konflikt haben, erhöhen die Vorhersehbarkeit, denn zunächst betroffene Konfliktfelder sind vorgelagerte Bereiche von sozialer Kontrolle und Sanktionen. In akteurs-orientierten Konflikten stoßen Individuen oder Gruppen aufeinander und versuchen sich in einem Feld zu verletzen, das aus normativen Regeln besteht, aber in dem keine Seite beanspruchen kann, dass ihre Ziele durch Normen geschützt werden. Hierzu zählen Krieg, Fehde, Wettbewerb, Zerstörung/Genozid und Meidung. Jedes dieser Muster ist stärker oder schwächer sozial/kulturell eingebettet. Wettbewerb hat, als Teil formaler Verfahren, einen hohen Einbettungsgrad, Meidung hat einen schwachen Einbettungsgrad. Krieg und Fehden haben Regeln, die Konfliktpartner verbinden. Bei Zerstörung/Genozid fehlen diese Regeln, während das Töten durchaus einem geregelten Muster folgen kann. Als Fazit stellen Institutionen der Konfliktregulierung die zentralen Determinanten für Prozesse der über Konflikte vermittelten sozialen Transformation dar.

Konflikt ist eingebettetes soziales Handeln, das sich entlang von Motiven (materieller Gewinn, Macht, Prestige) entwickelt (Elwert, in diesem Band). Ein unmittelbarer Konfliktanlass muss nichts mit dem nach außen vorgetragenen Motiv zu tun haben. Konflikte haben vorhersehbare Kanalisierungen, sozial geordnete Pfade und selbst-stabilisierende Institutionen. Mitten in Chaos and Unordnung, aber auch in friedlichen Zusammenhängen, ist es die akademische Aufgabe, die Regeln zu finden, über die sich die Wahrnehmungen von teils unvereinbaren Interessen oder Absichten ausdrücken. Krieg und Gewalt sind an einem entfernten Ende dieser alltäglichen Prozesse angesiedelt. Kanäle können verbal oder legal sein. Sie können durch Klassen, Parteien, Ethnizität, Sport oder Kunst vermittelt werden. Diese Position stellt die Rolle von Institutionen in sozialen Konflikten in den Mittelpunkt. Andere sehen dies als Form struktureller Gewalt (etwa bei Johan Galtung). In diesem Falle enthalten Institutionen das Versprechen von „Legitimität durch Verfahren", was für eine zeitliche Einschränkung von Machtdifferenzialen und Gewalt steht. So können auch die Schwachen einen Moment der Stärke erhalten. Aus dieser Perspektive ist es gerade der Zusammenbruch von institutionalisiertem Verfahren, durch den die Tore zur Gewalthölle geöffnet werden, lange bevor Gewalt brennt.

Theorie und Praxis der Konfliktethnologie

Ethnologische Konfliktforschung steht in einem wechselseitigen Theorie/ Praxis-Verhältnis und in einer gesellschaftlichen Rahmung, die sich nicht von der Theoriebildung trennen lässt. Ethnologische Zugänge zu Konflikt, Krieg und Gewalt waren oft soziale Kommentare, die unter dem Eindruck der kolonialen Kriege, der großen Kriege, des Kalten Krieges, des Vietnamkrieges entstanden (Bräunlein/Lauser 1995: IX-XIV). Die post-Kalter-Kriegs-Situation der 1990er Jahre brachte die „neuen Kriege" auf ethnischer, ethnopolitischer und religiöser Grundlage, und die Entwicklung nach dem 11. September 2001 bewirkte eine Fokussierung auf religiös begründeten Terrorismus und eine globale Sicherheitslage, mit teils akteurs- (Terroristen), teils System bezogenen (Staatszerfall, Gewaltökonomien) Gefährdungskomponenten. Der allgemeine sicherheitspolitische Trend der 1990er Jahre bestand bereits darin, bisher getrennte Politikfelder (Innen, Außen, Verteidigung, Soziales, Umwelt, Entwicklungszusammenarbeit) unter dem Gesichtspunkt der „Sicherheit" neu zusammenzufassen. Auch an den Geistes- und Sozialwissenschaften ist der Trend, Dienstleistungen zum Sicherheitsdenken anzubieten, nicht vorbeigegangen. Die Entwicklung nach dem 11. September 2001 hat ihn weiter beschleunigt und schreibt ihre Spuren in Echtzeit in ethnologische Diskussionen und Positionierungen ein. Die neue Überschneidung sicherheitspolitischer Felder mit klassischen Feldern ethnologischer und ethnographischer Forschung hat speziell dort Auswirkungen, wo sich eher langfristig formulierende ethnologische Entwicklungs- und Konfliktforschung mit je aktuellen sicherheitspolitischen Paradigmen und Erwartungen an die Wissenschaft treffen. Die durch Georg Elwert vertretene ethnologische Konflikttheorie, als Ideengebäude und als epistemisches Netzwerk von Forschenden, Lehrenden und Lernenden, ist in diese Diskussionen und Positionierungen eingebunden. Deren Enden sind offen. Edmund Leach scheint mir in seiner konflikttheoretischen Analyse der terroristischen Aktivitäten in den 1970er Jahren allerdings einen Maßstab gesetzt zu haben: wenn Terroristen im Rahmen ihrer rechtlichen Verfolgung dämonisiert werden, dann nähert man sich wieder dem archaischen Zustand von *Recht und Krieg* als Grundmodell politischer Einheiten (Leach 1977).

Die Anfänge der Konflikttheorie bei Georg Elwert sind nicht in der gegenwärtigen Situation oder in den Krisen der 1990er Jahre verankert. Die Kanalisierung von Konflikten und deren Institutionalisierung bändigt die Sprengkraft von Konflikten und verklammert Gesellschaft (Elwert 1984: 273, 293). Diese institutionalistische Perspektive auf Konflikte hat Georg Elwert in einer Zeit formuliert, in der die anwendungsorientierten Erwartungen an Konfliktethnologie noch nicht durch Kriege der 1990er Jahre oder durch die post-11.-September-Sicherheitslage geprägt war. Für die Betroffenen nicht weniger gefährlich, für den Beobachter aber doch paradox, weil in kein Schema passend, standen am Anfang unter anderem die in den 1970er Jahren durch ein marxistisch-leninistisches Regime in der Volksrepublik Benin organisierten

Hexenverfolgungen (Elwert 1978: 48). Bevor sich daraus jedoch eine konflikttheoretische Perspektive ergab, musste erst der Filter der französischen struktural-marxistischen Produktionsweisendebatte an- und wieder abgesetzt werden. Die komplexe Verbindung der konflikttheoretischen und struktural-marxistischen Perspektiven ist kein Einzelfall. Sie ist allgemein verknüpft mit dem Stellenwert marxistischer und konflikttheoretischer Positionen in der Ethnologie der 1970er und 1980er Jahre, mit Paradigmenwechseln und mit generationsspezifischen ethnologischen Karrieren.

Marxismus-Leninismus, Haushaltskonflikte, Hexenjagd

Mitte der 1970er Jahre wurde in der Volksrepublik Benin die Hexenjagd zur noblen Pflicht kämpferischer Marxisten-Leninisten. Dies nicht etwa im metaphorischen Sinne, als Verfolgung von Abweichlern, sondern als reale Suche nach männlichen und weiblichen Hexen. Es traf dabei nicht etwa die „Reichen", sondern meist die Ärmsten und Marginalen der Dorfgemeinschaften. Elwerts ethnographischer Blick auf diese Entwicklung hatte eine instrumentalistische Perspektive. Es war eine staatliche Kampagne, um für Spannungen und die trotz aller sozialistischen Maßnahmen fortschreitende Armut innerhalb der Dörfer Sündenböcke zu finden (Elwert 1978). Benins Bauern rebellierten nicht gegen „den Staat". Was immer Ethnologen damals über das aufrührerische Potenzial azephaler Bauerngesellschaften in kolonialen und postkolonialen Kontexten annahmen, hier zerbrach die Solidarität bereits an den Graswurzeln, vermittels Hexenjagd und Abwanderung. Die Strukturen der Staatlichkeit entwickelten sich in Relation zum Verlust bäuerlichen Widerstandpotenzials. Konflikt mündete in Stabilität (Elwert 1983: 314f).

Im Jahre 1984 ist bei Georg Elwert ein Paradigmenwechsel festzustellen: die Umwandlung des Bielefelder „Verflechtungsansatzes", beruhend auf der ethnologischen Produktionsweisendebatte französischer Struktur-Marxisten wie Claude Meillassoux und Emmanuel Terray (vgl. Elwert/Fett 1982; auch Elwert 1983), in ein stärker historisch-dynamisch aufgebautes Modell Konflikt bezogener Akteure am Beispiel der Entwicklung von Haushalten unter den Ayso in Benin (Elwert 1984). Als Grundmodell dienten auch hier zunächst die (Klassen) Widersprüche, die die französische Debatte um die Positionen von „Alten", „Jungen" und „Frauen" im Rahmen dörflicher Produktions- und Reproduktionsverhältnisse thematisierte (zusammenfassend vgl. Streck/Zitelmann 1979), aber die Argumentation war ungleich dynamischer. Thematisiert wurde diese Dynamik über einen Versuch, Gemeinschaften durch die Fokussierung auf ihre Konflikte zu analysieren, auf das, was der feldforschende Blick nach einiger Zeit hinter formalen Selbstrepräsentationen entdecken konnte, aber was in der Selbstsicht weiter als blinder Fleck und logischer Bruch existierte (Elwert 1984: 293). Elwert betrachtete Konflikte in Ayso-Haushalten seit dem ausgehenden 19. Jahrhundert. Im Blick waren jetzt nicht mehr instrumentalistische Perspektiven, die das absichtsvolle Handeln von Staatsklasse und Partei thematisierten, sondern langfristige Veränderungsprozesse. Demographische, kolonial-pazifierende, waren-ökonomische Veränderungen verschränkten sich mit Prozessen der Umgestaltung von Haushalten und damit verbundenen Veränderungen in den produktiven und reproduktiven Grundstrukturen von „Alten", „Jungen" und „Frauen" im Rahmen der Lineage- und Dorfstrukturen der Ayso.

Aus der revidierten Perspektive hatte die Hexenjagd der 1970er Jahre jetzt Wurzeln in den Konflikt belasteten Haushalten (Elwert 1984: 273). Beschrieben wurden über eine Reihe von Beispielen institutionelle Lernprozesse, aber auch Fehlentwicklungen, mit denen unter den Ayso auf Veränderungen innerer und äußerer Konstellationen agiert wurde. Dabei gab es sowohl Rückbindungen an kollektive Mechanismen wie Individualisierungsvorgänge. Strukturelle Konfliktkonstellationen bestanden zwischen Männern und Frauen, älteren und jüngeren Brüdern, zwischen Verwandtschaftsgruppen, zwischen den Frauen eines Mannes und zwischen den Kindern der unterschiedlichen Frauen eines Mannes (ebd.: 275). Als azephale Gruppe mit patrilinearen Strukturen und viri-lokalen Siedlungsformen hatte jeder Konflikt zwischen Ehepartnern automatisch eine politische Bedeutung, denn sie brachte automatisch zwei oder durch Ringtausch von Frauen auch mehrere verbündete Patrilineages in ein Konfliktgefüge, dass nicht durch äußere Instanzen geschlichtet werden konnte. Ehekonflikte waren dann politische Konflikte (Elwert 1985). Unter den Bedingungen sozialer Veränderungen der einsetzenden Warenwirtschaft, die Frauen als strukturell „Fremden" an ihren Siedlungsorten leichtere Möglichkeiten gab, an Handel zu partizipieren, ohne die lokale Patrilineage des Mannes an den Erträgen zu beteiligen, verstärkten sich Konflikte zwischen Ehepartnern. Die Ayso reagierten daraufhin einerseits mit einer Entwicklung spezieller Vodun-Kulte, um Abweichler besser kontrollieren zu können (Elwert 1984: 287), andererseits auch mit einer Entpolitisierung von Lineage-Beziehungen, durch Einführung der von den benachbarten Fon praktizierten Brautpreise. Trennte sich eine Frau von ihrem Mannes, so war dies nun ein wirtschaftliches Problem, denn der Brautpreis musste zurückgezahlt werden, aber es tangierte nicht mehr die politischen Beziehungen der Lineages (ebd.: 288). Die Hexereikampagnen der 1970er Jahre erschienen nun nicht mehr als instrumentales Mittel von Oben, sondern als Ausdruck von Spannungen an der Basis. Opfer waren diejenigen, die unter den Bedingungen sich weiter entwickelnder Kommodifizierung sozialer Beziehungen lokal wenig eingebettet waren und die strukturell alle Merkmale der potentiellen Zerstörung des Gemeinschaftsfriedens trugen (ebd.: 292). Opfer mussten dabei nicht „reich" sein.

Um das Übergreifen von Haushaltskonflikten, den idealen Orten für banale Anlässe, zu vermeiden, entwickelten die Ayso zahlreiche Kanalisierungen. Erwachsene folgten dem Prinzip der Meidung; gegenüber weniger kontrollierten Jugendlichen galt die Geheimhaltung potenzieller Konfliktlagen (ebd.: 283). Im Haushalt wurde von den Partnern Trennung der Handlungsräume und formales Verhalten gefordert (ebd.: 281). Zwischen Männern und Frauen war informelle Kommunikation erlaubt, aber nicht zwischen Partnern. Wenn sich versteckte Konflikte häuften, konnten Älteste abstrakte Versöhnungsrituale durchführen, ohne dass es zu individuellen Schuldzuweisungen kam (ebd.: 283). Konflikte wurden kanalisiert, verpackt und auf gesellschaftliche vorgeschriebene Wege geschickt, um Brüche zu vermeiden. So kanalisiert werden Konflikte vorhersehbar und kalkulierbar. Sie haben definierte Grenzen. Es gibt weniger offene Konflikte ohne absehbares Ende (ebd.: 285).

Eine subjektive Erinnerung: Marxistische Ethnologie und Konflikttheorie

Der Übergang von der strukturalistisch-marxistischen Produktionsweise zu einem dynamischen Konfliktmodell ist nicht alleine aus dem ethnographischen Gegenstand zu erklären. Als totalisierendes Erklärungsmodell war der „Produktionsweisenansatz" bereits Anfang der achtziger Jahre in eine erkenntnistheoretische Sackgasse geraten. Hier schien zwar eine fortschrittliche Praxis qua Theorie bereits enthalten zu sein, aber die damit verbundenen Modelle waren auch Zwangsjacken für weitere ethnographische Forschungen. Die Entwicklung einer von marxistischen Positionen getrennten Konfliktsoziologie (Simmel, Weber, Merton, Parsons, Coser, Dahrendorf, Deutsch, Etzioni, Luhmann) konnte hingegen als Koppelung bürgerlicher, nichtmarxistischer Versuche betrachtet werden, durch Widersprüche gekennzeichnete Vergesellschaftung abgelöst von spezifischen Inhalten mit Hilfe formalsoziologischer Kategorien zu fassen, um damit eine Vielfalt sozialer Erscheinungen, die Gefährdungen enthalten konnten, zu beleuchten (Krysmanski 1971: 116). Die Vermutung von Polizeiwissenschaft lag nahe. Ähnliche Kritik traf in der *social anthropology* die Konflikt bezogene Forschung Max Gluckmans (van Teeffelen 1980). Aber auch der *main-stream* der *social anthropology* war damals nicht an einer Herangehensweise an Konflikte interessiert, die von der grundbegrifflichen Privilegierung konkreter Sozialmodelle abstrahierte. Mitte der 1970er Jahre akzeptierte Raymond Firth, als Doyen der klassischen britischen *social anthropology*, zwar das Eindringen marxistischer Fragen nach Widerspruch, Ausbeutung und Klassenunterschieden in den Kernkanon des Faches, aber Firth war skeptisch, was den „Konflikt" als solchen betraf. Als bloßes Abstraktum, losgelöst von einem konkreten System, auf das sich ein Konflikt bezog, wollte Firth „Konflikt" nicht akzeptieren (Firth 1975: 57). Firth selber unterschied drei Konflikttypen: 1) Konflikte innerhalb eines Systems mit akzeptierten Prämissen; 2) Konflikte über diese Prämissen (Normen); und 3) Konflikte, bei denen sich die Akteure über ihre Rahmenbedingungen nicht klar sind (ebd.).

Vor dem Hintergrund des Zusammenhanges von Konflikten und der historischen Entwicklung von Ayso-Haushalten bewegte sich Georg Elwert damals also durchaus im erwarteten Rahmen. Konflikte bezogen sich auf ein konkretes System, den Haushalt. Die Schlüsse, die er daraus zog, gingen bereits in Richtung einer Entprivilegierung konkreter Sozialstrukturen und hin zum Blick auf unterschiedliche Differenzierungsformen der Konfliktkanalisierung. Das war vorzeitig. Georg Elwert selbst hat diese Perspektive erst wieder in den 1990er Jahren aufgenommen.

Konflikt und Ordnung

Mit seinem Versuch einer Konfliktethnologie versucht Georg Elwert, Ordnung und Systematik in ein disparates Forschungsfeld zu bringen. Damit steht er – gewollt/ungewollt – in einer ordnungsgestaltenden Traditionslinie des Berliner Institutes für Ethnologie. Seine Vorgänger wollten Ordnung in die Geschichte der zivilen Gesellschaft (Krader 1976; 1979), Ordnung in den systematischen Zugang zur Ethnologie (Rudolph/Tschohl 1977), und Ordnung in die menschliche Gesellschaft (Richard Thurnwald 1931-1935) bringen. Ordnende Muster werden meist nicht aus dem Gegenstand gewonnen, sondern von außen eingesetzt. Für Lawrence Krader war dies (s)eine Lesart von Marx und Engels; für Wolfgang Rudolph eine den Naturwissenschaften abgeschaute klassifikatorische Rigidität und für Richard Thurnwald der juristisch ordnende Blick auf die ethnographische Vielfalt. Populär sind Konflikte mit Chaos, dem Gegenteil von Ordnung assoziiert (Elwert, in diesem Band). Wie stellt sich vor diesem Hintergrund die Regelhaftigkeit einer Konfliktethnologie her? Sie stellt sich bei Elwert zunächst durch eine systemtheoretische Rahmung her, die an Luhmann orientiert ist (Elwert, in diesem Band). Konflikte ähneln Verfahren. Sie enthalten mehr oder weniger ausformulierte Regelhaftigkeit und damit verbundene Vorhersehbarkeit der Abläufe. Aber ihr Ausgang bleibt trotzdem offen. Garantiert ist das formale Ablauf, nicht das Ergebnis. Elwerts anwendungsorientiertes Angebot an die post-11.-September-Sicherheitslage ist die Verbindung von verfahrensmäßiger Vorhersehbarkeit, bei kontingenter Gesamtlage, unter dem Postulat von Möglichkeiten und Wenn/Dann-Hypothesen (Elwert 2003: 112f). Die Schnittstelle zur Anwendungsorientierung liegt in dem Versprechen, über eine Theorie der sozialen Evolution Vorhersehbarkeit von Gefahrenlagen zu schaffen.

Mein Blick auf die Wege zur Konfliktethnologie hat eine Ebene einbezogen, die vor der Ausformulierung gegenwärtiger Ansprüche und theoretischer Bindungen lag. Gewalt, neue Kriege und Terror determinieren heute die anwendungsorientierten Erwartungen an eine Konfliktethnologie und laden zu (interpretativ-propagandistischen) sozialen Kommentaren ein. Kulturalistische Abgrenzungen wurden in den 1990er Jahre global (Huntingtons „Krieg der Kulturen", islamistischer Jihadismus) und lokal (ethnische und religiöse Abgrenzungen), an allen Ecken neuer Frontbildungen, probate Mittel der kognitiven Militarisierung, Abgrenzung und Diskriminierung. Aber Konflikte sind nur im Extrem mit Gewalt und Krieg assoziierbar. Alltägliche Konflikte sind in ihrer Mehrheit banal und ein „Phänomen der Massenhaftigkeit und der Bedeutungslosigkeit" (Luhmann 1988: 534). Ihre alltäglichen Auflösungen sind eine ständige Herausforderung an menschliche Findigkeit und Kreativität. Bevor konkreter Widerspruch in gesellschaftliche Konfliktsystematik und Zuspitzung umschlägt, finden zahlreiche Prozesse der Kanalisierung und der institutionellen Einbettung statt.

Literatur

Aijmer, Göran/Abbink, Jon (2000): *Meanings of Violence*, Oxford und New York: Berg.

Benedict, Ruth (1955) [1934]: *Urformen der Kultur*, Reinbek: Rowohlt.

Bohannan, Paul (1967): *Law and Warfare. Studies in the Anthropology of Conflict*, Garden City, N. Y.: The Natural History Press.

Bräunlein, Peter (1995): „Ethnologie an der Heimatfront: zwischen Heilslehre, Kriegswissenschaft und Propaganda. Margaret Mead, die amerikanische cultural anthropology und der II. Weltkrieg", in: Peter Bräunlein/Andrea Lauser (Hg.), *Krieg und Frieden. Ethnologische Perspektiven*, Bremen: kea-Edition, S. 11-64.

Bräunlein, Peter/Lauser, Andrea (1995): „Auf dem Weg zu einer Ethnologie des Krieges und des Friedens", in: Peter Bräunlein/Andrea Lauser (Hg.), *Krieg und Frieden. Ethnologische Perspektiven*, Bremen: kea-Edition, S. I-XXII.

Clastre, Pierre (1976): *Staatsfeinde. Studien zur politischen Anthropologie*, Frankfurt a.M.: Suhrkamp.

Deflem, Mathieu (1991): „Ritual, Anti-Structure, and Religion: A Discussion of Victor Turner's Processual Symbolic Analysis", in: *Journal for the Scientific Study of Religion* 30 (1), S. 1-25

Durkheim, Emile (1988) [1893]: *Über soziale Arbeitsteilung*, Frankfurt a.M.: Suhrkamp.

Elwert, Georg (1978): „Die Volksrepublik Benin – Emanzipation der militärbürokratischen Klasse", in: *Imperialismus, Abhängigkeit, Befreiung* 3, S. 35-55.

Elwert, Georg (1983): *Bauern und Staat in Westafrika – Die Verflechtung sozioökonomischer Sektoren am Beispiel Benin*, Frankfurt a.M..: Campus.

Elwert, Georg (1984): „Conflicts Inside and Outside the Household: A Westafrican Case Study", in: Joan Smith/Immanuel Wallerstein/Hans-Dieter Evers (Hg.), *Households and the World Economy*, Beverly Hills, London: Sage, S. 272-296.

Elwert, Georg (1985): „Ehekonflikte als politische Konflikte. Die Entwicklung der Heiratsallianzen bei den Ayizo Benins, Westafrika", in: Gisela Völger/Karin v. Welck (Hg.), *Die Braut – geliebt, verkauft, getauscht, geraubt. Zur Rolle der Frau im Kulturvergleich*, Köln: Rautenstrauch Joest Museum, S. 546-555.

Elwert, Georg (2003): „Charismatische Mobilisierung und Gewaltmärkte. Die Attentäter des 11. September", in: Detlef Sack/Gerd Steffens (Hg.), *Gewalt statt Anerkennung? Aspekte des 11.9.2001 und seiner Folgen*, Frankfurt a.M., Berlin, Bern: Peter Lang, S. 55-76.

Elwert, Georg (2004): „Biologische und sozialanthropologische Ansätze in der Konkurrenz der Perspektiven", in: Wilhelm Heitmeyer/Georg Soeffner (Hg.), *Gewalt. Entwicklungen, Strukturen, Analyseprobleme*, Frankfurt a. M.: Suhrkamp, S. 436-472.

Elwert, Georg, in diesem Band.

Elwert, Georg/Fett, Roland (1982): *Afrika zwischen Subsistenzökonomie und Imperialismus*, Frankfurt a.M.: Campus.

Elwert, Georg/Feuchtwang, Stephan/Neubert, Dieter (1999): *Dynamics of Violence. Processes of Escalation and De-Escalation in Violent Group Conflicts*, Berlin: Duncker & Humblot.

Evans-Pritchard, Edward E. (1940a): *The Nuer. A Description of the Modes of Livelihood and Political Institutions of a Nilotic People*, London: Oxford University Press.

Evans-Pritchard, Edward E. (1940b): „The Nuer of the Southern Sudan", in: Meyer Fortes/Edward E. Evans-Pritchard (Hg.), *African Political Systems*, London: Oxford University Press, S. 272-296.

Ferguson, R. Brian/Whitehead, Neil L. (1992): *War in the Tribal Zone. Expanding States and Indigenous Warfare*, Santa Fe: School of American Research Press.

Ferguson, R. Brian/Whitehead, Neil L. (2000): „Preface to the Second Printing", in: R. Brian Ferguson/Neil L.Whitehead (Hg.), *War in the Tribal Zone. Expanding States and Indigenous Warfare*, Santa Fe: School of American Research Press, S.XI-XXXV.

Firth, Raymond (1975): „The Sceptical Anthropologist? Social Anthropology and Marxist Views on Society", in: Maurice Bloch (Hg.), *Marxist Analyses and Social Anthropology*, London: Malaby Press, S. 29-60.

Gledhill, John (1994): *Power and its Disguises. Anthropological Perspectives on Politics*, London, Boulder: Pluto Press.

Gluckman, Max (1954): *The Judicial Process among the Barotse of Northern Rhodesia,* Manchester: Manchester University Press.

Gluckman, Max (1955): *Custom and Conflict in Africa*, Oxford: Oxford University Press.

Gluckman, Max (1963): *Order and Rebellion in Tribal Africa. Collected Essays with an Autobiographical Introduction*, London: Cohen and West.

Gluckman, Max (1965): *The Ideas in Barotse Jurisprudence*, New Haven and London: Yale University Press.

Gluckman, Max (1967), „Politische Institutionen", in: Raymond Williams Firth/Michael Bärmann: *Institutionen in primitiven Gesellschaften*, Frankfurt a.M.: Suhrkamp.

Goody, Jack (1995): *The Expansive Moment. Anthropology in Britain and Africa 1918-1970*, Cambridge: Cambridge University Press.

Haas, Jonathan (1990): *The Anthropology of War*, Cambridge: Cambridge U-niversity Press.

Howell, Richard W. (1975): „Wars without Conflict", in: Martin A. Nettleship et al. (Hg.), *War, Its Causes and Correlates*, The Hague u.a.: Mouton S. 675-692.

Howell, Signe/Willis, Roy (1989): *Societies at Peace. Anthropological Perspectives*, London: Routledge.

Huizinga, Johan (1956): *Homo Ludens. Vom Ursprung der Kultur im Spiel*, Reinbek: Rowohlt.

Kieserling, André (2004): *Selbstbeschreibung und Fremdbeschreibung: Beiträge zur Soziologie soziologischen Wissens*, Frankfurt a.M.: Suhrkamp.

Klem, Bart (2003): *Dealing with Scarcity and Violent Conflict*, The Hague: Netherlands Institute of International Relations 'Clingendael'.

Köhler, Jan/Heyer, Sonja (1998): *Anthropologie der Gewalt. Chancen und Grenzen sozialwissenschaftlicher Forschung*, Berlin: Verlag für Wissenschaft und Forschung.

Krader, Lawrence (1968): *Formation of the State*, Englewood Cliffs, New Jersey: Prentice Hall.

Krader, Lawrence (1976): *Dialectic of Civil Society*, Assen: Van Gorcum.

Krader, Lawrence (1979): *Treatise on Social Labour*, Assen: Van Gorcum.

Krysmanski, H.J. (1971): *Soziologie des Konflikts. Materialen und Modelle*, Reinbek: Rowohlt.

Lasswell, Harold (1930/1937): „Conflict, social", in: Edwin R. A. Seligman (Hg.), *Encyclopaedia of the Social Sciences*, vol. 3, New York: MacMillan, S. 194-196.

Leach, Edmund (1977): *Custom, Law, and Terrorist Violence*, Edinburgh: Edinburgh University Press.

LeVine, Robert A. (1961): „Anthropology and the Study of Conflict", in: *American Journal of Sociology* 5 (1), S. 3-15.

Luhmann, Niklas (1988): *Soziale Systeme*, Frankfurt a.M.: Suhrkamp.

Malinowski, Bronislaw (1986) [1942]: „Der Krieg im Laufe der Jahrhunderte", in: Fritz Kramer (Hg.), *Bronislaw Malinowski*, Frankfurt a.M.: Syndikat, S. 212-226.

Malinowski, Bronislaw (1975) [1944]: *Eine wissenschaftliche Theorie der Kultur*, Frankfurt a.M.: Suhrkamp.

Marano, Lou (2000): *Analysis: Darkness in Anthropology*, United Press International, 21. Oct. 2000; in: ttp://www.sp.uconn.edu/~dwh00001/ darkness_in_el_dorado/documents/ 0163.htm; 01.12.2003.

Mauss, Marcel (1978): „Die Gabe – Form und Funktion des Austausches in archaischen Gesellschaften", in: Marcel Mauss, *Soziologie und Anthropologie*, Frankfurt a.M., Wien, Berlin: Ullstein, S. 11-144.

Mead, Margaret (1973) [1928]: *Coming of Age in Samoa*, Harmondsworth: Penguin.

Moore, Sally F. (2001): „Certainties Undone: Fifty Turbulent Years of Legal Anthropology, 1949-1999", in: *The Journal of the Royal Anthropological Institute* 7, S. 95-11.

Mühlmann, Wilhelm E. (1940): *Krieg und Frieden. Ein Leitfaden der politischen Ethnologie*, Heidelberg: Carl Winter's Universitätsbuchhandlung.

Mühlmann, Wilhelm E. (1948): *Geschichte der Anthropologie*, Bonn: Universitäts Verlag Bonn.

Nettleship, Martin A./Dalegivens, R./Nettleship, Anderson (1975): *War, its Causes and Correlates*, The Hague, Paris: Mouton Publishers.

Nordstrom, Carolyn/Martin, JoAnn (1992): *The Paths to Domination, Resistance, and Terror*, Berkeley, Los Angeles, Oxford: California University Press.

Nordstrom, Carolyn/Robben, Antonius C. G. M. (1995): *Fieldwork under Fire – Contemporary Studies of Violence and Survival*, Berkeley, Los Angeles, London: University of California Press.

Orywal, Erwin (1996): „Krieg als Konfliktaustragungsstrategie. Zur Plausibilität von Kriegsursachenforschung aus kognitionsethnologischer Sicht", in: *Zeitschrift für Ethnologie* 121 (1), S. 1-48.

Orywal, Erwin/Rao, Aparna/Bollig, Michael (1996): *Krieg und Kampf: die Gewalt in unseren Köpfen*, Berlin: Reimer.

Riches, David (1986): „The Phenomenon of Violence", in: David Riches (Hg.), *The Anthropology of Violence*, Oxford: Basil Blackwell, S. 1-27.

Rudolph, Wolfgang/Tschohl, Peter (1977): *Systematische Anthropologie*, München: Wilhelm Fink Verlag.

Scheffler, Thomas (1991): *Ethnizität und Gewalt*, Hamburg: Deutsches Orient Institut.

Schlee, Günther (2002): *Imagined Differences. Hatred and the Construction of Identity*, Hamburg: Lit-Verlag.

Schomburg-Scherff, Sylvia M. (1986): „Nachwort", in: Arnold van Gennep (Hg.), *Übergangsriten*, Frankfurt a.M.: Campus, S. 233-255.

Schmidt, Bettina E./Schroeder, Ingo (2001): *Anthropology of Violence and Conflict*, London, New York: Routledge.

Sigrist, Christan (1967): *Regulierte Anarchie*, Olten, Freiburg: Walter-Verlag.

Silverberg, James/Gray, J. Patrick (1992): *Aggression and Peacefulness in Humans and other Primates*, New York: Oxford University Press.

Simmel, Georg (1992): *Soziologie. Untersuchungen über die Formen der Formen der Vergesellschaftung*, Frankfurt a.M.: Suhrkamp.

Sluka, Jeffrey A. (1992): „The Anthropology of Conflict", in: Carolyn Nordstrom/JoAnn Martin (Hg.), *The Paths to Domination, Resistance, and Terror*, Berkeley: University of California Press, S. 18-36.

Spencer, Herbert (1885): *The Principles of Sociology*, London, Edinburgh: Williams and Norgate.

Sponsel, Leslie E./Gregor, Thomas (1994): *The Anthropology of Peace and Nonviolence*, Boulder: Lynne Rienner.

Streck, Bernhard (1995): „Ethnologie in den Kriegen des 20. Jahrhunderts. Einige ausgewählte Beispiele", in: Peter Bräunlein/Andrea Lauser (Hg.), *Krieg und Frieden. Ethnologische Perspektiven*, Bremen: kea-Edition, S. 1-10.

Streck, Bernhard/Zitelmann, Thomas (1979): *Die Herrschaft der Blutsbande. Vorstudien zu einer Kritik der gentilen Produktionsweise*, Gießen: Focus Verlag.

Sumner, William (1906): *Folkways*, Boston: Ginn & Co.

Tarde, Gabriel (1969): *On Communication and Social Influence*, Chicago: The University of Chicago Press.

Thurnwald, Richard (1931-35): *Die menschliche Gesellschaft*, Berlin, Leipzig: W. de Gruyter.

Trotha, Trutz von (1997): *Soziologie der Gewalt*, Köln: Westdeutscher Verlag.

Turner, Victor W. (1957): *Schism and Continuity in African Society; a Study of Ndembu Village Life*, Manchester: Manchester University Press.

Turner, Victor W. (1969): *The Ritual Process*, London: Routledge and Kegan Paul.

Turton, David (1997): *War and Ethnicity. Global Connections and Local Violence*, Rochester: University of Rochester Press.

van Gennep, Arnold (1986) [1908]: *Übergangsriten*, Frankfurt a.M.: Campus.

van Teeffelen, Toine (1980): „The Manchester School in Africa and Israel: A Critique", in: Stanley Diamond (Hg.), *Anthropology: Ancestors and Heirs*, New York: Mouton Publishers, S. 347-375.

Vincent, Joan (1990), *Anthropology and Politics. Visions, Traditions, and Trends*, Tucson: The University of Arizona Press.

Weber, Max (1972): *Wirtschaft und Gesellschaft*, Tübingen: J.C.B. Mohr.

Wolfe, Alvin W. (1996): „Contributions of Anthropology to Conflict Resolution" in: Alwin W. Wolf/Honggang Yang (Hg.), *Anthropological Contributions to Conflict Resolution*, London, Athens: The University of Georgia Press, S. 1-10.

Zitelmann, Thomas (2001): „Max Gluckman: Order and Rebellion in Tribal Africa", in: Karl-Heinz Kohl/Christian Feest (Hg.), *Hauptwerke der Ethnologie*, Stuttgart: Kröner, S. 135-137.

ETHNIZITÄT UND DIE SOZIALE ORGANISATION PHYSISCHER GEWALT: EIN MODELL DES TRIBALISMUS IN POSTIMPERIALEN KONTEXTEN

Artur Bogner

Wenn Jugoslawien seine Bürger nicht mehr beschützte, dann taten es vielleicht die kroatischen, serbischen oder slowenischen Landsleute. Es war eher Angst als Überzeugung, was aus normalen Menschen widerstrebende Nationalisten machte. (Michael Ignatieff 1994: 32)

Einleitung

Im Folgenden möchte ich ein neues theoretisches und typologisches Modell von Ethnizität oder Tribalismus in postkolonialen bzw. postimperialen Kontexten präsentieren.[1] Dass das Modell als ein typologisches[2] intendiert ist, bedeutet, dass es eine Liste von „typischen" Komponenten in einen sinnhaftplausiblen oder empirisch informativen Zusammenhang miteinander zu bringen versucht, ohne damit einen Anspruch auf generelle Gültigkeit zu erheben. Ein typisches Merkmal (z.B. einer biologischen Art) ist meist kein generelles, also ausnahmslos vorhandenes Merkmal, sondern ähnelt eher einem „Erkennungsmerkmal", das in der empirischen Wirklichkeit bei verschiedenen Exemplaren extrem stark bis extrem schwach ausgeprägt sein kann. Die Relevanz eines solchen typologischen Merkmals kann aus seiner funktionalen Zentralität für den Strukturzusammenhang des jeweiligen Objekts oder auch aus seiner guten „Sichtbarkeit" und seiner daraus folgenden Eignung als Indikator für die strukturierende Beobachtung herrühren. Sein Stellenwert ist nicht unabhängig von der spezifischen Absicht der jeweiligen Typologie, die selber entweder einen eher deskriptiven oder eher erklärenden Zweck verfolgen mag. Eher der letzteren Kategorie sollte das folgende Modell zugerechnet werden.

---

1 Unter den vorliegenden Ansätzen zur Analyse von Ethnizität steht meinem Eindruck nach der von George M. Scott, Jr. der hier vorgestellten Theorie am nähesten (Scott 1990).

2 Wer will, kann es auch ein idealtypisches Modell im Sinn Max Webers nennen. Ich vermeide bewusst den Ausdruck, weil ich ihn für etwas missverständlich halte und mir an dieser Stelle weitere Ausführungen zu Webers Methodologie und Begriffsbildung sparen möchte, wie sie z.B. in klarer Form bei Rossi (1987) zu finden sind.

In keinem Fall handelt es sich dabei um einen klassifikatorischen Begriff („Gattungsbegriff"), der nach der Methode *genus proximum, differentia specifica* definiert werden kann und scharfe Grenzen aufweist. Derartige Begriffe sind in den Geschichts- und Sozialwissenschaften für gewöhnlich zu trivial, zu inhaltsarm und nur sehr begrenzt brauchbar. So ist es beispielsweise nicht immer sinnvoll, allzu streng zwischen einer *ethnischen Gruppe* und einer *Nation* zu unterscheiden. Es mag für bestimmte Fragestellungen zweckmäßig sein, wie ich es im Folgenden tue, den Begriff der *Nation* ausschließlich für solche Wir-Gruppen zu reservieren, die über eine formale Organisation ähnlich einem modernen Staatsapparat verfügen. Ansonsten verstellt das eher den Blick für elementare Ähnlichkeiten und Kontinuitäten zwischen Ethnizität und Nationalität. Wenn eine ethnische Gruppe wie die Ashanti oder die Schweizer groß und mächtig genug ist, wenn ihr kollektives Prestige hoch genug ist, wird man sie für gewöhnlich ein *Volk* oder eine *Nation* nennen. Nur in Beziehung auf die Existenz eines „nationalen" Staatsapparats gibt es die Möglichkeit, einen unzweideutigen Unterschied zwischen dem „Nationalismus" der Etablierten und dem „Tribalismus" der Außenseiter zu operationalisieren (Gellner 1991: 132; Fishman 1989: 7).

Meine Absicht ist es dabei, zwei Aspekte zu integrieren, die zwar häufig in enger Assoziation miteinander wahrgenommen werden, aber bisher nicht oder selten in einer systematischen Weise miteinander verbunden worden sind. Eine der seltenen Ausnahmen ist Michael Ignatieff (1994: 15-55). Diese beiden Aspekte sind einerseits die soziale Kontrolle und das soziale Management von physischer Gewaltsamkeit sowie der Angst vor physischer Gewaltanwendung und andererseits die Genese sozialer Wir-Gruppen, die sich selber in Begriffen von ethnischer oder mit anderen Worten kultureller Zusammengehörigkeit definieren. Mit „ethnisch" meine ich in dieser Formulierung und in erster Annäherung eine behauptete Gemeinsamkeit oder Unterscheidung von Menschen nach einem Bündel von Kriterien, das allermeist eine vermutete gemeinsame Abstammung oder eine gemeinsame Muttersprache einschließt, zu dem aber nicht selten auch Kriterien zählen wie ein bestimmtes Territorium, in dem die Eltern oder frühere Vorfahren lebten, die Religion von Eltern(teilen) oder bestimmte Körpermarkierungen mit Aussagewert für die Zugehörigkeit zu einer rituellen oder religiösen Gemeinschaft (wie z.B. Initiationsnarben).

Mein Modell versucht nicht zuletzt, die drei Begriffe *Ethnizität, physische Gewalt* und *Angst* in einen theoretisch gehaltvollen und empirisch informativen Zusammenhang miteinander zu bringen. Den Hintergrund für dieses Modell bildet eine konflikttheoretische Konzeption menschlicher Gesellschaften, die insbesondere von den Theorien Max Webers, Karl Mannheims und Norbert Elias' inspiriert ist und für die die Begriffe *Konflikt, Macht* und *Gewalt* zentrale begriffliche Orientierungspunkte markieren.[3] Mit Weber, Elias und

---

3   Einige Elemente dieser theoretischen Perspektive habe ich an anderer Stelle erläutert. Vgl. vor allem Bogner (1986; 1992; 2003) und Bogner/Wouters (1990).

anderen gehe ich davon aus, dass physische Gewalt aufgrund ihrer relativ si-
tuationsunabhängigen Anwendbarkeit eine gewisse Sonderstellung unter den
verschiedenartigen Instrumenten sozialer Macht einnimmt und dass deren soziale Organisation und soziales Management daher für die Struktur und
Machtverteilung jeder menschliche Gesellschaft von zentraler Relevanz sind.
Die sozialen Formen, in denen physische Gewalt kontrolliert, gezähmt, kanalisiert und gesteuert wird, und die Erfahrungen, die Menschen mit diesen sozialen Formen machen, sind nicht zuletzt für den Affekthaushalt und den sozialen Habitus von Menschen von grundlegender Bedeutung, für ihr Gefühl von
existentieller Sicherheit, von „Selbstsicherheit" und Geborgenheit bis hin zu
ihrem Gefühl, selber ein legitimes, ein „vollwertiges" Mitglied der Gesellschaft zu sein. Traumatische Gewalterfahrungen können beispielsweise das
Gefühl, ein „Mitglied der Menschheit" zu sein, in nachhaltiger Form erschüttern und zu einer folgenreichen Reorganisation der Wir-Identität im Rahmen
der Biographie eines Individuums führen (vgl. Rosenthal 2004). Mit Edmund
Leach und Georg Elwert kann man auch darauf hinweisen, dass physische
Vernichtung das wirksamste Mittel sozialer Klassifikation darstellt (Elwert, in
diesem Band).

Die Frage, wie mein Modell sich zu den bisherigen Ansätzen in der Analyse von Ethnizität verhält, kann hier nur kurz gestreift werden – auf sie werde
ich zurückkommen, wenn die Konturen meines eigenen Modells deutlicher
geworden sind. Drei Gemeinsamkeiten mit den oft als „primordialistisch" eti-
kettierten Autoren sollen jedoch von vornherein betont werden: Wie diese betont diese Theorie die Existenz von geschichtlich-sozialen Tatsachen, die für
Individuen relativ feste, schwer hintergehbare Gegebenheiten bedeuten, denen
gegenüber es nicht unmöglich, aber recht schwierig ist, sich deren Einfluss zu
entziehen, und die eine starke Tendenz haben, ihre Handlungspräferenzen in
einer regelmäßigen und persistenten, oft viele Generationen dauernden Weise
zu prägen. In dieser Hinsicht werden hier die Begriffe „Ethnizität" und „ethnische Gruppe" in ähnlicher Weise betrachtet wie soziologische Generationen
im Sinn Mannheims oder die sozialen Kasten Indiens. Soziale Bedeutungszu-
sammenhänge wie kollektive Identitätsbilder können an biologische oder demographische Gegebenheiten „anknüpfen", aber sie werden von ihnen nicht
deterministisch bestimmt. Die hohe Relevanz der mit dem Begriff „Ethnizität"
bezeichneten Zugehörigkeiten oder Wir-Identifikationen, deren „emotional sa-
lience", deren emotionale Bedeutsamkeit und Prägkraft, werden hier nicht direkt aus anthropologischen Tatsachen wie der genetischen Verwandtschaft
oder der unvermeidlichen Hilfs- und Schutzbedürftigkeit von Kleinkindern
abgeleitet, sondern aus der Relevanz physischer Gewalt und ihrer sozialen
Organisationsformen für kollektive Erfahrungen. Schon weil Ethnizität nur
eine unter den möglichen Organisationsformen physischer Gewalt darstellt, ist

---

Ein anschauliches Beispiel für deren Anwendung liefern z.B. Elias' Studien zum
Zusammenhang zwischen der innerstaatlichen Pazifizierung, der Entstehung eines Mehrparteienregimes und der Entwicklung von „Sport" in England. Vgl. E-
lias/Dunning (1986: 26ff, 126ff).

es nicht angemessen, hier einen mechanischen Determinismus anzunehmen. Mit der Bezugnahme auf Gewalt als Machtressource kommt zudem eine strategische Dimension ins Spiel, die bisher eher von instrumentalistischen und konstruktivistischen Ethnizitätstheorien betont worden ist. Kollektive Identitätsbilder unterliegen ebenso wie die Machtstrukturen menschlicher Gesellschaften dem historischen Wandel, aber dieser Wandel ist gewöhnlich eher eine Sache von mehreren Generationen als der Interpretationen und Aktionen einzelner Individuen. Diese Annahme wird nicht zuletzt durch die biographische Forschung gestützt, die den Aufbau und den Wandel von Identitätskonstruktionen in den Biographien von Individuen erforscht (Rosenthal 2002: 181, 176).

Ein wichtiger Gesichtspunkt für die folgenden Überlegungen sind die menschlichen Emotionen, die durch die soziale Organisation und das Management physischer Gewalt geprägt und gesteuert werden und die ihrerseits eine wichtige – vielleicht die wichtigste – Komponente dieser „Organisation" darstellen. Autoren, die Ethnizität vor allem als eine instrumentelle Ressource für „rational", „mit kühlem Kopf" verfolgte Interessen von politischen Führern oder *Warlords* begreifen, scheinen mir die Bedeutung von Emotionen in der sozialen Welt, deren Eigengewicht und Eigengesetzlichkeit allzu gering einzuschätzen. Dass Gefühle von ethnischer Loyalität von politischen Führern und Kriegsherren nicht selten in strategischer Einstellung behandelt, d.h. manipuliert und für ziemlich profane Zwecke instrumentalisiert werden, teilen diese mit anderen Emotionen und Loyalitäten. Man kann sich mit einer rationalistischen Erklärung dieses Typs der alltagsweltlichen Realität derjenigen Phänomene, die mit dem Begriff Ethnizität bezeichnet werden, ihrer Realität im Erleben der meisten Betroffenen kaum verstehend annähern.[4] Das würde der Mehrzahl der Opfer und wohl auch der Täter in ethnischen Gewaltkonflikten – oftmals dieselben Personen in verschiedenen Rollen oder Situationen – kaum gerecht. Es unterschätzt vermutlich auch die Rolle von „Irrationalität", von nicht-intendierten Handlungsfolgen ebenso wie von Selbsttäuschung und pathologischen Kommunikationsstrukturen in den Kommandozentralen von Bürgerkriegsarmeen und politischen Regimen.

Ryszard Kapuściński (2003: 94) hebt die Sehnsucht, die starke Neigung und die enorme Fähigkeit von Menschen hervor, nach ebenso wie in Kriegen und Katastrophen rasch ein Mindestmaß von „Normalität" wieder aufzubauen oder herzustellen. Wenn ich im Folgenden über Ethnizität als eine Bezeichnung für bestimmte Formen der sozialen Organisation und des Managements von Gewalt nachdenke, geht es bei diesen Formen eher darum, wie die *Vermeidung* physischer Gewalt, und nicht primär darum, wie deren *Ausübung* sozial organisiert ist. Allerdings ist das eine vom anderen nie ganz zu trennen – dieser eigentümliche Umstand begründet einige der scheinbaren Paradoxien,

---

4 Als Beispiel lässt sich u.a. Elwerts Modell der Gewaltmärkte anführen, das von einem übermäßig rationalistischen und omnipotenten Bild des Kriegsherren dominiert wird (Elwert 1999).

denen die Erforschung sowie der praktisch-politische Umgang mit Ethnizität begegnen.

Das tribalistische Szenario: Komponenten von Ethnizität in einem postimperialen Kontext

Ein typologisches Modell der ethnischen Wir-Gruppe: Sechs Komponenten von Ethnizität

Die zu Grunde liegende Intuition der folgenden Überlegungen folgt Michael Mann (1990: 14-60), der Gesellschaften als die Überschneidungszonen von vier verschiedenen Netzwerken der Macht interpretiert. In Analogie dazu möchte ich die Annahme vorschlagen, dass ethnische Gruppen typischerweise die fünf folgenden Komponenten aufweisen. Die bloße Existenz dieser fünf Komponenten ist nicht ausreichend, um eine im Bewusstsein ihrer Mitglieder existierende und womöglich handlungsfähige ethnische Gruppe zu schaffen. Aber ich werde in den folgenden Abschnitten versuchen deutlich zu machen, dass diese fünf Komponenten wichtige und vermutlich unverzichtbare Faktoren in denjenigen sozialen Prozessen darstellen, die in der Entstehung ethnischer Gruppen mit handlungswirksamen Wir-Bildern und Wir-Gefühlen resultieren. Insbesondere möchte ich einsichtig machen, dass ihr kombiniertes Vorhandensein unter Bedingungen, die für postkoloniale und postimperiale Staaten typisch sind, eine erhebliche Wahrscheinlichkeit für die Entstehung einer ethnischen Gruppe mit einem aktiven Gemeinsamkeitsglauben, einer Wir-Gruppe im engeren Sinn des Wortes[5] bedeutet. Daher möchte ich das kombinierte Vorhandensein der fünf Komponenten nicht die Existenz einer ethnischen Gruppe, sondern die eines *tribalistischen Szenarios* nennen. Diese fünf Komponenten sind:

1. ein soziales Netzwerk oder Arrangement, das in einem bestimmten Maße Funktionen der soziale Kontrolle und des soziale Managements von physischer Gewalt in einer Gruppe von Menschen übernimmt; dies schließt oft politische, „gesellschaftliche" oder rituelle Autoritäten ein, die im Falle von Gewaltkonflikten unter den angeschlossenen Teilnehmern moderierend wirken,

---

5 Zum Begriff der Wir-Gruppe vgl. Elias (1987: 207-315, insbesondere 296ff). Den Begriff des Gemeinsamkeitsglaubens übernehme ich in diesem Kontext von Max Weber. Als Synonym verwendet dieser auch den Ausdruck „Zusammengehörigkeitsglauben" und führt u.a. als wichtiges Beispiel den „Glauben an Blutsverwandtschaft" an (Weber 1972: 237, 241, 240). Dass unter vormodernen Bedingungen der Weg von einem solchen Gemeinsamkeitsglauben zum kollektiven Handeln und zu einem „übergreifenden Gemeinschaftsbewusstsein" nicht sehr weit ist, erscheint für Weber offensichtlich (ebd.: 237; Kasus geändert, A.B.).

einen Waffenstillstand oder Frieden zwischen Konfliktparteien vermitteln oder z.b. Konflikte auf die Form der Fehde begrenzen können; im typologischen Idealfall werden diese Funktionen durch Personen oder institutionalisierte Instanzen ausgeübt, die als legitimiert angesehen werden, für den an das Netzwerk oder Arrangement angeschlossenen Personenkreis als ganzen zu sprechen;

2. ein Netzwerk von Beziehungen des sozialen Austauschs oder der Reziprozität, in dem ein Tausch von „ökonomischen" Gütern gegen „politische" Legitimität stattfindet, wobei ein erheblicher Teil dieser Transaktionen innerhalb klientelistischer Netzwerke abläuft;[6] der Diskurs über diese Beziehungen wird dabei gewöhnlich von den Normen einer „moralischen Ökonomie" im Sinne James C. Scotts (1976) dominiert;

3. ein soziales Netzwerk, in dem die intergenerationale Weitergabe von jenem Wissen stattfindet, das in der Form verbaler Symbole organisiert ist;

4. ein Geflecht von primären und sekundären Sozialisationsinstanzen, die zur Bildung des sozialen Habitus und dem Erwerb der Grammatik von Kommunikation einschließlich der Codes analoger und nichtverbaler Kommunikation und des Emotionsmanagements beitragen;[7]

5. ein Netzwerk von Informationskanälen, in dem Informationen über die Einhaltung oder Verletzung der innerhalb der Gruppe als anerkannt geltenden Normen fließen;[8]
Die Wahrscheinlichkeit, dass zu den genannten Komponenten eine sechste hinzutritt, die die ethnische Wir-Gruppe als Wir-Gruppe eigentlich erst konsti-

---

6   Zu den Begriffen der Reziprozität und der Redistribution vgl. Polanyi (1978: 77ff). Für den verwandten Begriff des sozialen Austauschs vgl. z.B. Blau (1972: 137-141). Den Terminus „Netzwerk" verwende ich im Sinn eines dynamischen Verflechtungszusammenhangs von interdependenten Menschen. Die meisten sozialen Netzwerke besitzen keine klaren oder „natürlichen" Grenzen, ähnlich wie Sternenhaufen oder *fuzzy sets* – ein Umstand, der unter Soziologen wohlbekannt ist, die sich öfter als Ethnologen mit großen sozialen Netzwerken beschäftigen, die Tausende von Menschen umfassen. Vgl. Scott (1991: 56-61).
7   Zum Begriff des Emotionsmanagements vgl. Hochschild (1983), Bogner/Wouters (1990).
8   Die Kombination von geteilten Normen mit der Zirkulation von Informationen über deren Umsetzung funktioniert automatisch als ein sanfter, aber wirksamer Sanktionsmechanismus. Es ist dieser Sanktionsmechanismus, der eine Gruppe als Gruppe im sozialwissenschaftlichen Sinne konstituiert. Diese Überlegung verdanke ich Diskussionen mit Georg Elwert. In eine ähnliche Richtung weisen die Argumente Elias' und Scotsons zur Bedeutung von Klatschnetzwerken für die Genese einer Etablierten-Außenseiter-Figuration (Elias/Scotson 1990).

tuiert: ein Wir-Gefühl, das mit einem idealisierenden Wir-Bild verbunden ist,[9] die Wahrscheinlichkeit, dass ein solches Wir-Bild und die damit verknüpften Wir-Gefühle handlungswirksame Relevanz gewinnen, erhöht sich, so meine Hypothese, in dem Maß, in dem sämtliche der fünf Komponenten gemeinsam auftreten, und vor allem in dem Grad, in dem ihr Vorhandensein den Eindruck einer Deckungsgleichheit unterstützt – d.h. je mehr sie der Vorstellung Plausibilität verleihen, dass derjenige Personenkreis, der eine bestimmte lokale Sprache spricht, wesentlich identisch sei mit demjenigen, der bestimmte lokale Regeln der analogen (insbesondere der nonverbalen) Kommunikation bzw. des Affektausdrucks beherrsche; dieser sei wiederum hauptsächlich identisch mit dem Kreis derjenigen, die ein bestimmtes lokales Wissen über die Welt teilen und an ihre Kinder weitervermitteln, und letzterer sei wesentlich identisch mit dem Personenkreis, der bestimmte lokale Regeln der Legitimität von politischer Herrschaft und Reichtum akzeptiere und in seinem Verhalten umsetze – darunter die Regel der gruppeninternen Solidarität in kollektiven Gewaltkonflikten (vgl. Ignatieff 1994: 15-17).

Die grundlegende Aufgabe bei der Erklärung von ethnischer Wir-Gruppenbildung, so meine Vermutung, besteht darin zu klären, welches die Bedingungen dafür sind, dass der Eindruck – der meist eine Illusion ist – einer Kongruenz der fünf Netzwerke als ein wirksamer Orientierungspunkt des Handelns an Bedeutung und das heißt nicht zuletzt: an emotionalem Stellenwert gewinnt. Ausschlaggebend ist dafür auch deren sich wandelnde Konstellation im Raum. Ethnische Konflikte einer höheren Eskalationsstufe haben in der Regel die Folge, die Netzwerke der Freundschaft, der sozialen Kontrolle, des Klatsches und der materiellen Reziprozität an den Grenzen der Konfliktparteien zu unterbrechen oder doch zu stören und damit tendenziell jene Konvergenz verschiedenartiger sozialer Netzwerke herbeizuführen bzw. zu verstärken, die dem Identitätskonstrukt einer ethnischen Wir-Gruppe empirische Plausibilität verleiht.

Nicht das gemeinsame Auftreten der fünf Komponenten allein, sondern deren qualitative Beziehungen untereinander sind also von wesentlicher Bedeutung für die hier vorgestellte Theorie von Ethnizität. Die fünf formalen Komponenten des Modells mögen auf den ersten Blick als trivial erscheinen. Weniger trivial dürfte die Art und Weise sein, wie sie im Folgenden als untereinander zusammenhängend präsentiert werden – vor allem im Hinblick auf die Dynamik, die nach meinen Annahmen – unter bestimmten Bedingungen – aus ihren Wechselbeziehungen resultiert. Diese Wechselbeziehungen machen die eigentliche Substanz des Modells aus.

---

9   Bei Außenseitergruppen enthält dieses Bild des Eigenen neben idealisierenden auch abwertende Elemente (Elias/Scotson 1990: 22, 19 und passim).

Die Monopolisierung von Gewalt als langfristiger Prozess: Entwicklungsstufen der Gewaltkontrolle und die Folgen unvollständiger Pazifizierung

Während der letzten hundert Jahre besaßen wahrscheinlich die meisten gewaltsamen Konflikte zwischen größeren sozialen Gruppen eine ethnische oder nationalistische Dimension. Dieser Umstand hat, so meine These, wesentlich damit zu tun, dass die meisten ethnischen oder nationalen Gruppen interne Pazifizierung und Solidarität in Fällen kollektiver Gewaltkonflikte mit Fremden als eine manifeste Funktion ihrer Gruppenbildung betrachten. Das ist am klarsten dort sichtbar, wo Gruppen Nationalstaaten auf der Basis eines ethnischen Zusammengehörigkeitsglaubens gebildet haben. In diesem Fall sind es die formalen Organisationsstrukturen des Staatsapparats bzw. dessen besoldete Funktionäre, die explizit diese Funktionen ausüben und als ihre Hauptaufgaben definieren. Im Fall weniger formalisierter oder informeller Gruppenbildungen auf der Basis ethnischen Gemeinsamkeitsglaubens gewinnt diese Funktion Relevanz in Gebieten und historischen Phasen, in denen eine unvollständige Monopolisierung „legitimer" Gewaltsamkeit stattgefunden hat, das heißt in denen weder „moderne" noch „traditionale" Instanzen in der Lage sind, ein *Gefühl der physischen Sicherheit* zu schaffen oder mit anderen Worten eine tiefgehende Pazifizierung des sozialen Raums auch in der emotionalen Dimension des alltäglichen Erlebens und Verhaltens der Gesellschaftsmitglieder zu erreichen. Dies ist eine Situation, die in vielen jungen Staaten in der Zeit nach der Dekolonisation oder nach der Auflösung multiethnischer Großstaaten wie des Osmanischen Reiches und der Sowjetunion anzutreffen ist.

Ich behandle zuerst das Thema der Monopolisierung „legitimer" Gewaltsamkeit und nehme meinen Ausgangspunkt von der Weberschen Definition des Staates als eine Organisation, die mit einem Monopol der „legitimen" Gewaltausübung ausgestattet ist (Weber 1972: 30) und von Elias' Theorie der Staatenbildung (Elias 1976; vgl. Mennell 1989b: 61-93). Die volle Tragweite der Weberschen Definition als ein Instrument der soziologischen Analyse erschließt sich erst, wenn man diesem eher statischen Begriff eine diachronische Dimension hinzufügt, wenn man eher von einem Monopolisierungsprozess als von einem Monopol redet. Zum Beispiel gibt es auf der globalen Ebene heute weder ein Monopol der Gewaltmittel noch ein Monopol der „legitimen" Gewaltanwendung, während es auch in dieser Arena durchaus sinnvoll ist, von einem langfristigen Prozess der Monopolisierung der Gewalt zu sprechen.

Während der vergangenen zweihundert Jahre ist die Zahl der Staaten oder staatsähnlicher Gebilde auf eine Zahl um circa 150 reduziert worden, während es zu Beginn desselben Zeitabschnitts mehrere Tausend von politischen Gebilden gab, deren Führer eine monopolartige Kontrolle der „legitimen" Gewaltausübung für ihre Funktionäre beanspruchten. Heute stehen Fragen der Bildung eines globalen Gewaltmonopols auf der Tagesordnung der internationalen Politik, z.B. wenn es um die Kompetenzen des Internationalen Gerichtshofes in Den Haag oder den Umgang der UNO mit Fällen von Genozid in ihren Mitgliedsstaaten geht. Bestrebungen zur Bildung eines globalen Monopols legitimer Gewaltausübung kann man ablehnen oder begrüßen – dass sie als realisierbar oder diskussionswürdig erscheinen, zeigt in jedem Fall, wie weit der in diese Richtung weisende globale Entwicklungstrend heute fortgeschritten ist und wie grundlegend sich diese Situation z.B. von der Welt vor der großen Expansion der europäischen Kolonialreiche im 19. Jahrhundert unterscheidet.

In diesem Kontext ist leicht erkennbar, dass die Monopolisierung der Gewaltmittel von der Monopolisierung der „legitimen" Gewaltausübung analytisch zu differenzieren ist, obwohl beide Prozesse eng miteinander zusammenhängen. Dass beide nicht identisch sind, ist offensichtlich, wenn man vor kurzer Zeit mit Militärgewalt besetzte Territorien oder Militärdiktaturen betrachtet wie zum Beispiel die Niederlande während des 2. Weltkriegs oder Chile unter der Herrschaft General Pinochets. Wenn ich die Begriffe „legitim" und „Legitimität" verwende, geschieht das hier sozusagen immer in Anführungsstrichen, d.h. im Sinn einer deskriptiven Kategorie, die sich ausschließlich auf die Existenz eines Legitimitätsglaubens bezieht, der im Prinzip genauso erforscht werden kann wie der Glauben an irgendeine Gottheit oder an astrologische Vorhersagen.

Wie Max Weber bemerkte, neigt jeder Herrschaftsapparat, der über einen längeren Zeitraum stabil geblieben ist, dazu, ein gewisses Maß von Legitimität in diesem Sinn an sich zu binden (Weber 1972: 549). Unter modernen Bedingungen ist es äußerst schwierig für einen Herrschaftsapparat oder Staatsapparat, ein hohes Maß von Legitimität zu gewinnen, falls es ihm nicht gelingt, innerhalb eines bestimmten Territoriums die Anwendung von Gewaltmitteln in einem signifikanten Maß für sich bzw. für seine Funktionäre zu monopolisieren. Aber der umgekehrte Zusammenhang ist kaum weniger wichtig: Ohne die signifikante Verbreitung eines entsprechenden Legitimitätsglaubens in der Bevölkerung unter seiner Kontrolle ist jede Monopolisierung der Gewaltmittel überaus labil und kann nur schwer für lange Zeiträume aufrechterhalten werden. Die Monopolisierung der legitimen Gewaltsamkeit ist demnach ein komplexer und eher langfristiger sozialer Prozess, der keineswegs auf die Entwicklung der Kriegstechnologie oder die Steigerung militärischer Kampffähigkeit reduziert werden kann. An der Rolle des Legitimitätsglaubens lässt sich zeigen, dass es sich dabei nicht bloß um den Aufbau bestimmter formaler Organisationsstrukturen handelt, sondern um einen Wandel im Wissen und in den Emotionen von Menschen. In diesem Zusammenhang ist es sinnvoll, mindestens drei verschiedene Schichten oder Ebenen der Pazifizierung zu differenzieren, die oft nicht klar voneinander unterschieden werden:

a) die Pazifizierung des beobachtbaren Verhaltens;
b) die Pazifizierung auf der Ebene der Verhaltensstandards, der als gültig akzeptierten Verhaltensnormen;

c) die Pazifizierung auf der Ebene der Emotionen, d.h. auf der Ebene des Mitleids, der Empathie gegenüber dem Leiden von Gewaltopfern, auf der Ebene der Identifizierung mit anderen Menschen und Tieren, des Abscheus vor Gewaltanwendung, sei es eine eigene Gewalthandlung oder die eines anderen Menschen.

Dass Pazifizierung nicht gleichmäßig auf diesen drei Ebenen oder Schichten stattfinden muss, lässt sich im Bereich internationaler Beziehungen leicht demonstrieren, etwa an der Situation des Kalten Krieges zwischen NATO und Warschauer Pakt wie an den Beziehungen zwischen der Volksrepublik China und der Sowjetunion im selben Zeitraum. Hier war in den zwischenstaatlichen Beziehungen der Grad der Pazifizierung im Sinne emotionaler Pazifizierung und sogar im Sinne der akzeptierten Verhaltensnormen relativ gering, während gleichzeitig nur wenige beobachtbare Gewaltakte auftraten. Ein anderes Beispiel für ein Auseinanderfallen von akzeptierten Normen und beobachtbarem Verhalten ist die Familie. In den westlichen Ländern geschehen rund fünfzig Prozent aller Tötungsdelikte für gewöhnlich zwischen Familiengehörigen oder nahen Bekannten.[10] Das Auftreten von Gewalttaten oder Gewaltkonflikten innerhalb eines Personenkreises ist zumindest in Beziehung zu setzen zur Intensität ihrer wechselseitigen Abhängigkeit, z.B. zur Frequenz und Intensität der Kontakte zwischen den Beteiligten, wenn es um die Beurteilung des Grads der Pazifizierung innerhalb einer sozialen Gruppe oder zwischen Gruppen geht. Das manchmal gegen die Annahme ethnischer Solidarität pauschal vorgebrachte Argument, innerhalb ethnischer Gruppen gebe es mehr und heftigere Konflikte als im Verhältnis zu Fremden, erweist sich hier als etwas vorschnell und nicht genug durchdacht. In diesem Zusammenhang ist unter anderem das kenianische Sprichwort zu bedenken, dass diejenigen, die nichts miteinander zu tun haben, keinen Grund zum Streiten haben.[11] Mit Georg Elwert (in diesem Band) lässt sich auch argumentieren, dass die erfolgreiche Institutionalisierung von Konflikten (anders formuliert: die erfolgreiche Institutionalisierung von Formen des kollektiven Managements von Gewalt) die Frequenz der gruppeninternen *kontrollierten* Konflikte vermehren und dennoch die Gruppenkohäsion befördern kann.

Die Theorie eines langfristigen menschheitsgeschichtlichen Trends zur Erweiterung des Zirkels der Identifizierung, die Abram de Swaan im Anschluss an Elias formuliert hat, bezieht sich vor allem auf die an dritter Stelle genannte Schicht von Pazifizierung (de Swaan 1988; 1992). Sie ähnelt der These Daniel Lerners, nach der die zunehmende soziale Mobilität in sich modernisierenden Gesellschaften die Verbreitung der Fähigkeit zur Empathie bzw. zur Rollenübernahme sowohl erfordert als auch begünstigt (Lerner

---

10 Ein noch grober quantitativer Indikator für Pazifizierung müsste daher die Häufigkeit von Gewaltakten in ein Verhältnis zur Intensität der sozialen Beziehung, zum Grad der Interdependenz zwischen Täter und Opfer setzen, z.B. gemessen an der Frequenz von direkter Kommunikation.

11 Zitiert bei Berman/Lonsdale (1992).

1969), aber sie geht darüber hinaus. Bekanntermaßen war in früheren Zeiten und bis heute in vielen Sprachen der Ausdruck für „Mensch" für gewöhnlich identisch mit dem Ausdruck, der die Mitglieder der eigenen lokalen Gruppe oder des eigenen sozialen Stands bezeichnet. Anscheinend benötigten Menschen in ihrer Geschichte eine sehr lange Zeit, bis sich sozial standardisierte Symbole für „Mensch" und „Menschheit" entwickeln und etablieren konnten. Die damit bezeichnete Veränderung ist anscheinend eines der Symptome für einen sich langfristig ausweitenden Horizont der Identifizierung im Verhältnis zu anderen Menschen, einen sich ausdehnenden Wirkungsbereich der affektiven Bereitschaft, wie begrenzt auch immer, im Verhältnis zu ihnen eine elementare Gemeinsamkeit oder Identität zu erkennen, ihre andersartigen Ausdrucksformen als sinnvolle sprachliche Botschaften wahrzunehmen, als menschliche Kommunikation *strictu sensu*, mit anderen Mitleid zu empfinden und ihnen nötigenfalls physischen Schutz zu gewähren. Die heute üblich gewordene Inklusion von stigmatisierten Personen und Personen mit einem niedrigen sozialen Status, ebenso wie die von Kindern und auch Tieren in den Kreis derjenigen, denen gegenüber eine prinzipielle Bereitschaft, ja Neigung zur emotionalen Identifikation besteht, bezeichnet einen deutlichen Schritt über die vorangehenden historischen Phasen dieser langfristigen Entwicklung hinaus. Dies ist gleichbedeutend mit einer relativ weitgehenden emotionalen Pazifizierung in dem engeren Sinn, wie er unter Punkt 3 definiert wurde. Ihre grundlegende und die vielleicht wichtigste Komponente ist die affektive Ablehnung physischer Gewalt gegenüber denjenigen, die in diesen Kreis der Identifizierung einbezogen sind, und die Neigung, Mitleid für sie zu empfinden, falls sie Opfer von physischer Gewalt werden.

Emotionale Pazifizierung in dieser spezifischen Bedeutung ist eng verknüpft mit emotionaler Pazifizierung in einem eher alltagssprachlichen Sinne, nämlich mit der Schaffung eines Gefühls der Sicherheit, des Geschütztseins vor körperlichen Angriffen. Beide Bedeutungen bzw. beide Begriffe sollten durchaus unterschieden werden und verlangen gesonderte Aufmerksamkeit, aber für den Zweck dieses Beitrags kann ich beide mit einem einzigen Ausdruck bezeichnen und ansprechen.

In einigen Fällen können die drei erwähnten Ebenen von Pazifizierung zugleich als eine typische Abfolge von aufeinander folgenden Phasen innerhalb eines Prozesses der Pazifizierung verstanden werden, die mit einer zunehmende Verinnerlichung von Standards gewaltfreien Verhaltens korreliert. Das Ausmaß, in dem alle drei Ebenen auf alle Menschen Anwendung finden, die Prozentanteile der Mitglieder eines Sozialsystems, die die betreffenden Verhaltensnormen als gültig akzeptieren oder die hier relevanten Emotionen empfinden, könnten als Kriterien für die interne Pazifizierung des Sozialsystems benutzt werden – und in staatlichen Gesellschaften als Kriterien für den Grad, in dem die legitime Gewaltanwendung monopolisiert worden ist. Die Monopolisierung legitimer Gewalt ist wesentlich ein „kulturelles" Phänomen – ein langfristiger Prozess, der einen Wandel im Affekthaushalt der Menschen einschließt, in den Formen ihres Emotionsmanagements ebenso wie in ihren

Mustern der Personenklassifikation (oder mit Harvey Sacks' Ausdruck: ihren *membership categorization devices*). Der Begriff Pazifizierung bezeichnet in diesem Kontext einen langfristigen Wandel in der Art und Weise, wie Empathie, Angst, Misstrauen, Ekel und Hass organisiert und strukturiert sind und wie diese Emotionen gesteuert werden.

Ein Argument mag diese Argumentation abrunden: Oft wird von der „Verletzung von Menschenrechten" in nichtwestlichen Ländern gesprochen, als ob es sich dabei um irgendwie erratische Erscheinungen handeln würde, die vielleicht der Korruptheit der regierenden Eliten geschuldet sind oder als ob es sich dabei gleichsam nur um Symptome ihrer abhängigen Position in der Weltökonomie handle (und die als „Symptome" für die sozialwissenschaftliche Analyse vermutlich weniger bedeutsam sind als die „Ursachen" des Übels), aber nicht selbst um ein signifikantes Merkmal der gesellschaftlichen Strukturen nichtwestlicher Staaten und der Struktur ihrer Beziehungen untereinander. Mein Argument ist, dass die relativ hohe Frequenz von „Menschenrechtsverletzungen" durch Staatsbedienstete in nichtwestlichen Staaten im Vergleich mit den westlichen OECD-Ländern für gewöhnlich einen geringeren Grad interner Pazifizierung anzeigt und dabei oft auf die Existenz eines vergleichsweise schwachen Staatsapparats verweist. Unter anderem verweisen sie häufig auf einen deutlich geringeren Grad der Zentralisierung der faktischen Entscheidungsprozesse in Bezug auf staatliche Gewaltanwendung.

Unter den Bedingungen etablierter Rechtsstaatlichkeit ist die Entscheidungskompetenz für die Anwendung „legitimer" Gewalt in hohem Maß zentralisiert und formalisiert; konkret ist sie entweder das Monopol des Richters oder das Monopol des obersten militärischen Befehlshabers. Das heißt: gemäß den gesetzlichen Normen ist der Polizeibeamte verpflichtet, lediglich als ein Instrument des Richters oder präziser des Gesetzes zu agieren. Gemäß diesen Normen wird jeder Akt von Gewaltausübung ausschließlich insoweit als rechtmäßig wahrgenommen, als er durch die Entscheidung eines Richters oder durch spezifische Rechtsnormen (z.B. betreffend die Gewaltanwendung bei Notwehr) gedeckt ist.[12] Die Verletzung dieser und ähnlicher Normen durch die gegenwärtige US-Regierung in Guantánamo ist ein selten klares Indiz für einen – vielleicht kurzfristigen – Dezivilisierungsprozess der staatlichen Gewalt in den Vereinigten Staaten. Ihre Verletzung, besonders wenn sie eine

---

12 Natürlich gibt es stets Differenzen zwischen den vier Ebenen a) des tatsächlichen Verhaltens von Polizei- und Vollzugsbeamten, Staatsanwälten und Richtern etc., b) der eher „impliziten" oder „stummen" sozialen Codes oder Standards, an denen das Verhalten des erfahrenen Praktikers gewöhnlich orientiert ist, c) der Normen, die von juristischen Laien als geltendes Recht betrachtet werden und deren Gültigkeit in alltäglichen Diskursen anerkannt und bestätigt wird, sowie d) des *Symbolsystems* der Rechtsnormen, wie es ein Verfassungsrechtsexperte oder Rechtshistoriker wahrnimmt. Unter den Bedingungen moderner westlicher Gesellschaften bestehen Fortschritte in der Monopolisierung legitimer Gewalt wie in der Zivilisierung der Staatsmacht zu einem wesentlichen Teil in einer Verringerung der Unterschiede zwischen diesen vier Ebenen.

dauerhafte Erscheinung ist oder wird, bedeutet ein geringeres Niveau der erlebten Sicherheit im Verhältnis zu den Funktionären des Staates, ein geringeres Niveau emotionaler Pazifizierung für dessen Bürger. Das gilt auch sonst überall dort, wo *de facto* die Entscheidungen über die Gewaltanwendung durch staatliche Funktionsträger nicht in der erläuterten Weise zentralisiert sind.

In den Beziehungen zwischen den Staaten, die in diesem Prozess entstanden sind, kann man nur ansatzweise von einer Pazifizierung sprechen, etwa in den bisher sehr halbherzigen und selten erfolgreichen Versuchen, internationalen Rechtsnormen effektive Beachtung zu verschaffen. Das niedrige Niveau der Pazifizierung ist im globalen Maßstab offenkundig, wenn man an die Fortschritte der militärischen Technologie und Organisation und z.b. an die weiterhin wachsende Gefahr von Nuklearkriegen zwischen Staaten der südlichen Hemisphäre denkt. Aber auch innerhalb der politischen Einheiten, von denen die meisten heute einen nominell modernen Staatsapparat besitzen, gibt es in diesem langfristigen Prozess keinen linearen Zusammenhang von Gewaltmonopolisierung und Pazifizierung.

Aber aus einem gleichsam systematischen Grund kann hier kein linearer Zusammenhang unterstellt werden. Die Monopolisierung legitimer Gewaltsamkeit bedeutet die Bildung von Monopolinstituten der Gewalt und der Steuern,[13] von sozialen Machtzentren, die ihre besondere Stellung vor allem mit Hilfe der Überlegenheit bürokratischer Organisation errungen und konserviert haben. Dieser langfristige globale Prozess ist identisch mit der Bildung von immer größeren und umfassenderen formalen Organisationseinheiten, in denen immer mehr Menschen zusammengefasst und integriert werden – heute in China und Indien mehr als eine Milliarde innerhalb eines einzigen Staates. Es ist in der Geschichte selten, dass der Übergang von einer Form zu einer weit größeren und umfassenderen Form von politischer Integration vonstatten ging, ohne dass es zu einer langen Periode intensivierter Gewaltsamkeit gekommen wäre. Die Ausbildung eines neuen, mächtigeren Machtzentrums innerhalb eines neuen, umfassenderen Integrationszusammenhangs bedeutet immer zugleich eine (mindestens teilweise) Entfunktionalisierung der früheren Integrationseinheiten und einen Machtverlust der früheren sozialen Machtzentren. Oft ist sie gleichbedeutend mit deren Zerstörung oder erzwungener Auflösung, im günstigeren Fall mit der Einverleibung ihrer Verwaltungsstäbe in den der größeren politischen Integrationseinheit. Schon deshalb ist jeder bedeutsame Schub in Richtung auf eine höhere Stufe von Integration und Funktions-

---

13 Elias ist in seinem zuerst 1937/1939 erschienenen Hauptwerk (Elias 1976) wohl der erste, der mit der nötigen Deutlichkeit die dynamische Wechselwirkung zwischen der Monopolisierung der Gewalt und der Monopolisierung der Steuern sowie die Konkurrenz zwischen verschiedenen Monopolorganisationen als die beiden zentralen Mechanismen der Staatsbildung hervorgehoben hat. Er ist auch einer der ersten, die – im Blick auf diese Wechselwirkung – deutlich genug gesagt haben, dass es sich bei der Staatsbildung weder um einen nur „politischen" noch um einen nur „ökonomischen" Prozess handelt.

teilung in der politischen Organisation von Menschen für gewöhnlich von offenen Konflikten begleitet (vgl. Elias 1977: 130, 148; 1974: xxxii). Vielleicht kann die politische Integration der Europäischen Union eines der wenigen historischen Beispiele werden, in denen ein bedeutsamer Schub in dieser Richtung ohne heftige kriegerische Auseinandersetzungen abläuft. Mit der Integration in größere Staaten und in größere Märkte mit einer differenzierteren Arbeitsteilung geht teils eine Desintegration, teils eine Entdifferenzierung der älteren Institutionen und Strukturen für gewöhnlich einher, in denen die physische Gewaltanwendung und die Abgabe von Steuern bzw. Tributen sozial organisiert waren. Mit anderen Worten: Integration impliziert Desintegration. Ähnlich verursacht die überregionale Arbeitsteilung, die mit der ökonomischen Integration in räumlich ausgedehntere Märkte verbunden ist, oft eine Entfunktionalisierung und Entdifferenzierung der älteren lokalen Wirtschaftsstrukturen (ebd.; vgl. auch Elias 1987: 274-310). Die mitunter recht differenzierten Funktionen, die bisher in lokal begrenzten Integrationszusammenhängen erbracht wurden, werden nun von umfassenderen, „höheren" Integrationszusammenhängen übernommen. Deshalb geht die Entstehung von „Nationalstaaten" für gewöhnlich Hand in Hand mit einer *Schwächung der lokalen Mechanismen sozialer Kontrolle*, mit einem Niedergang der älteren Arrangements der Reziprozität und Wohltätigkeit auf lokaler Ebene, mit einem Machtverlust der Dorfältesten, der Priester lokaler Kulte oder anderer kommunaler Autoritäten[14] und generell mit einer Krise der bisherigen Formen einer „moralischen Ökonomie". Wie Hans-Dieter Evers es formuliert hat, gibt es eine „Dialektik von Zivilisation und Dezivilisierung" (Evers 1984). Mit anderen Worten: es gibt Dezivilisierungsprozesse, die nicht einfach nur das Gegenteil, sondern selber einen immanenten Aspekt oder die Kehrseite eines bestimmten Zivilisationsprozesses darstellen, nämlich die Kehrseite eines langfristigen Prozesses der Konzentration von bestimmten Machtchancen in den Händen einer staatlichen Zentralmacht oder der verstärkten Integration in überlokale Verflechtungszusammenhänge.[15]

Die zunehmende Relevanz von sozialen Fernverflechtungen verringert dabei auf lange Sicht die Relevanz der Nahverflechtungen; die Vermehrung der langen Interdependenzketten verringert die relative Bedeutung der kurzen In-

---

14 Ein postkolonialer Staat, der seinen Staatsbürgern das Recht auf unbeschränkte Freizügigkeit in seinen Grenzen garantiert, schmälert allein dadurch in beträchtlicher Weise die Machtchancen jener lokalen Autoritäten, die bisher das Recht besaßen, Zuwanderern in ihrem Einflussgebiet die Ansiedlung zu erlauben oder zu verweigern oder unerwünschte Personen wie Verbrecher oder Hexer aus demselben Gebiet zu verbannen. Vgl. z.B. Bogner (1998: 282f, 232 f).

15 Im Zusammenhang ähnlicher Überlegungen hat Michael Schröter (1997: 104ff) eine Dreistufen-Modell für Zivilisationsprozesse vorgeschlagen, in dessen Rahmen er eine vorübergehende „Schwächung der bisher geltenden Verhaltenskontrollen" in Rechnung stellt, „ohne das sofort andere Mechanismen die Lücke hätten füllen können" (ebd.: 104). Für eine umfassendere Diskussion von Dezivilisierungsprozessen vgl. Mennell (1989a; 1989b).

terdependenzketten. Der Einfluss lokaler Bindungen und Loyalitäten auf das Verhalten und Empfinden nimmt zumindest im Verhältnis zu den erstgenannten ab. Dies fördert eine Verringerung der Hilfsbereitschaft oder Solidarität unter denjenigen Menschen, die vorher in einem hohen Maß wechselseitig aufeinander angewiesen waren – als Nachbarn und als Bewohner desselben Dorfes oder derselben Gegend und als Angehörige derselben lokalen Sozialverbände und Beziehungsnetze. Für Südostasien hat James C. Scott gezeigt, wie die zunehmende Integration von Landeigentümern in den Weltmarkt während der Kolonialzeit die moralische Ökonomie eines älteren Typs von Patron-Klient-Beziehungen unterminierte. Nur in einer Fußnote erwähnt er, dass die koloniale Polizei ihren Anteil an diesem Prozess hatte, weil sie Landeigentümer im Hinblick auf ihre physische Sicherheit weniger abhängig von ihren Pächtern und Nachbarn machte (Scott 1976: 41f, Fn. 17). Georg Elwert hat am Beispiel Westafrikas belegt, dass die wachsende Bedeutsamkeit von überlokalen, „abstrakten" Handlungsverflechtungen zu einer Schwächung und Entdifferenzierung der lokalen Netze von Freundschaft und Reziprozität auf der Dorfebene beitrug, einschließlich einer Schwächung der überkommenen Arrangements sozialer Sicherheit und einer Entdifferenzierung der institutionalisierten Formen von Freundschaft (Elwert 1983: Kapitel III). Was für ökonomische Solidarität und Freundschaft zutrifft, lässt sich analog über diejenigen Sozialbeziehungen sagen, die für den Schutz vor körperlicher Gewalt eine Rolle spielen. Wenn aristokratische Gruppen in Nordghana ihre Kontrolle über Landrechte in juristischen Diskursen mit dem physischen Schutz rechtfertigen, den sie in ihrer Rolle als *Chiefs* ihren Untertanen gewähren, ist das ein Argument, das heute angesichts der formellen Übernahme dieser Funktionen durch den modernen Staat und angesichts der entsprechenden Verminderung der Häuptlingsmacht nur wenig überzeugt (vgl. Committee of Inquiry 1992). Wie sich ebenfalls am nordghanaischen Beispiel zeigen lässt, ist die Gewährleistung innerer Sicherheit durch den Zentralstaat ihrerseits jedoch eine fragile Garantie, die im alltäglichen Erleben und Handeln als wenig vertrauenswürdig und berechenbar erscheint. In zugespitzten Situationen kollektiven Konflikts wird das Verhalten der Sicherheitskräfte von den Bürgern nicht selten als ziellos oder eskalationsfördernd wahrgenommen, und der Verdacht einer durch Korruption vermittelten Parteinahme der Sicherheitsorgane liegt selten fern (vgl. Bogner 1998: 240ff).

Es ist genau dieser Punkt, so meine These, an dem überlokale ethnische Gruppen in postkolonialen Kontexten oder unter vergleichbaren Bedingungen eine zentrale Bedeutung für das alltägliche Handeln und Erleben von Menschen gewinnen. Wie erwähnt ist es oft Teil des Wir-Bildes solcher Gruppen, dass sie ihre Mitglieder vor physischen Angriffen beschützen. Während sie diese Funktion als eine latente mit anderen Typen von Gruppen oder Verbänden teilen, ist es typisch für die Selbstdeutung ethnischer Gruppen, dass sie diese Aufgabe in einer manifesten Weise übernehmen. Viele von ihnen neigen dazu, sich selber eine historische Kontinuität zuzuschreiben, die sie mit einer sich selbst regierenden Gruppe von Menschen in der Vergangenheit verbindet

– also irgendeiner Art von staatsähnlichem Gebilde, sei es ein Königtum, eine segmentäre Stammesgesellschaft oder eine Föderation sich selbst regierender Ortsgesellschaften. In anderen Fällen beziehen sie sich auf historische Bestrebungen und Führer, die die Schaffung eines politisch unabhängigen staatsähnlichen Gebildes erfolglos anstrebten, in manchen sind es lediglich aktuelle politische Bewegungen, in denen diese Stoßrichtung ihrer Selbstdefinition zum Ausdruck kommt (Weber 1972: 244). In den Fällen, in denen sich ethnisch definierte Organisationen und Bewegungen auf Forderungen nach einer Art kultureller Autonomie beschränken, ist nicht immer klar, ob diese Beschränkung viel mehr als eine öffentliche Fassade ist, die ihnen ihr Minderheitenstatus oder ihre politische Schwäche gegenüber dem zentralen Staatsapparat nahe legt.

Manchmal ist gesagt worden, nichts stabilisiere den Zusammenhalt ethnischer Gruppen stärker als Kämpfe und Kriege (z.B. Smith 1986: 37-38; Elwert 1989: 53). Ich möchte dieser Vermutung etwas mehr Betonung verleihen: Es sind soziale Konflikte und vor allem gewaltsame Konflikte, durch die ethnische Gruppen konstituiert werden. Und es ist sehr oft die kollektive Erinnerung an signifikante Ereignisse eines konfliktiven sozialen Prozesses, die sie am Leben erhält – z.B. wenn Juden sich regelmäßig an „ihre" Befreiung aus der ägyptischen Sklaverei vor mehr als dreitausend Jahren erinnern. Oder wenn Serben und Kroaten sich an die Massaker erinnern, die „sie" im Verlauf „ihrer" Geschichte erlitten haben. Oder wenn Afroamerikaner sich daran erinnern, dass „sie" die Abkömmlinge von Sklaven sind. Während diese historischen Ereignisse auch gewaltlos abgelaufen sein können, kann man ziemlich sicher sein, dass es ein offensichtliches Risiko gewaltsamer Konfrontation gegeben hat oder dass sie zumindest in der kollektiven Erinnerung mit diesem Risiko konnotiert sind (vgl. Scott 1990: 161f; Gurr 1998: 126f).

Dies stimmt überein mit der Hypothese eines langfristigen konfliktiven Intergruppen-Prozesses als dem wichtigsten Erklärungsfaktor für die lange Lebensdauer von „persistent identity systems", die George M. Scott, Jr. (1990) im Anschluss an Edward Spicer (1971) formuliert hat. Im Unterschied zu Spicer hat Scott diese Hypothese so formuliert, dass sie auch auf den Wandel von Kollektividentitäten anwendbar ist – d.h. für die Erklärung von „fluktuierender Ethnizität". Es sind nach dieser Theorie die Verlaufskurven von langfristigen sozialen Konfliktprozessen, die sowohl Kontinuität als auch Veränderung in kollektiven Identitätskonstrukten erklären sollen.

Die Idee, dass die Wir-Bilder und Traditionen, die sich mit ethnischen und nationalen Konstruktionen kollektiver Identität verbinden, unhaltbare Repräsentationen einer imaginären historischen Kontinuität darstellen, hat in den beiden vergangenen Jahrzehnten viel Aufmerksamkeit gefunden. Die Freude darüber, Alltagstheorien und politische Ideologien falsifizieren zu können, hat manche jedoch die Grundregel des Sozialkonstruktivismus vergessen lassen: „Wenn Menschen Situationen als real definieren, sind sie real in ihren Konsequenzen" (W.I. Thomas). Zugespitzt formuliert: Die Realitäten, die durch erfundene oder halbwahre Traditionen erzeugt und reproduziert werden, sind ethnische Gruppengrenzen. Und die Definition von Grenzen zwischen Menschen in den Begriffen kultureller Unterschiede ist ausgesprochen anfällig dafür, sehr reale Konsequenzen im Handeln und Erleben zu zeitigen. Eine der wichtigsten unter diesen Konsequenzen ist die Schöpfung von emotionaler Kontinuität und emotionaler Diskontinuität. Die Motivlage mancher konstruktivistischen Theorien ebenso wie ihre analytische Schwäche fanden Ausdruck, als zum Beispiel Peter Waldmann und Georg Elwert aus der imaginären Natur solcher Bilder und Traditionen (die sie mit allen kollektiven Erinnerungen prinzipiell teilen) die Schlussfolgerung zogen, dass Ethnizität „ein konstruiertes, abgeleitetes und *damit* sekundäres Phänomen" sei (Waldmann/Elwert 1989: 8; meine Hervorhebung). Sekundär im Vergleich wozu? Wie schon Benedict Anderson bemerkte, sind alle „Gemeinschaften" oberhalb der Ebene der Dorfgesellschaft von einer konstruierten, imaginären Natur (Anderson 1988: 16). Familientherapeuten und Forscher, die sich mit der Untersuchung familiärer Kommunikationsstrukturen befassen, könnten uns darüber aufklären, dass solche oder ähnliche Aussagen auch für Kleinfamilien und Ehepaare gelten – ohne die Bedeutung und den Wirklichkeitscharakter dieser Formen von Sozialbeziehungen zu schmälern (Hahn 1983; Wynne et al. 1958). Mit Karl Mannheim und Max Adler ist hier darauf hinzuweisen, dass auch „geistige Gebilde" den quasi-dinghaften Charakter von realen Tatsachen besitzen können und dass z.B. gerade dem modernen Kapitalismus nach der Marxschen Analyse diese Doppelqualität zu eigen ist (Mannheim 1980: 248ff).

Dynamische Wechselbeziehungen zwischen den Komponenten

Meine abschließende Argumentation besteht aus drei Schritten, die in der folgenden Weise zusammengefasst werden können:

I. Das Merkmal, das eine ethnische Wir-Gruppe für gewöhnlich am deutlichsten von anderen Gruppen, z.B. von Religionsgemeinschaften, Berufsverbänden oder politischen Parteien unterscheidet, besteht darin, dass es Teil ihres Wir-Bildes ist, dass Mitglieder in ihnen vor physischer Gewalt in einem höheren Maße geschützt seien als in Beziehungen mit den Mitgliedern anderer ethnischer Wir-Gruppen (vgl. z.B. Weber 1972: 241; Smith 1986: 29f). Dies mag oft eine Fiktion sein, aber es gibt eine erhebliche Chance, dass daraus eine sich selbst erfüllende Prophezeiung wird. Überall dort, wo ein moderner, bürokratischer Staatsapparat stark genug war, um die älteren Instanzen der sozialen Kontrolle in entscheidender Weise zu schwächen, aber nicht stark genug, um das Territorium unter seiner nominellen Kontrolle in einer intensiven Form zu pazifizieren – d.h. sowohl auf der Ebene der akzeptierten Verhaltensnormen als auch auf der Ebene der erlebten Emotionen, auf der Ebene emotionaler Pazifizierung – gibt es eine hohe Wahrscheinlichkeit dafür, dass „imaginierte Gemeinschaften" oberhalb der Integrationsebene von Ortsgesellschaften eine wichtige Rolle bei der sozialen Kontrolle und dem sozialen Management physischer Gewalt erlangen.

II. Aus Gründen, die unter anderem mit den Wirkungen eines schwachen Gewaltmonopols auf das Wirtschaftsleben und auf die Verhältnisse sozialer Ungleichheit zusammenhängen, neigen dieselben Randbedingungen dazu, einem gesellschaftsstrukturellen Phänomen eine zentrale Bedeutung zu verleihen, das analytisch zunächst von dem der ethnischen Wir-Gruppe unterschieden werden kann. Dies ist die Entwicklung von klientelistischen Netzwerken mit einer Reichweite, die mit der organisatorischen Reichweite des zentralen Staatsapparats oder zumindest der seiner Teilstaaten vergleichbar ist. Klientelistische Beziehungen und Netzwerke gibt es praktisch in allen Gesellschaften, aber zwei Bedingungen – einzeln oder vereint – verleihen ihnen für gewöhnlich eine überragende, zentrale Rolle im alltäglichen Handeln und Erleben sowie für die Gesellschaftsstruktur überhaupt: verbreitete soziale und ökonomische Ungleichheit in extremen Formen und eine gesellschaftliche Situation, in der der Gebrauch ökonomischer Machtressourcen nicht in hohem Maß vom Gebrauch politischer Machtmittel differenziert ist.

III. Der ethnische *bias*, den klientelistische Netzwerke in armen Ländern unter postkolonialen Bedingungen häufig aufweisen, das ist der dritte und letzte Schritt in meiner Argumentation, wird teilweise durch einen Faktor verursacht oder verstärkt, der mit den zuvor erwähnten Bedingungen wahrscheinlich gemeinsam auftritt. Der Grund für diesen Faktor ist der Umstand, dass die Schaffung von Vertrauen in persönlichen Beziehungen für gewöhnlich durch einen Prozess der wiederkehrenden Prüfung der verbalen Komponenten direkter Kommunikation an ihren nichtverbalen Komponenten vermittelt wird. Um diesen Prozess der Prüfung erfolgreich durchzuführen, bedarf es eines relativ hohen Niveaus der linguistischen oder kulturellen Kompetenz mit Bezug auf die relevante Sprachgemeinschaft und die in ihr üblichen Codes des nonverbalen Ausdrucks.[16] Dieses Niveau von kultureller Kompetenz, einschließlich des erforderlichen kulturspezifischen Hintergrundwissens, findet sich für gewöhnlich bei den *native speakers* einer Sprachgemeinschaft und nur selten bei anderen Personen. Unter anderem aus diesem Grund zeigen klientelistische Netzwerke in mehrsprachigen Gesellschaften die Tendenz, jeweils einen Kern von Mitgliedern zu besitzen, die dieselbe Muttersprache teilen.

Ich werde mein Argument im Folgenden Schritt für Schritt ausführen.

ad I: Georg Elwert hat mit seinem Modell der „Gewaltmärkte" (eine, wie ich finde, eher ironische Wortbildung) ein einprägsames Bild einer gesellschaftli-

---

16 Der Code des nonverbalen Ausdrucks ist identisch oder eng verflochten mit den sozialen Regeln des Affektausdrucks, deshalb könnte ich an dieser Stelle auch im Sinn Hochschilds von den *Gefühlsnormen* sprechen, die in einer Sprachgemeinschaft gelten (Hochschild 1983).

chen Situation entworfen, die leicht entsteht, wenn ein gewaltoffener Raum, ein sozialer Kontext ohne wirksames Gewaltmonopol, über etwas längere Zeit existiert (Elwert 1999). In einem solchen sozialen Raum sind Gewaltmittel und begehrte ökonomische Güter, der Gebrauch politischer und ökonomischer Machtressourcen nicht voneinander geschieden. Je länger eine solche Situation andauert, desto wahrscheinlicher werden Nahrungsmittel und Kleidung ein Teil der notwendigen knappen Kriegsmittel, der Kampf um das Überleben im Angesicht physischer Bedrohung ein Teil des alltäglichen wirtschaftlichen Überlebenskampfes und umgekehrt.

Zwischen diesem Extremfall und dem Zustand einer quasi vollständigen inneren Pazifizierung, der für die reichen und die historisch langfristig stabilisierten Staatsgebilde der OECD-Welt typisch ist, gibt es ein breites Spektrum gesellschaftlicher Zustände, die irgendwo in der Mitte zwischen beiden Extremen angesiedelt sind. Solche Zustände vereinen Merkmale der einen mit solchen der anderen Situation. Ein Kontext von sozusagen unvollständiger Pazifizierung innerhalb des Territoriums eines Staates erhöht die Bedeutung von *face-to-face*-Kontakten und persönliche Vertrauensbeziehungen, weil diese eine potenzielle Quelle der Hilfe und des Schutzes ebenso wie eine potenzielle Quelle der Gefahr bedeuten. Unter Bedingungen von großer Armut kann selbst ein kleiner Diebstahl das ökonomische Todesurteil bedeuten.[17] Wer dich physisch erreichen kann, hat erhöhte Bedeutung für dich, sei es als potenzielle Quelle von physischer Gefährdung oder von körperlichem Schutz. Es sind aber nicht die physikalische Tatsache der physischen Erreichbarkeit und die soziale Nähe an sich, denen der erhöhte soziale und emotionale Stellenwert intra-ethnischer Kontakte und Beziehungen geschuldet ist. Mindestens ebenso entscheidend ist ein sozialer Kontext, in dem das bloße Überleben mehr oder minder stark, mehr oder minder ständig durch Gewalt, Armut oder Krankheit bedroht erscheint.

Der hohe Schutzbedarf und die darauf beruhende Relevanz von physischer Nähe und Nahbeziehungen betrifft dabei nicht allein und nicht nur direkt die einzelne Person; er kann deren Familienmitglieder, Eltern, Kinder, Brüder oder Großeltern betreffen, die im Heimatort zurückbleiben, während die Erstgenannte selbst unter günstigeren Bedingungen in einer fernen Stadt oder im Ausland lebt. In einem so gearteten Kontext erhöht sich auch die Bedeutung intra-ethnischer Kontakte und Beziehungen, insofern sich diese mit direkten Kontakten und persönlichen Vertrauensbeziehungen in einem hohen Grad überschneiden.

Unter Bedingungen unvollständiger Pazifizierung besitzen intra-ethnische Beziehungen und Loyalitäten deshalb eine größere Relevanz für die Sicherheit und Lebensqualität der Menschen als in den gewaltfreien sozialen Räumen, die man in erfolgreichen „Nationalstaaten" üblicherweise antrifft.

---

17 Ein anschauliches Beispiel, die vereinsamte alte Frau, der das einzige Mittel ihres Lebensunterhalts gestohlen wird, findet sich bei Ryszard Kapuściński (2003).

ad II: Wenn physische Sicherheit und mehr noch das Gefühl von physischer Sicherheit eine knappe Ressource ist, die der Staatsapparat nicht in ausreichender Weise bereitstellen kann, wird innerhalb der nationalen Arena der Anschluss an ein (überlokales) klientelistisches Netzwerk zu einem der wichtigsten Wege, vielleicht zum einzigen Weg, diese Situation zu verbessern und den Bedarf nach emotionaler Pazifizierung zu befriedigen. Dann ist die Wahrscheinlichkeit hoch, dass auch die knappe Ressource physische Sicherheit zu einem prominenten Objekt derjenigen Formen des sozialen Austauschs wird, die innerhalb klientelistischer Netzwerke stattfinden. In diesem Fall schließt sozialer Austausch typischerweise den Austausch von ökonomischen Gütern gegen physischen oder politischen Schutz einerseits sowie den Austausch von physischem oder politischem Schutz gegen „Legitimität" (mit anderen Worten: politische und moralische Unterstützung) ein. Die Mitwirkung in klientelistischen Netzwerken gewinnt für das Individuum dann nicht nur aus Gründen der Armut eine vitale Bedeutung, sondern auch, weil das Gefühl physischer Sicherheit eines der knappen Güter ist, die durch deren Kanäle gesellschaftlich alloziert werden (vgl. Elwert 1989: 40). Unter solchen Bedingungen neigt jede Konzeption von „Legitimität" dazu, die Idee einer Verpflichtung zu politischer Unterstützung in zwei Richtungen einzuschließen: als physischer/politischer Schutz des Klienten durch den Patron und als Loyalität des Klienten im Fall, dass die Sicherheit oder das Eigentum des Patrons durch physische Gewalt oder politische Macht gefährdet erscheinen.

Wenn Netzwerke des sozialen Austauschs in dieser Weise Funktionen der Gewaltkontrolle (anders gesagt: der Pazifizierung) übernehmen, gibt es eine nennenswerte Wahrscheinlichkeit, dass deren Teilnehmer diese Netzwerke in den Begriffen kultureller Identität oder ethnischer Grenzziehungen definieren. Solche Gruppenbildungen sind nicht nur Reaktionen auf ein defizitäres Niveau der Pazifizierung in einem Staat, sie antworten auch auf andere Bedürfnisse, die für eine Situation typisch sind, in der in einem bestimmten Territorium ein junges und mächtigeres Integrationszentrum etabliert worden ist, aber unfähig ist, die Schwächung der älteren, in ihrer räumlichen oder sozialen Reichweite begrenzteren Arrangements der sozialen Kontrolle, der Redistribution und sozialen Sicherung zu kompensieren.

Die Dominanz der Patron-Klient-Beziehung als ein sozialstrukturelles Phänomen impliziert, dass der Austausch „politischer" Unterstützung gegen ökonomische Güter ein grundlegendes Muster ökonomischer Transaktionen ebenso wie der Produktion von „Legitimität" darstellt. Insbesondere in unvollständig pazifizierten Räumen und in sozialen Kontexten, die durch drastische sozialökonomische Ungleichheiten gekennzeichnet sind, eröffnen die Institutionen des Nationalstaats und die Expansion von Marktbeziehungen, wirtschaftliche Unternehmen ebenso wie andere bürokratische Organisationen vielfältige Möglichkeiten, die Rolle des *political middleman* oder Machtmaklers auszuüben, desjenigen, der die Kommunikationskanäle und Informationsflüsse zwischen verschiedenen Arenen sozialer Macht, verschiedenen formalen Organisationen oder zwischen verschiedenen Integrationsebenen des politisch-administrativen Systems untereinander wie im Verhältnis dieser Integrationsebenen zu anderen Organisationen kontrollieren und diese Kontrolle (bis zu einem gewissen Grade) monopolisieren kann.[18] Patron-Klient-Netzwerke entwickeln sich vor allem um solche Positionen an den *interfaces* oder Grenzstellen zwischen formalen Organisationen oder deren Teileinheiten, die deren Inhabern viele Möglichkeiten bieten, solche Netzwerke aufzubauen, sich an sie erfolgreich anzuschließen oder sie zu „erobern".[19] Die Entstehung von Positionen vom Typ des Machtmaklers wird vor allem durch drei Bedingungen begünstigt. Zum ersten durch eine Situation, in der der Gebrauch politischer und ökonomischer Machtressourcen nicht streng voneinander differenziert ist– wenn z.b. der Einsatz von physischer Gewalt oder politischem Einfluss in vielen alltäglichen Situationen eine Erfolg versprechende Option im Konkurrenzkampf um ökonomische Ressourcen darstellt. Zum zweiten, wenn ein gesellschaftlicher Raum durch extreme soziale und ökonomische Ungleichheiten gekennzeichnet ist, etwa durch den Unterschied zwischen einem analphabetischen Klienten und einem Staatsbediensteten, der eine höhere Schulbildung besitzt. Zum dritten, wenn zwischen den verschiedenen Integrationsebenen des politisch-administrativen Systems, z.B. der nationalstaatlichen, der teilstaatlichen und der ortsgesellschaftlichen Ebene nur relativ wenige und schmale Kommunikationskanäle bestehen, deren Kontrolle aufgrund ihrer geringen Zahl und Art leicht von bestimmten Personen oder Amtsinhabern monopolisiert werden kann. Diese drei Bedingungen sind in „jungen" Staaten mit einem instabilen Gewaltmonopol oft gegeben, deren bürokratische Organisationsstrukturen im Vergleich zu alten Staaten mehr extensiv entwickelt sind und in denen neben der physikalischen Infrastruktur auch die soziale Infrastruktur der öffentlichen Kommunikationswege nur schwach ausgebaut ist.

In jeder Gesellschaft spielen Netzwerke der Reziprozität und klientelistische Beziehungen eine mehr oder minder große Rolle. Aber während es in den reichen Ländern oft möglich ist, ohne einen persönlichen „Patron" zu überleben, gilt das nicht für die Mehrheit der Menschen in den armen Ländern, und vor allem nicht unter den Bedingungen eines schwachen Gewaltmonopols.

ad III: In multilingualen Gesellschaften neigen klientelistische Netzwerke, in denen ein Austausch von ökonomischen Gütern gegen politische Loyalität (potenziell inklusive „tätiger" oder „handgreiflicher" Unterstützung) stattfindet, die typischerweise um die soziale Rolle des Machtmaklers zentriert sind,

---

18 So gut wie alle Versionen des Konzepts des *middleman, power broker* oder *cultural broker* gehen m.w. in der einen oder anderen Weise auf dessen erste Formulierung bei Eric Wolf (1956:1075f) zurück. Vgl. auch Geertz (1960); Blok (1981).

19 Vgl. zum Begriff der Grenzstelle oder des „Relais": Luhmann (1964: 220ff); Crozier/Friedberg (1979: 94ff).

dazu, einen ethnischen *bias* auszubilden, eine Affinität zu einem bestimmten Personenkreis, der nach ethnischen Kriterien abgegrenzt werden kann. Das heißt, dass es eine erhöhte Wahrscheinlichkeit gibt, dass Menschen, die von sich selbst oder von anderen als Angehörige einer ethnischen Kategorie definiert werden können, die Mehrheit der Teilnehmer oder zumindest den organisatorischen Kern eines solchen Netzwerks bilden.

Ich habe die strukturelle Relevanz von sozialen Nahbeziehungen unter den Bedingungen unvollständiger gesellschaftlicher Pazifizierung erwähnt, die sich in einem solchen Kontext oft mit intra-ethnischen Kontakten und Bindungen überlappen.

Ein anderer wichtiger Grund ist mit der Rolle von Unterschieden der linguistischen oder Kommunikationskompetenz beim Sprechen verschiedener Sprachen verbunden. Wenn die Mehrheit oder beträchtliche Teile der Bevölkerung eines Staates keine voll ausgebildete linguistische Kompetenz bei der Benutzung der tatsächlichen Amtssprache (der *langue officielle*) besitzen, ist es für diese Menschen extrem schwierig, mit den bürokratischen Verflechtungen erfolgreich zu Rande zu kommen, von denen in der postkolonialen Welt in einem stetig zunehmenden Umfang ihre Lebensbedingungen und ihre Lebensqualität abhängen. Dies gilt auch für ihre Interaktion mit privaten oder halböffentlichen Bürokratien, wenn diese ebenfalls die Amtssprache im Publikumsverkehr und in der internen Kommunikation benutzen. In dieser Hinsicht sind es die sozialen Fernbeziehungen, die Abhängigkeitsbeziehungen und Interaktionen mit sozial Fernstehenden, mit anonymen oder persönlich unvertrauten – in diesem Sinn fremden – Personen, die schwerwiegende Probleme aufwerfen. Eine wichtige Folge einer solchen Lage ist, dass es einen dringenden Bedarf an „Übersetzern" gibt, die über eine hoch entwickelte Kommunikationskompetenz in Bezug auf die daran beteiligten Sprachen (bzw. Sprachgemeinschaften) verfügen und die zugleich als vertrauenswürdige Sprecher von denjenigen betrachtet werden, denen diese Kompetenz fehlt – ein Bedarf auf beiden Seiten der linguistischen Hürde. Aus denselben Gründen gibt es eine Tendenz zum Aufbau von klientelistischen Netzwerken, die in ihrem Kernbereich linguistisch homogen sind und in ihren Außenbereichen Sprachgrenzen überqueren. (Einen solchen Außenbereich bildet im Allgemeinen die oberste soziale Schicht, das oberste „Stockwerk" innerhalb des Netzwerks.)

Es ist allerdings wichtig sich klarzumachen, dass es in diesem Zusammenhang um mehr geht als um die Fähigkeit, einen geschriebenen Text zu übersetzen. Das hängt mit der zentralen Bedeutung von Vertrauen und vertraulichen Informationen in klientelistischen Beziehungen zusammen. Klientelistische Netzwerke bestehen immer auf der Grundlage von persönlichen Beziehungen einer irgendwie exklusiven Natur und implizieren stets die Monopolisierung von bestimmten Kommunikationskanälen und die damit verknüpfte ungleiche Kontrolle über „taktisch" relevante Informationen.[20]

In der Welt der modernen politisch-administrativen Systeme gilt ebenfalls, dass die exklusive Verfügung über „taktische" Informationen die wichtigste Machtquelle darstellt. In jeder Bürokratie ist die wichtigste Frage: „Wie spät ist zu spät?" – beispielsweise: *Wann ist es wirklich zu spät, um sich für eine ausgeschriebene Stelle zu bewerben oder Mittel aus einem bestimmten Sachmitteletat zu beantragen – einen Tag nach Ablauf der offiziellen Frist, drei Tage oder drei Wochen?* Wie viel Abweichung von den formalen Regeln wird im konkreten Fall toleriert? (Crozier/Friedberg 1979). Oder: *Wo finde ich die Akte, das Sitzungsprotokoll, den Text von Vorschriften, den dokumentierten Präzedenzfall oder Gesetzeskommentar, den oder die ich nutzen kann, um mein Anliegen zu befördern (und dabei die Absichten einer anderen Person zu vereiteln)?* Es ist Wissen dieser taktischen und eher informellen, nichtöffentlichen Natur, das die entscheidende Machtressource in bürokratischen Kontexten[21] darstellt, und wie andere Machtressourcen ist sie desto wirksamer, je wirksamer sie monopolisiert ist, je mehr also dieses Wissen differenziell verteilt ist und somit einen „Informationsvorsprung" für bestimmte Akteure bedeutet. Die Weitergabe dieses Wissens dieses Typs wird notwendigerweise vorwiegend durch informelle Vertrauensbeziehungen kanalisiert. Dies ist einer und vielleicht der wichtigste der Gründe, warum „Politik" stets um Personen zentriert ist und allen strukturalistischen Theorien zum Trotz den individuellen Akteur nicht ignorieren kann. Es ist das Individuum, das sowohl die Grundlage wie die Schwachstelle abgibt, wenn es um die Monopolisierung von Informationen geht.

Die Frage, die sich in diesem Zusammenhang stellt, ist die nach den Mechanismen, mit deren Hilfe Vertrauensbeziehungen in bürokratischen Organisationen und an deren Grenzen aufgebaut werden. Wie Ethnologen wissen, ist ein hohes Niveau der kommunikativen Kompetenz – präziser: der kulturellen Kompetenz – erforderlich, um verbale Botschaften zu überprüfen, indem sie z.B. mit den etwas zuverlässigeren Signalen des nichtverbalen Verhaltens verglichen werden. Auf einer elementaren Ebene des kommunikativen Geschehens übernehmen vor allem die nichtverbalen Komponenten der Kommunikation die Funktion der so genannten Metakommunikation im Verhältnis zu den verbalen Botschaften. Das heißt, die ersteren werden für gewöhnlich von kompetenten Sprechern oder Kommunikationsteilnehmern benutzt, um die präzise Bedeutung, den Status und die Vertrauenswürdigkeit der verbalen Mitteilung zu determinieren, und stellen in diesem spezifischen Sinn den domi-

---

20 Dass solche Netzwerke aus persönlichen Vertrauensbeziehungen bestehen, aus *face-to-face*-Beziehungen, bedeutet nicht, dass viele ihrer Teilnehmer alle oder viele der übrigen Teilnehmer persönlich kennen. Dennoch inspiriert dieser Umstand leicht Gedankenbilder von „Gemeinschaft" oder „Brüderschaft".

21 Schon Weber (1972: 129) hat darauf hingewiesen, dass Fachwissen und „Dienstwissen", das letztere ein Begriff, der sich mit dem des taktischen Wissens überschneidet, die spezifische Machtgrundlage der Bürokratie bilden.

nanten Modus der Kommunikation dar. Sie prägen unter anderem besonders stark den Beziehungsaspekt der Kommunikation, also die Definitionen der sozialen Beziehung zwischen den Kommunikationspartnern, die sie einander ständig – absichtsvoll oder unwillkürlich – mitteilen (vgl. Goffman 1978: 19; Watzlawick et al. 1974: 53-56, 61-64). Auch dabei fungieren die Botschaften der Beziehungsebene gegenüber den Botschaften der Inhaltsebene als eine Form der Metakommunikation, die die Bedeutung der Botschaften der Inhaltsebene in dominanter Weise bestimmt (weil diese Bedeutung immer vom Kontext und besonders vom sozialen Kontext der Kommunikation abhängt). Dieser allgemeine Mechanismus menschlicher Kommunikation gewinnt eine zentrale Rolle, wenn es um die Schaffung von Vertrauen in persönlichen Kontakten geht.[22] Der Aufbau einer vertrauensvollen Beziehung ist in der Anfangsphase für gewöhnlich sehr viel leichter, wenn beide Partner eine voll entwickelte linguistische oder kulturelle Kompetenz im Gebrauch der gemeinsam benutzten Sprache besitzen, d.h. einschließlich der Beherrschung der in der Sprachgemeinschaft üblichen Codes für den nonverbalen Ausdruck und die paralinguistischen Komponenten der Kommunikation und einschließlich des dafür benötigten kulturellen Hintergrundwissens. Einfacher ausgedrückt: Vertrauen kann in der Anfangszeit einer persönlichen Beziehung in der Regel viel leichter entstehen, wenn beide Kommunikationspartner dieselbe Muttersprache haben oder ein vergleichbar hohes Niveau der sprachlichen und kulturellen Kompetenz besitzen. Deshalb begünstigen sowohl die Eigenheiten moderner Bürokratien wie die besonderen Bedingungen einer mehrsprachigen Staatsbevölkerung den Aufbau klientelistischer Netzwerke entlang der Grenzen von Sprachgemeinschaften.

Anscheinend gibt es zwei Tendenzen, die auf den ersten Blick einander völlig widersprechen: Eine Tendenz ist die Rekrutierung der Teilnehmer von Netzwerken des sozialen Austauschs überwiegend aus Personen, die über eine hohe Kompetenz beim Gebrauch der nationalen Amtssprache verfügen, z.B. in der formalisierten Form der Berufsverbände für akademische Professionen, und die andere, ihre Teilnehmer jeweils überwiegend aus solchen Personen zu rekrutieren, die eine andere als die offizielle Amtssprache gut beherrschen. Wenn man die Existenz professioneller Fachsprachen in Rechnung stellt, zeigt sich jedoch, dass die erstgenannte Tendenz sich häufig auch als eine besondere Variante der Zweitgenannten interpretieren lässt.

---

22 Einer der Gründe dafür ist, dass die nonverbale Kommunikation mehr Merkmale oder Elemente (wie z.B. Erröten oder Schweißabsonderung) enthält, die weniger leicht als der Inhalt verbaler Botschaften vom Sprecher willkürlich kontrolliert werden können. Auf dem Vergleich der willkürlich kontrollierbaren verbalen Botschaften mit den weniger kontrollierbaren Komponenten des Verhaltens beruht im Grundsatz auch die Funktionsweise des Lügendetektors. Für das menschliche Lächeln vgl. z.B. Ekman (1988).

Nachbemerkung

Die Forschung hat oft genug die Bedeutung der so genannten Moralökonomie im Kontext ethnopolitischer Bewegungen hervorgehoben (z.b. Berman/ Lonsdale 1992; Lentz 1995), aber der Gesichtspunkt der Gewaltkontrolle ist dabei meist vernachlässigt worden. Auch wurde öfter übersehen, dass die Regeln einer „moralischen Ökonomie" unter den hier relevanten Bedingungen zugleich die Regeln einer „moralischen Politik" sind, die ebenso gut physische Sicherheit und politischen Schutz betreffen wie ökonomische Güter. Wenn der Gesichtspunkt des Gewaltmanagements nicht berücksichtigt wird, bleiben Analysen von Tribalismus als einer Form des Klientelismus allzu leicht auf der Stufe der moralischen Verurteilung oder bei der Reproduktion populärer Vorurteile stehen. (Ähnliches gilt, wenn die Konsequenzen von schwerer Armut und Bildungsmangel für den Alltag und die Erfahrungswirklichkeit der Betroffenen drastisch unterschätzt werden, weil das Gesetz des Grenznutzens nicht beachtet wird und Armut wie ein Zustand wahrgenommen wird, der sich gleichsam nur „quantitativ" von Wohlstand unterscheidet.)

Seit ich die erste Version dieses Papiers 1992 auf einer Tagung am Schwerpunkt Entwicklungsforschung der Universität Bielefeld vortrug, habe ich die damals vorgestellten Überlegungen und Argumente oft reflektiert und an manchen Stellen korrigiert, weiterentwickelt und ergänzt. Wichtige Ergänzungen und Belege, die nicht in diese überarbeitete Fassung integriert wurden, finden sich in meinem Bericht über ein Forschungsprojekt über ethnische Gewaltkonflikte in Nordghana, der andernorts publiziert ist (Bogner 1998: 201-220). Unter anderem habe ich dort betont, dass Ethnizität weder eine universale Form der Wir-Identifizierung noch eine universale Form der sozialen Organisation physischer Gewalt darstellt. Zudem habe ich dort zuerst den dynamischen Status der sich wandelnden räumliche Konfiguration der Komponenten in meinem Modell betont, der insbesondere auf dem variablen Grad der Überlappung zwischen verschiedenen Verflechtungszusammenhängen auf verschiedenen Funktionsebenen beruht, etwa zwischen dem Netzwerk des sozialen Austauschs und der so genannten Sprachgemeinschaft. Selbst in Bezug auf die Sprachgemeinschaft und auf die in ihr üblichen Codes der nonverbalen Kommunikation und der Affektkontrolle ist nicht a priori von einer Deckungsgleichheit der relevanten Personenkreise auszugehen. Es gibt nicht wenige Beispiele für erfolgreiche ethnische Gruppenbildungen wie die Juden oder ethnonationale Staaten wie die Schweiz, die sich durch Mehrsprachigkeit oder durch fehlende Sprachgrenzen gegenüber ihrer Umwelt auszeichnen (vgl. z.B. Haarmann 1986; Smith 1986: 27). Die Hypothese liegt nahe, dass geteilte Kulturmerkmale auch unter solchen Bedingungen mit ähnlichen Mustern des sozialen Habitus und ähnlichen Codes des nonverbalen Affektausdrucks korrelieren könnten.

Die Aufgabe der Erklärung, wie aus einem tribalistischen Szenario eine sich selbst identifizierende ethnische Wir-Gruppe wird, liegt aus der Perspektive meines Modells nicht zuletzt darin zu erklären, in welchen Prozessen der

– meist illusionäre – Eindruck der Deckungsgleichheit, der Kongruenz zwischen diesen sozialen Netzwerken zustande kommt, wie diese Annahme von „Identität" in der Wahrnehmung und im Verhalten an Stellenwert und Handlungswirksamkeit gewinnt. Mit dieser Annahme – wie ebenso mit der Einbettung des Modells in den langfristigen globalen Prozess der Monopolisierung physischer Gewalt – gewinnt das zunächst scheinbar statische Modell einen dynamischen Charakter, der vielen Konzeptionen von Ethnizität bislang mangelt. So ist z.b. gegen primordialistische Ethnizitätstheorien treffend eingewandt worden, dass sie den Wandel kollektiver Identitäten nicht erklären können, weil sich eine Variable nicht aus Konstanten erklären lässt (Scott 1990). Primordialistische Autoren müssen sich fragen lassen, warum es in der Geschichte immer wieder erfolgreiche Beispiele für multikulturelle Staatsgebilde, von kleinen Königtümern und Stadtstaaten bis zu dynastischen Großreichen, gegeben hat, in denen ethnische durch andere Kollektivloyalitäten wirksam überlagert oder ersetzt wurden. Die Entstehung eines überlokalen Wir-Bewusstseins ist z.b. in akephalen Gesellschaften typischerweise das Resultat eines relativ langen sozialen Prozesses der Ethnogenese, kann also nicht aus primordialen Bindungen erklärt werden, die schon am Anfang eines solchen Prozesses bestanden haben. Ansätze zu einer dynamischen Konzeption von Ethnizität sollten offenbar konstante und variable Elemente in einen dynamischen Zusammenhang miteinander bringen können. Primordialistische Theorien verweisen uns im Extremfall auf biologische Erklärungen für sozialen Wandel, konstruktivistische und instrumentalistische Theorien in letzter Konsequenz auf „historische" (anders formuliert: kurzfristige) Erklärungen für die langfristige Persistenz ethnischer Wir-Definitionen. Wenn wir die Verwandlungen kollektiver Wir-Bilder in vielen und deren langfristige Persistenz in anderen Fällen erklären wollen, sind Analysen von Ethnizität erforderlich, die langfristige soziale Prozesse und anthropologische Konstanten (wie bspw. die Zerbrechlichkeit des menschlichen Körpers und den angeborenen Lernbedarf von Säuglingen), Emotionen und kognitive Konstrukte, die „rationalen" Kalküle politischer Führer und die Wir-Gefühle ihrer Anhänger in ein dynamisches Modell integrieren.[23] Ich habe versucht, zu diesem Zweck ein Modell zu entwickeln, das auf den *langsamen Wandel der sozialen Kontexte* fokussiert ist, in denen sowohl „primordiale Zwänge" als auch historische Ereignisse (die Motive und Ideen von Individuen) ihre Wirksamkeit entfalten.

Literatur

Anderson, Benedict (1988): *Die Erfindung der Nation*, Frankfurt a.M., New York: Campus.

---

23 Für Ansätze in dieser Richtung vgl. Gurr/Pitsch (2002); Gurr (1998: 123ff) und Scott (1990).

Berman, Bruce/Lonsdale, John (1992): *Unhappy Valley. Conflict in Kenya and Africa*, London/Nairobi: Currey/Heinemann/Ohio University Press.

Blau, Peter M. (1972): *The Dynamics of Bureaucracy*, Chicago: Univ. of Chicago Press.

Blok, Anton (1981): *Die Mafia in einem sizilianischen Dorf*, Frankfurt a.M.: Suhrkamp.

Bogner, Artur (1986): „The Structure of Social Processes", in: *Sociology* 20 (3), S. 387-411.

Bogner, Artur (1992): "The Theory of the Civilizing Process – An Idiographic Theory of Modernization?", in: *Theory, Culture & Society* 9 (2), S. 23-53.

Bogner, Artur (1998): „Gewaltkonflikte und der Wandel sozialer Fremdheit in Nordghana", in: Herfried Münkler et al. (Hg.), *Die Herausforderung durch das Fremde: Interdisziplinäre Arbeitsgruppe Die Herausforderung durch das Fremde*, Berlin: Akademie Verlag, S. 201-303.

Bogner, Artur (2003): „Macht und die Genese sozialer Gruppen", in: *Sociologus* 53 (2), S. 167-181.

Bogner, Artur/Wouters, Cas (1990): „Kolonialisierung der Herzen?", in: *Leviathan* 18 (2), S. 255-279.

Committee of Inquiry into the Gonjas, Nawuris and Nanjuros Dispute (1992): *Report of the Committee of Inquiry into the Gonjas, Nawuris and Nanjuros Dispute to Flt. Lt. Jerry John Rawlings, Head of State and Chairman of the Provisional National Defence Council 1991* (Typoskript), Accra.

Crozier, Michel/Friedberg, Erhard (1979): *Macht und Organisation: Die Zwänge kollektiven Handelns*, Königstein: Athenäum.

de Swaan, Abram (1988): *In Care of the State. Health Care, Education and Welfare in Europe and the USA in the Modern Era*, Cambridge: Polity Press.

de Swaan, Abram (1992): „Widening Circles of Identification: Emotional Concerns in Sociogenetic Perspective". Paper präsentiert auf der 10th Anniversary Conference der Zeitschrift Theory, Culture & Society, 16.-19. August 1992, Seven Springs, Champion, Pennsylvania.

Ekman, Paul (1988): *Gesichtsausdruck und Gefühl. 20 Jahre Forschung von Paul Ekman*, Paderborn: Junfermann.

Elias, Norbert (1974): „Towards a Theory of Communities", in: Colin Bell/Howard Newby (Hg.), *The Sociology of Community: A Selection of Readings*, London: Cass, S. IX-XLI.

Elias, Norbert (1976) [1937/1939]: *Über den Prozeß der Zivilisation*, Frankfurt a.M.: Suhrkamp.

Elias, Norbert (1977): „Zur Grundlegung einer Theorie sozialer Prozesse", in: *Zeitschrift für Soziologie* 6 (2), S. 127-149.

Elias, Norbert (1987): *Die Gesellschaft der Individuen*, Frankfurt a.M.: Suhrkamp.

Elias, Norbert/Dunning, Eric (1986): *Quest for Excitement: Sport and Leisure in the Civilizing Process*, Oxford/New York: Blackwell.

Elias, Norbert/Scotson, John L. (1990) [1965]: *Etablierte und Außenseiter*, Frankfurt a. M.: Suhrkamp.

Elwert, Georg (1983): *Bauern und Staat in Westafrika*, Frankfurt a.m.: Campus.

Elwert, Georg (1989): „Nationalismus, Ethnizität und Nativismus – über die Bildung von Wir-Gruppen", in: Peter Waldmann/Georg Elwert (Hg.), *Ethnizität im Wandel*, Saarbrücken: Breitenbach, S. 21-60.

Elwert, Georg (1999): „Markets of Violence", in: Georg Elwert/Stephan Feuchtwang/Dieter Neubert (Hg.), *Dynamics of Violence. Processes of Escalation and De-Escalation in Violent Group Conflicts*, Berlin: Duncker & Humblot, S. 85-102.

Elwert, Georg, in diesem Band.

Evers, Hans-Dieter (1984): „The Civilizing Process: World Figuration or World-System?", Paper präsentiert auf der Tagung *Civilizations and Theories of Civilizing Processes: Comparative Perspectives*, Zentrum für interdisziplinäre Forschung, Universität Bielefeld, 14.–17. Juni 1984.

Fishman, Joshua (1989): *Language and Ethnicity in Minority Sociolinguistic Perspective*, Clevedon/Philadelphia: Multilingual Matters.

Geertz, Clifford (1960): „The Javanese Kijaji: The Changing Role of a Cultural Broker", in: *Comparative Studies in Society and History* 2 (2), S. 228-249.

Gellner, Ernest (1991) [1983]: *Nationalismus und Moderne*, Berlin: Rotbuch.

Goffman, Erving (1978) [1959]: *The Presentation of Self in Everyday Life*, Harmondsworth: Penguin.

Gurr, Ted Robert et al. (1998) [1993]: *Minorities at Risk. A Global View of Ethnopolitical Conflicts*, Washington, D.C.: United States Institute of Peace Press.

Gurr, Ted R./Pitsch, Anne (2002): „Ethnopolitische Konflikte und separatistische Gewalt", in: Wilhelm Heitmeyer/John Hagan (Hg.), *Internationales Handbuch der Gewaltforschung*, Wiesbaden: Westdeutscher Verlag, S. 287-312.

Haarmann, H. (1986): *Language in Ethnicity: A View of Basic Ecological Relations*, Berlin: De Gruyter.

Hahn, A. (1983): „Konsensfiktionen in Kleingruppen. Dargestellt am Beispiel von jungen Ehen", in: Friedhelm Neidhardt (Hg.), *Gruppensoziologie. Perspektiven und Materialien*, Köln: Westdeutscher Verlag, S. 210-232.

Hochschild, Arlie Russell (1983): *The Managed Heart: Commercialization of Human Feeling*, Berkeley: University of California Press.

Ignatieff, Michael (1994): *Reisen in den neuen Nationalismus*, Frankfurt a.M.: Insel.

Kapuściński, Ryszard (2003): *Afrikanisches Fieber. Erfahrungen aus vierzig Jahren*, München: Piper.

Lentz, Carola (1995): „‚Tribalismus' und Ethnizität in Afrika – ein Forschungsüberblick", *Leviathan* 23 (1), S. 115-145.

Lerner, Daniel (1969): „Die Modernisierung des Lebensstils", in: W. Zapf (Hg.), *Theorien des sozialen Wandels*, Köln: Kiepenheuer, S. 362-381.

Luhmann, Niklas (1964): *Funktionen und Folgen formaler Organisation*, Berlin: Duncker & Humblot.

Mann, Michael (1990): *Geschichte der Macht. Erster Band: Von den Anfängen bis zur Griechischen Antike*, Frankfurt a.M./New York: Campus.

Mannheim, Karl (1980): *Strukturen des Denkens*, Frankfurt a.M.: Suhrkamp.

Mennell, Stephen (1989a): „Short-Term Interests and Long-Term Processes: The Case of Civilization and Decivilization", in: Johan Goudsblom/E.L. Jones/Stephen Mennell (Hg.), *Human History and Social Process,* Exeter: University of Exeter Press, S. 93-127.

Mennell, Stephen (1989b): *Norbert Elias: Civilization and the Human Self-Image*, Oxford: Blackwell.

Polanyi, Karl (1978): *The Great Transformation. Politische und ökonomische Ursprünge von Gesellschaften und Wirtschaftssystemen*, Frankfurt a.M.: Suhrkamp.

Rosenthal, Gabriele (2002): „Introduction: Family History: Life Stories", in: *History of the Family* 7, S. 175-182.

Rosenthal, Gabriele (2004): „‚Ethnisierung der Biographie' und Traumatisierung", in: Markus Ottersbach/Erol Yildiz (Hg.), *Migration in der modernen Gesellschaft. Zwischen Ethnisierung und globaler Neuorientierung*, Münster/Hamburg: Lit-Verlag, S. 217-227.

Rossi, Pietro (1987): *Vom Historismus zur historischen Sozialwissenschaft*, Frankfurt a.M.: Suhrkamp.

Schröter, Michael (1997): „Scham im Zivilisationsprozeß: Eine Diskussion mit Hans Peter Duerr", in: Michael Schröter (Hg.), *Erfahrungen mit Norbert Elias. Gesammelte Aufsätze,* Frankfurt a.M.: Suhrkamp, S. 71-109.

Scott, George M., Jr. (1990): „A Resynthesis of the Primordial and Circumstantial Approaches to Ethnic Group Solidarity: Towards an Explanatory Model", in: *Ethnic and Racial Studies*, 13 (2), S. 147-171.

Scott, James C. (1976): *The Moral Economy of the Peasant. Rebellion and Subsistence in Southeast Asia*, New Haven: Yale University Press.

Scott, John (1991): *Social Network Analysis*, London: Sage.

Smith, Anthony D. (1986): *The Ethnic Origins of Nations*, Oxford: Blackwell.

Spicer, Edward (1971): „Persistent Identity Systems", in: *Science* 172 (4011), S. 795-800.

Waldmann, Peter/Elwert, Georg (1989): „Einleitung", in: Peter Waldmann/Georg Elwert (Hg.): *Ethnizität im Wandel*, Saarbrücken: Breitenbach, S. 7-18.

Watzlawick, Paul et al. (1974): *Menschliche Kommunikation: Formen, Störungen, Paradoxien*, Bern: Huber.

Weber, Max (1972): *Wirtschaft und Gesellschaft: Grundriß der verstehenden Soziologie*, Tübingen: Mohr-Siebeck.

Wolf, Eric R. (1956): „Aspects of Group Relations in a Complex Society: Mexico", in: *American Anthropologist* 58 (6), S. 1065-1078.

Wynne, Lyman C. et al. (1958): „Pseudo-Mutuality in the Family Relations of Schizophrenics", in: *Psychiatry* 21, S. 205.

WAS IST GEWALT? ANMERKUNGEN ZUR BESTIMMUNG EINES UMSTRITTENEN BEGRIFFS

Wolfgang Gabbert

Einführung

Gewalt ist keineswegs die häufigste, sicherlich jedoch die massivste Art der Austragung von Konflikten zwischen Menschen. Sie scheint ein Phänomen zu sein, das die menschliche Gesellschaft von Anbeginn begleitet hat oder wie der französische Ethnologe Georges Balandier formuliert: „In the beginning was violence, and all history can be seen as an unending effort to control it" (1986: 499).[1] Während Gewalt im heutigen Alltagsverständnis (und auch in manchen wissenschaftlichen Ansätzen) oft als Ausbruch atavistischer Impulse oder Triebe, als antisozial und abweichend betrachtet wird (vgl. z.b. Lorenz 1974), hat insbesondere die Ethnologie zu zeigen vermocht, dass der Gebrauch von Gewalt durchaus bestimmten Regeln folgt, kulturell geformt ist und keineswegs nur destruktive Folgen zeitigen muss.[2]

Der Begriff Gewalt scheint auf den ersten Blick einen sehr konkreten, fassbaren Bereich der Wirklichkeit zu umschreiben. Was könnte handgreiflicher sein als der Schlag, der einen menschlichen Körper trifft oder der Schuss, der einen Gegner tötet? Jedoch stellt sich der Versuch, „Gewalt" zu definieren, schnell als äußerst komplexes Unterfangen heraus.

---

1 Ähnlich stellt Trutz von Trotha fest: „Gewalt [ist] selbst eine Form sozialer Ordnung und [...] [gehört] zum Kern des Ordnungsproblems jeder Gesellschaft und Kultur" (1997b: 20).

2 Vgl. z.B. Gluckmans Arbeit (1956) zur integrierenden Wirkung der Fehde. Durham (1976) vertritt die Auffassung, dass Krieg in vorstaatlichen Gesellschaften unter Bedingungen der Konkurrenz um knappe Ressourcen adaptiv ist. Balandier (1986: 507-509) führt die Mawri im afrikanischen Niger als Beispiel für eine Gesellschaft an, die in vorkolonialer Zeit den Krieg dem Frieden vorzog. Krieg trug entscheidend zur Kohäsion der durch erhebliche Ungleichheit zwischen Eroberer-Kriegern und tributpflichtigen Bauern geprägten Gesellschaft bei, da letztere an den Erträgen neuer Kriegszüge partizipierten und die interne Ausbeutung begrenzt wurde. In der Soziologie hat insbesondere Lewis Coser (1956, 1967) im Anschluss an Georg Simmel auf mögliche positive Auswirkungen von (auch gewaltsamen) Konflikten auf die Binnenorganisation von Gruppen hingewiesen.

Zunächst ist festzuhalten, dass umgangssprachlich und auch in der wissenschaftlichen Literatur der Begriff Aggression im allgemeinen umfassender gebraucht wird als jener der Gewalt. Während „Gewalt" sich meist auf eine bestimmte Form von Verhalten bezieht, wird „Aggression" auch zur Bezeichnung eines Triebes oder Instinktes, von emotionalen Prozessen und kognitiven Haltungen verwendet. Häufig führt man Gewalthandlungen auch ursächlich auf aggressive Triebe oder Emotionen zurück (vgl. z.B. Lorenz 1974).

Auf der Verhaltensebene werden „Gewalt" und „Aggression" häufig synonym verwendet (vgl. z.B. Heelas 1982 und 1989; Howells 1996). Während manche Autoren den durch die genannten Begriffe eingegrenzten Phänomenbereich auf Fälle physischer Verletzung von Menschen beschränken wollen (vgl. etwa Popitz 1992: 48; Elwert 2002: 336-338; Nunner-Winkler 2004: 27-38),[3] schließen andere auch Fälle psychischer Schädigung mit ein (vgl. z.B. Bandura 1973: 5; Eibl-Eibesfeldt 1979: 29). Johan Galtung spricht sich für einen noch sehr viel weiteren Gewaltbegriff aus, der alle Einflüsse umfasst, durch die Menschen an der Realisierung ihrer körperlichen und geistigen Möglichkeiten gehindert werden: „[V]iolence is present when human beings are being influenced so that their actual somatic and mental realizations are below their potential realizations" (1969: 168). Dabei unterschied Galtung zunächst nur zwischen den Haupttypen direkte personale und indirekte strukturelle Gewalt (ungleiche Lebenschancen), wo es keinen unmittelbaren Täter gibt, sondern die Gewalt den gesellschaftlichen Verhältnissen entspringt (vgl. ebd.: 170). In einer neueren Publikation hat er diese Formen um eine dritte, die „kulturelle Gewalt" ergänzt. Damit meint er „jeden Aspekt einer Kultur, der dazu benutzt werden kann, Gewalt in ihrer direkten oder strukturellen Form zu legitimieren" (Galtung 1990: 291, Übers. W.G.).

Definitionen unterscheiden sich auch insofern, als einige Autoren das tatsächliche Eintreten des materiellen Resultats einer Handlung – die Verletzung – als Definitionsmerkmal (für Gewalt/Aggression) betrachten (so z.B. Bandura 1973: 5; Eibl-Eibesfeldt 1979: 29; Siann 1985: 11; Popitz 1992: 48), während andere die Absicht des Täters zur Verletzung bereits für ausreichend halten (vgl. z.B. Berkowitz 1968: 168).

Wie bereits dieser erste kurze Überblick gezeigt hat, ist die Verwirrung um die Begriffe Gewalt und Aggression beträchtlich: Manche Autoren verwenden sie gleichbedeutend, andere siedeln sie auf verschiedenen Ebenen an und betrachten „Aggression" als einen Trieb oder Instinkt, der eine Ursache für Gewalthandlungen darstellt. Unter denjenigen, die beide Begriffe für die Verhaltensebene verwenden, ist umstritten, welche Phänomene jeweils eingeschlossen werden sollten. Eine ausführliche Diskussion der beiden Konzepte ist hier nicht möglich. Mir geht es im Folgenden in erster Linie um den Begriff der Gewalt. Ich werde dabei auf drei Problembereiche näher eingehen, die mir für seine Bestimmung zentral zu sein scheinen:

---

3   Allerdings fasst Popitz auch Drohungen unter den Gewaltbegriff.

- die kulturelle Relativität emischer Gewaltkonzepte,
- die Multiperspektivität von Gewalthandlungen,
- das Verhältnis zwischen Alltagssprache und wissenschaftlichen Kategorien.

In der folgenden Darstellung beziehe ich mich vor allem auf die Ansätze von Paul Heelas (1982; 1989) und David Riches (1986b), die meines Erachtens grundlegende Fragen der Gewaltdefinition besonders deutlich herausgearbeitet haben. Während Riches ausschließlich den Begriff Gewalt verwendet, gebraucht Heelas „Gewalt" und „Aggression" synonym. In beiden Ansätzen geht es jedoch im Kern um die Interpretation von Fällen körperlicher Verletzung.

Die kulturelle Relativität emischer Gewaltkonzepte

Paul Heelas (1982, 1989) zählt zu den entschiedensten Kritikern all jener Ansätze, die Gewalt/Aggression als objektiv feststellbares Phänomen betrachten, das man als solches Kultur vergleichend untersuchen könne. Er kritisiert zunächst Definitionen von Gewalt (bzw. Aggression), die, wie beispielsweise jene Eibl-Eibesfeldts, davon ausgehen, dass es sich bei diesem Phänomen um empirisch beobachtbare Verhaltenssequenzen handelt, welche die Verletzung eines anderen beinhalten. Heelas betrachtet diesen Ansatz als problematisch, da er zu weit sei und Verhaltensweisen einschließen würde, die nach seiner Auffassung „nicht plausibel als aggressiv betrachtet" werden könnten (Heelas 1989: 231; siehe auch 1982: 53). Als Beispiel nennt er unter anderem eine Verletzung, die durch einen Unfall hervorgerufen wird.

Um solche Fälle auszuschließen, hat ein zweiter Typus von Definitionen die *Absichtlichkeit* der Verletzung eines anderen als zusätzliches Definitionskriterium eingeführt. So schreibt z.B. Berkowitz: „Aggression [is] here regarded as any behavior whose goal is the injury of some person or thing" (1968: 168). Aber auch solche Definitionen sind nach Heelas Auffassung unbefriedigend, da sie u.a. Taten, die „bei uns" gemeinhin als gewalttätig gelten, ausschließen (z.B. Aktionen in „blinder Wut"[4]) und andere, die im allgemeinen nicht als gewalttätig gelten (Heelas nennt hier die Fuchsjagd), einschließen (vgl. Heelas 1989: 233f).

Heelas geht davon aus, dass Gewalt/Aggression nicht einfach als *Verhalten* gefasst werden darf, sondern dass es eine Form menschlichen *Handelns* darstellt und deshalb nur im Zusammenhang mit den Bedeutungen verstanden werden kann, welche die Beteiligten diesen Aktivitäten zuschreiben:

---

4   Dieser Einwand ist meines Erachtens nicht stichhaltig. Auch Taten „in blinder Wut" zielen auf die Verletzung eines anderen oder von etwas anderem, wobei die Auswahl des Ziels relativ zufällig sein kann. Dennoch liegt hier etwa im Unterschied zu Unfällen oder Fahrlässigkeit eine Absicht der Schädigung vor.

[P]articipant criteria of what counts as violence must necessarily take precedence over objective criteria. I want to argue that it makes no sense to describe a state of mind or act as violent unless one has, so to speak, the permission of the participants. [...] a visit to the dentist in our society might involve the infliction of physical hurt but does not count as a violent or aggressive act on the part of the dentist, because of the meanings and intentions involved. (1982: 53, siehe auch ebd.: 49f, 53-55; 1989: 232).

Für eine vergleichende Gewaltforschung auf Grundlage einer „objektiven" Definition ihres Gegenstandsbereichs kommt als weiteres Problem hinzu, dass die gleiche Verhaltensweise in verschiedenen Kulturen eine unterschiedliche Bedeutung haben kann.[5] Heelas veranschaulicht dies unter anderem mit einem ethnographischen Beispiel aus dem südamerikanischen Tiefland: Seit ihrer Beschreibung durch den nordamerikanischen Ethnologen Napoleon Chagnon (1983) gelten die Yanomamö als eine besonders gewalttätige Kultur. In der Tat sterben zahlreiche Männer bei Fehden und gegenseitigen Überfällen (vgl. ebd.: 5, 170-189). Die Behandlung, die sie ihren Frauen angedeihen lassen, führt nicht selten zu Verletzungen. So werden Frauen geschlagen oder mit Pfeilen beschossen. Heelas vertritt nun die Auffassung, dass zumindest ein großer Teil dieser Handlungen nicht als Gewaltakte angesehen werden dürfe, da nach den Angaben Chagnons Yanomamö-Frauen Schläge und Verletzungen durch ihre Männer in gewissem Umfang erwarteten und deren Häufigkeit als Zeichen des Interesses deuteten (vgl. Heelas 1982: 48; 1989: 228). Tatsächlich schreibt Chagnon:

Women expect this kind of treatment. Those who are not too severely treated might even measure their husband's concern in terms of the frequency of minor beatings they sustain. I overheard two young women discussing each other's scalps scars. One of them commented that the other's husband must really care for her since he had beaten her on the head so frequently! (1983:113).

Daraus folgert Heelas: „What for us counts as violent wife-battering is seen by Yanomamö women as a sign of care, perhaps even endearment" (1982: 48).[6]

---

5   Garry Marvin kommt in seiner Interpretation des spanischen Stierkampfes ebenfalls zu dem Schluss, dass Aktivitäten, die in einer Gesellschaft als gewaltsam betrachtet werden, in einer anderen Gesellschaft völlig anders gesehen und bewertet werden können (1986: 134f).

6   Gegen die empirische Grundlage dieser Aussage lassen sich meines Erachtens erhebliche Bedenken formulieren. So ist völlig unklar, inwieweit sich die Angaben von Chagnon innerhalb der Yanomamö verallgemeinern lassen. Weder Chagnon noch Heelas berücksichtigen zudem, dass es sich bei den erwähnten Aussagen von Yanomamö-Frauen um ironische Äußerungen handeln könnte. Offenbar wird auch nicht jede „Misshandlung" positiv aufgenommen. Wie Chagnon selbst berichtet, werden Frauen häufig von ihren Brüdern gegen „grausame Ehemänner" verteidigt (1983: 113). Schließlich scheint die Absicht der Männer bei den angesprochenen Handlungen auch keineswegs darin zu bestehen, ihren Frauen Zuwendung zu signalisieren. Sie zielen vielmehr darauf ab, die Frauen für vermeintliche Nachlässigkeiten oder Fehler zu sanktionieren. Bei besonders schweren „Strafen" geht es offenbar weniger um die Bestrafung der

Für Heelas zeigt das Yanomamö-Beispiel, dass es absichtliche Handlungen gibt, die zu Verletzungen führen, jedoch keine aggressive Bedeutung haben: „A bang on the head is not a bang on the head and a case of violence – it could even be a sign of endearment" (ebd.: 55).

Die gleichen Verhaltensweisen werden also in verschiedenen Kulturen mal als Gewalt, mal als etwas anderes interpretiert, und der Umfang dessen, was in unterschiedlichen Gesellschaften jeweils unter „Gewalt" (im Sinne einer absichtlichen, nicht-legitimen Verletzung anderer) verstanden wird, differiert. So kommt Heelas zum Schluss, dass eine objektive vergleichende Untersuchung von „Gewalt" nicht möglich ist. Die Konzipierung eines diesen Vergleich ermöglichenden allgemeinen Gewaltbegriffs betrachtet er als dem Gegenstand nicht angemessen:

[W]hat counts as violence in one context is not seen as such in another [...] it is no longer possible to build up a neat comparative scale. Each case is distinctive, there being no base line in common to allow cross-cultural assessment. [...] The most the comparativist can now do is compare cultures according to how they use terms such as ‚violence'. (1982: 48, 49f siehe auch Howell/Willis 1989b: 6f; Spencer 1996: 559f).

Unabhängig davon, ob man alle Interpretationen und Folgerungen von Heelas für schlüssig hält, so hat er mit der unterschiedlichen Bewertung bestimmter Verhaltensweisen in verschiedenen Kulturen in jedem Fall ein wichtiges Problem vergleichender Gewaltforschung benannt, das auch bei diachron angelegten komparativen Arbeiten innerhalb einer Gesellschaft besteht. Wir werden zudem im Folgenden sehen, dass unterschiedliche Bedeutungszuweisungen nicht nur für interkulturell oder historisch vergleichende Arbeiten von Bedeutung sind, sondern ein immanenter Bestandteil vieler Interaktionen, welche die physische Verletzung anderer beinhalten.

Die Multiperspektivität von Gewalthandlungen (Täter/Opfer/Dritte)

Die Frage, inwieweit auch absichtliche, jedoch nicht „erfolgreiche" Angriffshandlungen (z.B. ein fehlgegangener Schuss) als „Gewalt" gefasst, bezeichnet werden sollten, verweist – ebenso wie die Debatte um den Geltungsumfang des Gewaltbegriffs insgesamt auf ein grundlegendes Problem, denn beide Fragen ergeben sich aus der Tatsache, dass an Gewalthandlungen immer mindestens zwei Parteien beteiligt sind. Betrachtungen können folglich entweder die Absichten und damit die Täterperspektive in den Mittelpunkt stellen oder den Blick stärker auf die Konsequenzen von Handlungen oder Prozessen, also die Situation des Opfers, richten. So konzentriert sich z.B. Galtung auf die Opfer-

---

Frauen als darum, sich in der Gruppe als starker, aggressiver Mann zu profilieren (vgl. Chagnon 1983: 112f; siehe hierzu auch Riches 1986b: 8, Anm. 7).

seite, Definitionen wie die von Berkowitz (1968: 168) zielen vornehmlich auf die Täterseite.

Während Heelas (1982; 1989) vornehmlich die Unterschiedlichkeit der Gewaltkonzepte zwischen Kulturen thematisiert, weist insbesondere David Riches darauf hin, dass die Charakterisierung einer Handlung als aggressiv oder gewaltsam auch innerhalb derselben Kultur vom Standpunkt des Betrachters abhängig sein kann (vgl. 1986b: 1, 3). Er macht dies ausgehend vom angelsächsischen Begriffsverständnis von Gewalt (*violence*) klar. Dort wird der Begriff in der Regel nur für illegitime, die gesellschaftliche Ordnung verletzende Handlungen verwendet. Dies veranlasst die Täter häufig dazu, ihr Verhalten nicht als Gewalttat zu betrachten, sondern als gerechtfertigte Verteidigungsaktion (*tactical preemption*) darzustellen.[7] Riches sieht folglich die Auseinandersetzung um die Legitimität bestimmter Handlungen, die vom Täter behauptet, vom Opfer und (zumindest einigen) Zeugen jedoch bestritten wird, als einen spezifischen gemeinsamen Kern von „Gewalt" in allen Gesellschaften (vgl. 1986b: 1, 3-8). Während Heelas, wie weiter oben gezeigt wurde, eine allgemeine Definition des Begriffes ablehnt, schlägt Riches die folgende Bestimmung eines umfassenden Gewaltkonzepts vor: „Violence [can] be seen as ‚an act of physical hurt deemed legitimate by the performer and illegitimate by (some) witnesses'" (Riches 1986b: 8).

Alltagssprache und wissenschaftliche Kategorien

Alltagssprache und Wissenschaftssprache hängen zwar gerade in den Sozial- und Geisteswissenschaften eng zusammen. Die in diesen Sprachsystemen verwendeten Begriffe müssen jedoch unterschiedliche Anforderungen erfüllen. Im Alltag reicht es für die Regelung des Zusammenlebens in vielen Fällen aus, den Sinn der Äußerung eines Interaktionspartners lediglich ungefähr zu verstehen. Dabei kann die Unschärfe von Begriffen durchaus hilfreich sein und Konflikte vermeiden, da jeder der Interaktionspartner die Aussage in seiner Richtung interpretieren kann. Eine wissenschaftliche Kategorie muss demgegenüber die Möglichkeit unterschiedlicher Auslegungen möglichst gering halten. Denn nur so kann eine wissenschaftliche Diskussion sinnvoll realisiert werden, (d.h. die Gesprächspartner sprechen tatsächlich über den gleichen Gegenstand und reden nicht aneinander vorbei). Zudem ist nur so die Verallgemeinerung von Aussagen möglich und die Vergleichbarkeit von Untersuchungsergebnissen herstellbar.

Darüber hinaus transportieren Begriffe in der Alltagssprache keineswegs nur neutrale Informationen, sondern haben in vielen Fällen zugleich normative Konnotationen. Gerade beim Sprechen über die Anwendung von Zwang, Ver-

---

7 So stellte z.B. Berkowitz (1982: 95) fest, dass viele Gewalttäter ihre Handlungen als Reaktion auf einen vermeintlichen Angriff auf ihre Selbstachtung oder als Reaktion auf eine Beleidigung betrachten.

letzung und Ungleichheit geht es häufig um die Rechtfertigung oder Verurteilung einer Tat. So erscheint die als „Mord" bezeichnete Tötung eines Menschen als moralisch verwerflich, während (nicht allen, aber vielen) der „finale Rettungsschuss" eines Polizisten als legitim gilt. Gegenstand einer wissenschaftlichen Definition sollte jedoch nur die Feststellung eines bestimmten Tatbestandes sein, und nicht seine normative Bewertung.

Dass es für eine wissenschaftliche Kategoriebildung notwendig ist, sich von der Alltagssprache partiell zu lösen, macht auch die Betrachtung der Bedeutungsinhalte des Begriffs Gewalt im Deutschen und ihr Vergleich mit jenen anderer Sprachen deutlich. Dabei zeigt sich nicht nur die Ambiguität alltagssprachlicher Begriffe, sondern darüber hinaus ein Problem, das sich auch bei jeder Übersetzung stellt. Es handelt sich dabei um die Tatsache, dass die semantischen Bereiche, die in verschiedenen Sprachen jeweils durch ein Wort umschrieben werden, häufig nicht übereinstimmen. So gibt es beispielsweise bei den Tausug auf den Philippinen keinen spezifischen Begriff für die absichtliche Zufügung physischer Verletzungen (den Kern des deutschen Gewaltbegriffs). Solche Handlungen werden mit dem Wort *maisug* bezeichnet, das ganz allgemein „große Männlichkeit und Tapferkeit" bedeutet (vgl. Riches 1986b: 22).

In der Geschichte des deutschen Wortes Gewalt finden sich in der Alltagssprache einerseits Bedeutungen wie „Kraft haben", „Macht haben", „über etwas verfügen", d.h. die Fähigkeit, bestimmte Wirkungen hervorzubringen. Andererseits werden Inhalte beschrieben, die auf die Anwendung von Zwang und die damit verbundene Auslösung von Schmerz verweisen. Zugleich beinhaltet der Gewaltbegriff im Deutschen widersprüchliche normative Konnotationen, nämlich den Gegensatz zwischen legitimer Machtausübung (Staatsgewalt, Gottesgewalt) und illegitimem Zwang und (körperlicher) Verletzung.[8] Im Unterschied dazu wird etwa im Lateinischen, Englischen und Französischen klarer zwischen „der Fähigkeit, Wirkungen hervorzubringen" (lat. *potestas*, engl. *power*, frz. *pouvoir*) und der illegitimen Anwendung physischer Kraft auf ein anderes Lebewesen gegen dessen Willen (lat. *violentia*, engl. sowie frz. *force*) unterschieden (vgl. Forschner 1985: 16). Eine wissenschaftliche Definition des Gewaltbegriffs muss sich also entscheiden, ob sie

- an die Ambivalenz des deutschen Sprachgebrauchs anknüpfen,
- wie die anderen genannten Sprachen zwischen legitimer und illegitimer Ausübung körperlichen Zwangs differenzieren oder
- das Kriterium der Legitimität vollständig ausschließen will.

In jedem Fall würde sich der wissenschaftliche Sprachgebrauch von der Alltagssprache (in einer, in mehreren oder in allen Sprachen) unterscheiden.

---

8 Vgl. Forschner (1985: 15-17); Hofmann (1985); Lindenberger/Lüdtke (1995: 9f). Eine neuere ausführliche Darstellung des Gewaltbegriffs gibt Imbusch (2002).

Probleme bisheriger Definitionsansätze

Ein wissenschaftlicher Gewaltbegriff muss sich notwendigerweise von der Alltagssprache und den Perspektiven der Beteiligten lösen, denn diese sind nicht nur inter- sondern auch intrakulturell unterschiedlich: Die Bewertungen einer Handlung durch Täter/Opfer/Dritte müssen ja keineswegs übereinstimmen. Der Vater, der seinem Kind einen Klaps gibt, will es ja meist nicht verletzen. Das Kind oder der Kinderschutzbund mögen das durchaus anders beurteilen. Es ist also gar nicht möglich, Heelas Maxime, die Kriterien der Beteiligten als maßgeblich zu betrachten, uneingeschränkt zu folgen. Denn man wäre gezwungen, sich für eine der sich widersprechenden Interpretationen zu entscheiden und würde damit die andere ignorieren.

Dies zeigt sich beispielsweise bei Heelas Einordnung der Kopfjagd bei den philippinischen Ilongot: „[W]e must resist asserting that Ilongot youths are aggressive simply because they lop off heads" (1989: 240). Denn nach der Auffassung der Ilongot geht es bei der Kopfjagd nicht etwa um die Dominierung des Gegners, sondern um den Übergang junger Männer von einem Lebensabschnitt, der durch Leidenschaft charakterisiert ist, in einen anderen, in dem das Wissen vorherrscht (ebd.: 239). Wie mögen das wohl die potenziellen Opfer der Kopfjagd sehen?

Darüber hinaus laufen Definitionen, die sich auf die emischen Sichtweisen stützen, Gefahr, die Erklärungen der Beteiligten unhinterfragt zu akzeptieren. Die Probleme der ideologischen Rationalisierung, der Selbsttäuschung und der unbewussten Motivierung von Verhalten werden damit vollständig außer Acht gelassen.

Schließlich würde eine Orientierung der Begriffsdefinition an den kulturspezifischen Bedeutungen und Bewertungen von Verhaltensweisen einen erheblichen Teil vergleichender Forschung unmöglich machen. Jede komparative Forschung muss als Grundlage des Vergleichs Kategorien verwenden, die von der emischen kulturspezifischen Begrifflichkeit abweichen. Die Konnotationen (z.B. Legitimität-Illegitimität) bestimmter Handlungen im Alltagsverständnis stellen einen wichtigen Gegenstand der Gewaltforschung dar. Die vergleichende sozialwissenschaftliche Beschäftigung mit Gewalt jedoch auf diesen Problembereich zu beschränken, wie dies Heelas vorschlägt, würde wichtige andere Forschungslinien (z.B. die Frage nach den Ursachen, Formen und Einschränkungen von Gewalt) aufgeben.

Eine weite Gewaltdefinition, wie sie Galtung (1969; 1990) mit dem Einschluss von „struktureller" und „kultureller Gewalt" vorschlägt (siehe auch Schroer 2004), hat den Vorzug, die Aufmerksamkeit auch auf jene Arten von Schädigung zu richten, die nicht das Ergebnis personaler Gewalt darstellen, aber häufig ebenso negative Folgen für die Betroffenen haben. Allerdings erscheint sie mir wenig praktikabel, da der Geltungsbereich des Gewaltbegriffs auf extrem unterschiedliche Prozesse ausgedehnt wird (vom Faustschlag bis zur Strukturanpassungspolitik des Internationalen Währungsfonds). So besteht zwischen physischer „personaler" und „struktureller" Gewalt ein grundlegender Unterschied. Während erstere eine absichtliche Handlung erfordert, lassen sich bei letzterer die negativen Auswirkungen für die Betroffenen meist nicht einer bestimmten Person oder Personengruppe eindeutig zurechnen. Es handelt sich zum Teil um unbeabsichtigte Handlungsfolgen oder um das Ergebnis von Unterlassungen (siehe hierzu auch Nunner-Winkler 2004: 43-46; Galtung 1969: 170f). Schließlich scheint mir eine weite Definition des Gewaltbegriffs nicht notwendig zu sein, da sich die angesprochenen Phänomene auch mit anderen ebenso wenig verharmlosenden Begriffen (wie z.b. Marginalisierung oder Ausbeutung) beschreiben lassen.

Gewaltdefinitionen wie jene von Eibl-Eibesfeldt, die alle Handlungen einschließen, welche zur physischen oder psychischen Verletzung anderer führen, sind meines Erachtens ebenfalls zu weit, da sie auch unbeabsichtigte Schädigungen umfassen. Das Hinzufügen des Kriteriums der Intention (Gewalt als „absichtsvolle physische Schädigung", Nunner-Winkler 2004: 27), ist wegen des möglichen Auseinanderfallens von Täter- und Opferperspektive ebenfalls nicht unproblematisch, da sich diese Definition einseitig auf die Täterseite stützt. Dies zeigt sich z.B. im Falle von Vergewaltigungen, da die *Absicht* der Täter oft nicht die physische Verletzung ihrer Opfer ist, real aber natürlich eine massive Beeinträchtigung der körperlichen und psychischen Integrität erfolgt.[9]

Heinrich Popitz bringt in seinem Definitionsvorschlag einen neuen Aspekt ins Spiel. Er definiert „Gewalt" als „eine Machtaktion, die zur absichtlichen körperlichen Verletzung anderer führt" (1992: 48; vgl. auch Elwert 2002: 336). Popitz versteht unter „Macht" „das Vermögen, sich gegen fremde Kräfte durchzusetzen" (1992: 22). Dies kommt Webers Definition sehr nahe: „Macht bedeutet jede Chance, innerhalb einer sozialen Beziehung den eigenen Willen auch gegen Widerstreben durchzusetzen" (1972: 28). Gemeinsam ist den beiden Definitionen von „Macht" das Moment des Widerstands. Die Nutzung dieses Kriteriums zur Bestimmung des Gewaltbegriffs würde ihn beispielsweise von einer freiwilligen medizinischen Behandlung abgrenzen. Allerdings ist Popitz' Definition nicht frei von Problemen, da sie nur „erfolgreiche" Handlungen einschließt, die tatsächlich zu einer körperlichen Verletzung führen. Der fehlgegangene Schuss oder Schlag gehört dann eigentlich nicht dazu.

Vorschlag zur Begriffsbestimmung

Angesichts der angesprochenen Probleme bisheriger Definitionsversuche möchte ich hier eine an Popitz anknüpfende Begriffsbestimmung vorschlagen. Sie bezieht jedoch stärker die Opferseite und auch „fehlgeschlagene" Handlungen ein, da sich meines Erachtens die Beziehungen zwischen Tätern und

---

9 So spielt beispielsweise bei Vergewaltigungen im Krieg die Absicht der Täter, vor den anderen Soldaten ihre Männlichkeit beweisen zu wollen, eine zentrale Rolle (Beck 1995: 43).

Opfern hier nicht wesentlich von jenen in „gelungenen" Verletzungsaktionen unterscheiden:

Gewalt ist eine Interaktion (im Sinne von Wechselwirkung), in deren Verlauf mindestens einer der Beteiligten absichtlich und gegen den Willen seiner Interaktionspartner Handlungen vollzieht, die zu deren physischer Verletzung führen oder führen könnten.

Gefordert ist hier, dass der Täter bewusst handelt (also nicht unabsichtlich oder fahrlässig wie etwa bei einem Unfall), dass er nicht im Einvernehmen mit dem „Opfer" handelt (das schließt die freiwillige medizinische Behandlung aus); nicht gefordert ist hingegen, dass die Verletzungsabsicht subjektiv mit dem Willen zur Schädigung verbunden ist (das Ritual, die „erzieherische" Ohrfeige des Vaters). Die Legitimität/Illegitimität einer Handlung sollte meines Erachtens kein Definitionsmerkmal sein. Schließlich ist sie in der Regel zwischen den Beteiligten umstritten, wie Riches herausgearbeitet hat. Zudem weichen die Vorstellungen darüber, welche zur physischen Verletzung anderer führenden Handlungen als legitim betrachtet werden, auch zwischen verschiedenen Gesellschaften voneinander ab. Die Beschränkung auf physische Verletzungen ist einerseits pragmatisch der Tatsache geschuldet, dass diese sich weitaus besser intersubjektiv feststellen lassen als psychische Schädigungen. Zudem würde ein Gewaltbegriff, der auch psychische Verletzungen in seine Definition einschlösse, die ohnehin große Heterogenität der einbezogenen Phänomene noch immens vergrößern. Dies würde meines Erachtens seine Eignung für vergleichende Untersuchungen erheblich einschränken. Die Zerstörung von Dingen sollte ebenfalls aus der Definition des Gewaltbegriffs ausgeschlossen werden, da sie nicht notwendig Teil einer sozialen Interaktion sein muss (der Schlag gegen die Wand aus Wut über ein Missgeschick). Darüber hinaus gelten hier ähnliche Einwände wie gegen die Einbeziehung psychischer Verletzungen.

Die hier vorgeschlagene Definition des Gewaltbegriffs muss in ein semantisches Feld eingeordnet werden, in dem zwischen verschiedenen Realitätsebenen unterschieden wird. Die in der Einleitung konstatierte mangelnde Trennung von Analyseebenen mag in der Alltagssprache hinnehmbar sein, ist aber für die wissenschaftliche Begriffsbildung schon deshalb fatal, weil Emotion, Kognition und Verhalten keineswegs direkt und eindeutig miteinander zusammenhängen. So führte z.B. in einer Untersuchung Wut nur in zehn Prozent der Fälle auch tatsächlich zu physischen Angriffen. In 20 Prozent der Fälle hatte diese Emotion hingegen eine entgegen gesetzte Reaktion besonderer Freundlichkeit zur Folge (vgl. Howells 1996: 13; siehe auch Berkowitz 1982: 95-97).[10] Die Verarbeitung der Emotion Wut kann schließlich auch durch eine Verschiebung auf der Ebene der Mittel (Witz oder Ironie statt eines Schlags) oder des Objektes (Finden eines Sündenbocks, an dem die Wut abreagiert wird) verarbeitet werden (vgl. z.B. Coser 1956: 44).

---

10 Zur „lockeren Kopplung" zwischen Emotionen und Verhalten siehe auch Elwert (2004: 456-460).

Darüber hinaus sind weder die Emotion Wut noch eine feindselige Haltung notwendige Voraussetzungen für Handlungen, die auf die physische Verletzung anderer gerichtet sind. Diese können ausschließlich ein Mittel zur Erreichung bestimmter Ziele (z.B. Bereicherung) darstellen.[11] Deshalb sollte mit Howells (1996: 11) zwischen „Wut" (*anger*) zur Bezeichnung eines bestimmten Zustands emotionaler Erregung, „Feindschaft" (*hostility*) für die kognitive/evaluative Ebene und „Gewalt"/„Aggression" für die Verhaltensebene unterschieden werden.[12]

„Aggression" ist dann entsprechend der ethologischen und psychologischen Praxis ein bedeutend weiterer Begriff. Er umfasst neben Gewaltaktionen auch andere Handlungsformen, die zwar auf die Einschränkung des Aktionsspielraumes eines anderen, jedoch nicht notwendigerweise auf seine physische Verletzung gerichtet sind. So weist z.B. Edward Wilson (1975: 118f) darauf

---

11 Kevin Howells (1996: 11f) schlägt eine Differenzierung zwischen emotional bedingtem Gewalthandeln (*angry* oder *hostile aggression*) und instrumenteller Gewalt (*instrumental aggression*) vor. Einen ähnlichen Gedankengang hat schon Lewis Coser (1956: 48-53) mit seiner Unterscheidung zwischen „realistischem" und „nichtrealistischem Konflikt" entwickelt. Allerdings hat bereits Bandura (1973: 3) darauf aufmerksam gemacht, daß sich Gewalthandlungen weniger in ihrer Instrumentalität, sondern vor allem in den Zielen, die mit ihnen verfolgt werden (unter anderem Abwehr einer realen oder vermeintlichen Gefahr, Rache, Gewinn von Ressourcen, Macht oder Status) unterscheiden. So ist die Verletzung eines anderen bei den meisten Gewalthandlungen keineswegs das alleinige oder vornehmliche Motiv.

12 Es ist eines der großen Verdienste Georg Elwerts, entgegen weit verbreiteter Auffassungen, die beispielsweise selbst Bürgerkriege oder ethnische Konflikte im Wesentlichen als Ausdruck von Emotionen wie Hass oder Rache erklären, immer wieder auf die Zweckrationalität kollektiver Gewalt hingewiesen zu haben (vgl. z.B. Elwert 1997; 2004: 460-466). Er unterscheidet dabei zwischen Gewalthandlungen, in denen instinktiv gesteuerte Prozesse eine Rolle spielen und instrumentellen Formen, die gerade auf der Ausschließung solcher Prozesse beruhen. Eine Sonderform instrumenteller Gewalt ist die strategische, bei der andere Menschen als Instrumente der Gewaltausübung eingesetzt werden. Diese Gewaltform ist die bei Menschen dominierende. Bei der Frage nach den Ursachen von Gewalt und den Motivationen der Akteure muss folglich zwischen den unmittelbar Gewaltausübenden und den „Strategen" unterschieden werden (vgl. Elwert 1997: 86f). Auch David Riches betrachtet Gewalt nicht als irrationalen Ausbruch von Emotionen, sondern wesentlich als Mittel oder Strategie zur Erreichung bestimmter Ziele. Riches führt dies darauf zurück, dass Gewalt aufgrund verschiedener Eigenschaften (unter anderem ihre Unmissverständlichkeit, ihre Sichtbarkeit und die Möglichkeit, sie einsetzen zu können, ohne über bedeutende Ressourcen/Kenntnisse verfügen zu müssen) sowohl instrumentell (Veränderung der sozialen Umwelt) als auch expressiv (Dramatisierung bestimmter Ideen) höchst wirksam ist (vgl. Riches 1986b: 5, 11-13, 25). Bereits Coser weist auf Kontexte hin, in denen Gewalt ein alternatives Mittel sozialer Mobilität oder des Prestigegewinns darstellt (z.B. revolutionäre Situationen oder die Subkultur in den marginalisierten Randzonen großer Städte (1967: 78-80; siehe auch Bandura 1973: 3f).

hin, dass sich „Aggression" auf eine Mischung unterschiedlicher Verhaltensweisen bezieht und verschiedene Funktionen erfüllt. Er unterscheidet: Territorialverhalten, Dominanzverhalten, sexuelle Aggression, die Disziplinierung des Nachwuchses, Stillaggression, die Durchsetzung von Gruppennormen, Jagdverhalten, Verteidigungsverhalten.

Die hier vorgeschlagene Definition des Gewaltbegriffs erlaubt es, das Vorhandensein des Phänomens weitgehend unabhängig von den Deutungsmustern der Beteiligten festzustellen, die ja intra- und interkulturell unterschiedlich sind. Die Bedeutungen, die mit Gewalthandlungen verbunden werden, können auf dieser Grundlage dann ebenso miteinander verglichen werden, wie die jeweiligen Formen, Verläufe und Kontexte.

Literatur

Balandier, Georges (1986): „An Anthropology of Violence and War", in: *International Social Science Journal* 110, S. 499-511.

Bandura, Albert (1973): *Aggression. A Social Learning Analysis*, Eaglewood Cliffs, NJ: Prentice Hall.

Beck, Birgit (1995): „Vergewaltigung als Kriegsstrategie im Zweiten Weltkrieg?", in: Andreas Gestrich (Hg.), *Gewalt im Krieg. Ausübung, Erfahrung und Verweigerung von Gewalt in Kriegen des 20. Jahrhunderts*, Münster: Lit, S. 34-50.

Berkowitz, Leonard (1968): „Aggression. Psychological Aspects", in: David Sills (Hg.), *International Encyclopedia of the Social Sciences*, New York: The Macmillan Company/The Free Press, S. 168-174.

Berkowitz, Leonard (1982): „Violence and Rule-Following Behaviour", in: Peter Marsh/Anne Campbell (Hg.), *Aggression and Violence,* Oxford: Basil Blackwell, S. 91-101.

Chagnon, Napoleon (1983) [1968]: *Yanomamö: The Fierce People*, New York: Holt, Rinehart and Winston.

Coser, Lewis A. (1956): *The Functions of Social Conflict*, Glencoe: The Free Press.

Coser, Lewis (1967): *Continuities in the Study of Social Conflict*, New York: The Free Press.

Durham, William (1976): „Resource Competition and Human Aggression, Part 1", in: *Quarterly Review of Biology* 51, S. 385-415.

Eibl-Eibesfeldt, Irenäus (1979): *The Biology of Peace and War*, London: Thames and Hudson.

Elwert, Georg (1997): „Gewaltmärkte. Beobachtungen zur Zweckrationalität der Gewalt", in: Trutz von Trotha (Hg.), *Soziologie der Gewalt*, Opladen: Westdeutscher Verlag, S. 86-101.

Elwert, Georg (2002): „Sozialanthropologisch erklärte Gewalt", in: Wilhelm Heitmeyer/John Hagan (Hg.), *Internationales Handbuch der Gewaltforschung*, Wiesbaden: Westdeutscher Verlag, S. 330-367.

Elwert, Georg (2004): „Biologische und sozialanthropologische Ansätze in der Konkurrenz der Perspektiven", in: Wilhelm Heitmeyer/Hans-Georg Soeffner (Hg.), *Gewalt*, Frankfurt a.M.: Fischer, S. 436-472.

Forschner, Maximilian (1985): „Gewalt und politische Gesellschaft", in: Alfred Schöpf (Hg.), *Aggression und Gewalt*, Würzburg: Könighausen und Neumann, S. 13-36.

Galtung, Johan (1969): „Violence, Peace, and Peace Research", in: *Journal of Peace Research* 6 (3), S. 167-191.

Galtung, Johan (1990): „Cultural Violence", in: *Journal of Peace Research* 27 (3), S. 291-305.

Gluckman, Max (1956): *Custom and Conflict in Africa*, Oxford: Blackwell.

Heelas, Paul (1982): „Anthropology, Violence and Catharsis", in: Peter Marsh/Anne Campbell (Hg.), *Aggression and Violence*, Oxford: Basil Blackwell, S. 46-61.

Heelas, Paul (1989): „Identifying Peaceful Societies", in: Signe Howell/Roy Willis (Hg.), *Societies at Peace*, London und New York: Routledge, S. 225-243.

Heitmeyer, Wilhelm/Hagan, John (Hg.) (2002): *Internationales Handbuch der Gewaltforschung*, Wiesbaden: Westdeutscher Verlag.

Heitmeyer, Wilhelm/Soeffner, Hans-Georg (Hg.) (2004): *Gewalt*, Frankfurt a.M.: Fischer.

Hofmann, Jochen (1985): „Anmerkungen zur begriffsgeschichtlichen Entwicklung des Gewaltbegriffs", in: Alfred Schöpf (Hg.), *Aggression und Gewalt*, Würzburg: Könighausen und Neumann, S. 259-272.

Howell, Signe/Willis, Roy (Hg.) (1989a): *Societies at Peace. Anthropological Perspectives*, London und New York: Routledge.

Howell, Signe/Willis, Roy (1989b): „Introduction", in: Signe Howell/Roy Willis (Hg.), *Societies at Peace*, London und New York: Routledge, S. 1-28.

Howells, Kevin (1996): „Aggression and Anger", in: Adam Kuper/Jessica Kuper (Hg.), *Social Science Encyclopedia*, London, New York: Routledge, S. 11-13.

Imbusch, Peter (2002): „Der Gewaltbegriff", in: Wilhelm Heitmeyer/John Hagan (Hg.), *Internationales Handbuch der Gewaltforschung*, Wiesbaden: Westdeutscher Verlag, S. 26-57.

Lindenberger, Thomas/Lüdtke, Alf (1995): „Einleitung: Physische Gewalt – eine Kontinuität der Moderne", in: Thomas Lindenberger/Alf Lüdtke (Hg.), *Physische Gewalt. Studien zur Geschichte der Neuzeit*, Frankfurt a.M.: Suhrkamp, S. 7-38.

Lorenz, Konrad (1974) [1963]: *Das sogenannte Böse. Zur Naturgeschichte der Aggression*, München: dtv.

Marsh, Peter/Campbell, Anne (Hg.) (1982): *Aggression and Violence*, Oxford: Basil Blackwell.

Marvin, Garry (1986): „Honour, Integrity and the Problem of Violence in the Spanish Bullfight", in: David Riches (Hg.), *The Anthropology of Violence*, Oxford: Blackwell, S. 118-135.

Nunner-Winkler, Gertrud (2004): „Überlegungen zum Gewaltbegriff", in: Wilhelm Heitmeyer/Hans-Georg Soeffner (Hg.), *Gewalt*, Frankfurt a.M.: Fischer, S. 21-61.

Popitz, Heinrich (1992): *Phänomene der Macht*, Tübingen: Mohr.

Riches, David (Hg.) (1986a): *The Anthropology of Violence*, Oxford: Blackwell.

Riches, David (1986b): „The Phenomenon of Violence", in: David Riches (Hg.), *The Anthropology of Violence*, Oxford: Blackwell, S. 1-27.

Schöpf, Alfred (Hg.) (1985): *Aggression und Gewalt. Anthropologisch-sozialwissenschaftliche Beiträge*, Würzburg: Könighausen und Neumann.

Schroer, Markus (2004): „Gewalt ohne Gesicht. Zur Notwendigkeit einer umfassenden Gewaltanalyse", in: Wilhelm Heitmeyer/Hans-Georg Soeffner (Hg.), *Gewalt*, Frankfurt a.M.: Fischer, S. 151-173.

Siann, Gerda (1985): *Accounting for Aggression: Perspectives on Aggression and Violence*, Boston: Allen and Unwin.

Spencer, Jonathan (1996): „Violence", in: Alan Barnard/Jonathan Spencer (Hg.), *Encyclopedia of Social and Cultural Anthropology*, London und New York: Routledge, S. 559f.

Trotha, Trutz von (1997a): *Soziologie der Gewalt*, Kölner Zeitschrift für Soziologie und Sozialpsychologie Sonderheft 37, Opladen: Westdeutscher Verlag.

Trotha, Trutz von (1997b): „Einleitung. Zur Soziologie der Gewalt", in: Trutz von Trotha (Hg.), *Soziologie der Gewalt*, Opladen: Westdeutscher Verlag, S. 9-56.

Weber, Max (1972): *Wirtschaft und Gesellschaft. Grundriss der verstehenden Soziologie*, Tübingen: Mohr.

Wilson, Edward O. (1975): *Sociobiology*, Cambridge: The Belknap Press of Harvard University Press.

EINBETTUNG UND ENTBETTUNG: EMPIRISCHE INSTITUTIONENZENTRIERTE KONFLIKTANALYSE

Christoph Zürcher

Einleitung

Die nachfolgenden Überlegungen nehmen ihren Ausgang in zwei grundlegenden Erkenntnissen aus Georg Elwerts Beitrag „Anthropologische Perspektiven auf Konflikt" (Elwert, in diesem Band).

- Die anthropologische Konfliktforschung verweist zu Recht auf die Tatsache, dass die Austragung von Konflikten – eine Tätigkeit, die wir gemeinhin als chaotisch, unberechenbar und per defintionem Regel brechend zu empfinden gewöhnt sind – sehr wohl sozial konstruierten Regeln folgen kann. Es gibt also in manchen Fällen Regelwerke, welche die Bandbreite des Möglichen bei der Konfliktaustragung durch sozial konstruierte Leitplanken kanalisieren. Je stabiler diese Leitplanken sind, desto tiefer ist Konfliktaustragung gesellschaftlich eingebettet. Elwert nennt dies „sozial eingebettet".

Die Anthropologie hat gezeigt, dass sogar gewaltsame Konflikte kulturell kodierten Mustern folgen und institutionalisierte Formen haben, und dass ihre Erscheinungsform kontrolliert und gelenkt ist. Dies wurde soziale Einbettung genannt (Elwert 1999). Unter Einbettung versteht man das Ensemble von moralischen Werten, Normen und institutionalisierten Arrangements, die bestimmte Handlungstypen begrenzen und gleichzeitig das Ergebnis dieser Handlung berechenbar machen. Die Tatsache, dass Konflikte sowohl über kontrollierte und vorhersagbare Aspekte als auch über ein Element von Überraschung verfügen, gibt ihnen eine hybride Struktur. (Elwert, in diesem Band)

- Stark eingebettete, prozedurale Konfliktaustragung geht in der Regel Hand in Hand mit niedriger Gewaltintensität (vgl. die Vierfeldermatrix bei Elwert, in diesem Band). Allerdings macht Elwert hier keine Aussagen über die Kausalbeziehungen).

Mit anderen Worten – nicht Konflikt an sich ist das Problem, sondern vielmehr, ob und wie Konfliktaustragung durch sozial konstruierte Regelwerke

kanalisiert werden kann, oder ob Konflikt zunehmend entregelt und gewaltförmig ausgetragen wird.

Konflikt – d.h. der wahrgenommene Interessengegensatz zweier Akteure
in der Konkurrenz um ein knappes Gut (Ressourcen, Prestige oder Macht) –
ist ein alltäglicher Zustand jeder Gesellschaft, und jede Gesellschaft stellt
denn auch Institutionen zur Verfügung, welche verregelte Konfliktaustragung
ermöglichen. Folglich treten die Regelwerke als die eigentlich zentralen Analyseeinheiten einer anthropologischen Konfliktforschung in den Vordergrund.
Im Folgenden werden einige Überlegungen zu einer theoretisch fundierten,
empirischen Konfliktanalyse vorgestellt, welche sich vorrangig auf das institutionelle Rahmenwerk konzentriert.[1]

Dabei mache ich folgende Einschränkungen: Ersten fokussiere ich auf solche Konflikte, die potenziell zu organisierter innerstaatlicher Gewalt eskalieren können. Zweitens beziehe ich mich auf Räume, in welchen der Staat als
Regel setzende Instanz präsent ist.

Dies bedeutet nun nicht, dass der Staat in solchen Räumen auch ein effi-
zienter Regelsetzer ist, der in der Lage ist, Regel abweichendes Verhalten negativ zu sanktionieren. Oftmals ist es gerade der Verlust dieser Kernfunktion
von Staatlichkeit, welcher Gewaltorganisation erst ermöglicht. Es bedeutet
aber, dass ich solche Räume und Gesellschaften ausklammere, welche von
modernen staatlichen Institutionen weitgehend frei sind (also weder mit fakti-
scher Wirkungsmacht noch mit diskursivem Anspruch einer Staatsmacht
durchdrungen sind).

Entbettung

Organisierte Gewalt steht am Ende eines Prozesses, den man, in Anlehnung
an Elwerts Terminologie, als Prozess der Entbettung bezeichnen kann: Eingeübte Verfahren zur Konfliktbearbeitung werden dysfunktional, wodurch die
Kooperation der Konfliktparteien zunehmend schwieriger wird. Am Ende dieses Prozesses ist zumindest für eine Konfliktpartei (bzw. für deren radikalste
und organisationsfähige Mitglieder) die Organisation von Gewalt eine Option,
die sie gegenüber fortgesetzter Kooperation präferiert. Formalistisch ausgedrückt heißt das, dass am Ende dieses Prozesses die Organisation von Gewalt
im Vergleich zu der Organisation von Kooperation billiger geworden ist.

Aus einer Fülle von empirisch reichen Fallstudien von Konfliktorganisati-
on kennen wir einige deutliche Warnsignale auf dem Weg zur Entbettung von
Konflikt (vgl. z.B. Wirz 1982; Zürcher 2002; Zürcher/Koehler/Baev 2002).
Das erste solche Warnsignal ist der Verlust der Bindefähigkeit der staatlichen
Institutionen. Dies sollte nicht gleichgesetzt werden mit dem völligen Verlust
der staatlichen Steuerungsfähigkeit, so wie sie bei einem Staatskollaps auftritt.

---

1   Der vorliegende Aufsatz stützt sich auf frühere Arbeiten, besonders Zürcher
    (2002) und Koehler/Zürcher (2003).

Vielmehr entstehen in Reaktion auf Defizite in der staatlichen Steuerung (darunter fallen auch Defizite in der Fähigkeit des Staates, bestimmte Bereiche eindeutig der gesellschaftlichen Steuerung zuzuweisen und mit klaren Kompetenzgrenzen zu versehen) parallele Steuerungssysteme, die aber oft im Informellen oder gar Illegalen angesiedelt sind, oder aber deren Gültigkeit sich nur auf eine bestimmte Wir-Gruppe bezieht (beispielsweise, wenn eine Gruppe als Reaktion auf Staatsschwäche ihre gruppeninternen Solidaritätsmechanismen und ihre gruppeninternen *self-policing* Fähigkeiten erhöht).

Eine vergleichende Untersuchung der gewaltförmigen Konflikte in der Peripherie der sich auflösenden Sowjetunion hat beispielsweise gezeigt, dass der Verlust der Bindefähigkeit der staatlichen Institutionen bereits in der späten Sowjetunion latent gegeben war. Der sowjetische Staat hatte, anstatt die Gesellschaft mit institutionalisierten Verfahren zur Austragung von Konflikt, insbesondere zur Handhabung von Ressourcenkonkurrenz, auszustatten, diese wichtigen Regelbereiche in den Schattenbereich der Informalität gedrängt. So entstanden parallele informelle „Schatteninstitutionen", welche von den organisatorischen Defiziten des sowjetischen Staates lebten. Je mehr Effizienz und Legitimität der formalen Institutionen abnahmen, desto höher wurde die Legitimität der Schatteninstitutionen. In den späten achtziger Jahren wurden im sowjetischen Kaukasus zentrale Funktionsbereiche der Gesellschaft von informellen Institutionen geregelt. Das auch für sowjetische Verhältnisse extrem hohe Ausmaß der Schattenwirtschaft ist dafür ein Beispiel. Alle später erfolgreichen Gewaltorganisatoren hatten Zugriff auf die in den Schattenbereichen der sowjetischen Wirtschaft generierten Profite oder gingen zumindest mit den Schattenunternehmern Koalitionen ein.

Auch andere gesellschaftliche Bereiche wurden stärker von informellen als von formalen Institutionen reguliert: Insbesondere entwickelten sich weit verbreitete Patronage-Netzwerke – auch dies ein untrügliches Zeichen der eingeschränkten Bindekraft staatlicher Institutionen –, welche oft eine stärkere Bindekraft als staatliche Strukturen aufwiesen.

Die mangelnde Bindefähigkeit staatlicher Institutionen alleine ist allerdings durchaus kein besonders alarmierender Befund. Jenseits der Welt der OECD-Staaten ist die Verlagerung von Funktionen, die im modernen demokratischen Rechtsstaat in die staatliche Regulierungszuständigkeit fallen, in die Sphäre des Informellen oder Privaten alltäglich.

Alarmierend ist, wenn geringe Bindefähigkeit staatlicher Institutionen mit einem faktischen Verlust des Gewaltmonopols des Staates einhergeht: Ein zweiter, markanter Entwicklungsschritt im Prozess der Entbettung von Konflikt ist demnach der faktische Verlust des Gewaltmonopols des Staates und der Verlust des legitimen Gebrauchs von Gewalt. Der Verlust des Gewaltmonopols beginnt mit der Schwächung der Sanktionskapazität des Staates: Erst wenn der Staat die Einhaltung der von ihm gesetzten Regeln notfalls nicht mehr mit Gewalt bewehrter Sanktionskapazität erzwingen kann, wird private Gewaltorganisation möglich und damit zu einem Austragungsmodus von Konflikten. Empirische Analysen von Gewaltentstehung haben auch gezeigt, dass Gewalteskalation zusätzlich durch einen erratischen, als unverhältnismäßig und illegitim wahrgenommen Gebrauch von staatlicher Gewalt vorangetrieben wird.

Ein dritter Schritt auf dem Weg der Entbettung ist dann getan, wenn Gewaltorganisatoren Zugang zu für Gewaltorganisation unabdingbaren Ressourcen erhalten: Zugang zu billigen Waffen ist eine notwendige Bedingung für Gewaltorganisation. So eskalierten beispielsweise der Konflikte im Kosovo erst dann zu massiver Gewalt, als der Zusammenbruch des benachbarten Albaniens eine große Menge automatischer Handfeuerwaffen verfügbar machte; die schwelenden Konflikte im Kaukasus eskalierten, als aus den Depots der sich auflösenden sowjetischen Armee in großer Zahl billige Waffen zur Verfügung standen.

Eine weitere notwendige Bedingung für private Gewaltorganisation ist Arbeitskraft. Die Organisation von Gewalt erfordert, dass eine genügend große Zahl junger Männer sich der Kontrolle des Staates und der Kontrolle der Gesellschaft (die gerade im Kaukasus in hohem Masse eine gerontokratisch-patriarchalische ist) entzieht. Diese Situation tritt dann mit erhöhter Wahrscheinlichkeit ein, wenn die traditionelle Familienstruktur nicht mehr in der Lage ist, auf die Karriere der jungen Männer (in offiziellen oder in informellen Sektoren) relevanten Einfluss zu nehmen und wenn junge Männer ein Engagement in außerhalb von traditioneller sozialer Kontrolle agierenden Organisationen als *short cut* zu Ressourcenzugriff verstehen, welcher normalerweise von der älteren Generation kontrolliert wird. Bei Untersuchungen zu gewaltförmigen Konflikten im Kaukasus und in Mittelasien wurde von vielen Gesprächspartnern immer wieder thematisiert, dass die Erfahrung des Verlustes der sozialen Kontrolle über junge Männer und über Zugang zu Waffen von der älteren Generation als traumatisch empfunden wurde. Häufig wurde dies als einer der Gründe für die Nachhaltigkeit der Gewalt, unter welcher beispielsweise Tschetschenien leidet, genannt.

Gruppen werden erst gewaltfähig, wenn sie über ein Organisationspotenzial und über Mechanismen zur internen Kontrolle und Sanktion verfügen. Dies ist der letzte unabdingbare Schritt auf dem Weg zur Entbettung von Konflikt. Im Kaukasus bildeten sich gewaltfähige Gruppierungen oft zunächst um „altgediente" sowjetische Gewaltprofis, welche Ressourcen und Erfahrung in den Schattenbereichen des sowjetischen Systems gesammelt hatten. Es gibt im Kaukasus eine Reihe von solchen „Persönlichkeiten", die auf Grund ihrer Fähigkeit, Gewaltorganisation effizient und profitabel zu betreiben, zwischenzeitlich zu Ruhm, Einfluss und Reichtum kamen.

Verkürzt lässt sich festhalten: Die Schritte der Entbettung sind Verlust der Bindekraft staatlicher Institutionen, Verlust des legitimen Gewaltmonopols, Zugang zu für Gewaltorganisation notwendigen Ressourcen und schließlich Herstellung der internen Koordination innerhalb der gewaltbereiten Gruppe. Damit wissen wir einiges über Entbettung.

Aber wie funktioniert Einbettung? Wie muss ein funktionierendes Institutionengefüge beschaffen sein, damit Konflikte routinemäßig bearbeitet werden können und Gewalt keine Option ist? Und worauf hat eine Institutionen zentrierte Analyse von Gewaltdynamiken zu achten?

Institutionen

Ich beginne mit einer Definition des Begriffs Institution. Im Interesse definitorischer Klarheit halte ich mich zunächst an eine Definition, wie sie von Douglass North aus einer Institutionen ökonomischen Perspektive entwickelt worden ist.

Für North' Darstellung ist ein methodologischer Individualismus grundlegend. Institutionen entstehen als Resultat einer fortgesetzten Interaktion mehrerer Akteure, die sich auf Grund individueller Gewinnerwartungen zu dieser Kooperation zusammengefunden haben. Diese Interaktion wird verregelt. Dadurch senken Institutionen Transaktionskosten und geben Erwartungssicherheit. Institutionen sind also eingeübte, regelhafte und wiederholte Muster menschlicher Interaktion. Sie sind

[...] the rule of the game in a society or, more formally, are the humanely devised constraints that shape human interaction. In consequence they structure incentives in human exchange, whether political, social, or economic. Institutional change shapes the way society evolves through time and hence is the key to understanding historical change. (North 1990: 3).

Das institutionelle Rahmenwerk einer Gesellschaft setzt sich aus formalen und informellen Regeln zusammen und beide zusammen bilden die

constraints that human beings devise to shape human interaction. Are institutions formal or informal? They can be either, and I am interested in formal constraints – such as rules that human beings devise – and in informal constraints – such as conventions and codes of behaviour. (North 1990: 3).

Zusammen bilden formelle und informelle Institutionen das institutionelle Rahmenwerk, welches die Präferenzen der Akteure beeinflusst und ihren Handlungsrahmen festlegt. Obwohl die Unterscheidung zwischen formellen und informellen Institutionen schwierig und eine graduelle ist, kann man, North folgend, formelle Institutionen als (geschriebene) Regeln und Verträge im weitesten Sinne verstehen, während informelle Institutionen eher auf Konventionen und Normen beruhen. Formelle Institutionen können als Regelwerke verstanden werden, die von der staatlichen Autorität gesetzt und vom staatlichen Gewaltmonopol geschützt werden. Im Prinzip können formelle Institutionen relativ rasch auf Grund von politischen oder gerichtlichen Entscheidungen geändert werden. Informelle Institutionen sind staatsfern und sind insbesondere auch ohne die Sanktionskapazität eines funktionierenden Staates operativ. Sie sind deswegen durch autoritative politische Entscheidungen viel weniger zu beeinflussen.

Informelle Institutionen werden oft dem Bereich der Kultur beziehungsweise in politikwissenschaftlichen Analysen dem Bereich der politischen Kultur zugeordnet. Ihr im Vergleich zu formalen Institutionen großes Beharrungsvermögen wird dann darauf zurückgeführt, dass sich sozial vermittelte kulturelle Werte nur sehr langsam und inkrementell ändern im Vergleich zu geschriebenen politischen Regelwerken. Deswegen sorgen informelle Institutionen für eine starke historische Kontinuität auch dann, wenn sich die formellen Regeln etwa in Folge von Eroberungen oder Revolutionen rasch ändern:

Moreover, institutions typically change incrementally rather than in a discontinuous fashion. How and why they change incrementally and why even discontinuous changes (such as revolutions and conquests) are never completely discontinuous are a result of the imbeddedness of informal constraints in societies. Although formal rules may change overnight as the result of political and judicial decisions, informal constraints embodied in customs, traditions and codes of conduct are more impervious to deliberate policies. These cultural constraints not only connect the past with the present and the future, but provide us with a key to explaining the path of historical change. (North 1990: 6).

Es ist sicherlich zutreffend, dass gewisse informelle Institutionen kulturell verfestigt sind und deswegen in der Tat über ein großes Beharrungsvermögen verfügen, welches eben gerade nicht von der Sanktionskapazität des Staates oder von der distributiven Effizienz, also der Funktionalität der Institution, abhängt. Daneben existieren jedoch informelle Institutionen, welche in Reaktion auf die Ineffizienz der offiziellen Institutionen entstehen und deren Steuerungsdefizite kompensieren oder ausnutzen, beispielsweise informelle Tauschbeziehungen in der sowjetischen Schattenwirtschaft. Solche Institutionen sind nicht in erster Linie kulturell bedingt (auch wenn sie sich, wie dies gerade in sozialistischen Systemen der Fall war, durchaus in der gelebten Alltagskultur verfestigen können) (Lomnitz 1988; Ledeneva 1998), sondern entstehen als Reaktion auf die Ineffizienz des staatlichen Regelwerkes und sind von diesem parasitär abhängig.

Zusammenfassend lässt sich festhalten: Institutionen sind informelle und formelle Regeln, welche die wiederholte Interaktion von Akteuren verregelt. Dadurch verringern sie Unsicherheit und senken Transaktionskosten. Etablierte Institutionen haben ein relativ hohes Beharrungsvermögen, auch dann, wenn sie nicht effizient sind oder wenn für einen oder für alle Akteure die geltende Verreglung mehr Kosten als Nutzen produziert, da die Etablierung von neuen Institutionen für die Akteure in der Regel mit hohen Investitionen verbunden ist. Formale Institutionen sind staatsnah, das heißt, sie werden durch die Autorität des Staates geschützt. Informelle Institutionen sind staatsfern und stabilisieren sich durch nichtstaatliche Sanktionspotenziale, durch die Gewinnerwartung der Akteure oder durch geteilte kulturelle Normen.

Institutionen und Gewalt

Es gibt drei fundamentale Wirkungszusammenhänge zwischen dem institutionellen Gefüge einer Gesellschaft und dem Risiko, dass Konflikte mittels Gewalt ausgetragen werden:

- Allgemein gesprochen bilden Institutionen die Anreizstruktur, welche das strategische Handeln von Akteuren maßgeblich bestimmt. Die relativen Kosten für die Organisation von Gewalt hängen von der jeweiligen Ausgestaltung des institutionellen Gefüges einer Gesellschaft ab. Wenn sich das institutionelle Gefüge dahingehend verändert, dass sich Gewaltorganisation verbilligt, dann steigt dementsprechend das Risiko für Konflikteskalation. Institutionen können also Gewalt einhegen – sie können sie aber auch hervorbringen. In diesem Sinne muss eine empirische Risiko-Analyse in der Lage sein, die Veränderungen in den Kosten für Gewaltorganisation zu monitoren. Insbesondere „Angst" (also eine wachsende Bedrohungswahrnehmung der eigenen Sicherheit. Vgl. Figueiredo/Weingast 1999) sowie „neue Ressourcen" (etwa durch fehlgeleitete Entwicklungsgelder, Diaspora-Gelder oder Zugriff auf natürliche Ressourcen) verändern die Kostenkalkulation der Akteure.
- Institutionen können durch eingeübte, akzeptierte und manchmal erzwungene Verfahren Konflikte einhegen und bearbeitbar machen. Institutionen können Konflikte „kleinarbeiten", indem sie zwischen den beteiligten Parteien den Informationsfluss aufrechterhalten, bindende Verfahren zur Konfliktregelung bereithalten und Regelverstöße mit Sanktionen belegen können. Solange diese – in der Regel staatliche – Sanktionsmacht besteht, sind Regelverletzungen teuer. Der Zusammenbruch solcher Institutionen, beispielsweise infolge eines Staatskollapses, kann dazu führen, dass Konflikte entregelt ausgetragen werden, dass sie also entbettet werden.
- Institutionen sind verteilungsrelevant; sie regeln den Ressourcenzugang der Akteure und beeinflussen so maßgeblich deren relative Stärke. Ein Wandel des institutionellen Gefüges bewirkt demnach in der Regel auch eine Veränderung der Handlungskapazität von Akteuren. Eine rasche Verschiebung des Kräftegleichgewichtes zwischen Akteuren kann Risiko behaftet sein, zumal dann, wenn die Gruppe zu der Ansicht gelangt, dass auf Grund ihrer relativen Stärke Gewalt eine günstige Strategie sei. Die relative Stärke von Akteuren ist demnach abhängig von ihrer Position innerhalb eines institutionalisierten Regelwerkes; gleichzeitig gilt auch, dass die Position eines Akteurs von der Stabilität dieses Regelwerkes abhängt – greifen Institutionen nicht mehr, weil sich beispielsweise die externe Sanktionskapazität vermindert und Regel verletzendes Verhalten dadurch billiger wird, verändert sich die Verteilungskonsequenz. Die Möglichkeiten des Ressourcenzugriffs verschlechtern sich und damit auch die relative Stärke des Akteurs. Eine Veränderung der relativen

Stärke von amtierenden Eliten und aspirierenden Gegeneliten kann beispielsweise den Elitenwettbewerb verschärfen oder gar eskalieren lassen, falls die Gegeneliten zum Schluss kommen, dass die amtierenden Eliten zu schwach sind, um ihre Position gegen einen Angriff verteidigen zu können.

Institutionen regeln nicht nur den Zugang zu materiellen, sondern auch zu immateriellen Ressourcen. Letztere lassen sich in der Regel in erstere konvertieren. Wichtige immaterielle Ressourcen sind beispielsweise Prestige, Ehre und Legitimität. Institutionen produzieren durch eingeübte Verfahren Legitimität, und diese ist in politischen Systemen eine Schlüsselressource. Sie entsteht als Produkt von vereinbarten, vor allem aber wiederholten Verfahren, welche für die Zeit ihres Funktionierens ihre regulative Aufgabe unbeeinflusst von der faktischen Machtverteilung ausüben. Jeder politischen Herrschaft, die ihre Macht nicht auf eingeübte, wiederholte, geteilte und respektierte Verfahren stützt, mangelt es an Legitimität, und sie wird verletzlich.

Alle drei Aspekte stehen in direktem Bezug zu den Bedingungen, unter welchen Akteure Gewalt organisieren wollen und können.

Das Risiko von Entbettung erhöht sich in Phasen von raschem institutionellen Wandel. Beschleunigter institutioneller Wandel ist Konflikt fördernd. Insbesondere zwei Gewalt eskalierende Mechanismen werden in Phasen raschen institutionellen Wandels zu einer Bedrohung für die gesellschaftliche Stabilität: Die erste Bedrohung liegt in einer Verschärfung des Wettbewerbes zwischen strategischen Gruppen, welche leicht dazu führen kann, dass Interessenskonflikte zunehmend entregelt ausgetragen werden. Wenn der Staat nicht mehr in der Lage ist, die Einhaltung von Regeln zu erzwingen, brechen mit großer Wahrscheinlichkeit diejenigen Institutionen, die nicht selbsterzwingend sind, zusammen. Zusätzlich sind zahlreiche Normen und Werte, welche das soziale und politische Leben reguliert haben, von Legitimitätsverlust bedroht. Dadurch wird Regel abweichendes Verhalten von Akteuren verbilligt. Gleichzeitig wird die Prämie für den Sieger im Elitenwettbewerb heraufgesetzt, da es in Phasen des beschleunigten institutionellen Wandels nicht nur um den momentanen Ressourcenzugriff geht, sondern auch um die Möglichkeit, die Regeln des zukünftigen Ressourcenzugriffs festzulegen.

Die zweite Bedrohung für die gesellschaftliche Stabilität äußert sich als Entstehen eines Institutionenwettbewerbs. In einem funktionierenden institutionellen Gefüge sind nicht nur die Regeln definiert, sondern auch die Zuständigkeiten und der Geltungsbereich der jeweiligen Regelwerke. In Transformationsphasen hingegen werden auch diese Zuordnungen aufgeweicht. Institutionen können an Zuständigkeit und Gestaltungsmacht verlieren oder auch dazugewinnen; manche bestehenden Institutionen werden abgewertet und andere aufgewertet; eher selten, aber dafür besonders Risiko behaftet, ist die Erfindung von neuen Institutionen.

Institutionelle Redundanz vs. institutionelle Konkurrenz

In einem Dorf in den tadschikischen Bergen herrscht Wasserknappheit. Das spärliche Wasser, welches aus Gebirgsbächen stammt, muss mittels eines komplexen Bewässerungssystems auf sieben Dörfer verteilt werden, welche im unmittelbaren Einzugsbereich dieser Gebirgsquelle liegen und von diesem Wasser abhängig sind. Die Verteilung des Wassers, die Einhaltung der vereinbarten Bewässerungszeiten und die Verantwortlichkeit für Instandhaltung der Bewässerungs-Infrastruktur, all dies ist Gegenstand heftigster Auseinandersetzungen innerhalb und zwischen den Dorfgemeinschaften. Diese Auseinandersetzungen werden von den Beteiligten teilweise als „Kriegszustand" erlebt, und dem Feldforscher, der sich auf der Suche nach Konfliktpotenzialen in diese Gebirgsgegend begeben hat, wird berichtet, dass Wasserknappheit und Verteilungskämpfe um das knappe Wasser die Ursachen von heftigen Konflikten seien.

Dennoch eskaliert dieser Konflikt, entgegen den „Erwartungen" des Forschenden, nicht zu nachhaltiger organisierter Gewalt. Welche Gründe gibt es dafür?

An diesem Beispiel lässt sich zeigen, welche Faktoren eine Entbettung des Konfliktes verhindert haben. Es sind drei:

- Erstens sind sich in diesem Falle Konfliktparteien einig, dass fort gesetzte Kooperation zur Bewässerung aller Dörfer nötig und gerecht ist.
- Zweitens sind an dieser Wasserverteilung mehrere Dörfer beteiligt. Die Chance, dass ein Dorf im Alleingang einen neuen Wasserverteilungsmodus durchsetzt, ist gering, da dieser Versuch sofort von einer Allianz der übrigen Dorfgemeinschaften blockiert werden könnte. Fortgesetzte Kooperation wird in diesem Fall durch die Möglichkeit, erfolgreiche Allianzen zur Abwehr von Regeländerungen zu bilden, erleichtert.
- Drittens sind die Regeln, nach welchen Konflikte um Wasser ausgetragen werden, nicht Gegenstand des Konfliktes: Allen Beteiligten ist klar, wie die alljährlich auftretenden Konflikte um das knappe Wasser auszutragen sind und welche Autoritäten dazu bevollmächtigt sind. Das Prozedere sieht vor, dass die Dorfvorsteher aller Dörfer gemeinsam einen Verteilungsplan ausarbeiten, der Bewässerungszeit und Bewässerungsmenge für die einzelnen Dörfer festlegt. Dieser Plan wird anschließend vom Wasserkomitee der Kommunalverwaltung formal beschlossen und als bindend erklärt. Die Dorfvorsteher sind dann verantwortlich für die Implementierung des Plans in ihrem eigenen Dorf. Ihnen zur Seite gestellt sind die brigadiry-mirguj2, welche dafür verantwortlich sind, dass

---

2 *Brigadir* ist die sowjetische Bezeichnung für den Chef einer Arbeitsbrigade innerhalb einer Kolchose. *Mirguj* (wörtlich: Der Wasser-Manager) ist die tadschikische Bezeichnung für das Amt des „Wasserverteilers". Bereits der Doppel-Begriff „*brigadir-mirguj*" zeigt, wie sich hier sowjetische Institutionen (die Kol-

die Wasserzufuhr zu den einzelnen Dörfern zu den vereinbarten Zeiten funktioniert. Dies bedeutet konkret, dass zu den richtigen Zeiten das Wasser umgeleitet werden muss, was oftmals einfach durch das Umlegen einiger großer Steine im Oberlauf des Bachbettes geschieht. Natürlich funktioniert das nicht immer, manchmal verspätet sich die Umleitung, manchmal sind Zuleitungen undicht, oder sie sind manipuliert worden. Es gibt aber immer einen Plan, der vorsieht, wie das Wasser verteilt werden müsste, es gibt konkrete Amtsträger, welche für die Implementation dieses Planes verantwortlich sind, und es gibt die Ältesten, welche die korrekte Implementation monitoren, und damit beauftragt sind, bei allfälligen Verstößen gegen den Plan resultierende Probleme mit den Dorfältesten der anderen Dörfer zu klären.

Aus diesem Beispiel lässt sich Wesentliches lernen:

- Konflikte bleiben bearbeitbar, solange das Regelwerk, nach welchen sie bearbeitet werden, nicht Teil des Konfliktes wird.
- Fortgesetzte Kooperation zwischen Akteuren (in diesem Fall: Kooperation zwischen mehreren Dörfern zur gerechten Verteilung des Wassers) wird erleichtert, wenn die Akteure sich zu Allianzen zusammenschließen können, um Versuche zur Regeländerung zu vereiteln. Die Möglichkeit zur flexiblen Allianzbildung fördert die Stabilität der Kooperations-Regeln. (Dies bedingt natürlich, dass an diesem „Spiel" mehrere Akteure teilnehmen, dass wir es also mit mehr als zwei potenziellen Konfliktparteien zu tun haben).
- Die Stabilität des Regelwerkes wird erhöht, weil an Ausarbeitung und Implementation sowohl formale staatliche Institutionen (die Kommunalbehörden) wie auch informelle gesellschaftliche (die Ältesten) beteiligt sind. Allgemein formuliert: Wir haben es in diesem Beispiel mit einem Arrangement zu tun, dass wir als institutionelle Redundanz bezeichnen: Formale Institutionen (das Wasserregime der Kommunalverwaltung) und informelle Institutionen (das Wasserregime, welches die Dorfältesten aushandeln und überwachen) überlappen und verstärken sich gegenseitig; sie sind redundant in dem Sinne, dass eine Institution die angestrebte Funktion auch beim Ausfall der anderen Institutionen aufrechterhalten kann. Weiter handelt es sich nicht um einen Konflikt, welcher als Konfliktgegenstand die Veränderung des Regelwerkes an sich hat; es handelt sich also, in der Terminologie von Elwert, nicht um einen Normkonflikt, und es entsteht keine institutionelle Konkurrenz. Als institutionelle Konkurrenz bezeichnen wir das Vorhandensein von zwei konkurrierenden Regelwerken, die denselben Geltungsbereich (in die-

---

chose) und „traditionelle" amalgamiert haben. Die Funktion des Amtes blieb dieselbe: Wasserzuteilung muss geregelt werden, sowohl innerhalb der Kolchose (welche mehrere Dörfer umfasste) als auch nach der Auflösung der Kolchose zwischen den nun selbstständigen Dörfern.

sem Fall wären dies die erwähnten sieben Dörfer) und dieselbe Funktionalität (in diesem Fall wäre dies die Regelung der Wasserverteilung) beanspruchen, wobei jede Konfliktpartei versucht, „ihr" Regelwerk auf die andere Konfliktpartei auszudehnen.

Schlussfolgernd stellen wir fest: Normkonflikte sind viel stärker eskalationsgefährdet als reine Ressourcen-Konflikte; institutionelle Konkurrenz erhöht das Risiko der Entbettung; institutionelle Redundanz dagegen senkt das Risiko der Entbettung.

Empirische Institutionen zentrierte Konfliktanalyse im Feld

Eine Analyse des vorhandenen Institutionengefüges ist von zentraler Wichtigkeit, um das vorhandene Konfliktpotenzial analytisch zu erfassen. Allerdings sind Institutionen sehr schwer zu kartografieren. Aufgrund ihrer Eigenschaft als abstrakte und oftmals verborgene Regelwerke entziehen sie sich dem Blick des Betrachters, und sie lassen sich oftmals erst bei der Auswertung des Materials rekonstruieren.

Man stelle sich vor, ein Forscher, welcher noch nie vom Schachspiel gehört hat, beobachte zwei Schachspieler. Der Forscher wird ohne Zweifel in der Lage sein, das Aussehen und die Beschaffenheit des Spielbrettes zu beschreiben, ferner das Aussehen der verschiedenen Spielfiguren, die verschiedenen Züge, welche die Spieler abwechselnd ausführen, die Tatsache, dass Figuren aus dem Spiel gezogen werden sowie dass das Spiel irgendwann zu Ende ist. Wie lange aber müsste der Forscher die Schachspieler beobachten, um die Regeln, nach denen gespielt wird, zu verstehen und annähernd richtig wiederzugeben?

Die Erfassung der für Konfliktbearbeitung bzw. Konflikteskalation relevanten Regelwerke ist nicht minder anspruchsvoll. Im Folgenden wird in aller Knappheit eine Methode vorgestellt, welche das Sammeln relevanter Information im Feld beschleunigen kann. Diese Herangehensweise wurde im Rahmen eines Forschungsprojektes an der Freien Universität Berlin, Osteuropa-Institut entwickelt (siehe http://www.oei.fu-berlin.de/cscca/index.html; sowie Koehler/Zürcher 2004). Angewendet wurde sie im Rahmen eines von der GTZ initiierten *peace and conflict assessment* in Nordafghanistan, Kirgisistan und Tadschikistan.

Die Aufgabe war, Konflikt- und Friedenspotenziale auf lokaler Ebene zu identifizieren.

Die Ausgangsbedingungen lassen sich wie folgt umreißen: Mehrere Teams sollten Konflikt-Potenziale in mehreren Lokalitäten untersuchen; die Forscher waren in der Regel nicht sozialwissenschaftlich geschult; es stand nur eine begrenzte Zeit für Feldforschung zur Verfügung (zwischen sechs und zehn Wochen pro Team und Ort).

Die vorgeschlagene Methode ist also geeignet, um in Teamarbeit relativ rasch auch mit sozialwissenschaftlich noch unerfahrenen Mitarbeitern relevante Information zusammenzutragen, welche die Erstellung einer Risiko- bzw. Konfliktanalyse ermöglichen.

Es muss unterstrichen werden, dass wir nicht vorschlagen, direkt nach den relevanten Regelwerken zu suchen (bzw. die Respondenten danach zu fragen). Vielmehr schlagen wir eine Methode vor, die, metaphorisch gesprochen, die Biotope, in welchen Institutionen gedeihen, kartografiert. Es geht uns also zunächst um die Umgebung, in welchen Regeln ihre Wirkung erzielen.

Weiter schlagen wir auch vor, nicht direkt und nicht ausschließlich nach „Konflikten" zu fragen, sondern das heuristische Fangnetz doch ein wenig breiter aufzuspannen. Der Fokus auf Konflikte bedeutet meist, dass der Forscher nur solche Konflikte untersucht, in denen identifizierbare Konfliktparteien mehr oder minder offen gelegte Interessengegensätze austragen, oft unter Zuhilfenahme von Gewalt. Nicht in den Blick genommen werden dann „diffuse" Konflikte, d.h. bestehende Interessengegensätze, für deren Austragung aber keine Institutionen bereitstehen bzw. deren Austragung vom herrschenden Mächtegleichgewicht blockiert wird.

Schritt eins: Eingrenzen der Konfliktfelder

In einem ersten Schritt wurden relevante Konfliktfelder identifiziert. Dabei gibt es in der Regel zwei Relevanzkriterien: Das erste ist die vermutete Wahrscheinlichkeit, dass Konflikte eskalieren sowie die vermutete Intensität im Falle einer Eskalation. Je höher vermutetes Eskalations-Risiko und vermutete Eskalations-Intensität desto relevanter das Konfliktfeld. Das zweite Relevanz-Kriterium ist die Interessenlage des Auftragebers. Die beiden Relevanz-Kriterien können, müssen aber nicht übereinstimmen. Mit andern Worten – manche Konfliktpotenziale sind nur gering eskaltionsgefährdet und haben ein tiefes Intensitätsrisiko, aber sie werden trotzdem vorrangig untersucht, beispielsweise dann, wenn eine beabsichtigte EZ-Intervention (Entwicklungszusammenarbeit) in ein Konfliktfeld eingreift.

Eine Konfliktanalyse im Auftrage einer Entwicklungsagentur wird also andere Analyseeinheiten definieren als eine Konfliktanalyse im Auftrag einer NGO, die sich um die Stärkung der Frauenrechte bemüht, und beide werden sich vermutlich unterscheiden von einer Analyse, die auf den Zusammenhang zwischen *state-building* und lokalem Konfliktpotenzial fokussiert. Es ist wichtig, dass am Anfang der Forschung offen gelegt wird, welche Erkenntnisinteressen im Vordergrund stehen sollen und über welche Konfliktfelder analytische Information generiert werden soll. Der noble Anspruch des Forschers an sich selbst, alle relevanten Konfliktfelder erfassen und erforschen zu können, wird sich kaum realisieren lassen. Insofern spart die informierte, begründete und offen gelegte Auswahl Zeit und hilft, auf Wesentliches zu fokussieren.

Um hier ein Beispiel zu geben: In der oben erwähnten Studie zu lokalen Konfliktpotenzialen in Nordafghanistan, Kirgisistan und Tadschikistan wurden folgende Konfliktfelder als relevant identifiziert:

- Konflikte über Zugang und Verteilung von natürlichen Ressourcen (Wasser und Land);
- Konflikte über Zugang zu Staatspositionen;
- Generationenkonflikte;
- Konflikte an und über Grenzen (insbesondere Willkür von Grenzbeamten; Drogenschmuggel).

Zu diesen Konfliktfeldern wird nun an den ausgewählten Forschungsorten mit den klassischen Methoden der qualitativen Forschung Material gesammelt (insbesondere Auswertung der vorhandenen Literatur, Experteninterviews, Leitfadeninterviews).

Schritt zwei: *cross-cutting categories*

Quer zu den ausgewählten Konfliktfeldern liegen die *cross-cutting categories*. Damit bezeichnen wir Kategorien, welche auf Grund allgemeiner theoretischer Vorüberlegungen als generell relevant für Konfliktbearbeitung resp. Konflikteskalation gesehen werden. Diese *cross-cutting categories* werden an jedem Forschungsort abgeprüft. Dabei geht es erstmal nicht darum, die direkten Bezüge zwischen den Konfliktfeldern und den *cross-cutting categories* herzustellen, sondern vielmehr darum, allgemeine relevante Information über die Situation am Forschungsort zusammenzutragen (in der Regel durch Leitfaden-Interviews).

Folgende *cross-cutting categories* halten wir für relevant:

Ressourcen

Ressourcen sind materielle oder immaterielle Mittel, welche ein Akteur zur Verfügung hat oder erlangen will, um seine Interessen und Bedürfnisse zu sichern. Darunter fallen beispielsweise finanzielle Ressourcen, Waffen, Land, Wasser; immaterielle Ressourcen sind beispielsweise Bildung, Prestige oder Zugang zu Information.

Ressourcen können sowohl Mittel zum Konflikt sein (es werden Ressourcen wie Geld und Waffen benötigt, um Interessen durchzusetzen) wie auch Gegenstand des Konfliktes (beispielsweise wenn sich der Konflikt um knappes Land dreht). Eine genauere Kenntnis der Ressourcenflüsse im Forschungsort ist unabdingbar, um Interessen und relative Stärke der Akteure einschätzen zu können. Von besonderer Relevanz sind abrupte Wechsel der Ressourcenflüsse, beispielsweise durch das Austrocknen von Zuflüssen (ein internationaler Donor steigt aus; Einkünfte aus Arbeitsmigration versiegen) oder durch das

Aufkommen neuer Zuflüsse (eine Gruppe hat einen Marktzugang gefunden, ein neuer internationaler Donor steigt ein). Rasche Veränderungen der Ressourcenmenge bzw. Ressourcenverteilung verändert die relative (Macht-) Position der Akteure, was unter Umständen mit erhöhtem Konfliktrisiko verbunden ist.

Staats-Kapazitäten

Staats-Kapazitäten definieren wir als die Fähigkeit des Staates, relevante öffentliche Güter zur Verfügung zu stellen. Die wichtigsten davon sind (physische) Sicherheit, ein Maß an sozialer Sicherheit sowie *rule of law*. Öffentliche Güter sind dadurch charakterisiert, dass alle Mitglieder der betreffenden Gemeinschaft das Gut konsumieren können, auch wenn sie an der Herstellung des Gutes nicht beteiligt waren und dass sich der Wert des Gutes durch den „Konsum" nicht verringert, d.h. es gibt keine Konkurrenz um das betreffende Gut.

Für eine Risiko- oder Konfliktanalyse ist es wichtig festzustellen, welche dieser Güter vom Staat bereitgestellt werden oder ob es alternative „provider" gibt, beispielsweise lokale Potentaten oder NGOs, welche Staatsfunktionen übernehmen. Falls ja, gilt es herauszufinden, nach welchen Regeln das ehemals öffentliche, nun privatisierte Gut zugänglich ist. Wer spricht also Recht? Und für wen? Wer garantiert Vertragssicherheit? Und zu welchem Preis? Wer garantiert ein Minimum an sozialer Absicherung, und für wen?

Netzwerke

Ein Netzwerk ist eine Struktur, welche regelmäßige Interaktion zwischen einer größeren Anzahl von Akteuren ermöglicht. Das Netzwerk an sich ist kein Akteur und auch keine Institution. Es ist verschieden von seinen Mitgliedern, und es ist verschieden von den Regeln, welche die Interaktion strukturieren. Ein Netzwerk kann benutzt werden, um Akteure zu gemeinsamem Handeln zu koordinieren. Es dient als Medium, das Austausch und Koordination ermöglicht.

Die Identifizierung eines Netzwerkes sagt zunächst nichts aus über die internen Hierarchien. Nicht alle Netzwerke sind hierarchisch als *principal-agent*-Beziehung strukturiert, und nicht in allen Netzwerken wird das Verhältnis zwischen den Mitgliedern durch asymmetrische Reziprozität bestimmt (so wie in Patronage-Netzwerken). Es gibt durchaus auch nicht oder nur schwach hierarchische Netzwerke (Bsp. *NGO-community, epistemic communities*), welche trotzdem wirkungsmächtig sind, da Mitglieder solcher Netzwerke erleichterten Zugang zu Information und Ressourcen haben. In einem Kontext, in dem die staatliche Versorgung mit öffentlichen Gütern stark limitiert ist, spielen Netzwerke oftmals eine große Rolle.

Soziale Kontrolle

Dörfliche Gemeinschaften verfügen üblicherweise über Mechanismen, mit denen Norm abweichendes Verhalten negativ sanktioniert wird. Diese Mechanismen nennen wir soziale Kontrolle. Soziale Kontrolle funktioniert ohne staatliche Zwangsstäbe; sie wird von der Gemeinschaft über die Gemeinschaft ausgeübt. Soziale Kontrolle kann dazu dienen, eine Gemeinde für ein gemeinsames Ziel zu mobilisieren (etwa *hashar*, die in Mittelasien weit verbreitete gemeinschaftliche Arbeit, beispielsweise für den Bau einer neuen Moschee oder einer neuen Straße). Soziale Kontrolle kann auch dazu eingesetzt werden, um „junge Wilde" in den eigenen Reihen zu zähmen, oder um jungen Männern den Zugang zu Waffen zu verwehren. Soziale Kontrolle, genau wie soziales Kapital, ist ein zunächst normativ nicht besetzter Begriff. Soziale Kontrolle kann erheblich zu Stagnation und Entwicklungsblockaden beitragen; sie kann auch erheblich zur Mobilisierung der Gemeinde beitragen.

Im Konfliktkontext spielt das Maß der sozialen Kontrolle, welche in einer Gemeinschaft ausgeübt wird, eine wichtige Rolle: Soziale Kontrolle kann die Fähigkeit der Gemeinschaft zum *self-policing* erhöhen, was eine Kontrolle der eigenen Radikalen verbessert und das Risiko von Konflikteskalation vermindert. Anderseits kann soziale Kontrolle unter Umständen auch das Organisationspotenzial der Gruppe erhöhen, was auch zur Mobilisierung für Konflikt genutzt werden kann.

Formale und informelle Institutionen

Erst als letztes sollte nach den relevanten Institutionen gefragt werden, welche vor Ort wirkungsmächtig sind. Dabei gilt, dass staatliche Institutionen viel leichter zu entdecken sind als die nicht staatlichen, und formale (also solche, welche in der Regel über verschriftlichte, zumindest aber bekannte und offen gelegte Regeln verfügen) wiederum leichter als informelle.

Hier gilt es, auf eine Schwierigkeit aufmerksam zu machen, die sowohl Begriffliches betrifft wie auch die Arbeit im Feld: Fragt man im Feld nach „Institutionen", dann werden dem Fragenden in der Regel Organisationen genannt. Mit anderen Worten: Es kann von keinem Respondenten erwartet werden, dass er dem Forscher das abstrakte Regelwerk darlegt (auch dann nicht, wenn man annehmen kann, dass der Respondent dieses selber kennt – eine Annahme, welche in der Regel nicht zutrifft). Stattdessen werden dem Fragenden die Namen von bestimmten relevanten sozialen Organisationen genannt. Um das weiter oben genannte Beispiel von den Schachspielern noch einmal zu bemühen: Fragt man zwei Schachspieler, was sie tun, werden sie mit einiger Wahrscheinlichkeit antworten, dass sie Schach spielen. Sie werden kaum detailliert zu Protokoll geben, dass beispielsweise der Springer von b1 auf c3 bewegt wird, um damit einen Läufer des Gegners zu blockieren.

Die begriffliche Klärung des Unterschiedes von Institution und Organisation ist wichtig: Institutionen sind die Regeln, welche die Interaktion zwischen den

Akteuren strukturieren, während Organisationen jene kollektiven Akteure sind, welche in Reaktion auf die institutionelle Anreizstruktur entstanden sind und selber institutionellen Handlungsschranken unterliegen. Diese Unterscheidung ist analytisch wichtig, und sie ist besonders dann wichtig, wenn es darum geht, die Entstehung einer bestimmten Organisation als Reaktion auf bestimmte Handlungsräume und Handlungsbeschränkungen zu konzeptualisieren.

Sie ist aber im „richtigen Leben" schwer durchzuhalten, da die Trennung der abstrakten Regeln von der konkreten Organisation, welche sie konstituieren, vor allem eine Frage der Perspektive ist. Organisationen haben interne Strukturen und ein Regelwerk, das die Interaktion der zur der Organisation gehörenden Akteure regelt. Deswegen können solche kollektiven Entitäten in der Regel sowohl als (abstrakte) Institution wie auch als (konkrete) Organisation konzeptualisiert werden:

Soziale Gebilde wie Organisationen lassen sich dann sowohl unter dem Aspekt der darin verkörperten Regelungen, das heißt institutionell, betrachten wie auch unter dem Aspekt der Handlungsfähigkeit, das heißt als korporative Akteure. (Mayntz/Scharpf 1995: 49; vgl. auch Knight 1992).

Fragt man also Respondenten nach relevanten Institutionen vor Ort, dann wird man in der Regel eine Liste wichtiger sozialer Organisationen erhalten. In den Bergdörfern Tadschikistans beispielsweise umfasst eine solche Liste die Kommunalverwaltung (*khukumat*), das Teehaus (*choikhana*; dient als Treffpunkt der Männer und damit als Ort der Entscheidungsfindung), die Vertretungen der wichtigen NGOs und in manchen Regionen den Mullah. Eine solche Aufzählung derjenigen sozialen Organisationen (korporativen Akteure), welche Respondenten für wichtig halten, sagt allein wenig aus über die Regelwerke, welche diese Organisationen intern strukturieren, und die Erläuterungen bezüglich dieser internen Regelsysteme, welche der Forscher von seinen Informanten erhält, sind unter Umständen stark normativ gefärbt – sie geben wieder, wie die Regeln sein sollten, nicht unbedingt, wie sie tatsächlich zur Anwendung kommen. Eine Aufzählung wichtiger sozialer Organisationen (korporativer Akteure) sagt, zweitens, auch nichts aus über das Zusammenspiel dieser verschiedenen Organisationen/korporativen Akteure, wenn es um die Bearbeitung oder Austragung eines Konfliktes geht. Diese beiden Aspekte: die internen Regeln der Organisationen und das Zusammenspiel der Organisationen bei der Konfliktbearbeitung bzw. -austragung können nur durch Fallstudien geklärt werden. Allerdings wird die Durchführung der Fallstudie in der Regel schneller und präziser gelingen, wenn der Forscher mit Hilfe der eingegrenzten Konfliktfelder sowie der *cross-cutting-issues* zuvor einen Grundstock an relevantem Wissen über die Umgebung gesammelt hat.

Schritt drei: Fallstudien

Durch systematische Fragen nach den *cross cutting categories* können relevante Kontextvariablen erfasst werden, und darauf aufbauend kann wohl eine präzise „Kartografie" des Umfeldes erstellt werden. Um aber Konfliktverläufe in ihrer institutionellen Bedingtheit zu erfassen, bedarf es einer Fallstudie eines konkreten Konfliktes. Es soll hier noch einmal betont werden, dass wir unter Konflikt keineswegs nur gewaltförmige (entbettete) Konflikte fassen, sondern ebenso die erfolgreiche Bearbeitung von offen gelegten Interessengegensätzen.

Der wissenschaftliche Mehrwert, welcher Konfliktforschung erbringen sollte, liegt in der Erfassung jener regelhaften Anreize und Handlungsbeschränkungen, welche Konfliktdynamik beeinflussen. Aus der präzisen Darstellung eines Konfliktverlaufes lassen sich analytische Rückschlüsse auf das institutionelle Rahmenwerk ziehen.

An dieser Stelle soll nicht weiter auf Design und Durchführung einer Konfliktfallstudie eingegangen werden. Die Durchführung der beiden zentralen Elemente (Chronologie, evt. je unterschiedlich aus Sicht der jeweiligen Konfliktparteien sowie Erstellung einer so genannten Stakeholder-Analyse, d.h., einer Aufnahme der wichtigen Akteure, ihrer Interessen, Präferenzen und Machtmittel) ist in der relevanten Literatur ausführlich beschrieben. (vgl. etwa Leonhardt 2001a; Leonhardt 2001b; Bierschenk/de Sardan 1997).

Stattdessen wollen wir abschließend einen anderen Aspekt ins Zentrum rücken. Wir argumentieren hier, dass es methodisch sinnvoll ist, zwei Perspektiven „übereinander zulegen", um so an analytischer Tiefenschärfe zu gewinnen. Die erste Perspektive ergibt sich aus der systematische Erfassung von Kontextvariablen (Ressourcen, soziale Kontrolle, Staats-Kapazitäten und Institutionen). Dies ermöglicht es, die „Landschaft" zu kartografieren, in welcher Konflikte sich abspielen.

Die zweite Perspektive ergibt sich, indem ein bestimmter Konfliktverlauf präzise erfasst wird: Was ist genau der Konfliktgegenstand (z.B. Wasserverteilung)? Welches sind die involvierten Akteure, die direkten Konfliktparteien und ihre Allianzen? Wie ist die chronologische Abfolge der Ereignisse? Welches waren die Anreize für die Akteure? Welche Regelwerke haben ihre Aktionen ermöglicht? Welche Regelwerke haben ihre Aktionsmöglichkeiten beschränkt? Welche Regelwerke wurden im Lauf des Konfliktes geschwächt? Legt man diese beiden Perspektiven übereinander, wird man eine angemessene analytische Tiefenschärfe erhalten. Insbesondere lässt sich so der Gefahr einer zu engen oder zu weiten Fokussierung entgehen:
Eine zu enge Fokussierung auf die Interaktion der Konfliktparteien in der Auseinandersetzung um eine ganz bestimmte Ressource läuft Gefahr, Konflikt auf ein „Spiel" zwischen rational kalkulierenden Akteuren zu reduzieren, unter Ausblendung von Kontextvariablen.
Eine zu weite Fokussierung dagegen, welche alle Kontextvariablen kartografieren will, ist nicht in der Lage, jene entscheidenden Anreize und/oder

Handlungsbeschränkungen zu identifizieren, welche für Ein- bzw. Entbettung von Konflikten relevant sind.

Mit dem hier vorgestellten Ansatz plädieren wir dafür, dass sozialwissenschaftliche Konfliktanalyse der Versuchung einer zu starken Komplexitätsreduktion widerstehen sollte; sie sollte aber ebenso wenig der Verlockung, eine ganze Gesellschaft in ihrer Gesamtheit erfassen zu wollen, erliegen. Die Zusammenschau von (vorausgewählten) *allgemeinen cross cutting categories* und einem *spezifischen* Konflikt ermöglicht in unserer Sicht eine durchführbare, Praxis bezogene und analytisch wie auch empirisch reiche Konfliktanalyse.

Literatur

Bierschenk, T./de Sardan, J. O. (1997): „ECRIS: Rapid Collective Inquiry for the Identification of Conflicts and Strategic Groups", in: *Human Organization* 56 (2), S. 238-244.

Elwert, Georg, in diesem Band.

Figueirdo, R. d./Weingast, B.R. (1999): „The Rationality of Fear: Political Opportunism and Ethnic Conflict", in: B. F. Walter/J. Snyder (Hg.), *Civil Wars, Insecurity, and Intervention*, New York: Columbia UP, S. 261-303.

Knight, J. (1992): *Institutions and Social Conflict*, Cambridge: Cambridge University Press.

Koehler, J./Zürcher, C. (2003): „Institutions and the Organisation of Stability and Violence", in: J. Koehler/C. Zürcher (Hg.), *Potentials of (Dis)Order. Explaining Violence in the Caucasus and in the Balkan*, Manchester: Manchester University Press, S. 219-241.

Koehler, J./Zürcher, C. (2004): „Conflict and the State of the State in the Caucasus and Central Asia: An Empirical Research Challenge", in:*Berliner Osteuropa-Info* 20.

Ledeneva, A. V. (1998): *Russia's Economy of Favours: Blat, Networking and Informal Exchange*, Cambridge and New York: Cambridge University Press.

Leonhardt, M. (2001a): *Conflict Impact Assessment for Development Projects. A Practical Guideline – Draft*, Eschborn: GTZ.

Leonhardt, M. (2001b): *Konfliktanalyse für die Projektplanung und -steuerung*, Eschborn: GTZ

Lomnitz, L. A. (1988): „Informal Exchange Networks in Formal Systems: A Theoretical Model", in: *American Anthropologist* 90 (1), S. 42-53.

Mayntz, R./Scharpf, F.W. (1995): „Der Ansatz des akteurszentrierten Institutionalismus", in: R. Mayntz/F.W. Scharpf (Hg.), *Gesellschaftliche Selbstregelung und politische Steuerung*, Frankfurt a.M./New York: Campus, S. 39-72.

North, D. (1990): *Institutions, Institutional Change and Economic Performance*, Cambridge: Cambridge UP.

Wirz, A. (1982): *Krieg in Afrika: Die nachkolonialen Konflikte in Nigeria, Sudan, Tschad und Kongo*, Wiesbaden: Steiner.

Zürcher, C. (2002): *Institutionen und organisierte Gewalt. Konflikt- und Stabilitätsdynamiken im (post-)sowjetischen Raum*, Berlin: Habilitationsschrift, Fachbereich Politik- und Sozialwissenschaft der Freien Universität Berlin.

Zürcher, C./Koehler, J./ Baev, P. (2002): *Internal Violence in the Caucasus. Study prepared for The World Bank: Development Economic Research Group DECRG. The Economics of Political and Common Violence*, Washington: The World Bank.

DIE GEWALTTÄTIGE GESELLSCHAFTLICHE SITUATION. EINE ANALYSE ESKALIERENDER GEWALT AM BEISPIEL DES RUANDISCHEN GENOZIDS

Dieter Neubert

Einleitung

nehmend die Vielschichtigkeit von Konflikten hervor und betonen, dass auch gewalttätige Konflikte als Teil gesellschaftlicher Organisation zu verstehen sind und durchaus ein wichtiges Element gesellschaftlicher Entwicklung darstellen können. Die sozialanthropologische und soziologische Analyse kann damit als ein wichtiger Teil von Gesellschaftsanalyse verstanden werden. Elwerts Beitrag zur Sozialanthropologie von Konflikten unterstreicht dabei unter anderem die soziale Einbettung auch von gewalttätigen Konflikten. Konflikte folgen, so Elwert, „sozial geordneten Pfaden" (Elwert, in diesem Band), zugleich beinhalten besonders gewaltförmige Konflikte ein Moment der Überraschung. Der sozial ordnende Rahmen und das Moment der Überraschung werden im Bild der „Lawine" miteinander verknüpft, „[...] der genaue Zeitpunkt und die Stärke sind schwer vorher zu bestimmen. Man kennt jedoch die Umgebung, in der sie stattfinden, und man weiß, welche Wege sie einschlagen." (Elwert, in diesem Band).

Elwert unterscheidet in seinem Beitrag zwischen Formen mit stärkerer und geringer sozialer Einbettung und kombiniert dieses Kriterium mit Formen von intensiverer und weniger intensiver Gewaltausübung. Daraus entstehen vier Pole eines Feldes: „Kampf" (*warring*) mit hoher Gewaltintensität und starker Einbettung, „Zerstörung" (z.B. Genozid) mit hoher Gewaltintensität und geringer Einbettung, „Verfahren" mit geringer Gewaltintensität und starker Einbettung sowie „Meidung" mit geringer Gewaltintensität und geringer Einbettung.

Hier soll der Typ der „Zerstörung" am Beispiel von Genoziden genauer untersucht werden. Genozide sind als extremste Form der Zerstörung im Gegensatz zu weit verbreiteten gewalttätigen Konflikten historisch seltene Einzelereignisse und können keineswegs als gängiger Teil gesellschaftlicher Organisation angesehen werden. Gleichwohl wird hier die These vertreten, dass extreme Gewalttätigkeit auch über den historischen Einzelfall hinaus sozialwissenschaftlicher Analyse zugänglich ist. Als Beispiel für diese Analyse dient hier der Genozid in Ruanda.

An diesem Fall soll gezeigt werden, dass erstens extreme gewalttätige Konfliktereignisse weniger über eine Bestimmung von Konfliktursachen als über die Beschreibung des Prozesses der Eskalation analysiert werden können. Für diese Analyse ist es ergiebig, die direkte Vorphase des ruandischen Genozids genauer anzusehen. Dabei lässt sich eine höchst krisenhafte und gewaltträchtige Konstellation erkennen, die über den Fall Ruanda hinausweist und hier als „gewalttätige gesellschaftliche Situation" benannt und beschrieben wird. Meine These ist, dass in dieser Phase von Konflikten die Entscheidung fällt, ob es zur umfassenden Gewalttätigkeit kommt oder nicht bzw. ob ein Prozess weiterer Eskalation von Gewalt in Gang gesetzt wird, der bis zu einem Genozid führen kann. Bleibt man im oben genannten Bild der „Lawine", dient das Konzept der gewalttätigen gesellschaftlichen Situation dazu, die Bedingungen, unter denen eine „Lawine" ausgelöst wird und ein extremes Ausmaß erreichen kann, präziser zu fassen.

Darüber hinaus wird hier Elwerts These der Bedeutung der kühlen Planung und Kalkulation als wesentliches Element der Analyse aufgegriffen (vgl. Elwert, in diesem Band). Im untersuchten Fall wirkte die kühle Planung der Gewalt mit der Selbstorganisation von Gewalttätern zusammen, die ihrerseits mit einer zunehmenden Emotionalisierung der Bevölkerung innerhalb der gewalttätigen Situation verkoppelt war.

Der ruandische Genozid: Ereignisse und Hintergrund

Der ruandische Genozid ist außergewöhnlich gut dokumentiert und Gegenstand einer kaum noch zu übersehenden wissenschaftlichen und politischen Debatte. Die intensive und differenzierte Dokumentation bietet Grundlage für die hier vorgenommene Analyse.[1] Als Hintergrund für die folgenden Überlegungen sollen deshalb nur einige Eckpunkte zu den Ereignissen genügen.

Präsident Habyarimana leitete 1990 auf internationalen Druck den Übergang zu einem Mehrparteiensystem ein und ließ die Gründung von Parteien zu. Nur wenige Wochen danach griff eine Rebellenarmee der RPF (*Ruandische Patriotische Front*) Ruanda von Uganda aus an. Die RPF rekrutierte sich vor allem aus in Uganda lebenden Exil-Ruandern, die überwiegend den Tutsi zugerechnet wurden. Die Rebellen konnten sich im Norden Ruandas festsetzen. Trotz des andauernden Bürgerkrieges wurde der Demokratisierungspro-

---

1 Zwei dokumentarische Publikationen sind die Hauptquellen für die hier vorgestellten Überlegungen: African Rights (1995) beruht wesentlich auf Augenzeugenberichten, und DesForges et al. (1999) stützt sich vor allem auf ruandische staatliche Archive und die darin vorhanden Dokumente zur Vorbereitung und Durchführung des Genozids. Die Kernargumente der Analyse des Genozids finden sich bei Prunier (1995). Eine intensive Auseinandersetzung mit den Motiven und Formen der Gewalt bietet Taylor (1999).

zess fortgesetzt. Das Friedensabkommen von Arusha vom August 1993 schien eine Wende zu bringen. Eine Übergangsregierung unter Beteiligung der Opposition in Ruanda und der RPF sollte freie Wahlen vorbereiten. Im Dezember 1993 rückte vereinbarungsgemäß eine Einheit der RPF in Kigali ein. Die Einbindung der RPF in die Regierung scheiterte jedoch mehrfach, der Friedensprozess war blockiert.

Am 5. April 1994 wurde das Flugzeug des Präsidenten Habyarimana abgeschossen. Er und sein burundischer Amtskollege kamen ums Leben. Noch in der gleichen Nacht begann das Morden der Hutu-Extremisten, und es formierte sich eine radikale Übergangsregierung, die den Genozid vorantrieb. Die RPF antwortete mit einer militärischen Offensive. Die größeren Massaker der Hutu-Extremisten begannen schon innerhalb der ersten Woche. Der Höhepunkt der Mordwelle wurde in der zweiten und dritten Woche erreicht. Erst Ende April wurde internationaler Druck auf die für den Genozid verantwortliche Übergangsregierung ausgeübt. Diese ließ daraufhin über Radio verkünden, dass die Tötungen nicht mehr in der Öffentlichkeit zu vollziehen seien. Größere Gruppen von mehreren zehntausend Verfolgten waren danach noch in einigen großen Lagern oder Gebäuden eingepfercht. Die Aufmerksamkeit der Weltöffentlichkeit bot nun einen gewissen Schutz. Das Vorrücken der RPF löste einen riesigen Flüchtlingsstrom von Hutu aus, in dem auch die für den Genozid verantwortliche Übergangsregierung und ihre Armee das Land verließen. Der offene Krieg fand mit der Etablierung der neuen RPF-Regierung am 19. Juli 1994 sein vorläufiges Ende. Allein die nüchternen Zahlen sind erschreckend. Die geschätzte Zahl der Opfer beträgt 800.000 Tote, und 2,5 Millionen Flüchtlinge (bei einer Bevölkerung von 7,5 Millionen vor dem Genozid).

Die Flüchtlinge sind inzwischen zum größten Teil zurückgekehrt, und die erste Phase des Wiederaufbaus ist vollzogen. Die neue RPF-Regierung und der Präsident Kagame haben sich im Jahr 2003 durch Wahlen bestätigen lassen, wobei internationale Kritiker Behinderungen der Opposition und Manipulation bei den Wahlen beklagten. Ruanda ist in den äußerst brutalen und gewalttätigen Krieg im Ostkongo verwickelt. Zudem werden der aktuellen ruandischen Regierung erhebliche Menschenrechtsverletzungen in Ruanda und im Kongo zur Last gelegt.

Ansätze zur Analyse

Die gängigen Analysen des Genozids folgen im Grunde drei unterschiedlichen Mustern einer Kausalanalyse, der These vom plötzlichen Ausbruch von Gewalt sowie der These der gezielten Organisation der Gewalt:

Die Kausalanalyse wird in zwei miteinander kombinierbaren Varianten vorgetragen:

- historisch verwurzelter ethnischer Konflikt;

- ein Kampf um knappe Überlebensressourcen als Folge von Übervölkerung und Landknappheit.

Ein Kernpunkt der Debatte über Ruanda ist die Frage nach der Existenz beziehungsweise der Entstehung einer ethnischen Gliederung in eine Hutu-Mehrheit, Tutsi-Minderheit und eine sehr kleine Gruppe von Twa. Die Trennung in „ethnische" Gruppen ist in Ruanda analytisch zumindest problematisch. Kulturell, sprachlich und ökonomisch sind keine manifesten Unterschiede zwischen Hutu und Tutsi zu benennen. Die ethnische Trennung wird vor allem mit einer historischen These der Einwanderung von hamitischen Viehzüchtern, den Tutsi, die die lokalen Bantu Ackerbauern (Hutu) unterworfen hätten, begründet. Die Kritik der ethnischen Trennung sieht in der vermeintlichen Unterscheidbarkeit das Produkt eines sozialen Abgrenzungsprozesses, der einen Prozess der Ethnogenese bewirkt hat. Wobei koloniale Unterscheidungen und folgende Konflikte, einschließlich des Genozids die Abgrenzung erst manifestiert hätten (vgl. Marx 1997).[2] Im Verweis auf vorangegangne Konflikte mit einer ethnischen Dimension wurde der Genozid als Gipfelpunkt lang anhaltender ethnischer Auseinandersetzungen interpretiert.

Die andere Komponente der Kausalanalyse folgt einem malthusianischen Argument (vgl. Dießenbacher 1995). Mit wachsender Bevölkerungsdichte und sich verschärfender Landknappheit reichen die vorhanden Ressourcen nicht mehr für die Überlebenssicherung aus. Gerade in einer Ökonomie, in der über 90 % der Bevölkerung als Subsistenzbauern leben, sei eine extreme Verknappung der Agrarflächen bedrohlich und fördere einen gewalttätigen Kampf um Überlebensressourcen.

Diese kausalanalytischen Erklärungen wurden in der außerwissenschaftlichen Debatte besonders kurz nach dem Genozid gerne mit der zweiten Erklärung verbunden, der These vom plötzlichen Ausbruch von Gewalt und Hass, der in einen Blutrausch münde (vgl. Behrend/Meillassoux 1994). Dabei wird der Genozid als plötzliches Ereignis dargestellt, bei dem die gewalttätigen Akteure sinnlos morden und jegliche Rationalität vermissen lassen. Aus dieser Perspektive war der Genozid Folge eines unkontrollierten plötzlichen emotionalen Ausbruchs, der alle gesellschaftlichen Kontrollen überrollte.

Mit wachsendem zeitlichem Abstand gewann die dritte These von der organisierten Gewalt an Bedeutung, der zu Folge der Genozid von skrupellosen Extremisten kaltblütig geplant und systematisch umgesetzt wurde (vgl. besonders DesForges et al. 1999).

Die simplen kausalanalytischen Ansätze geraten in die Falle des Determinismus. Sofern die jeweilige Erklärung richtig wäre, müsste in einem gleich gelagerten Fall, das Gleiche passieren. Aber multikulturelle Gesellschaften, große Bevölkerungsdichte und Landknappheit sind weit verbreitet, ohne dass

---

2 Diese Debatte ist hier allerdings nicht von Bedeutung. Unabhängig von analytischen Erwägungen wurden die Kategorien Hutu und Tutsi sowie Twa als handlungsrelevant und somit sozial gültig erlebt.

dies zwangsläufig zu massiven gewalttätigen Konflikten oder gar zum Genozid führt.

Die Thesen vom plötzlichen Ausbruch der Gewalt und der gezielten Organisation der Gewalt entkommen dem Determinismus der Kausalanalysen und beziehen sich auf das Außergewöhnliche des ruandischen Genozids. Sie verweisen darauf, dass Gewalt dieses Ausmaßes eben nicht normal ist, aber trotzdem von Menschen begangen wird. Zudem verändern sie die Fragestellung. Es geht nicht mehr um das alles klärende „Warum?", sondern um die vorsichtigere Frage nach dem „Wie kam es dazu?"

Die Hinweise auf Vorgeschichte und soziale Konfliktlinien mögen erläutern, woher überhaupt die Konflikte in Ruanda kamen. Die Zuspitzung zum Genozid ist aber vor allem über den Prozess zu verstehen, der aus mehreren Konflikten schließlich in den einen extremen gewalttätigen Konflikt mündet.[3] Prozesse dieser Art sind grundsätzlich ergebnisoffen. An jedem Punkt besteht zumindest eine geringe Möglichkeit, Eskalation zu beenden und Gewalttätigkeiten zu begrenzen. Allerdings wird dies mit zunehmender Eskalation immer schwieriger. Nur in sehr wenigen Fällen führt diese Spirale der Gewalt tatsächlich zum Genozid wie in Ruanda, genau deshalb ist der Genozid in Ruanda ein singuläres historisches Ereignis.

Es gibt bei der Untersuchung des Eskalationsprozesses zwei unterschiedliche Blickwinkel, eine Art Weitwinkeloptik, mit der langfristige Prozesse über Jahrzehnte oder länger hinweg erfasst werden, die in der Regel nicht linear verlaufen, sondern Brüche, Stillstand und Richtungsänderungen aufweisen. Damit lassen sich zunächst potenzielle oder tatsächliche gesellschaftliche Konflikte identifizieren. Allerdings unterliegt dieser Zugang immer der Gefahr, die Prozesse rückblickend von einem Ereignis her, neu für uns stringent zu konstruieren. Dieser Zugang wird gerne von konfliktbeteiligten Akteuren gesucht, die ihre Position historisch begründen wollen. Die breite Debatte über den Genozid in Ruanda und in der Wissenschaft zeigt deutliche Elemente dieser Art der Konstruktion der Vorgeschichte und wird mehr oder weniger offen auch emotional geführt.

Wenn wir Prozesse der Eskalation von Gewalt verstehen und möglicherweise auch mäßigend auf sie einwirken wollen, scheint mir eine Art „Mikroskop" aussichtsreicher. Die Frage, ob ein Konflikt tatsächlich zum gewalttätigen Ausbruch kommt und entlang welcher Bruchlinien sich die Gegner formieren, entscheidet sich in einer vergleichsweise kurzen Phase der Eskalation, die allenfalls wenige Jahre andauert. Im Falle eines eskalierten Konfliktes kommt es dann zu einem Moment der Unnachgiebigkeit, in dem sich schließlich unversöhnliche Gegner gegenüberstehen, die sich subjektiv zur Gewalt gezwungen sehen.[4] In dieser Analyse möchte ich den Weg zu diesem Moment der Unnachgiebigkeit in Ruanda untersuchen. Dazu müssen wir die Elemente

---

3   Zur Analyse von Konflikten als Prozess siehe Elwert et al. (1999)
4   Den Begriff der Unnachgiebigkeit (*intransigience*) übernehme ich von Stephan Feuchtwang und Tim Dartington, die unter dem Titel „*The moment of intransigience*" eine Tagung im Februar 1999 organisierten.

des Eskalationsprozesses sowie die treibenden Kräfte des Prozesses genauer bestimmen.

Elemente des Eskalationsprozesses: Die gewalttätige gesellschaftliche Situation

Am Beginn der letzten Phase der Eskalation steht eine hoch krisenhafte Konfliktlage, die ich als „gewalttätige gesellschaftliche Situation" bezeichnen möchte. Zu einer gewalttätigen gesellschaftlichen Situation gehören fünf Schlüsselelemente:

- Konfliktthemen, die eine Gesellschaft mobilisieren und spalten: Gesellschaftlich bedeutsame Konfliktthemen;
- Politische Akteure und Gegenakteure, die bereit sind, Gewalt für die Durchsetzung ihrer Position einzusetzen: Existenz gewalttätiger Akteure;
- Öffentliche Anerkennung der Gewaltakte durch Führer, Parteigänger und Unterstützer oder gar Legitimierung dieser Gewaltakte: Anerkennung und Legitimierung von Gewalt;
- Ein perforiertes staatliches Gewaltmonopol, bei dem der Staat Gewaltakte nicht mehr verhindern kann oder will und somit Täter praktisch nicht mehr von Bestrafung bedroht sind: Perforiertes Gewaltmonopol und die Straflosigkeit von Gewaltausübung;
- Schließlich die Verdichtung multipler Identitäten in eng beschränkte, vereinfachte Identitäten mit einem „Freund-Feind-Gegensatz": Dichotomisierte Identitäten.

Gesellschaftlich bedeutsame Konfliktthemen

In Ruanda gab es gleich mehrere gesellschaftlich bedeutsame Konfliktthemen, die teilweise schon aus den Kausalerklärungen bekannt sind. Es brachen erstens zunehmend soziale Gegensätze auf. Auf der einen Seite stand die aus dem oben skizzierten malthusianischen Argument schon bekannte große Mehrheit der Subsistenzbauern, die wegen der extremen Landknappheit nicht wussten, wie sich die nächste Generation ernähren sollte. Auf der anderen Seite stand eine kleine Elite aus Militärs und Spitzenbeamten, die sich vor allem durch den Zugang zu staatlichen Geldern immer stärker von den Armen absetzte. Die Verteilungskonflikte in Ruanda wurden aber zweitens zwischen verschiedenen Regionen ausgefochten. Vor allem der Norden, die Heimatregion des Präsidenten, sah sich Vorwürfen ausgesetzt, die nationalen Ressourcen für sich zu beanspruchen.

Interessanter Weise wurden diese Konflikte kaum entlang der Unterscheidung Hutu und Tutsi definiert. Die neu gegründeten Parteien nach 1991 reflektierten im wesentlichen regionale Unterschiede, nur eine der Parteien wurde als Nachfolger einer früheren Tutsi-Partei angesehen. Diesen Konfliktlinien wurde mit dem Angriff der RPF eine dritte hinzugefügt. Nun stand für die Regierung das Volk der Ruander gegen die Bedrohung von außen, wobei Radikale bald versuchten, die RPF mit „den Tutsi" gleichzusetzen. Zu diesem frühen Zeitpunkt bestanden multiple Identitäten, wobei die verschiedenen Identitätselemente sich in allen möglichen Formen kombinierten. Es gab keine Koinzidenz der sozioökonomischen Zuordnung zu arm oder reich, zu spezifischen Regionen, zu den ethnischen Gruppen (Hutu, Tutsi, Twa) oder anderen Kategorien wie Religion.

Gewalttätige Akteure

Gewalttätige Akteure waren zunächst die Bürgerkriegsparteien mit der RPF-Armee auf der einen Seite und der ruandische Armee auf anderen. Mit der Notwendigkeit, deren Angriff zurückzuschlagen, rechtfertigte die Regierung den Ausbau des Militärs, Ausgangssperren und Straßenkontrollen. Die schnell erweiterten Sicherheitskräfte wurden zunehmend von der Bevölkerung als Bedrohung wahrgenommen.

Schon bald nach den Parteigründungen entstanden Parteijugendverbände, die einander auch in Straßenschlachten bekämpften. Radikale Anhänger der Parteien begannen neue Mitglieder unter Zwang zu rekrutieren. Zudem kam es zur Gründung von bewaffneten Parteimilizen (u.a. der berüchtigten Interahamwe-Milizen) durch die ehemalige Regierungspartei MRND (*Movement Républicain National pour la Démocratie et le Développement*) und die inzwischen gegründete radikale Hutu-Partei CDR (*Coalition pour la Défense de la République*). Schließlich organisierten hohe Militärs „zivile" Selbstverteidigungskomitees.

Anerkennung und Legitimierung von Gewalt

Die politische Debatte wurde in den mit der Einführung der Pressefreiheit zügellos wirkenden Medien außergewöhnlich scharf, polemisch und hasserfüllt geführt (vgl. Chrétien et al. 2002; Taylor 1999). Neben einer Vielzahl von politischen Hetzblättern nahm eine von extremistischen Hutu betriebene Radiostation, das *Radio Television Libre des Milles Collines* eine Schlüsselstellung ein. Von dort wurde rassistische Propaganda verbreitet und zur Gewalt direkt aufgerufen. Diese Aufrufe im Radio hatten in Ruanda besonderes Gewicht, denn das zuvor als einziges sendende staatliche Radio war lange Zeit ein quasi offizielles Organ des Staates. Zudem sendete *Radio Milles Colllines* im Wechsel mit dem staatlichen Radio auf der gleichen Frequenz und hatte damit einen scheinbar offiziellen Charakter.

Gewalt wurde öffentlich als probates Mittel der politischen Auseinandersetzung akzeptiert. Es häuften sich Prügeleien zwischen Anhängern unterschiedlicher Parteien, der Mob schlug Politiker zusammen, und es wurden politische Morde verübt. Diese Gewalt, vornehmlich von jugendlichen Männern ausgeübt, wurde von einer Mischung aus Hass und erregter Begeisterung getragen und erinnert zunächst an die explosive Mischung, die aggressive Hooligans antreibt. Es kam zu Bombenanschlägen und zur Verminung von Straßen und Wegen auch in Regionen, die entfernt vom Kampfgebiet der RPF lagen. Der Verweis auf die Übergriffe der Gegner diente als Rechtfertigung der eigenen Gewalt. Gerade die Gruppen, die der Regierung nahe standen, legitimierten ihre Gewalt gegen vermeintliche Kollaborateure der RPF mit der militärischen Bedrohung, die von der RPF ausging. Weil die RPF so stark war, diente sie als Legitimierung von Gewalt als politischem Mittel. Zudem wurde die RPF mit „den Tutsi" gleichgesetzt. Die Propaganda behauptete, dass „die Tutsi" die Wiederherstellung des Feudalismus sowie einen Genozid an den Hutu planten (vgl. zur Rhetorik der Gewalt: Brandstetter 2001).

Hinzu kam die Entwicklung des Konflikts im Nachbarland Burundi. Das Minderheitenregime der Tutsi wurde mit der freien Wahl eines Hutu-Präsidenten beendet. Als der neue burundische Präsident nach wenigen Wochen von radikalen Tutsi-Militärs ermordet wurde, galt dies auch als Beleg für die Gefährlichkeit der von Tutsi dominierten RPF. Die Rachakte von Seiten der Hutu in Burundi galten aus dieser Perspektive als legitime „Gegenwehr".

Schon zu Beginn des Bürgerkrieges ereigneten sich erste Pogrome gegen Tutsi, diese wiederholten sich mehrfach mit insgesamt mindestens 2.000 Opfern.[5] Hier manifestierte sich deutlich ein ethnisches Muster des Konflikts. Es waren junge Hutu, die nun Tutsi als Feinde stilisierten. Sie griffen damit auf eine ethnische Konfliktlinie der 1950er und der 1970er Jahre sowie auf die Konfliktkonstellation in Burundi zurück, wo die Tutsi-Minderheit die Macht inne hatte und Hutus verfolgte. Bemerkenswerter Weise formierten sich bis dahin in Ruanda kaum Tutsi zu eigenen Kampfgruppen.[6] Die Definition einer ethnischen Konfliktlinie erfolgte so vor allem von Seiten der extremistischen Hutu.

Gewalt drang so immer weiter in den Alltag ein, wurde zunehmend präsent, und politisch motivierte Gewalt verschmolz mit der Gewaltkriminalität. Es kam zu einer Veralltäglichung der Gewalt (vgl. dazu auch Wagner 1998).

Geschwächtes Gewaltmonopol und die Straflosigkeit von Gewaltausübung

Ein entscheidendes Element der gewalttätigen Situation ist die Schwächung des staatlichen Gewaltmonopols und die Straflosigkeit von Gewaltausübung, auch als „Kultur der Straflosigkeit" benannt (Wagner 1999). Ruanda war bis zu Demokratisierung und Bürgerkrieg ein hierarchisch geführter, autoritärer Kommandostaat (vgl. Elwert 2001) mit einer durchaus wirksam kontrollieren-

---

5 Human Rights Watch (vgl. DesForges et al. 1999: 87f) nennt insgesamt 17 Massaker.

6 Lediglich in der Region Bugesera, in der es mehrfach zu Pogromen gekommen war, formierten sich Tutsi zu ihrer Verteidigung.

den Polizei. Gemessen an den Nachbarstaaten garantierte dieses autoritäre Regime ein beträchtliches Maß an öffentlicher Ordnung. Die beschriebene Zunahme der Gewalt stellte insofern einen radikalen Bruch mit der vorangegangen Situation dar. Bemerkenswert war, dass die Ordnungskräfte erstaunlich wenig eingriffen. Die aufgeblähte Armee war undiszipliniert, und es kam zu Übergriffen gegen die Bevölkerung. Die Polizei konnte und wollte wohl auch nicht konsequent gegen die zunehmende Gewalt vorgehen.

In dem gesamten Zeitraum von 1991 bis 1994 kam es praktisch kaum zu Festnahmen von Gewalttätern, und keiner der Täter wurde verurteilt. Das ohnehin schwache Justizsystem setzte sich praktisch nicht mit der zunehmenden Gewalt auseinander (vgl. African Rights 1995: 50f). Gewaltausübung wurde weder verfolgt noch bestraft.

Dichotomisierte Identitäten

Die Propaganda in den Medien bereitete die spätere Dichotomisierung der ruandischen Gesellschaft vor. „Die Tutsi" und ihre Kollaborateure wurden als Feindbild präsentiert. *Radio Milles Collines* und Zeitungen (z.B. *Kangura*) verbreiteten rassistische Parolen, wie die berüchtigten Zehn Gebote der Hutu. Unter anderem sollten Hutus keine Tutsi-Frauen heiraten und Tutsi als Sicherheitsrisiko aus allen wichtigen Positionen des Staates vertrieben werden (vgl. African Rights 1995: 42f). Vielfältige Berichte und Gerüchte über Übergriffe von Tutsi in Ruanda und Burundi verschärften ein Gefühl der Bedrohung.[7]

Trotz dieser extremistischen Propaganda blieb bis Ende 1993 die politische Auseinandersetzung vielfältig und spielte sich zwischen verschiedenen Parteien innerhalb der Hutu ab. Dabei wurden vor allem alte regionale Rivalitäten mobilisiert. Die noch regierende ehemalige Einheitspartei MRND hatte ihre regionale Basis im Norden. Die wichtigste Oppositionspartei MDR (*Mouvement Républicain Démocrate*) stützte sich auf die Zentralregion und war auch die Nachfolgepartei des ersten Präsidenten (eines Hutu), der 1973 vom amtierenden Präsidenten Habyarimana durch einen Militärputsch gestürzt wurde.

Erst nach dem Arusha-Friedensabkommen, und nach der Ermordung des neu gewählten ersten Hutu-Präsidenten in Burundi fand eine tiefgreifende dichotomische Spaltung statt. Die Bedrohung durch die Feinde wurde damit realer. „Die Tutsi" hatten den burundischen Hutu-Präsidenten ermordet und waren auf der Basis des Arusha-Abkommens mit einem RPF-Regiment mitten in Kigali präsent. Je realer die Bedrohung durch diese „Feinde" empfunden wurde, desto mehr wuchs die Bereitschaft, sich gegen diese Feinde zu verteidigen. Für die Extremisten war die Situation einfach: Man war entweder für das ruandische Hutu-Volk oder gegen es. Die ethnische Deutung des Konfliktes des Hutu-Extremismus überrollte alle anderen Interpretationen. Die Extremisten

---

7 Zur Rolle von Gerüchten im Vorfeld von Pogromen siehe Das (1998).

verstanden sich als Vertreter der Interessen des ruandischen „Hutu-Volkes" und nannten sich *Hutu-Power*. In allen politischen Parteien, auch in der Opposition, gaben sich Extremisten zu erkennen, die die Beteiligung der „Tutsi-Armee" an der Macht verhindern wollten. Sie formierten jeweils eine *Hutu-Power* Fraktion. Die Oppositionsparteien waren damit faktisch gespalten. Lediglich die radikale CDR bekannte sich vollständig zu *Hutu-Power* (vgl. African Rights 1995: 86-94; DesForges et al. 1999: 137-140). Die verbliebenen Demokraten waren mit der Spaltung der Parteien auch ihrer organisatorischen Basis beraubt und kaum noch in der Lage, dem Extremismus entgegenzutreten. Aus der Sicht der Extremisten waren sie alle zu Volksfeinden geworden.

Die Eskalation erfordert und bewirkt zugleich eine weitere Dichotomisierung der Identitäten. Die heterogenen Konfliktlinien werden vereinfacht. Anstelle einer interessengeleiteten Kritik an bestimmten Gruppen oder Regionen, „denen im Norden", „den Reichen" tritt der „Feind", in dem sich alle negativen Zuschreibungen verdichten.

Treibende Kräfte des Genozids: geplante Eskalation und Selbstorganisation

Die gewalttätige gesellschaftliche Situation bietet den Nährboden für eine weitere Eskalation der Gewalt. Unsicherheit, Angst, Bedrohung durch einen mittels dichotomisierter Identitäten nun eindeutig identifizierbaren Feind steigern die Gewaltbereitschaft sowie die Anerkennung und Legitimation der Gewalt und bieten damit weiteren Raum für Gewaltakte und Gegenakte, die durch ein ohnehin perforiertes Gewaltmonopol nicht mehr kontrolliert werden können. Dies verstärkt wiederum die dichotomisierten Identitäten. Damit stehen sich „Gut" und „Böse" gegenüber, Kompromisse, Annäherung oder Versöhnung erscheinen als unmöglich, als nahezu absurd gefährlich. Es kommt zum „Moment der Unnachgiebigkeit", zur Zuspitzung des „Die" oder „Wir".

Es wäre simplifizierend, hier von einer „Spirale der Gewalt" zu sprechen, die gleichsam automatisch durch jeden einzelnen Gewaltakt vorangetrieben wird. Vielmehr handelte es sich um einen kühl kalkulierten Einsatz von Gewalt durch die alte Elite, die sich durch den Frieden von Arusha in ihrer Machtausübung bedroht sah. Sie setzte auf eine „endostrategische Mobilisierung" von Gewalt (Elwert, in diesem Band) und förderte damit die zunehmende Bereitschaft, entlang dichotomisierten Identitäten erneut Gewalt auszuüben und in der zunehmend emotional aufgeheizten Atmosphäre die vormals überlappenden Konfliktlinien in einen ethnisierten Gegensatz zu überführen.

Auch wenn das perforierte Gewaltmonopol auf ein Versagen des Staates als Ordnungskraft hinweist, kann keineswegs von der Handlungsunfähigkeit des Staates gesprochen werden. Die vorliegenden Dokumentationen und die bisher durchgeführten Gerichtsverhandlungen gegen Haupttäter des Genozids zeigen, dass in Ruanda der Genozid gezielt vorbereitet, geplant und durchgeführt wurde (vgl. DesForges et al. 1999). Staatliche Organe waren zumindest im Hinblick auf die Planung weiterer Gewaltaktionen handlungsfähig und haben diese dann auch konsequent umgesetzt.

Nach dem Abschuss des Präsidentenflugzeugs, für den die RPF verantwortlich gemacht wurde, begann noch in der gleichen Nacht eine systematische Vernichtung der Opposition. Teile von Präsidentengarde und Armee ermordeten nach vorbereiteten Todeslisten unliebsame Politiker. Dabei wurde mit aller Konsequenz vorgegangen, und selbst die UN-Bewacher boten der Premierministerin keinen Schutz und fielen dem Mordanschlag mit zum Opfer. Nur wenige Regimekritiker überlebten, weil sie zufällig im Ausland waren oder weil es ihnen gelang zu fliehen (vgl. African Rights 1995: 177-235).

Die *Interahamwe*-Milizen und „Komitees zur Zivilverteidigung" übernahmen Zug um Zug die Kontrolle in den Stadtvierteln und errichteten Kontrollpunkte. Zuerst glaubte die Bevölkerung an eine Maßnahme zum Schutz vor den RPF-Truppen. Doch schon bald war klar, dass Tutsi und politisch missliebige Hutu gejagt und ermordet wurden. Die Verfolgten flüchteten in öffentliche Gebäude, Schulen, Gesundheitszentren oder Kirchen. Die Massaker begannen, als Milizen teilweise unterstützt vom Militär die Gebäude einkesselten und die Eingeschlossenen ohne jede Rücksicht töteten. Wer den Verfolgten Hilfe leistete, geriet selbst in Gefahr, und Unbeteiligte wurden genötigt, am Töten mitzuwirken.

Die Bedeutung der Planung und Organisation des Genozids durch die staatliche Verwaltung zeigt sich deutlich in der Provinz Butare. Dort bemühte sich der Präfekt, ein Tutsi, die öffentliche Ordnung einigermaßen aufrecht zu erhalten. Erst als er formell seines Amtes enthoben war und ein Nachfolger eingesetzt wurde, erreichte das Massenmorden auch diese Region. Es gab gezielte logistische Entscheidungen und administrative Aktivitäten um den Genozid, der bereits geplant war, auch in die Tat umzusetzen. Folgt man Des-Forges et al. (1999), so funktionierten Verwaltungsstrukturen noch mehrere Wochen nach dem Beginn des Genozids (bis zum Mai), also solange, bis der Genozid zum größten Teil bereits vollzogen war.

Der Genozid ist also nicht einfach die Folge sich auflösender staatlicher Strukturen. Er war nur möglich, weil funktionierende staatliche Strukturen an der Eskalation des Konfliktes aktiv mitwirkten. Aus der Regierung und der Verwaltung heraus wurde zunächst die Legitimierung von Gewalt mittels staatlicher Propaganda betrieben, dann die Planung und Umsetzung des Genozids vorgenommen. Gerade weil der Staat (noch) funktionierte, konnte der Genozid vollzogen werden.

Aber diese These vom organisierten Massenmord reicht als Erklärung für den ruandischen Genozid allein nicht aus. Die ungeheuerliche Zahl der Opfer und die Art der Tötungen, zumeist mit Macheten, Keulen und hin und wieder mit Handgranaten, Handfeuerwaffen und nur selten mit Maschinengewehren führte dazu, dass eine außergewöhnlich große Zahl an Tätern beteiligt war, die in Zehntausenden gerechnet werden müssen.[8] Das Ausmaß der Gewalt erforderte die freiwillige und selbständige Mitwirkung vieler Täter. Die ohnehin dezentral organisierten Milizen und die Initiative einzelner lokaler Aktivisten trieben den Genozid voran. Dies zeigt sich auch in der unterschiedlichen Schnelligkeit des Vollzugs des Genozids. Besonders im Nordwesten (*Gisenyi, Ruhengeri*) und im Südwesten (*Cyangugu*) erfolgte der Genozid in kurzer Zeit. Dies waren die Regionen, in denen die radikalen Hutus am besten organisiert waren und die größte Zahl ihrer Anhänger hatten, die schnell zuschlugen.

Die Eskalation in Ruanda wurde möglich durch das Zusammenspiel von kaltblütiger Organisation und Implementierung eines Massenmords, der Selbstorganisation radikalisierter Gewalttäter sowie einer sich selbst verstärkenden Gewalttätigkeit.

Wir dürfen jedoch nicht aus dem Auge verlieren, dass der überwiegende Teil der ruandischen Bevölkerung nicht aktiv am Morden beteiligt war. Ein Großteil der Hutu sah fassungslos zu, versuchte, sich selbst zu retten und hatte mit dem Vorrücken der RPF Angst vor der Rache der RPF. Zudem gibt es immer wieder Berichte von Hutu, die Verfolgte verbargen oder ihnen zur Flucht verholfen haben.

Eine Besonderheit des ruandischen Konflikts muss zum Abschluss nochmals herausgehoben werden. Mit der RPF befand sich eine der Konfliktparteien im Grunde außerhalb des Landes. An ihrer Stelle wurden Tutsi und Hutu-Oppositionelle angegriffen, die sich ebenso von der RPF bedroht sahen. Sie wurden von den Hutu-Extremisten einseitig der RPF zugeordnet. Da sie sich selbst nicht als Kollaborateure der RPF sahen, folgten sie nicht der Dichotomisierung der Identitäten und blieben weitgehend unorganisiert, was sie zu besonders leichten Opfern machte.

Folgerungen

Die Analyse des ruandischen Genozids legt nahe, im Falle von Konflikten des Typs „Zerstörung", die sich durch extreme Gewalttätigkeit und relativ geringe soziale Einbettung auszeichnen, die sozialwissenschaftliche Analyse gewaltsamer Konflikte vom Akt der Gewaltausübung und den Mechanismen der Konfliktregulierung auf die Eskalation des Konflikts zu lenken. „Zerstörung" als Extremfall gewalttätiger Konflikte entsteht nicht plötzlich, sondern bedarf einer umfangreichen gesellschaftlichen Mobilisierung, die ideologisch abgestützt werden muss.

---

8   Die Zahl der Täter bleibt ungeklärt. Die höchsten Schätzungen reichen bis zu 40 oder 60 % der Hutu-Bevölkerung (!) (Chalk 1996: 17; Scherrer 1997: 102), ohne jedoch Grundlagen für diese Zahlen zu nennen. Immerhin wurden nach dem Genozid etwa 120.000 Personen verhaftet und beschuldigt. Sicherlich waren darunter auch viele Unschuldige, andererseits flohen viele der Täter vor der RPF.

Ein möglicher Ausgangspunkt für die Eskalation der Gewalt ist die hier beschriebene „gewalttätige gesellschaftliche Situation". In der gewalttätigen gesellschaftlichen Situation sind Kontrollen der Gewaltausübung entwertet und geschwächt, und die Anwendung der Gewalt entledigt sich zunehmend der Regeln, wie sie für Konflikte des Typs „Kampf" kennzeichnend sind. Nur in den wenigsten Fällen führt der Eskalationsprozess zum Genozid, weitaus häufiger sind unterschiedlich gewalttätige, jedoch potenziell unterregulierte Bürgerkriege die Folge.

Die bisherige Darstellung führt uns zu einer grundsätzlichen Überlegung, die zeigt, dass auch (oder gerade) extreme Gewaltausübung vom Typ „Zerstörung" der Planung und des zielgerichteten Handelns bedarf, deren Wirkung durch breite Mobilisierungsprozesse verstärkt werden können. Der Genozid in Ruanda wurde möglich, gerade weil wichtige staatliche und gesellschaftliche Strukturen weiterhin wirksam waren und politische Freiheiten sowie Möglichkeiten zur Selbstorganisation existierten.

- Die staatliche Verwaltung sorgte für eine flächendeckende „Implementation" des Genozids.
- Die gesellschaftliche Selbstorganisation der Gewalttäter war ein Faktor, der zum extremen Ausmaß des Genozids und der extremen Geschwindigkeit der Welle des Mordens entscheidend beitrug. Die Rolle der Milizen als Täter beleuchtet die dunkle Seite gesellschaftlicher Selbstorganisation und politischer Basisbewegungen.
- Die Presse- und Meinungsfreiheit eröffnete im Vorfeld des Genozids den Raum für eine extrem angeheizte unfaire und brutalisierende politische Debatte.

Die Analyse des ruandischen Konflikts stellt die Umsetzbarkeit heute gängiger Forderungen in der Konfliktprävention und Entwicklungspolitik in Frage. Gerade im Blick auf den ruandischen Genozid wird deutlich, dass die heute gängigen Forderungen nach dem Raum für Selbstorganisation und Bürgerrechte, insbesondere nach Presse- und Organisationsfreiheit als wichtige Bestandteile politischer Reformen, die gesellschaftliche Entwicklung voranbringen sollen, für sich genommen ebenso ambivalent sind wie Forderungen nach einem handlungsfähigem Staat. In Ruanda wurden Presse- und Organisationsfreiheit genutzt, um die politische Auseinandersetzung in jeder Hinsicht zu verschärfen und Gewalt ideologisch und organisatorisch (durch die Parteijungendorganisationen und Milizen) vorzubereiten.

Formale Freiheiten sowie ein potenziell handlungsfähiger Staat bieten nur den Rahmen für gesellschaftliches und politisches Handeln, der in sehr unterschiedlicher Weise ausgefüllt werden kann. Wie dieser Rahmen genutzt wird, ist eng mit der politischen Kultur, Werten und Regeln des Umgangs innerhalb einer Gesellschaft verknüpft. Die Analyse von gesellschaftlichen und politischen Umgestaltungsprozessen, die sich hinter den Formeln „Zivilgesellschaft" und „Garantie von Bürgerrechten" verbergen, muss sich auch mit Inhalten gesellschaftlicher Debatten, Wertorientierungen und Haltungen befassen. Dabei ist es nicht die Frage, welche Werthaltungen und Einstellungen artikuliert werden, sondern welche Haltungen die Meinungsführerschaft erringen und die politische Debatte und Auseinandersetzung bestimmen (vgl. Neubert 1999). Die Hoffnung, dass „die Zivilgesellschaft" die Bürgerrechte schützen könne, die den Raum zu gesellschaftlicher Selbstorganisation erst eröffnen, trügt. Überzeugte Gegner von Bürgerrechten und -freiheiten können diese durchaus nutzen, um die Meinungsführerschaft und die politische Macht zu erringen. Nur die Gruppen, die sich zu den Bürgerrechten bekennen und diese mit der Haltung der „Zivilität" (Shils 1991) verbinden, die auch die Bereitschaft zur nicht gewalttätigen Konfliktlösung beinhaltet, können als Verfechter der Freiheiten angesehen werden. In Ruanda waren diese eindeutig in der Minderheit. Bürgerrechte haben erst im Zusammenwirken mit deren Verankerung in der Bevölkerung sowie mit einem rechtsstaatlich kontrollierten Gewaltmonopol eine Chance auf eine längerfristige Sicherung.

Literatur

African Rights (1995): *Rwanda. Death, Despair and Defiance* (revised edition), London: African Rights.

Behrend, Heike/Meillassoux, Claude (1994): „Krieg in Ruanda. Der Diskurs über Ethnizität und die Explosion des Hasses", in: *Lettre International* 3, S. 12-15.

Brandstetter, Anna-Maria (2001): „Die Rhetorik der Reinheit, Gewalt und Gemeinschaft: Bürgerkrieg und Genozid in Rwanda", in: *Sociologus* 51 (1/2), S. 148-184.

Chalk, Frank (1996): „Ein Verbrechen des Gehorsams. Der Genozid von 1994", in: *Der Überblick* 32 (1), S. 14-17.

Chrétien, Jean-Pierre et al. (2002): *Rwanda: Les Médias du Génocide*, Paris: Karthala.

Das, Veena (1998): „Official Narratives, Rumour, and the Social Production of Hate", in: *Social Identities* 4 (1), S. 109-130.

DesForges, Alison et al. (1999): *„Leave None to Tell the Story". Genocide in Rwanda*, New York, Washington, London, Brussels, Paris: Human Rights Watch.

Dießenbacher, Hartmut (1995): „Warum Völkermord in Ruanda? Wie Bevölkerungswachstum und knappes Land die Massaker und den Bürgerkrieg begünstigt haben", in: *Leviathan* 23, S. 165-196.

Elwert, Georg/Feuchtwang, Stephan/Neubert, Dieter (1999) (Hg.): *Dynamics of Violence – Processes of Escalation and De-escalation in Violent Group Conflicts*, Berlin: Duncker & Humblot.

Elwert, Georg (2001): „The Command State in Africa. State Deficiency, Clientelism and Power-locked Economies", in: Steffen Wippel/Inse Cornelssen (Hg.), *Entwicklungspolitische Perspektiven im Kontext wachsender*

Komplexität, Festschrift für Prof. Dr. Dieter Weiss, München, Bonn, London: Weltforum Verlag, S. 419-452.

Elwert, Georg, in diesem Band.

Marx, Jörg (1997): *Völkermord in Rwanda. Zur Genealogie einer unheilvollen Kulturwirkung. Eine diskurstheoretische Untersuchung*, Hamburg: Lit-Verlag.

Molt, Peter (1992): *Die politische Lage Ruandas zu Beginn des Jahres 1992* (unveröffentlichtes Manuskript), Mainz.

Neubert, Dieter (1999): „Gemeinschaften, Gerechtigkeit und Demokratie in Afrika. Zur Bedeutung der Moralökonomie in der Kommunitarismusdebatte", in: Reinhart Kößler/Dieter Neubert/Achim v. Oppen (Hg.), *Gemeinschaften in einer entgrenzten Welt*, Berlin: Das Arabische Buch, S. 113-134.

Prunier, Gérard (1995): *The Rwanda Crisis 1959-1994. History of a Genocide*, London: Hurst.

Scherrer, Christian P. (1997): *Ethnisierung und Völkermord in Zentralafrika. Genozid in Rwanda, Bürgerkrieg in Burundi und die Rolle der Weltgemeinschaft*, Frankfurt, New York: Campus.

Shils, Edward (1991): „The Virtue of Civil Society", in: *Government and Opposition* 26 (1), S. 3-20.

Spittler, Gerd (1978): *Herrschaft über Bauern. Die Ausbreitung staatlicher Herrschaft und einer islamisch-urbanen Kultur in Gobir*, Frankfurt, New York: Campus.

Spittler, Gerd (1980): „Konfliktaustragung in akephalen Gesellschaften", in: *Jahrbuch für Rechtssoziologie und Rechtstheorie* 6, S. 142-164.

Taylor, Christopher Charles (1999): *Sacrifice as Terror. The Rwandan Genocide of 1994*, Oxford: Berg.

Wagner, Michele D. (1998): „All the Bourgmestre's Men: Making Sense of Genocide in Rwanda", in: *Africa Today* 45 (1), S. 25-36.

Wagner, Michele D. (1999): „'Culture of impunity': Discretionary Justice in Rwanda's history", in: *Revue Francaise d'Histoire d'Outre-mer* 324/325, S. 99-123.

GEWALT UND SOZIALE REPRODUKTION: EIN VERGLEICH DER KOLLEKTIVIERUNGSPRAXIS IN ZWEI DÖRFERN

Tatjana Thelen

In diesem Beitrag werden einige der von Elwert einleitend eingeführten Elemente sozialanthropologischer Konflikttheorie anhand eines konkreten Konfliktverlaufs illustriert. In der Anwendung auf konkrete Fallbeispiele zeigen sich einerseits die Schwierigkeiten in der Übertragung scheinbar klarer Kategorien auf komplexe Konfliktsituationen, andererseits wird aber auch deutlich, dass sich die Konzepte als hilfreiche Analyseinstrumente erweisen können. Die Darstellung konzentriert sich anhand von Archivmaterialien und Interviews aus der postsozialistischen Zeit im Wesentlichen auf den Vergleich des Verlaufs der Kollektivierung in zwei Dörfern (1949 – 1962). Es handelt sich also um einen vermeintlich gleichen oder doch zumindest sehr ähnlichen Konflikt, der jedoch lokal unterschiedliche Ausprägungen annahm. Dies betrifft insbesondere die Dauer und Form des Einsatzes von Gewalt bzw. den partiellen Verlust der sozialen Einbettung derselben. Wie Elwert eingangs darstellt, ist der Einsatz von Gewalt in Konflikten nicht unbedingt als typisch anzusehen, sondern bedarf vielmehr bestimmter Vorraussetzungen. Gewaltvolle „Eruptionen" sind selten spontan, vielmehr meist von langer Hand vorbereitet und bedürfen der Abwertung des inhärenten Risikos in der Wahrnehmung der Akteure. Trotz der „Zweckrationalität von Gewalt" (Elwert 2002: 342) sind solche Prozesse schwer steuerbar und ihre Ergebnisse unvorhersehbar (vgl. Elwert, in diesem Band). In Bezug auf die Kollektivierung führte dies einerseits zum wechselnden Kurs der sozialistischen Regierungen (vgl. Hann, in diesem Band), andererseits aber auch zu den lokal unterschiedlichen Konfliktverläufen. Die Bedeutung einer Analyse eines solchen Konfliktverlaufs zeigt sich in den vorliegenden Fällen u.a. an dem Einfluss, den dieser auf den langfristigen „Erfolg" der jeweiligen Akteure oder, anders ausgedrückt, auf die beharrenden Kräfte der alten Sozialstruktur hatte. Der Vergleich verweist dabei auch auf die Bedeutung der ethnologischen Mikroperspektive, ohne die diese Unterschiede nicht erkennbar wären.

Die Kollektivierung: Motivlage und Art des Konflikts

In dem einführenden Beitrag unterscheidet Elwert verschiedene Motivlagen sowie nach Art des Konflikts in Norm- bzw. Akteurskonflikte. In dem hier zu behandelnden Konflikt dürften die Motive, wie so häufig, in einer Gemengelage bestehen. Einerseits handelte es sich um einen Konflikt um Macht: eine soziale Gruppe wollte die Macht auf Kosten der bisher herrschenden Gruppe übernehmen. Gleichzeitig ging damit ein Transfer von Verfügungsgewalt über Güter einher. Zwar eigneten sich die neuen Machthaber die Güter nicht selber an, sie überführten sie aber in Staatseigentum und befanden dann über deren Redistribution.

Ein normativer Konflikt liegt demnach vor, wenn eine Person oder eine Gruppe von Personen, indem sie die Rechte andere Personen oder Gruppen verletzt, mit der Norm zusammenstößt. Nach dieser Definition lässt sich die Kollektivierung der Landwirtschaft als normativer Konflikt beschreiben, in dem die Gruppe der Sozialisten die Rechte der früheren Bodeneigentümer verletzte. Andererseits kann derselbe Konflikt auch als Akteurskonflikt beschrieben werden. In einem Akteurskonflikt versuchen sich die Akteure, Elwert zufolge, auf einem normativ begrenzten Handlungsfeld gegenseitig zu schaden. In diesem Fall wäre das Verteilungsmuster der Ressource Land der potenzielle Interessengegensatz verschiedener sozialer Gruppen, der in einem offenen Konflikt endete.[1] Letztlich setzt m. E. ein Akteurskonflikt immer zumindest auch die Interpretation einer Normverletzung durch die Gegenseite heraus.

Wichtig erscheint in diesem Zusammenhang für den Konfliktverlauf zusätzlich einerseits die relative Anzahl derer, die von einer Beschneidung ihrer Rechte betroffen sind sowie welcher Art die beschnittenen Rechte sind. Bezüglich der Kollektivierung der Landwirtschaft lässt sich behaupten, dass sie sich deshalb als so langwierig erwies, weil erstens ein quantitativ erheblich größerer Teil der Bevölkerung vom Verlust von Eigentumsrechte betroffen war als bei den Enteignungen industrieller Produktionsmittel. Zweitens gehörte das Privateigentum an Boden als zentrales Element der bäuerlichen Reproduktion zu dem „besonders geschützten zentralen Verfahrensbestand" (Elwert 1999: 1143) und seine Abschaffung musste daher auf Widerstand stoßen. Das Ziel einer langfristigen Änderung der Sozialstruktur der ländlichen Gesellschaft konnte daher nur als Prozess in verschiedenen Phasen erreicht werden. In diesen Phasen übten die sozialistischen Regierungen mit unterschiedlichen Methoden unterschiedlich stark Druck aus, um die Interpretation bestehender sozialer Unterschiede als Klassengegensätze durchzusetzen, besitzende Bauern zu entmachten und vormals ärmere Schichten langfristig in diese Machtstellungen zu positionieren. Die Auswirkungen dieser nationalen Vorgaben auf den lokalen Verlauf des Konflikts konnten recht unterschiedlich sein, wie der folgende Vergleich zeigen wird. Obwohl sich der Vergleich auf das Jahrzehnt der Kollektivierung bezieht, war der Interessenskonflikt hinsichtlich der Verfügungs- und Gestaltungsmacht in der ländlichen Gesellschaft schon länger angelegt. Mit der Machtübernahme der sozialistischen Regierungen nach

---

1 An andere Stelle setzt Elwert (2002: 354, 360) den Akteurskonflikt mit einem offenen Konflikt gleich.

dem 2. Weltkrieg trat der Konflikt lediglich in eine neue Phase. Daher müssen zunächst einige Vorbemerkungen zur Ausgangssituation gemacht werden.

Ausgangsbedingungen für die Kollektivierung in den Untersuchungsorten

Die für den Vergleich ausgewählten Orte ähneln sich in einigen für den Konflikt wichtigen Voraussetzungen. So sind die ökologischen Bedingungen aufgrund der geographischen Lage in der sog. Großen (ungarischen) Tiefebene für die landwirtschaftliche Produktion ähnlich. Auch sind beide Dörfer relativ „jung", d.h. sie entstanden im Laufe des 19. Jahrhunderts. Zudem waren in beiden Fällen die Siedler zum weitaus größten Teil ungarisch-sprachig und römisch-katholisch (siehe Tabelle 1 und 2). Diese Bevölkerungszusammensetzung hat sich im Wesentlichen bis in die heutige Zeit erhalten,[2] so dass Unterschiede im Konfliktverlauf nicht durch historisch bedingte Unterschiede der ethnischen oder religiösen Zugehörigkeit erklärbar sind.

	Ungarn	Deutsche	Zigeuner[3] (Roma)	andere
Mesterszállás	1.648	1	-	11
Kisiratos	2.340	6	18	9

Tabelle 1: Ethnische Zugehörigkeit 1900.[4]

	Röm.-kath.	Griech.-kath.	evangelisch	calvinistisch	jüdisch
Mesterszállás	1.591	-	53	13	3
Kisiratos	2.183	35	54	28	73

Tabelle 2: Religiöse Zugehörigkeit 1900.[5]

Ein nicht unerheblicher Unterschied, der möglicherweise auch eine der Ursachen für den später unterschiedlichen Konfliktverlauf darstellt, bestand in der Art der Besiedlung. Mesterszállás entstand als Streusiedlung, während Kisira-

---

2 Die heutigen 859 Einwohner von Mesterszállás bezeichnen sich fast einheitlich als ungarisch (einzige Ausnahme ist eine Eigenzuschreibung als deutsch) und überwiegend römisch-katholisch. Die Angaben der Volkszählung von 1994 geben für Kisiratos folgende Zusammensetzung an ethnischen Selbstzuschreibungen an: Ungarn (1.781), Rumänen (58), Zigeuner (10) und ebenfalls ein deutscher Einwohner, zur Religionszugehörigkeit: römisch-katholisch (1.774), orthodox (51), reformiert (12), griechisch-katholisch (1), evangelisch (2), andere (1).

3 Bezeichnung nach Angaben der Volkszählung.

4 A Magyar Korona Oszágainak 1900 évi népszámlalása, S. 302-303.

5 Ebd.: 382-383.

tos als geplantes Dorf in Schachbrettanordnung entstand. Die Entwicklung zum Privateigentum an Boden sowie der damit verbundene potentielle Konflikt um die Verteilung desselben verliefen aber in beiden Siedlungen recht ähnlich. Beginnend mit der Emanzipation der Leibeigenen ab 1848 ging der Boden in Mesterszállás und Kisiratos in erbliches Privateigentum der Bauern über.[6] In der Folge wuchs die Bevölkerung rasch an (siehe Tabelle 3) und in Abwesenheit eines Großgrundbesitzes entwickelte sich kleiner bis mittlerer Bodenbesitz zum dominanten Muster in beiden Dörfern. Mit dieser Entwicklung ging auch ein Problem der relativen Landknappheit einher.[7]

	1870/ 1828	1880	1890	1900	1910	1930	1941
Mesterszállás	183	957	1.528	1.660	1.741	1.620	1.719
Kisiratos	125	1.870	2.174	2.372	2.210	2.452	2.451

Tabelle 3: Bevölkerungsentwicklung in Mesterszállás und Kisiratos.[8]

Seit Ungarn nach dem 1. Weltkrieg Transsylvanien an Rumänien abtreten musste, zählt die Bevölkerung von Kisiratos (abgesehen von einer kurzen Phase während des 2. Weltkriegs, als das Dorf noch einmal zum ungarischen Staatsgebiet gehörte) zu der nationalen Minderheit der Ungarn in Rumänien. Auch dieser Umstand mag die folgende Entwicklung beeinflusst haben, allerdings ist die Stoßrichtung dieses Einflusses unklar (siehe unten). Die Dorf- und Landwirtschaftsentwicklung während der nächsten Jahrzehnte verlief aber noch ähnlich. Ungarn wie Rumänien zeichneten sich durch weit verbreitete ländliche Armut aus, die im Hinblick auf die Entwicklung der Sowjetunion eine soziale Revolution in den Augen damaliger Politiker wahrscheinlicher werden ließ. Es kam daher in der Zwischenkriegszeit in beiden Ländern verschiedentlich zu Bodenreformen, die jedoch keine nachhaltigen Veränderungen bewirkten. Entscheidend trug dazu bei, dass die Verfahren (Parlamentsentscheidungen, konkrete Landverteilungen) in vielen Fällen über Jahre in der Schwebe blieben, d.h. kaum zu handlungsrelevanten Ergebnissen führte (vgl. Elwert, in diesem Band). Dadurch verloren diese Verfahren und die beteiligten Institutionen für bestimmte soziale Gruppen an Legitimität. Auch in den hier vorgestellten Siedlungen blieben die Effekte der Reformen der 1920er Jahren marginal, was z.T. auch daran lag, dass hier kein Großgrundbesitz zu verteilen war. Die radikalere Bodenreform nach 1945 stieß daher bei weiten

---

6 Dieser Prozess begann mit der Abschaffung der Leibeigenschaft, die vollständige Durchsetzung dauerte aber über mehrere Jahrzehnte an. Für einen Überblick zum Prozess und einige der immanenten Probleme siehe Für (1965).

7 Für eine ausführlichere Darstellung der vorsozialistischen Geschichte beider Dörfer sie Thelen (2003a).

8 Országos Levéltár Budapest, Dep. Regnicolaris, 1828-as összeírás sowie Volkszählungen in Ungarn (KSH) 1881, 1897, 1900, 1980 und Rumänien (ICS) von 1938, 1944.

Teilen der ländlichen Bevölkerung auf Zustimmung, sie führte aber auch zu vielen kleinen nicht-lebensfähigen Betrieben.[9] Auch in den beiden Untersuchungsdörfern erhielten in der Nachkriegsreform jeweils größere Kreise der Bevölkerung Boden. Mit der dann einsetzenden Kollektivierung sollte erstmals ein völlig anderes Produktionsmodell eingeführt und die bestehende Sozialstruktur der ländlichen Regionen langfristig geändert werden.

Unterschiede im Konfliktverlauf während der Kollektivierung

Die für die geplante grundlegende Umwälzung der sozialen Beziehungen notwendige Unterstützung war für die neuen sozialistischen Regierungen schwer zu erreichen, denn nicht nur sollte eine neue Gruppe die Macht übernehmen, sondern es sollte auch eine neue normative Ordnung eingeführt werden. Bis dahin basierte das bäuerliche Wertesystem der ungarischen Tiefebene in weiten Teilen auf einem Ideal von Eigentum an Boden, und individueller Landbesitz bestimmte die gesellschaftliche Stellung. Größerer Bodenbesitz war nicht nur das weithin angestrebte Ziel der ländlichen Bevölkerung, sondern wurde auch als Ausdruck persönlicher Fähigkeiten betrachtet.[10] Um dieses von den verschiedenen sozialen Gruppen geteilte Wertesystem zu verändern, mussten zunächst in den Worten Elwerts „die Reproduktion von Gleichheit" gebrochen und „Widersprüche konstruiert werden." Die Durchsetzung der Interpretation sozialer Gegensätze als Interessen- und Klassengegensätze begann mit der Stigmatisierung einer Gruppe von Landbesitzern als „Feinde" innerhalb der dörflichen Gesellschaft. Die Exklusion von Teilen der Dorfbevölkerung sollte die Abschaffung alter Rechtsvorstellungen und die Einführung neuer Produktions- und Machtverhältnisse erleichtern. Obwohl sich diese Voraussetzungen in Ungarn und Rumänien ähnelten, war die lokale Durchführung bzw. Reaktion unterschiedlich.

---

9 Während der Nachkriegsreform wurden in Ungarn ca. 30 % der landwirtschaftlichen Fläche an 642.000 Menschen verteilt, oft weniger als 0,5 ha (Laczka 1996; vgl. auch Donáth 1980). In Mesterszállás erhielten insgesamt 101 Familien Boden. Der Anteil der Bauern mit einem Bodeneigentum unter 3 ha wuchs (KSH 1941, 1949; Horváth/Csabai 1969: 15). In Rumänien wurde mehr als 1 Million Hektar an 918.000 Bauern verteilt, im Durchschnitt 1,3 ha (Montias 1967: 89; Ionescu 1964: 111). Es ist der Autorin nicht bekannt, wie viele Einwohner von Kisiratos Boden erhielten, aber man erinnert sich im Dorf noch an die Verteilung von Grundstücken zum Hausbau. Einen Überblick zu Besitzverteilung in Ungarn und Rumänien, der Landwirtschaftpolitik der Zwischenkriegszeit sowie den verschiedenen Landreformen vor 1945 siehe z.B. Berend (1985), mit Bezug zu den Untersuchungsorten auch Thelen (2003a).

10 Für eine Beschreibung der bäuerlichen Gesellschaft der ungarischen Tiefebene und zum Ideal des „richtigen" Bauern siehe Fél/Hofer (1969 und 1972).

Konstruktion von Gegensätzen

Die Konstruktion von Interessengegensätzen innerhalb der bäuerlichen Gesellschaft begann mit der Einführung der pejorativen Bezeichnung „Kulak"[11] für Bauern mit einem Bodeneigentum von über 15 ha.[12] 15 ha war die Grenze, ab der man annahm, ein Betrieb sei nicht mehr ohne außerfamiliäre Hilfe zu bewirtschaften und daher ausbeuterisch. Die Kategorisierung wurde zunächst durch eine Erfassung solcher Bauern auf so genannten Kulakenlisten durchgesetzt. Diese Konstruktion äußerer Gegensätze ließ die anderen Gruppen, in diesem Fall Klein- und Mittelbauern in den Worten Elwerts gleichförmiger erscheinen.

1949 umfasste die Kulakenliste in Mesterszállás (Ungarn) 99 Personen.[13] Für alle war ein Grundbesitz von mindestens 15 ha angegeben, nur im Fall von zwei Pächtern wurde die Bewirtschaftungsfläche herangezogen. So willkürlich die Grenzziehung von 15 ha angesichts unterschiedlicher Bodenqualität auch sein mag, sie wurde in Mesterszállás konsistent angewandt, d.h. die Betroffenen wussten, warum sie auf dieser Liste standen. Im Gegensatz dazu folgte die Klassifizierung in Kisiratos keinem entsprechenden Muster. Das Agrarregister (*Registru Agricol Comunal*) von 1951-1955 führt insgesamt 112 Personen in Kisiratos als „Kulaken". Die angegebenen Besitzgrößen für diese Kategorie schwanken zwischen 0,1 und 37 ha. Insgesamt entsprechen zwar die durchschnittlichen Hektarzahlen den Erwartungen (die Kleinbauern besaßen im Durchschnitt 1,2 ha, die Mittelbauern 4,45 ha und die so genannten Kulaken 9,3 ha), aber im Hinblick auf die höchsten bzw. niedrigsten Angaben zu Grundbesitz erscheint die Kategorisierung arbiträr. Nur die Angaben zu den Kleinbauern liegen relativ stabil zwischen 0,14 ha als niedrigstem Wert und 2,9 ha als höchstem Wert. Bei den als „Mittelbauern" und „Kulaken" qualifizierten Personen schwankten die Hektarzahlen dagegen beträchtlich. Die niedrigste Hektarzahl von allen ist für einen so genannten Kulaken angegeben. Ein System in der Qualifizierung der sozialen Gruppen nach Besitzgröße lässt sich nicht erkennen (siehe Tabelle 4).

„Soziakategorie"	„arm"	„mittel"	„Kulak"
Bodeneigentum	0,14 – 2,9 ha	0,14 – 11,3 ha	0,10 – 37,00 ha

Tabelle 4: Überblick über Bodeneigentum und „Sozialkategorien"[14]
nach Angaben des Agrarregisters von Kisiratos (Rumänien).

---

11 In Ungarn übernahm man den Begriff aus dem Russischen, während in Rumänien das Äquivalent *chiabur* war. Im Folgenden wird der Einfachheit halber der Begriff Kulak verwendet.

12 In Ungarn wurden zu diesem Zeitpunkt Flächen in der alten Einheit *hold* berechnet, und die Grenze wurde bei 25 *hold* (ca. 14,5 ha) angelegt.

13 Die Liste ist einzusehen im Bezirksarchiv unter Megyei Tanács VB. Pénzügyi Osztaly. Szám nelküli iratai 1950-53.

14 Benennung nach der Bezeichnung im Agrarregister (*Categoria socială*).

Insgesamt 21 der 112 als „Kulaken" geführten Personen verfügten nur über einen Grundbesitz von weniger als 5 ha. Weitere 51 unter ihnen besaßen eine Fläche zwischen 5 und 10 ha, d. h. sie wären entsprechend der damaligen Kategorien als Mittelbauern anzusehen gewesen. Auch die in dem Register befindlichen Angaben zu Maschinenbesitz und angebauten Kulturen (Obstbäumen etc.) machen die Kategorisierung nicht einleuchtender. Insgesamt scheinen die Kategorisierung als „Kulak" und die damit verbundenen Benachteiligungen in Kisiratos (Rumänien) willkürlicher als in Mesterszállás (Ungarn) gewesen zu sein.

Verminderte Risikowahrnehmung und Anwendung von Gewalt

Neben der Ausgrenzung durch Kategorisierung als „Kulak" wurden weitere Maßnahmen eingeführt, die zu einer Abnahme des wirtschaftlichen Erfolgs und damit zu einer Minderung der sozialen Stellung der Großbauern führen sollten. So unterlagen sie progressiven Abgaben, hatten mit Durchsuchungen, willkürlichen Pflanzanweisungen und bei Nicht-Erfüllung mit hohen Strafen bis hin zur Internierung zu rechnen. Zusätzlich sollten die in den Medien zur selben Zeit verbreiteten Nachrichten über „Sabotageakte" der „Kulaken" negative Emotionen wecken. Im Zusammenhang mit den genannten sonstigen Maßnahmen ermöglichten solche Nachrichten, dass sich das Risiko der Gewaltanwendung gegen „reiche" Bauern in der Wahrnehmung der anderen sozialen Gruppen verminderte. Wie Elwert (2002: 354) darstellt, hat Propaganda „die Aufgabe, die Wahrnehmung der Risiken zu reduzieren, moralische Vorbehalte herunterzuspielen und die gesellschaftlichen Inhibitoren in ihrer Relevanz herunterzustufen." Wenn Gewaltakte ermutigt oder von den Autoritäten zumindest stillschweigend hingenommen werden, steigt die Bereitschaft, diese zu begehen entsprechend (Kelman 1973: 39).[15] Zudem reduziert Gewalt in Form von, als spontan dargestellten, Ausbrüchen des „Volkszorns" den Legitimationsbedarf (Elwert 2002: 339). Der Erfolg dieser Propaganda, d.h. die Inszenierung spontanen „Klassenkampfes" und das Ausmaß willkürlicher Gewaltanwendung waren jedoch in den beiden untersuchten Siedlungen recht unterschiedlich.

Im rumänischen Kisiratos berichteten Dorfbewohner über lokale Aufmärsche von Befürwortern des neuen Systems, die die Parole: „Nieder mit den Kulaken!" auf den Straßen skandierten. Auch sei den „Kulaken" der Zutritt zur örtlichen Gaststätte verwehrt worden. Solche öffentlichkeitswirksamen Aktionen und Ausgrenzungen wurden in Mesterszállás nicht berichtet. Hier hatte möglicherweise die Siedlungsform Einfluss, da in der kompakten Siedlungsform die sozialen Unterschiede im Alltag von Kisiratos allgegenwärtiger und die Einzelgehöfte von Mesterszállás, trotz des zu dieser Zeit schon vorhandenen Dorfkerns, für solche Aktionsformen wenig geeignet waren.

---

15 Ähnlich Orywal (1996: 39).

Zusätzlich unterscheiden sich auch die Berichte hinsichtlich des Ausmaßes gewalttätiger Übergriffe. In Mesterszállás (Ungarn) schilderte man Demütigungen und auch Schläge im Bürgermeisteramt, aber niemand erwähnte Maßnahmen, wie sie z.b. die Tochter eines enteigneten Bauern in Kisiratos (Rumänien) berichtete. Sie erzählte, ihrem Vater sei ein Fingernagel gezogen worden, weil er (wie sie sagte) kein „Papier mit Lügen unterschreiben wollte". Dann kam er für drei Jahre ins Gefängnis. Nach seiner Rückkehr blieben er und seine Familie weiterhin unter Druck, und kurz darauf beging er Selbstmord. Ebenso brachten sich zwei weitere der fünf Bauern um, die als erste enteignet worden waren. Das Fehlen solcher Verzweiflungstaten in Mesterszállás kann als weiterer Hinweis auf den unterschiedlichen Grad örtlich angewandter Gewalt interpretiert werden.

Während sich das Ausmaß erfahrener Gewalt letztlich schlecht vergleichen lässt, gibt es in den Erinnerungen auch Hinweise darauf, dass der Einsatz der Gewalt in Mesterszállás (Ungarn) mehr als in Kisiratos (Rumänien) durch lokale Normen begrenzt wurde. Dies zeigt sich vor allem daran, dass Frauen in Mesterszállás von Misshandlungen in der Öffentlichkeit sowie auf dem örtlichen Amt ausgenommen wurden. Mehrere ältere Frauen berichteten, wie sie während der ersten Phase der Kollektivierung die Aufgabe übernahmen, ihren Vater oder Bruder auf dem örtlichen Amt zu vertreten. Sie taten dies, um jene vor körperlichen Angriffen zu schützen und weil sie selbst nicht derartig behelligt wurden. In den Worten Elwerts (2002: 343) wurde die Gewalt also noch durch die zu erwartende moralische Missbilligung einer solchen Grenzüberschreitung kanalisiert. Solche Grenzen wurden in Kisiratos (Rumänien) nicht eingehalten und die Gewaltanwendung verlor damit Teile ihrer sozialen Einbettung. Man berichtete dort, dass die Frauen von „Kulaken" an ihren langen, gewöhnlich hochgesteckten Haaren gezogen worden seien, so dass sich der Haarknoten löste und sie dann in die Polizeistation geschleift worden seien. Die öffentliche Missbilligung konnte ein solches „Überborden der Flusses" (Elwert 2002: 343), das letztlich dazu beitrug, die vorherige soziale Stellung der wohlhabenderen Bauern nachhaltig zu zerstören, nicht verhindern.

Als weitere begrenzende Faktoren im Konflikt über die Verfügungsgewalt über Boden scheinen in Mesterszállás (Ungarn) geteilte Rechtsvorstellungen und überlokale Institutionen des Rechts gewirkt zu haben. Es gibt in den lokalen Erinnerungen und Materialien Hinweise darauf, dass die Berufung auf geschriebenes Recht auch in der frühen Phase der Kollektivierung möglich war, und dass das örtliche Rechtsverständnis seine Gültigkeit nicht völlig verlor. So erzählte die Tochter eines enteigneten Großbauern in Mesterszállás, dass die Genossenschaft „Pionier" versuchte, das Stallgebäude der Familie abzubauen, das aber offiziell nicht enteignet war. Nachdem sie sich in der Bezirkshauptstadt bestätigen ließ, dass es ihr Eigentum war, richtete die Genossenschaft es wieder her. Interessant ist in diesem Zusammenhang ihre Antwort auf die Nachfrage, warum die Genossenschaft das tat: „Warum? Weil sie Angst hatten, weil sie wussten, dass sie kein Recht dazu hatten. Der Stall gehörte uns." Aus ihrem Erstaunen über die Frage sowie ihrer Antwort lässt sich schließen, dass sich das Handeln der neuen Elite (die ehemals landproletarische Führung der „Pionier") durchaus noch auf geteilte Rechtsvorstellungen bezog und Entscheidungen überlokaler Rechtsinstitutionen Handlungsrelevanz hatten. Auch in anderen Fällen konnte der Rückgriff auf Institutionen des Rechtsystems zu Modifikationen in individuellen Situationen führen. So im Fall von András Fazekas aus Mesterszállás, der sich am 30.6.1950 beim Ausführenden Ausschuss des Bezirksrats (*Megyei Tanács Végrehajtóbizottság*) über zu hohe Abgaben beschwerte, da sich der Wert seines Bodens in Folge von Tausch verringert habe. Laut der Akten des Bezirksarchivs zu Steuersachen wurde seiner Beschwerde am 6.8.1950 stattgegeben und seine Abgabenpflicht um 883 kg verringert.

Die beschriebenen Unterschiede in der lokalen Anwendung rechtlicher Vorgaben sowie direkten Zwangs treten in der letzten Phase der Kollektivierung noch deutlicher hervor. Es soll jedoch zunächst auf die parallele Entwicklung des sozialistischen Sektors eingegangen werden. Auch hier wurde die Ausgrenzung der als „Kulaken" bezeichneten Bauern unterschiedlich gehandhabt bzw. boten sich ihnen in unterschiedlichem Ausmaß Möglichkeiten zum Rückzug und zur vorübergehenden Reproduktion ihrer sozialen Stellung.

Mechanismen der Ausgrenzung in der kollektiven Landwirtschaft

Gleichzeitig mit der Ausgrenzung der so genannten Kulaken wurden in Ungarn wie Rumänien verschiedene Formen kollektiver Landwirtschaft eingeführt. Im Prinzip wurden auf enteigneten Besitzungen staatliche Güter gegründet, während Genossenschaften idealer Weise durch freiwilligen Zusammenschluss von Bauern entstanden. Während die ersten Genossenschaften noch fast ausschließlich aus früheren Landlosen oder Kleinstbauern bestanden, kamen durch den ausgeübten Druck auch andere soziale Gruppen hinzu. In beiden Ländern gab es anfänglich auch „niedrigere" Formen der Genossenschaften, um diese Form des Wirtschaftens für breitere Kreise der Bauernschaft attraktiv zu machen.[16]

Auch in Mesterszállás (Ungarn) und Kisiratos (Rumänien) gründeten Angehörige armer Familien die ersten Genossenschaften. Die erste, in Mesterszállás 1949 zunächst noch als so genannte Produktionsgruppe (vgl. Hann, in diesem Band) gegründete, Genossenschaft „Pionier" entstand hauptsächlich auf Land, das die Mitglieder durch die Nachkriegsbodenreform erhalten hatten. Im Gegensatz dazu wurde 1950 die erste Genossenschaft „Szabó Árpád"

---

16 In Ungarn wurden ähnlich wie in Ostdeutschland die Genossenschaftstypen I-III eingeführt, während Rumänien im September 1951 die Einführung der landwirtschaftlichen Assoziation (rum. *intovaşarie*, russ. *toz*) nach sowjetischem Vorbild beschloss. Sie funktionierte ähnlich wie die LPG Typ I in Ungarn oder der DDR, indem maschinelle Feldarbeiten gemeinsam koordiniert wurden, während Vieh oder manche Flächen gänzlich in Familienbesitz verbleiben konnten. Der Ertrag bzw. die Auszahlung richtete sich im Allgemeinen nach der eingebrachten Fläche.

in Kisiratos auf dem Boden von fünf enteigneten Bauern gegründet. Diese Gründung entgegen der offiziellen Prinzipien war möglicherweise eine Form der „Selbsthilfe", durch die die ersten Mitglieder versuchten, genug Boden für die Erlaubnis zur Gründung einer Genossenschaft vom Ministerium zu bekommen.[17] Jedenfalls kommentierte der damalige Leiter, ihm habe mal ein Jurist gesagt, dass „die Enteignungen auch unter den gesetzlichen Bedingungen von damals nicht legal waren".[18] Aber man habe „das Land und die Maschinen gebraucht, um die Genossenschaft aufzubauen". Offensichtlich erwartete man zu diesem Zeitpunkt (zu Recht) keine negative staatliche Sanktionierung eines solchen Vorgehens.

In Mesterszállás (Ungarn) folgten der Gründung der ersten Genossenschaft 1952 die Genossenschaft „Frieden" und 1955 die „Rákóczi".[19] Beide werden noch heute als „kulakenfreundlicher" als die erste charakterisiert. Obwohl auch der Präsident der „Frieden" ein armer Bauer gewesen war, befolgte er die offiziellen Anti-Kulaken Vorgaben nicht strikt, und ehemals reichere Bauern erinnern sich heute noch dankbar an ihn. So wurden zum Beispiel zwischen 1952 und 1953 40 ehemalige „Kulaken" aus der zuerst gegründeten „Pionier" ausgeschlossen, dagegen kein einziges Mitglied der „Frieden".[20]

Noch deutlicher waren die Verhältnisse in der „Rákóczi", deren Mitgliedschaft sich fast ausschließlich aus Mittel- und Großbauern zusammensetzte. Im Gegensatz zu den 44 ha, die die 14 Gründungsmitglieder der ersten Genossenschaft „Pionier" einbrachten (im Schnitt 3,1 ha), startete diese Genossenschaft mit 13 Mitgliedern und 137 ha (im Schnitt 10,5 ha).[21] Entsprechend wirtschaftete sie erfolgreicher und konnte höhere Prämien auszahlen. Die unterschiedliche Politik lässt sich zum Teil auch anhand von Einzelfällen verfolgen. So wurde z.B. Mihály Majzik 1952 aus der LPG „Pionier" ausgeschlossen und 1955 in die LPG „Rákóczi" aufgenommen. Der mangelnde Eifer der

---

17 Auch in Rumänien setzte sich die kollektiv bewirtschaftete Fläche der landwirtschaftlichen Genossenschaften idealer Weise aus dem Bodeneigentum der Mitglieder zusammen. Aber auch hier schlossen sich meist nur die armen Bauern freiwillig zusammen, und deren Fläche reichte oft nicht aus, um eine funktionierende Genossenschaft aufzubauen. In solchen Fällen konnte das Landwirtschaftsministerium die Erlaubnis zur Gründung einer Genossenschaft verweigern (Cartwright 2001: 73-74).

18 Während der postsozialistischen Feldforschung konnten die Dorfbewohner nicht sagen, warum ausgerechnet diese fünf enteignet worden waren. Möglicherweise war das Vorgehen der lokalen Wahrnehmung dieser als reichste Bauern geschuldet. Es gab jedenfalls auch weitere Personen mit einem Bodeneigentum von mehr als 15 ha, in einem Fall sogar mehr als 70 ha, die nicht enteignet wurden. Das Vorgehen wirkt auch in dieser Hinsicht willkürlich.

19 Angaben nach: Jász-Nagykun-Szolnok Megyei Levéltár: Rákóczi mg tsz, resp. Béke mg tsz. Rákóczi ist der Name eines ungarischen Nationalhelden.

20 Offiziell war so genannten Kulaken bis 1959 der Eintritt in Genossenschaften verwehrt (Donáth 1980: 235).

21 Angaben nach: Jáz-Nagykun-Szolnok Megyei Levéltár, Tsz iratok Uttörő, vezetési ügyek 1950-1972.

Vorsitzenden der Genossenschaften „Frieden" und „Rákóczi", die offiziellen Ziele der Kollektivierung zu verfolgen, blieb den neuen lokalen Autoritäten nicht verborgen. In der Phase vor dem Aufstand 1956 wurden beide LPGen auf einer Sitzung des „Ausführenden Ausschusses" nach einem Lob an die Adresse der „Pionier" gerügt:

> Die beiden anderen LPGen beschäftigen sich überhaupt nicht mit ihrem Aufschwung. Es sieht so aus, dass es nicht im Interesse der LPG „Frieden" und der LPG „Rákóczi" liegt, dass unsere Siedlung so schnell wie möglich zu 95-100 % die Linie des sozialistischen Sektors erreicht (aus der Rede des Vorsitzenden am 4.4.1956, Übers. d. Verf.).

Die verschiedenen Genossenschaften reflektierten also zum Teil die unterschiedlichen sozialen Gruppen im Dorf. Für die wohlhabenderen Bauern bot sich durch den Zusammenschluss in einer eigenen Genossenschaft eine Möglichkeit, weitgehend unter sich zu bleiben und die sozialen Unterschiede zumindest eine Zeit lang zu reproduzieren. Es zeigt sich auch, dass durchaus nicht alle gesetzlichen Normen lokal umgesetzt wurden, vielmehr griff man selektiv auf solche Normen zurück, die lokal geteilt waren.

Im Gegensatz dazu war die soziale und politische Differenzierung in Kisiratos (Rumänien) weniger offensichtlich entlang von Genossenschaften organisiert, obwohl auch hier der Gründung der ersten Genossenschaft eine so genannte *tóz*, eine Genossenschaft niedrigeren Integrationsgrades folgte.[22]

Laut Agrarregister gehörten zwischen 1953 und 1955 der *tóz* in Kisiratos 138 Personen an, 218 Personen der ersten Genossenschaft vom Kolchosetyp und 151 Personen waren noch als Einzelbauern registriert. Klein-, Mittel- und Großbauern waren jedoch in jeder Form der landwirtschaftlichen Produktion vertreten (siehe Tabelle 5). Es zeigt sich nur eine geringe Tendenz zu einem höheren Anteil an Kleinbauern in der *„Szabó Árpad"* (34 % der Mitgliedschaft), während die *„tóz"* eher ein Sammelbecken für ehemalige Mittelbauern (63 % der Mitgliedschaft) darstellte. Die Großbauern waren hier am wenigsten vertreten (17 % der Mitgliedschaft). Der Ausschluss von Großbauern vor allem aus dieser letzten Form wurde effektiver betrieben als in Mesterszállás. Man scheute sich wohl, sie aufzunehmen, wie ein Sohn eines ehemaligen „Kulaken" berichtete, dessen Vater dort einzutreten versuchte, aber „nach drei Tagen in die Kolchose gezwungen" wurde.

---

22 Die Benennung mit dem russischen Kürzel scheint durchaus üblich gewesen zu sein. Sampson (1984: 152) beschreibt diese Praxis auch für das von ihm untersuchte Dorf.

Wirtschafts-form	Anzahl (gesamt)	Sozialkategorie (absolute Angaben und Prozent der Mitgliedschaft)		
		Kleinbauern	Mittelbauern	„Kulak"
Einzelbauern	151	43 (28 %)	40 (26 %)	47 (31 %)
tóz	138	27 (19 %)	87 (63 %)	23 (17 %)
Szabó Árpad	218	74 (34 %)	75 (34 %)	42 (19 %)
gesamt	507	144	202	112

Tabelle 5: Bauern und Genossenschaftsmitglieder in Kisiratos nach den „Sozialkategorien" des Agrarregisters.

Insgesamt hatten die angewandten Methoden der Ausgrenzung und massiven Drucks nur mangelnden Erfolg. Nach dem Tod Stalins 1953 kam es zunächst in Ungarn und Rumänien, wie in anderen sozialistischen Ländern, zu einer Phase der Erleichterungen für die ländliche Bevölkerung. Dies sollte jedoch nicht lange anhalten, denn als in Ungarn Rákosi erneut ins Amt kam, wurden wieder Maßnahmen für eine schnelle Kollektivierung aufgenommen. Ähnlich wurde auch in Rumänien, das ohnehin weniger als andere sozialistische Staaten von einer Welle der Destalinisierung berührt war, ab 1955 der „weiche Kurs" wieder aufgegeben. Der Aufstand im Oktober 1956 in Budapest leitete eine weitere „Pause" in der Durchsetzung der Kollektivierungsmaßnahmen ein, aber ab 1958 in Ungarn sowie ab 1959 in Rumänien wurde der Druck erneut erhöht und die Vollkollektivierung 1961 (Ungarn) bzw. 1962 (Rumänien) als erreicht erklärt. Für den lokalen Konfliktverlauf stellt sich die Frage, ob und wie die neue sozialistische Elite ihre in der Anfangsphase errungene Machtstellung festigen konnte.

Der Aufstand 1956 in Ungarn und die letzte Welle der Kollektivierung: Gewalt und Stabilisierung persönlicher Macht

Obwohl die meisten Dorfbewohner heute sagen, es sei 1956 in Mesterszállás (Ungarn) ruhig geblieben, hatten die Ereignisse doch Auswirkungen auf der lokalen Ebene. Der örtliche Sitz der Partei im Haus eines enteigneten Großbauern wurde durchwühlt und die Unterlagen zum Teil zerstört. Der Tierarzt, ein auswärtiger Kader wurde von einem der ehemaligen Großbauern mit einer Pistole bedroht.[23] Außerdem wurde ein Revolutionsrat gebildet, dem mehrheitlich ehemals reiche Bauern angehörten, von denen einige auch schon im Nachkriegs-Dorfrat (*nemzeti bizottság*) gewesen waren.[24] Ein früheres Mitglied, Sohn eines so genannten Kulaken erinnert sich:

---

23 Diese Ereignisse wurden sowohl von lokalen Informanten als auch in dem Bericht des Ausführenden Ausschusses vom 18.2.1957 erwähnt.
24 Történet Hivatal: 146/k.v.-150377.384-87. Eine Ausnahme war der katholische Priester, der Mitglied des Revolutionsrates wurde, aber nicht als „Kulake" ein-

Ich war hier zu Hause, am Sonntag riefen sie zu einer großen Versammlung zusammen. Meinen Vater wollten sie in den Revolutionsrat wählen. Er wollte nicht, dann haben sie mich gewählt.

Da der ehemalige Großbauer eine Mitgliedschaft ablehnt, wird sein Sohn gewählt. Das Zitat deutet an, dass zumindest die Versammelten großes Vertrauen in bestimmte Familien, die die vorsozialistische Ordnung repräsentierten, hegten. Zum Vorsitzenden des Revolutionsrates wurde denn auch der Bruder dieses Bauern bzw. der Onkel des zitierten Mitglieds gewählt. Er galt als vormals reichster Bauer des Dorfes und war Mitglied im erwähnten Nachkriegsrat sowie Leiter der Kleinbauernpartei im Ort gewesen. Die ehemalige bäuerliche Elite konnte also zu diesem Zeitpunkt trotz der vorangegangenen Zeit der Verfolgung beinah ungebrochen ihre soziale Stellung im Dorf wieder einnehmen. Nach der Niederschlagung des Aufstands und der Konsolidierung der sozialistischen Regierung musste sie diese Position wieder aufgeben,[25] aber der Aufstand hatte dennoch Folgen. Der frühere sozialistische Ratsvorsitzende hatte das Dorf verlassen und kehrte nicht zurück. Ähnlich wie er, hatten auch andere frühe sozialistische Führungskräfte ihre neu erreichten Positionen wieder aufgeben müssen. Waren es Einheimische gewesen, blieben sie meist im Dorf, aber sie und ihre Angehörigen nahmen keine einflussreichen Positionen mehr ein. So z.B. der Parteisekretär von 1950, ein ehemaliger Knecht, der auch Gründungsmitglied der ersten Genossenschaft gewesen war und seine Frau, die ebenfalls aus armer Familie stammte und 1950 erste sozialistische Ratsleiterin war. Auch ihr Nachfolger 1952 hatte das Amt nur für ein Jahr inne und wurde dann für den Rest seines Erwerbslebens wieder einfacher Arbeiter in der Schweineproduktion der örtlichen Genossenschaft.[26]

Als mit Beginn des Jahres 1957 die Genossenschaften wieder regulär ihre Arbeit und Mitglieder aufnahmen, wurde auf den Sitzungen des Dorfrates und dessen „Ausführenden Ausschusses" immer wieder betont, dass das Prinzip der Freiwilligkeit zu wahren sei.[27] Obwohl auch die dann einsetzende letzte Welle der Kollektivierungsmaßnahmen unfreiwillig blieb, verzichtete man doch auf offene Gewalt und den Kampf gegen die „Kulaken". Im Zuge der neuen Praxis wurde in Mesterszállás so genannte Kulaken nun nicht nur der Beitritt in die Genossenschaften offiziell erlaubt, sondern sie wurden direkt in

---

gestuft worden war. Trotzdem repräsentierte natürlich auch er einen Teil der vorsozialistischen Ordnung.

25 Nach dem Scheitern des Aufstands wurden die Mitglieder des Revolutionsrates am 1.1.1957 inhaftiert, kehrten aber kurz darauf wieder ins Dorf zurück. Mit einer Haftstrafe wurde nur der erwähnte Ratsvorsitzende bedacht; er kam nach anderthalb Jahren zurück nach Mesterszállás. Die anderen Mitglieder wurden im Laufe des Jahres noch mehrmals für ein bis zwei Tage inhaftiert, danach aber nicht weiter belangt.
26 Ausführlicher zu den Lebenswegen früher Kader: Thelen (2003a).
27 Z.B. die Protokolle vom 11.1.1957 und 22.2.1957 (Jász-Nagykun-Szolnok Megyei Levéltár: Mesterszállás KT.VB. 1956 und 1957).

die Führung übernommen. So wurde z.B. Márton Kocsics, dessen Vater 1949 noch auf der Kulakenliste stand, Vorsitzender einer nach 1956 neu gegründeten Genossenschaft. Andere ehemalige Großbauern wurden leitender Agronom oder Brigadeleiter, wie zum Beispiel Márton Seres, der aus einer „Kulakenfamilie" stammte und 1959 Brigadeleiter wurde. Er schilderte den Hergang wie folgt:

so konnten wir nicht LPG-Mitglieder werden. [...] dann als sich die Situation konsolidierte, dann ist mein lieber Vater auch und ich auch 1959 in die LPG eingetreten. Als einfacher Arbeiter habe ich angefangen, später hat sich dann die Möglichkeit eröffnet, dass ich an einer Weiterbildung teilnehmen sollte. Ich habe das landwirtschaftliche Technikum beendet und eine technische Qualifikation bekommen. Ich kam in die mittlere Führung der LPG. Ich war Brigadeleiter im Pflanzenanbau. [...] 1959-1987, bis zu meiner Rente, war ich auf diesem Posten.

Für die Agitation wurde u.a. das schon zitierte Mitglied des Revolutionsrates eingesetzt. Er war glaubwürdiger als fremde, proletarische Agitatoren und erzählte, dass bei ihm „alle unterschrieben haben". So konnte hier schon eine Kontinuität einsetzen. Angehörige anderer sozialer Gruppen nahmen den neuerlichen Aufstieg der alten Elite durchaus wahr. Eine Frau, deren Vater Knecht bei einem der Großbauern gewesen war, erinnert sich:

Mein Mann ist nie in die Partei eingetreten, aber die anderen, die größeren [Bauern], nachdem man ihnen alles weggenommen hatte, die sind dann eingetreten, natürlich erst nach einer Zeit, anfangs hat man sie ja noch nicht gelassen, und dann sind sie dort die Chefs geworden.

Beides, die Erfahrung, dass die Dinge zumindest modifiziert werden können und die veränderte Haltung gegenüber den Großbauern, hatte Einfluss auf die soziale Kontinuität von Teilen der vorsozialistischen Hierarchie und Werte. Während die Angehörigen der ersten sozialistischen Elite ihre persönliche Macht nicht festigen konnten, trug die offizielle Anerkennung des Einflusses und des Wissens der Großbauern dazu bei, das lokale Wertesystem in Teilen zu erhalten.[28] Gleichzeitig gewannen die alten Institutionen der Rechtsprechung, die wie dargestellt schon in der ersten Phase nicht völlig außer Kraft gesetzt worden waren, in der späten Phase an Bedeutung. So erhielten mehrere Dorfbewohner ihre ehemaligen Wohnhäuser zurück, nachdem sie darauf aufmerksam gemacht hatten, nicht rechtskräftig enteignet worden zu sein. Dies betraf z.B. den Besitzer des Hauses, in dem der neue Tierarzt einquartiert worden war und die Familie, in deren Haus die Maschinenstation eingerichtet worden war. Obwohl die Kollektivierung in Mesterszállás bereits zu einem sehr frühen Zeitpunkt (März 1959) als beendet galt, konnten sich besonders „renitente" Individuen der Kollektivierung widersetzen, indem sie das ange-

---

28 Szelényi (1989: 169) beschreibt die Situation wie folgt: „In gewissem Sinn reproduzierten sie [die Mittelbauern] innerhalb der Kolchosen die Macht- und Prestigehierarchie des Dorfes vor der Kollektivierung."

botene „Tauschland" akzeptierten.[29] In mindestens zwei Fällen wurde bis zum Ende des Sozialismus weiterhin auf eigenem Land gewirtschaftet, d.h. das Verfahren bot eine gewisse Rechtssicherheit. Obwohl für diese letzte Phase von Drohungen berichtet wird, kam es zu keinem weiteren Einsatz offener Gewalt.

Der Budapester Aufstand hatte auch in Kisiratos (Rumänien) Auswirkungen. So floh beispielsweise aus Angst vor Rache eine Familie früher sozialistischer Kader aus einem ehemaligen Großbauernhaus. Die oben zitierte Tochter eines enteigneten Bauern zog daraufhin mit ihrer Familie dorthin zurück, allerdings war hier kein juristischer Prozess wie in den Beispielen aus Mesterszállás beteiligt. Auch wurde in Kisiratos im Gegensatz zu Mesterszállás kein Einbezug der vorsozialistischen bäuerlichen Elite in die neuen Strukturen vorgenommen, obwohl auch die rumänische Regierung die Aufnahme zumindest von Mittelbauern in die Genossenschaften nun propagierte. Mehrere Führungspersönlichkeiten der frühen sozialistischen Phase konnten dagegen ihre persönliche Macht konsolidieren, und der Einsatz von Gewalt hielt auch in der letzten Phase der Kollektivierung an. Die letzten Beitrittserklärungen wurden durch Verprügeln im Rathaus und Verschleppungen mit verbundenen Augen erzwungen. Ausnahmen wurden nicht gemacht.[30] Das soziale Klima verschlechterte sich, und es setzte der Zweifel ein, ob nicht einer der letzten „Starrköpfe" auch schon ein Geheimdienstspitzel war.[31] Wie Mesterszállás war Kisiratos unter den ersten sozialistischen Dörfern, aber die Änderungen im lokalen Verständnis von Eigentum und Hierarchie waren hier fundamentaler.

Ausblick: Ursachen und Folgen des unterschiedlichen Konfliktverlaufs

Der Beitrag hat anhand eines Vergleichs gezeigt, wie eine ähnliche Konfliktsituation trotz ähnlicher nationaler Rahmenbedingungen lokal unterschiedlich gehandhabt wurde. Unterschiede in den Kollektivierungsmaßnahmen wurden deutlich hinsichtlich der Dauer der Anwendung willkürlicher Gewalt und de-

---

29 Im Zuge der letzten Kollektivierungsmaßnahmen nahm man das schon in früheren Phasen angewendete Verfahren der Flurbereinigungen wieder auf. Im Allgemeinen wurden die landwirtschaftlichen Flächen für die Genossenschaften vorteilhaft zusammengelegt und den selbständigen Bauern Land im Tausch angeboten. Dies war oft von minderer Qualität, ungünstig gelegen und konnte häufig wechseln. Nach Szelényi (1989: 88) blieben etwa 2-3 % der Bevölkerung Ungarns private Bauern.

30 Dies gilt nicht für das gesamte rumänische Staatsgebiet. Vor allem in den Bergregionen blieben weite Teile während der gesamten sozialistischen Zeit nicht kollektiviert (für einen geographischen Überblick siehe v. Hirschhausen 1997).

31 Dieser Verdacht bezog sich rückblickend vor allem auf seine weitere Karriere während des Sozialismus.

ren Ausmaß. In Mesterszállás dauerte die erste gewalttätige Phase circa drei Jahre an und zerstörte die soziale Hierarchie nicht vollständig. Lokal geteilte Normen blieben handlungsrelevant und verhinderten ein Ausufern der Gewalt. Das Verhalten staatlicher Akteure blieb auch in dieser Phase in Grenzen nachvollziehbar, und nach 1956 wurde die bäuerliche Werteordnung systematisch in die neuen Strukturen integriert. Im Gegensatz dazu erscheint die Zeitspanne von ca. zehn Jahren des Einsatzes willkürlicher Gewalt in Kisiratos länger, und ihre Anwendung überging deutlicher als Mesterszállás die Grenzen sozialer Einbettung. Die deutlichere Durchsetzung der Interpretation sozialer Unterschiede als unvereinbarer Interessengegensatz und die Gewaltanwendung trugen dazu bei, dass vormals geteilte Normen ihre Handlungsrelevanz verloren. Die Daten legen ebenfalls nahe, dass die Existenz von Verfahren zur Konfliktregelung (juristische Prozeduren) beschränkend auf die Gewaltintensität in Mesterszállás (Ungarn) gewirkt hat, während in Kisiratos (Rumänien) solche zumindest in den lokalen Erinnerungen fehlen. Aufgrund mangelnden Materials kann jedoch ein gänzliches Fehlen eines Einflusses überlokaler Gerichtsbarkeit für die Durchsetzung von Normen nicht abschließend behandelt werden. Insgesamt lässt sich feststellen, dass, obwohl sich die Unterscheidung in Norm- bzw. Akteurskonflikt als problematisch erweist, andere der von Elwert dargestellten Konzepte, insbesondere die soziale Einbettung von Gewalt sowie die Untersuchung von Verfahren, wichtige Einsichten in den unterschiedlichen Konfliktverlauf ermöglichen.

Trotz einiger Hinweise können die Ursachen für diese Unterschiede an dieser Stelle nicht abschließend geklärt werden. Ein bereits erwähnter Grund könnte die Siedlungsstruktur sein, die soziale Unterschiede in Kisiratos (Rumänien) leichter als Interessengegensatz interpretieren ließ als in der Streusiedlung Mesterszállás (Ungarn). Die Situation der Ungarn als nationale Minderheit in Rumänien könnte ebenfalls Einfluss gehabt haben. Möglicherweise wollten sich die ungarischen Mitglieder der KP in Kisiratos als „besonders gute Rumänen" beweisen. Diese Erklärung würde jedoch Kisiratos ebenfalls als Ausnahme erscheinen lassen, denn in den sonstigen Gebieten mit großem Anteil nationaler Minderheiten lassen sich in Rumänien eher verzögernde Effekte auf die Kollektivierung nachweisen (Montias 1967: 93). Eine Interpretation des Gewalteinsatzes aufgrund ethnischer Zugehörigkeiten lässt sich ebenfalls ausschließen, da die Maßnahmen während der Zeit der Kollektivierung von ortsansässigen Ungarn durchgeführt wurden. So sagte beispielsweise eine ältere Dame über die Geschehnisse: „Das ist es ja: das haben Ungarn mit Ungarn gemacht, nicht Rumänen". Die Intensität kann also nicht als Ausdruck eines ethnischen Konfliktes interpretiert werden. Die Ereignisse von 1956 bieten eine weitere Möglichkeit zur Interpretation der Unterschiede. So suchte die ungarische Regierung sicherlich nach mehr Legitimität (vgl. Hann, in diesem Band), allerdings wurden die Geschehnisse durchaus auch in Rumänien, vor allem im grenznahen Kisiratos wahrgenommen.[32] Es ließe sich auch argumentieren, dass die lokalen Unterschiede in Rechtsverständnis und Verfahren hinsichtlich des Bodeneigentums oder des Einsatzes von Gewalt Rückschlüsse auf nationale Unterschiede zulassen. Der lange geteilte historische Zusammenhang mit der gleichzeitigen Einführung von Eigentumstiteln und Katastern innerhalb des damaligen Habsburger Reiches lässt einen solchen Schluss allerdings eher spekulativ erscheinen. Eine weitere Forschung wäre nötig, um hier mehr Klarheit zu schaffen.

Aussichtsreicher als die Datenlage hinsichtlich der möglichen historischen Ursachen für die aufgezeigten Unterschiede gestaltet sich der Blick auf die weitere Entwicklung. Während der Feldforschung zur postsozialistischen Privatisierung konnte gezeigt werden, dass in Mesterszállás (Ungarn) einige Angehörige der vorsozialistischen Elite Erfolg als postsozialistische landwirtschaftliche Unternehmer hatten und bei der lokalen Landverteilung die historische Besitzverteilung die Argumentationsgrundlage bildete. In Kisiratos (Rumänien) dagegen befand sich die vorsozialistische Elite nicht in der Position, die Landverteilung zu ihrem Vorteil nutzen zu können. Dagegen befanden sich einige Angehörige früher sozialistischer Kader weiterhin in einflussreichen Positionen, die auch während der Landverteilung vorteilhaft waren. Weder die konkrete Landverteilung noch die lokalen Konflikte darum orientierten sich hier entlang vorsozialistischer Muster. Ohne behaupten zu wollen, der Konfliktverlauf in den 1950er Jahren sei für diese Entwicklung allein ausschlaggebend gewesen, so bildete er doch die Basis für die weitere unterschiedliche Entwicklung sozialer Reproduktion in nächsten Jahrzehnten sozialistischer und postsozialistischer Landwirtschaft.[33] In dem Hinweis auf Gewalt als wirksames Mittel zur Aufhebung sozialer Reproduktion bzw. im Sinne Elwerts als Strategie zum langfristigen Erfolg und zur Stabilisierung persönlicher Macht zeigt sich die Bedeutung des Vergleichs für die weitere sozialwissenschaftliche Theoriebildung.

Literatur

Berend, Iván T. (1985): „Agriculture", in: M.C. Kaser/E.A. Radice (Hg.), *The Economic History of Eastern Europe,* Vol. I, Oxford: Clarendon Press, S. 148–209.

---

32 Zudem hatte man im Bezirk Arad (zu dem Kisiratos gehört) schon zuvor Erfahrungen mit bewaffnetem bäuerlichem Widerstand gegen die Kollektivierung machen müssen (Iancu und Târau 2000).
33 Zur weiteren Entwicklung sozialer Reproduktion während des Sozialismus und danach, siehe Thelen (2003a), speziell zur Reproduktion des kollektiven Selbstbildes und Lokaler Werte in Mesterszállás siehe Thelen (2001 und 2003b)

Cartwright, Andrew L. (2001): *The Return of the Peasant. Land Reform in Post-Communist Romania,* Aldershot, Burlington, Singapore, Sydney: Ashgate.

Donáth, Ferenc (1980): *Reform and Revolution: Transformation of Hungary's Agriculture 1945-1970,* Budapest: Corvina.

Elwert, Georg, in diesem Band.

Elwert, Georg (2002): „Sozialanthropologisch erklärte Gewalt", in: Wilhelm Heitmeyer (Hg.), *Internationales Handbuch der Gewaltforschung,* Wiesbaden: Westdeutscher Verlag, S. 340-367.

Elwert, Georg (1999): „Eigentum", in: Hans Dieter Betz et al. (Hg.), *Religion in Geschichte und Gegenwart,* Bd. 2, Tübingen: Mohr, Siebeck, S. 1143.

Fél, Edit/Hofer, Tamás (1969): *Proper Peasants – Traditional Life in a Hungarian Village,* Chicago: Aldine.

Fél, Edit/Hofer, Tamás (1972): *Bäuerliche Denkweise in Wirtschaft und Haushalt,* Göttingen: O. Schwartz.

Für, Lajos (1965): „Jobbágyföld – Parasztföld" [Leibeigenenland – Bauernland], in: István Szabó (Hg.), *A Parasztság Magyarországon a Kapitaliszmuskorában 1848–1914,* Budapest: Akadémiai Kiadó, S. 33–153.

Hann, Chris, in diesem Band.

Horváth, Ferencné/Csabai, István (1969): *„Mesterszállás Község. 25 éve fejlődés 1945-1969 között"* [Siedlung Mesterszállás. 25 Jahre der Entwicklung], Manuskript, Mesterszállás.

Iancu, G./Ţârău, V. (2000): „The Peasants' Uprisings in the Counties of Arad and Bihor in 1949", in: G. Cipăianu/V. Ţârău (Hg.), *Romanian & British Historians on the Contemporary History of Romania,* Cluj Napoca: Cluj UP, S. 153-166.

Ionescu, Ghita (1964): *Communism in Rumania 1944–1962,* London, New York, Toronto: Oxford UP.

Kelman, H.C. (1973): „Violence without Moral Restraint: Reflections on the Dehumanization of Victims and Victimizers", in: *Journal of Social Issues* 29 (4), S. 25-61.

Laczka, Sándorné (1996): *A Földterület és a Földhasználat Alakulása 1945 és 1994 között* [Die Entwicklung der landwirtschaftliche Fläche und der Bodennutzung zwischen 1945 und 1994], Statisztikai Szemle, S. 117–129.

Montias, John M. (1967): *Economic Development in Communist Rumania,* Cambridge, Massachusetts and London, England: The M.I.T. Press.

Orywal, Erwin (1996): „Krieg und Frieden in den Wissenschaften", in: Erwin Orywal/Aparna Rao/Michael Bollig (Hg.), *Krieg und Kampf: Die Gewalt in unseren Köpfen,* Berlin: Reimer, S. 13-43.

Sampson, Steven (1984): *National Integration through Socialist Planning: An Anthropological Study of a Romanian New Town,* Boulder: East European Monographs.

Szelényi, Iván (1989): *Sozialistische Unternehmer. Verbürgerlichung im ländlichen Ungarn,* Hamburg: Junius-Verlag.

Thelen, Tatjana (2001): „Zurück in Zukunft oder: Wer ist ein Bauer? Institutionelle Transformation und kollektive Selbstbilder in einer ländlichen Gemeinde in Ungarn", in: W. Rammert/G. Knauthe/K. Buchenau/F. Altenhörner (Hg.), *Kollektive Identitäten und kulturelle Innovationen*, Leipzig: Leipziger Universitätsverlag, S. 279-300.

Thelen, Tatjana (2003a): *Privatisierung und soziale Ungleichheit in der osteuropäischen Landwirtschaft: Zwei Fallstudien aus Ungarn und Rumänien*, Frankfurt a.M.: Campus.

Thelen, Tatjana (2003b): „The Son of a Fox is a Fox, the Son of a Dog is a Dog: Forms of Capital and Local Perception of Success in a Hungarian Village", in: Viorel Anâstâsoaie (Hg.), *Breaking the Wall: Representing Anthropology and Anthropological Representations in Post-communist Eastern Europe*, Cluj-Napoca: EFES, S. 205-228.

von Hirschhausen, Béatrice (1997): *Les Nouvelles Campagnes Roumaines. Paradoxes d'un „retour' paysan*, Paris: Belin.

Das Schweigen brechen: Indigene Frauen und Häusliche Gewalt – Wandlungsprozesse im Bewusstsein über Menschenrechte in indigenen Gemeinschaften in Peru[1]

Juliana Ströbele-Gregor

Was ich weiß

Dauernd erinnern sie mich daran, dass ich eine Frau bin
(als wenn ich das nicht wüsste).
Und dass ich deswegen nichts weiß.

Ich weiß nur, dass, als ich geboren wurde,
die Hebamme 3 Quetzales bekam
und nicht 5 wie für meinen Bruder.

Ich weiß nur, dass ich mich nicht daran erinnere,
wann ich lernte, Wasser zu holen,
Holz zu suchen, Feuer zu machen
und die kleinen Kinder zu tragen.

Ich weiß nur, dass ich nicht sagen konnte,
dass Mateo mir gefiel,
und dass mein Vater mich mit Pedro verheiratete.

Ich weiß nur,
dass andere darüber entscheiden,
wie viele Kinder ich haben werde.

Ich weiß nur,
dass ich lesen lernen möchte,
zu Versammlungen gehen, teilnehmen und
helfen, dass die anderen Frauen ihr Leben sehen.

Und es gefiele mir auch,
wenn alle Männer wüssten,
dass ich all das weiß.

(Anonym, Frau aus Ixil-Gebiet. In: Guatemala Info 1997: 10)

---

1   Eine erste Version des Textes entstand anlässlich des Workshops „Frauenrechte sind Menschenrechte" am Zentrum für Frauenstudien der J.W.G. Universität Frankfurt, 19.-20.2.1998 (Braig/Gerhard 1999), eine weitere Version wurde auf der von Georg Elwert organisierten Tagung am Wissenschaftszentrum Hansekolleg, Delmenhorst 14.-20.6.2003 vorgestellt. Dies ist eine erweiterte und überarbeitete Version.

Einleitung

Spätestens seit den Vorbereitungen der Weltmenschenrechtskonferenz 1993 in Wien hat die Debatte über „häusliche Gewalt" im Zusammenhang mit der Forderung „Frauenrechte sind Menschenrechte" auch eine breitere Öffentlichkeit erreicht. Die Verletzung der Menschenrechte von Frauen wurde Gegenstand von Länderstudien; die theoretische Auseinandersetzung mit Menschenrechtskonzepten aus der Perspektive von Frauen, die bereits anlässlich der Erarbeitung[2] der CEDAW-Konvention der UN (*Convention on the Elimination of all Forms of Discrimination against Women*) eingesetzt hatte, wurde vertieft.[3] Sowohl in den Ländern des Nordens wie des Südens entstanden vielfältige Initiativen zur Rechtsberatung und Lobbyarbeit zur Durchsetzung von Rechtsreformen. Die Frage kultureller Differenzen und Verletzungen der Menschenrechte von Frauen aufgrund ihrer Geschlechtszugehörigkeit stellt dabei ein zentrales Thema dar.

Frauenrechte und Demokratieentwicklung in Lateinamerika waren im Zusammenhang mit der Weltfrauenkonferenz 1995 in Peking auch ein zentrales Thema des Jahresberichts 1995 der *Comisión Andina de Juristas* über die Entwicklung der Demokratie in den Andenländern (CAJ 1996). Der Bericht trägt die Überschrift „Modernización e Inestabilidad", und Frauenrechte werden als eine der Herausforderungen im Demokratisierungsprozess diagnostiziert. Der Feststellung, dass zwar wichtige Fortschritte im Bereich Gesetzesreformen zugunsten von Frauenrechten in den jeweiligen Ländern gemacht worden sind, steht die Erkenntnis gegenüber, dass weiterhin gesellschaftlich überkommene Geschlechternormen und männliche Verhaltensweisen sowie die realen sozioökonomischen Bedingungen einer tatsächlichen Umsetzung der neuen Rechte entgegenstehen. In Übereinstimmung mit dem UN-Bericht über Menschliche Entwicklung 1995 (UNDP 1995), dessen Schwerpunkt die Frage des Standes der Gleichstellung der Geschlechter ist, hebt die CAJ hervor, dass Frauen in Lateinamerika weiterhin benachteiligt bleiben, diskriminiert werden, in besonderem Maße unter Verarmungsprozessen und strukturellem Wandel zu leiden haben (vgl. Ströbele-Gregor 2001).

Erschreckende Dimensionen haben die Gewalttätigkeiten, die Frauen gerade im häuslichen Kontext erfahren müssen. Nach Schätzungen der Kommission werden in Bolivien, mit ca. sieben Millionen Einwohnern, zumindest 100.000 Frauen Opfer von physischer Gewaltanwendung, zumeist innerhalb der eigenen Familie. Die Frauenkommissariate (*Delegación de Mujeres de la Policia Nacional*) der Stadt Lima (Peru) haben seit 1989 durchschnittlich jähr-

---

2 Siehe u.a. der Menschenrechtsbericht des State Departments für 1993, der in den einzelnen Länderberichten gesonderte Angaben über die Situation von Frauen macht (Department of State 1994). Eine gute Übersicht über den Stand der Debatte 1993/1994 geben Krell/Wölke (1995). In Vorbereitung von Rechtsreformen in Demokratisierungsprozessen in Lateinamerika erfolgten Studien, wie die von Carillo (1991) für Peru.

3 Aus der Fülle der Literatur siehe Bunch (1990).

lich eine Viertelmillion Anzeigen über häusliche Gewalt verzeichnet, wobei die Juristen schätzen, dass nur etwa 20 % der Delikte zur Anzeige kommen. Eine Umfrage unter 1.000 Frauen in Chile ergab, dass 60 % von ihren Partnern geschlagen werden, 26 % hatten schwere Verletzungen davon getragen. Laut einer vom Gesundheitsministerium in Kolumbien 1994 auf nationaler Ebene durchgeführten Befragung ist ein Drittel der Frauen regelmäßigen psychischen oder körperlichen Gewaltanwendungen ihrer Partner ausgesetzt. 11.420 Fälle von Vergewaltigung wurden 1994 allein in der Stadt Bogotá bekannt – überwiegend geschehen im häuslichen/familiären Umfeld. Nicht sehr viel anders sieht die Situation in Ecuador aus. Die Zahlen sind nur Annährungswerte; dies nicht nur deshalb, weil die meisten Gewalttaten nicht angezeigt werden, sondern auch, weil es an verlässlichen Daten aus dem ländlichen Raum mangelt. Zumindest in Bolivien und Ecuador lebt jedoch knapp die Hälfte der Bevölkerung auf dem Lande bzw. in Kleinststädten (vgl. Ströbele-Gregor 1999).

Dieser Beitrag nimmt die Thesen von Ute Gerhard (1998)[4] auf, dass „geschlechtsspezifische Diskriminierung fest in traditionellen Gewohnheiten und Kulturen eingebettet ist", dass „das Bewusstwerden und Zursprachebringen von Erfahrungen als Unrecht und Ungerechtigkeit der entscheidende Schritt zur Inanspruchnahme von Menschenrechten" ist und „im Menschenrechtsdiskurs damit zugleich die Möglichkeit politischer Handlungsfähigkeit sowie die Durchsetzbarkeit rechtlicher Ansprüche" gesehen werden können. Mit Bezug auf diese Thesen sollen einige theoretische Überlegungen diskutiert und am Beispiel verdeutlicht werden.

Im Mittelpunkt des Beitrages steht damit die Frage nach Bewusstwerdungsprozessen über Unrecht im häuslichen Kontext und wie es zu Handlungen des „Zursprachebringens" und zur Einforderung von Recht kommt. Ich befasse mich dabei mit Wandlungsprozessen in indianischen Dorfgemeinschaften in den peruanischen Anden (Provinz Cajamarca).

Der Beitrag gliedert sich wie folgt: Nach einer Präzisierung der Ausgangsthese erfolgen knapp einige theoretische Überlegungen zu Recht, Rechtspluralismus und Wandlungsprozessen in Ländern des Südens, um dann in einem weiteren Schritt grundlegende ethnographische Informationen zu den Dorfgemeinschaften zu vermitteln, auf die sich dieser Beitrag bezieht. Darauf aufbauend erfolgen in einem weiteren Schritt die theoretischen Definitionen von Unrechtsempfinden, Unrechtsbewusstsein und Rechtsdenken, mit denen die Reaktionen der Frauen auf Gewalterfahrungen und der Prozess des „Zursprachebringens" analysiert werden können. In einem letzten Schritt sollen verschiedene (externe) Einflüsse auf den Wandlungsprozess skizziert werden. Ich denke, der Beitrag zeigt, wie das Gedicht der Maya-Frau, dass das „Zursprachebringen" nicht erst der Beginn eines Bewusstwerdungsprozesses ist.

---

4   Ute Gerhards Einladungsschreiben zum Internationalen Kolloquium 1998 „Frauenrechte sind Menschenrechte" an der Johann Wolfgang Goethe-Universität in Frankfurt a. Main, an dem die Autorin des Artikels teilnahm.

Problemstellung

Meine Überlegungen gehen von folgender These aus: Wahrnehmung und Beurteilung von häuslicher Gewalt gegen Frauen wandeln sich auch in traditionellen andinen Dorfgemeinschaften, sowohl aus der subjektiven Sicht von Frauen wie im Rahmen der lokalen Öffentlichkeit. Dazu tragen verschiedene externe Einflüsse bei, die die Situation der Frauen und Familie als Problemfeld bereits auf der nationalen Ebene zum öffentlichen Thema gemacht haben: Sei es im Rahmen von Öffentlichkeitsarbeit und Forderungen der Frauenbewegung, sei es im religiösen Kontext, seien es Rechtsdiskussionen mit Bezug auf die internationale Menschenrechts- und Frauenrechtsdebatte. Die Vermittlung erfolgt zum einen über eine dichtere Kommunikation mit Lebenswirklichkeiten jenseits lokaler Grenzen, zum anderen durch die Präsenz fremder sowie durch – meist neuere – autochthone Organisationen.

Allerdings begreife ich diese Einflüsse eher als Impulse und Katalysatoren, die bereits vorhandene Entwicklungsprozesse beschleunigen oder legitimieren, weniger als die Durchsetzung neuer, vollständig fremder Ideen.

Viele Fragen bleiben dabei noch offen, denn systematische Forschungen oder gar Langzeitforschungen in diesem Bereich liegen nicht vor. Zu fragen wäre: Wie konzipieren Frauen wie Männer in den Dorfgemeinschaften dieser Region das Geschlechterverhältnis – jenseits des allgemeinen Diskurses über andine oder indigene Kultur? Wie haben sich in den letzten drei Generationen die Geschlechterbeziehungen und der Status der Frau real verändert? Wie konzipieren Frauen und Männer „Gewalt"? Wieweit hat sich in der Anwendung und der Bewertung psychischer Verletzungen, insbesondere im Zusammenhang mit Konzepten von sozialer Anerkennung und Prestige, Gewaltverhalten verändert? Hat die zunehmende öffentliche Anklage gegen häusliche Gewalt seitens der Frauen und Sanktionierung der Täter zu einer Verminderung, d.h. zu tatsächlichen Verhaltensänderungen von Männern geführt? Und wenn ja, zu welchen?

Die Umbruchssituation, in der sich Peru seit den 1980er Jahren befindet: Wirtschafts- und Verschuldungskrise, Strukturanpassungsprogramme, der Bürgerkrieg in den 1980er Jahren bis 1992 und massive Landflucht, hervorgerufen u.a. durch die Gewaltsituation und Verarmungsprozesse bei der Hochlandbevölkerung, haben die Situation auf dem Lande derart verändert, dass es fahrlässig wäre, in Bezug auf Konzepte und auf Praxis oder Habitus allein mit „der andinen Kultur und Tradition" zu argumentieren. Die ortsbezogene Unterschiedlichkeit von Entwicklungen und Reaktionsweisen der Bevölkerung erfordert eine sehr differenzierende Sichtweise bei der Forschung. Angemessen erscheint mir eine Kombination von verschiedenen Ansätzen. Zum einen eine die emische Sicht des Individuums ins Zentrum der Betrachtung rückende Perspektive, wie die von Abu-Lughod (1993). Diese Sichtweise lehnt Generalisierung mit Bezug auf bestimmte kulturelle Zusammenhänge unter Verwendung von statischen oder verschwommenen Kulturbegriffen ab. Sie zielt auf eine Annäherung an das Alltagsleben über die subjektiven Wahrnehmungen einzelner Personen, wohl wissend, dass diese Erzählungen nicht die authentische Realität widerspiegeln, aber es ermöglichen, Konflikte und Widersprüche besser zu verstehen.

Diese emische Sicht des „Partikularen" und eine verstehend-interpretative Ethnologie müssen nach meiner Überzeugung allerdings verbunden werden mit einer ethischen Perspektive und mit analytischen Herangehensweisen (vgl. Schweizer 1993), um dadurch die Verflochtenheit zwischen lokalen Entwicklungen und nationalen sowie globalen Strukturen und Prozessen aufzuzeigen.

Wandlungsprozesse und Recht

In der Rechtsethnologie herrscht Einigkeit darüber, dass in den Ländern der so genannten Dritten Welt „Rechtspluralismus" ein Schlüsselbegriff zum Verständnis ist (Merry 1992).[5] Traditionelles (Stammes-)Recht hält sich auch in modernen Staaten, es kommt zu Überlagerungen von religiösem und überliefertem, zum Teil archaischem Recht, westlichem, aus der Kolonialzeit ererbtem Recht, Kriegsrecht herrschender Militärjuntas, autoritärer Regime oder lokaler Kriegsherrn oder modernem, bürgerlich-rechtstaatlichen Grundsätzen verpflichtetem Recht.[6]

In Gesellschaften mit ausgeprägter kultureller und sozialer Heterogenität, wie in Lateinamerika, sind Überlagerungen insbesondere im ländlichen Raum in recht unterschiedlicher Weise ausgebildet. Im Recht und in den Definitionen von „richtigem" und „falschem" Verhalten drücken sich die zugrunde liegenden gesellschaftlichen Konzepte, soziale Organisationsformen und Weltbilder aus. Überlagerungen lassen duale Rechtsauffassungen, Neudefinitionen, Manipulationen von Recht zu, und sie führen in der Regel – als Teil gesamtgesellschaftlicher Transformationsprozesse – zu Wandlungs- und Bewusstwerdungsprozessen, die auch die Position und Rechte der Frau sowie Funktion und Beziehungen der Geschlechter und Generationen innerhalb der Familie einschließen. Das verläuft nicht geradlinig und darf nicht im Sinne eines evolutionären Stufenmodells vorgestellt werden. Vielmehr handelt es sich um komplexe Vorgänge und eine Dialektik, die ihre eigene Dynamik entfaltet.

In diese Wandlungsprozesse eingebettet sind Veränderungen von Reaktion von Frauen auf Gewaltanwendung im häuslichen Bereich. Dieser Wandel lässt sich als unterschiedliche Reaktionsweisen auf ein Kontinuum vorstellen, wo „Unrechtsempfinden", „Unrechtsbewusstsein" und „Rechtsdenken" einen zunehmenden Grad an Autonomie der Frauen bezeichnen sollen. Hervorgerufen wird diese Entwicklung durch verschiedene Erfahrungen und Einflüsse:

---

5 Siehe auch die breite Debatte zum Thema *Folk Law and Legal Pluralism* auf dem 11. Internationalen Kongress 1997 in Moskau (Benda-Beckmann/Finkler 1999).

6 Vgl. Streck (1987: 176f); für Afrika: Bohannan (1965); für Lateinamerika: Stavenhagen (1988), Stavenhagen/Iturralde (1990).

- Erfahrungen mit neuen Verhaltensmustern, die in anderen Lebenszusammenhängen angeeignet werden, z.b. über Migration, über Kontakt mit Religionsgemeinschaften oder Kirchen, die neue ethische Normen vermitteln (Ströbele-Gregor 1991);
- neue, aus der Gemeinschaft hervorgegangene oder von ihr legitimierte Institutionen mit Schlichtungs-, Schutz- und Rechtssprechungsfunktionen (Brandt 1987, 1990; Huber 1992), die – bisweilen in Konfrontation mit traditionellen Vorstellungen und Amtsinhabern – „moderne" Menschenrechtsvorstellungen integrieren;
- stärkere Präsenz von bzw. Zugang zu staatlichen Rechtsinstitutionen;
- zunehmender Zugang der Frauen zu Wissen über Grundrechte – Menschenrechte – Frauenrechte.

Einige ethnographische Daten

Die Daten, auf die ich mich beziehe, stammen aus der Untersuchung von de la Torre Araujo (1995) in fünf andinen Dorfgemeinschaften der Provinz Cajamarca (Peru). Charakteristisch für diese Dorfgemeinschaften sind die von Armut geprägte bäuerliche Subsistenzwirtschaft, welche auf Viehzucht und Ackerbau und geringer Marktintegration basiert sowie eine geschlechtsspezifische Arbeitsteilung und Trennung von Verantwortungsbereichen, wobei die Aufgaben der Frau in sämtlichen landwirtschaftlichen Bereichen liegen. ZeitMigration oder Abwanderung eines Familienmitgliedes sind eine verbreitete Strategie, der Situation von Armut, einer fehlenden Basis-Infrastruktur sowie fehlenden Bildungs- und Aufstiegsmöglichkeiten, aber auch der Gewaltsituation, hervorgerufen durch die Präsenz der Guerilla „Leuchtender Pfad" (*Sendero Luminoso*) zu entkommen. Die im städtischen Kontext erworbenen Erfahrungen und Werthaltungen fließen in die Dorfgemeinschaften zurück.

Trotz eines traditionellen Geschlechter-Konzepts, das von einer komplementären, allerdings nicht symmetrischen Geschlechterbeziehung ausgeht, ist die Lebenswirklichkeit durch eine starke Geschlechterhierarchie gekennzeichnet. Bereits in Ernährungspraktiken und im Zugang zu Bildung äußert sich der höhere soziale Status des Mannes. Der andinen Tradition zufolge liegen die Außenrepräsentanz, Übernahme von soziopolitischen Ämtern und stimmberechtigte Beteiligung an der Dorfversammlung beim Mann, das gleiche gilt für gehobene religiös-zeremonielle und religiös-medizinische Ämter im andinen Glaubenssystem.

Heirat wird als eine auf Reziprozität basierende Verbindung zweier Familien konzipiert, die den verlässlichen Rahmen für den Austausch von Arbeitskraft, Hilfe und Gütern bildet. Das schließt Rivalitäten und Streit zwischen beiden Familien um die Arbeitskräfte nicht aus. Die traditionelle Institution der Zwangsehe, die einer Rationalität der Mehrung von Land und Arbeitskräften folgt, hat sich allerdings gelockert. Der Wohnort eines Paares richtet sich nach der Größe des Landbesitzes der Familie des/der jeweiligen Partners/Partnerin, zumal Frauen erbberechtigt sind. Virilokale Wohnmuster fern von der eigenen Familie, etwa weil die Frau über wenig oder kein Land verfügt, bedeuten für die Frau, dass sie in Konfliktfällen auf Unterstützung verzichten muss. Eine Frau, die kein oder wenig Land in die Ehe einbringt, nimmt einen geringen Status in der neuen Familie ein, was sich häufig niederschlägt in Angriffen und Schmähungen seitens der Familie des Mannes. Soweit die – wenn auch sehr vereinfacht dargestellten – Merkmale der Position von Frauen.

In den sozialen Netzwerken der Familien spielen „Paten" (*compadres* und *comadres*) eine wichtige Rolle. Das gilt auch für Konflikte in der Familie. Die Aufgabe der „Hochzeitspaten" ist die Beratung, Schlichtung, auch der Schutz, so dass häusliche Gewalt zunächst einmal ein Thema für die „Paten" ist.

Das soziopolitische System zur Regulierung des Lebens innerhalb der Dorfgemeinschaft hat sich seit den 1980er Jahren erheblich verändert. Wie stark das traditionelle andine Ämtersystem noch in Takt ist, bleibt offen. Als Repräsentant staatlicher Rechtssprechung fungieren ein Friedensrichter mit lokal übergreifendem Wirkungskreis oder der Bürgermeister sowie der Richter in der Munizipalhauptstadt. Aufgrund steigender gewaltsamer Übergriffe seitens *Sendero Luminoso*[7] gründeten sich in den 1980er Jahren Bauernschutzorganisationen *Rondas Campesinas*, an deren Spitze ein Präsident gewählt wird. Zunehmend haben die *Rondas* auch Aufgaben der Konfliktschlichtung und Rechtssprechung für bestimmte Delikte übernommen. Dazu gehören Streitigkeiten zwischen Familien und Nachbarn – meist Land- und Erbstreitigkeiten oder Streit über Viehhaltung – sowie intra-familiäre Konflikte. Aufgrund der Ferne des Staates und weil es sich um sozial anerkannte Persönlichkeiten aus der Dorfgemeinschaft handelt, genießen die *Ronderos* erhebliche Legitimität und Einfluss (Huber 1992).

De la Torre Araujo (1995) kam in ihrer Auswertung von Interviews und Verhandlungen der *Rondas Campesinas*[8] zu folgendem Ergebnis: Frauen wandten sich zunehmend an dieses Gremium; das Thema Gewalt gegen Frauen ist Beratungsgegenstand von *Rondas* geworden, wenn auch noch nicht in dem Umfang, wie es den Frauen als reales Problem bewusst ist.
Die Konflikte lassen sich wie folgt systematisieren:

- Konflikte in der Paarbeziehung: Sie beziehen sich auf physische Gewalt – zumeist heftige und regelmäßige Schläge seitens des Ehemannes, ausgeführt im Stadium der Trunkenheit. In den Interviews spielt diese Gewalterfahrung eine erhebliche Rolle und ist für zahlreiche Gesprächspartnerinnen Alltag;

---

7 Im Norden Perus war insbesondere auch das Ansteigen von Viehdiebstählen die Ursache der Gründung von *Rondas Campesinas* (siehe Huber 1992).

8 De la Torre Araujo wertete Sitzungen und Sitzungsprotokolle der *Rondas* von fünf Dorfgemeinschaften im Verlauf eines Jahres aus, sowie Interviews mit Frauen, Männern, Kindern und Jugendlichen zum Thema Gewalt gegen Frauen.

- Konflikte im Haushalt: Psychische Verletzungen, wie öffentliche Beschimpfungen, Verunglimpfungen, Demütigungen und physische Angriffe auch von anderen Frauen des Haushaltes (z.B. Schwiegermutter);
- Konflikte zwischen Familien/Nachbarn: Öffentliche Demütigungen, Unterstellung von Faulheit, schlechter Hauswirtschaftsführung, Flirt und Ehebruch;
- Vergewaltigung.

Es fällt auf, dass 30 % der vor den *Rondas* verhandelten Konflikte familiäre Streitigkeiten sind, zumeist wegen Erbschafts- und Landkonflikten.[9] Nur 5 % beziehen sich auf physische Gewalt, wobei die Autorin nicht nach Geschlechtern differenziert. In den Interviews mit Frauen und Kindern hingegen steht physische Gewalt des Ehemanns bzw. Vaters im Vordergrund – fast stets verbunden mit exzessivem Alkoholkonsum. Das bedeutet, die Frauen nutzen zwar zunehmend den öffentlichen Raum, um ihre Konflikte vorzutragen, jedoch noch längst nicht in dem Umfang, wie sie tatsächlich Unrecht erleiden.

Bedeutsam ist darüber hinaus die Feststellung der Autorin, im subjektiven Empfinden der Frauen haben psychische Aggressionen einen hohen Stellenwert. Das betrifft vor allem Spott, üble Nachrede, Klatsch und öffentliche Demütigungen. De la Torre Araujo erklärt dies mit einer „kulturellen Tradition der Überempfindlichkeit gegenüber der öffentlichen Meinung oder dem Gruppenkonsens", was gleichzusetzen sei mit dem Bedürfnis nach sozialer Anerkennung und Harmonie, die Voraussetzungen für das Funktionieren von Reziprozitätsbeziehungen und kollektiver Arbeit seien.

In der Tat sind dieses grundlegende Merkmale der andinen Gesellschaften, in denen die Produktion und Reproduktion auf Reziprozität und Kooperation beruhen.

Unrechtsempfinden, Unrechtsbewusstsein, Rechtsdenken

Im Folgenden werde ich – ausgehend von den Reaktionen der Frauen und vor dem Hintergrund ihrer soziokulturellen Lebenswirklichkeit – Begriffe zur Analyse ihrer Reaktionsweise entwickeln.

Die Reaktionen von Frauen auf physische und psychische Gewalterfahrung können verschiedenen Reaktionsmustern zugeordnet werden. Auf einer abstrakteren Ebene lassen sich diese verschiedenen Reaktionsweisen als ein Bewusstwerdungsprozess beschreiben, der von *„Unrechtsempfinden"* zu *„Unrechtsbewusstsein"* und *„Rechtsdenken"* führt. Ich schlage folgende Definitionen vor, wobei es nicht darum gehen kann, allgemeingültige Aussagen zu machen, sondern sich an den konkreten Lebensbereichen von Menschen in außereuropäischen Kulturen zu orientieren.

9　Siehe de la Torre Araujo (1995: 26).

In der konkreten Situation ist das Unrechtsempfinden der Frauen zumeist gepaart mit Hilflosigkeit und drückt sich aus in Scham, Selbstanklage, Selbstverachtung und Autoaggression („das Mädchen ist nach der Vergewaltigung gestorben vor Wut und vor Scham, weil es sich nicht wehren konnte") oder einer ebenfalls hilflosen Unterwerfung unter das „unglückliche Los der Frau" („ich habe eben Pech und einen schlechten Mann, der dem Alkohol verfallen ist").[10]

Theoretisch bezeichnet *Unrechtsempfinden* auf dem genannten Kontinuum von Reaktionen die Reaktionsweise von Frauen, die in lokalen Gemeinschaften oder Gesellschaften mit spezifischen, kulturell definierten Konstrukten von Familie und Weiblichkeit leben, in der die Benachteiligung und Diskriminierung von Frauen in das Brauchtum eingebettet sind und die Regelung von häuslichen Konflikten entweder nicht als Angelegenheit des öffentlichen Interesses aufgefasst wird oder ein androzentrisches Recht Frauen der Rechtsgewalt des Mannes unterstellt, wobei im männlichen Verhaltenskodex Gewalt zwar zulässig ist, jedoch „Milde" gegenüber der Familie positiv bewertet wird. Jüngere Ehefrauen sind dort, wo virilokale Residenznormen gelten, häufig auch noch der Gewalt und psychischen Verletzungen seitens der Schwiegermutter ausgesetzt, zu deren Autoritätsposition auch „Strafgewalt" und Maßregelungen gehören. In diesem Gesamtkontext reagieren Frauen auf Gewalt mit Scham, Selbstverachtung, Schuldgefühlen, aber auch mit dem diffusen Empfinden, dass Gewaltverhalten innerhalb der Familie „nicht gut" sei, dass Gewaltanwendungen – zumindest über ein bestimmtes Maß hinaus – „nicht sein sollten" (Mehrere Interviewpartnerinnen von de la Torre Araujo 1995).

Unrechtsbewusstsein drückt sich im konkreten Kontext darin aus, dass die Frau Paten, Eltern oder Nachbarn informiert und um Hilfe und Schutz nachsucht. Häufig wird dies verbunden mit der Forderung, dem Mann „ins Gewissen zu reden". Eine Steigerung der Reaktion liegt in der Drohung gegenüber dem Mann, die Pflichten im Haus nicht mehr zu erfüllen, die eigenen Tiere zu verkaufen, zu den Eltern zurückzuziehen, ihn zu verlassen.

Theoretisch soll *Unrechtsbewusstsein* jene Reaktionsweise genannt werden, in der die Frage nach der Legitimation von Gewalt Gewicht erhält. Voraussetzung dafür ist die Existenz differenzierter Verhaltensgrundsätze und Regeln in der Gemeinschaft für das Zusammenleben innerhalb der Familie und des häuslichen Verbundes, die das Gewaltverhalten zwischen Familien- bzw. Hausangehörigen in Konfliktsituationen regulieren. Darunter fällt auch eine grundsätzliche Einschränkung von Gewalt sowie die Definition bestimmter Personengruppen, denen gegenüber körperliche oder/und psychische Gewalt ausgeschlossen wird – etwa gegenüber Kindern, Schutzbefohlenen, Kranken, Schwächeren, Alten – oder Frauen ganz allgemein.

---

10 Es handelt sich stets um Aussagen aus den Interviews von de la Torre Araujo, die sie dokumentiert.

Die Verbindlichkeit dieser Normen wird zwar von den Mitgliedern der Gemeinschaft im Grundsatz anerkannt, doch unterliegen Verstöße keinerlei öffentlichen Sanktionen. Unrechtsbewusstsein von Frauen in diesem gesellschaftlichen Kontext bedeutet daher die Möglichkeit zur Entwicklung eines Bewusstseins darüber, dass spezifische Gewaltanwendungen oder allgemein ein Gewaltverhalten gegen ihre Person nicht legitim sind. Frauen haben jedoch keinen Anspruch, jenseits von Solidarbeziehungen innerhalb und außerhalb der Familie, Hilfe, Schutz und Unterstützung einzufordern und zu erhalten oder die Bestrafung des oder der Täter(innen) zu erwirken.

Rechtsdenken drückt sich demgegenüber in der konkreten Situation als öffentliche Anklage aus, die vor der *Ronda Campesina* oder dem Bürgermeister erhoben wird. Es folgen Belehrung, Sanktion und bei Wiederholung erhebliche Bestrafung. Die öffentliche Verhandlung des Verhaltens bedeutet eine „Beschämung" (de la Torre Araujo) des Täters oder der Täterin, was für sich genommen bereits eine scharfe Sanktion darstellt.

Theoretisch verstehe ich unter *Rechtsdenken* eine Reaktionsweise von Frauen, die sich auf Wissen um Rechte gründet und damit auch um das Wissen, was öffentlich als Unrecht anerkannt ist. Voraussetzung dafür ist das Bestehen von Rechtsnormen, die – zumindest einige – Frauen-Grundrechte anerkennen und Gewalt auch im häuslichen Kontext als rechtswidrig erklären sowie ein Rechtssystem und Institutionen, die diesen Normen verpflichtet sind. Damit sind zwar noch nicht zwangsläufig das Funktionieren von öffentlichen (staatlichen) Rechtsinstitutionen verbunden, wohl aber institutionelle Grundlagen, die das „Zursprachebringen" von Unrecht und das Einklagen der Rechte ermöglichen. Rechtsprechende Institutionen können hier z.B. auch Friedensrichter oder autochthone Organisationen, wie *Consejos Indígenas* (Indianische Räte) oder *Rondas Campesinas* (Bauern-Schutzorganisationen) sein. Erlittene häusliche Gewalt ist damit nicht mehr eine „Privatangelegenheit", sondern wird zum Gegenstand der öffentlichen Sphäre.

Externe Einflüsse und Wandel

In der Eingangsthese wurde darauf verwiesen, dass zum Wandel der Wahrnehmung und bei der Beurteilung von häuslicher Gewalt gegen Frauen verschiedene externe Einflüsse beitragen.

Auf der Grundlage der vorliegenden Interviews und der Darstellungen der Autorin lässt sich feststellen, dass die Dorfgemeinschaften seit den 1980er Jahren vielfältigen neuen Einwirkungen ausgesetzt sind, die direkt oder indirekt Einfluss auf die Wahrnehmung, Beurteilung von häuslicher Gewalt gehabt haben und noch haben. Dazu gehören:

- Die *Rondas Campesina* selbst. Sie sind eingebunden in regionalübergreifende Organisations- und Kommunikationszusammenhänge, die in Verbindungen zu Parteien, Staat, NROs, Kirchen und AnthropologInnen stehen. Damit existieren Vermittlungskanäle, über die andere Rechtsvorstellungen – bisweilen auch die internationalen Menschenrechts-Debatten oder deren Rezeption auf nationaler Ebene – in die Dorfgemeinschaften gelangen.

- Projekte und Hilfsorganisationen (Landwirtschaftliche Beratungsprojekte, Mutter-Kind-Gesundheitsberatungen, Projekte der Ernährungssicherung u.a.m.). Sie richten sich zum Teil speziell an Frauen und fördern den Aufbau von Frauengruppen. In diesem Rahmen werden auch häusliche Probleme thematisiert. Der Umstand, zusammenzukommen, um gemeinsam neue Aktivitäten zu planen und durchzuführen, wird von den Frauen als Ausgangspunkt für die Stärkung des Selbstbewusstseins gewertet, was sich auch in einer veränderten Reaktion auf häusliche und außerhäusliche Diskriminierung und Gewalt niederschlägt (de la Torre Araujo 1995: 39). Einige der Projekte informieren außerdem über die internationale Menschenrechts- und Frauendebatte.

- Protestantisch-fundamentalistische Religionsgemeinschaften. Sie finden zunehmend auch in diesen Dorfgemeinschaften Anhängerschaft. Die von ihnen vermittelten Familienkonzepte, Wertvorstellungen und Handlungsorientierungen richten sich scharf gegen Alkoholkonsum und Gewalt in der Familie; gegenseitiger Respekt gilt als unverzichtbare Verhaltensnorm in der Ehe (vgl. Ströbele-Gregor 1991)

Die Erschütterungen überlieferter Wertvorstellungen und sozialer Muster, die Umbrüche und Transformationen, die auf dem Hochland seit dem Bürgerkrieg stattfinden,[11] haben Individualisierungstendenzen gefördert. „Menschenrechte" und „Menschenrechtsverletzungen" wurden viel verwendete Begriffe im politischen Diskurs in der Auseinandersetzung um die Praxis von Militärs und *Sendero*. Sie sind angefüllt mit persönlichen – meist schrecklichen – Erfahrungen der Landbevölkerung. Ein Versuch, die Wandlungsprozesse in Bezug auf Geschlechterbeziehungen, Frauenrechte und die Haltung von Frauen zu verstehen, muss dieser Vielfalt an Erfahrungen der Menschen im Zusammenhang mit Gewalt zugrunde liegen. Doch nicht nur jene Erfahrungen zählen, von denen die Personen berichten, unverzichtbar ist auch, die verschwiegenen Erfahrungen mit einzubeziehen. Hier liegt aus meiner Sicht die Begrenztheit jedes ausschließlich emischen Forschungsansatzes.

---

11 Möglich sind auch Einflüsse von *Sendero* oder des Militärs. Die Autorin gibt leider keine diesbezüglichen Informationen. Vielleicht – wenn auch nicht sehr wahrscheinlich – waren die Dorfgemeinschaften von direkten Eingriffen der einen oder anderen verschont geblieben. Gewiss jedoch gab es Kontakte, da die Gemeinden in der Einflusszone von *Sendero* liegen. Zweifellos kennen die Menschen sowohl die Wert- und Rechtsvorstellungen wie auch die – brutale – Praxis. Sie kennen auch das neue Frauenbild, das die Maoisten vermittelten. Unter den Kämpferinnen gab es viele junge Frauen, die als Propagandistinnen in die Dörfer kamen.

Eingangs wurde darauf verwiesen, dass die externen Einflüsse eher als Impulsgeber zu verstehen sind, als dass sie vollständig neue Ideen vermitteln würden. Der für diese These erforderte Nachweis lässt sich am vorliegenden Material nur beschränkt führen. Hier herrscht noch Forschungsbedarf. Jedoch die Tatsache, dass die neuen Ideen derart schnell integriert werden, dass die neuen eigenständigen Organisationen, wie die *Rondas Campesinas* und andernorts andere Organisationen, z.B. Friedensrichter oder Indianische Räte (*Consejos Indígenas*) von den Frauen als Tribunal genutzt werden, um ihre Rechte einzufordern, sind wichtige Indizien für die Gültigkeit dieser Annahme.

Das Gedicht einer Maya-Frau aus Guatemala bestärkt mich in der Einschätzung, dass das „Zursprachebringen" nicht erst der Beginn eines Bewusstwerdungsprozesses, sondern bereits ein weiterer Schritt ist. Voraussetzung ist der nachfolgende Schritt: Das Einklagen des Rechtes bzw. Protest, also für ein aktives öffentliches Handeln dieser Frauen, ist offenbar die Existenz eines öffentlichen Raumes, wo sie sich Gehör verschaffen können.

Literatur

Abu-Lughod, Lila (1993): *Writing Women's World. Bedouin Stories*, Berkeley: University of California Press.

Bant, Astrid A. (1994): „Parentesco, Matrimonio e Intereses de Género en una Sociedad Amazónica: El Caso Aguaruna", in: *Amazonia Peruana* 24, S. 77-104.

Benda-Beckmann, Keebet von/Finkler, Harald W. (1999): *Commission on Folk Law and Legal Pluralism, Papers of the XIth International Congress „Folk Law and Legal Pluralism: Societies in Transformation"*, Moscow, 18-22 August 1997.

Bohannan, Paul (1965): „The Differing Realms of Law", in: *American Anthropologist* 67, S. 33-42.

Braig, Marianne /Gerhard, Ute (Hg.) (1999): *Dokumentation des Kolloquiums „Menschenrechte sind Frauenrechte"*, Frankfurt: Zentrum für Frauenstudien JWG Universität.

Brandt, Hans Jürgen (1987): *Justicia Popular – Nativos Campesinos*, Lima: Fundación Friedrich Naumann/CDIJ (Centro de Investigaciones Judiciales de la Corte Suprema de Justicia de la República).

Brandt, Hans Jürgen (1990): *En Nombre de la Paz Comunal. Un Análisis de la Justicia de la Paz en el Perú*, Lima: Fundación Friedrich Naumann/CDIJ (Centro de Investigaciones Judiciales de la Corte Suprema de Justicia de la República).

Bunch, Charlotte (1990): „Womens's Rights as Human Rights. Towards a Revision of Human Rights", in: *Human Rights Quarterly* 12, S. 486-498.

Carrillo, Roxana (1991): „La Violencia contra la Mujer: Obstáculo para el Desarrollo", in: Virginia Guzmán/Patricia Portocarrero/Virginia Vargas (Hg.),

Una Nueva Lectura: Género en el Desarrollo, Lima: Flora Tristán/Entre mujeres, S. 161-192

Comisión Andina de Juristas (CAJ) (1996): *Región Andina: Modernización e Inestabilidad, Informe Anual 1995*, Lima: CAJ.

de la Torre Araujo, Ana (1995): *Violencia contra la Mujer Rural en Cajamarca*, Cajamarca: APRISABAC (Atención Primaria y Saneamiento Básico de Cajamarca).

Department of State (1994): *Country Reports on Human Rights Practices for 1993*, Washington: Department of State.

Guatemala Info (1997): Nr. 3, Bonn, S. 10.

Guzmán, Virginia/Portocarrero, Patricia/Vargas, Virginia (Hg.) (1991): *Una Nueva Lectura: Género en el Desarrollo*, Lima: Flora Tristán/Entre Mujeres.

Huber, Ludwig (1992): *Bauern und Staat in Peru: Rondas Camesinas von Piura*, Fort Lauderdale, Saarbrücken: Breitenbach.

Krell, Gerd/Wölke, Sonja (1995): *Gewalt gegen Frauen und die Menschenrechte*, Frankfurt: HSFU-Report 2/1995.

Merry, Sally E. (1992): „Anthropology, Law, and Transnational Processes", in: *Annual Review of Anthropology* 21, S. 357-379.

Schweizer, Thomas (1993): „Perspektiven der analytischen Ethnolgie", in: Thomas Schweizer/Magarete Schweizer/Waltraud Kokot (Hg.), *Handbuch der Ethnologie*, Berlin: Reimer, S. 79-116.

Stavenhagen, Rodolfo (1988): *Derechos Indígenas y Derechos Humanos en América Latina*, México: El Colegio de México/ Instituto Interamericano de Derechos Humanos.

Stavenhagen, Rodolfo/Iturralde, Diego (1990): *Entre la Ley y la Costumbre. El Derecho Consuetudinario Indígena en América Latina*, México: Instituto Indigenista Interamericano/ Instituto Interamericano de Derechos Humanos.

Streck, Bernhard (1987): „Recht", in: Bernhard Streck (Hg.), *Wörterbuch der Ethnologie*, Köln: Dumont, S. 174-177.

Ströbele-Gregor, Juliana (1991): „Verführt? Frauen in evangelikalen fundamentalistischen Religionsgemeinschaften. Das Beispiel El Alto und La Paz", in: Wera Reusch/Antje Wiener (Hg.), *Geschlecht, Klasse, Ethnie. Alte Konflikte, neue soziale Bewegungen in Lateinamerika*, Saarbrücken, Fort Lauderdale: Breitenbach, S. 57-94.

Ströbele-Gregor, Juliana (1999): „Gewalt gegen Frauen – ein beunruhigendes Thema im Demokratisierungsprozess", in: Helen Ahrens/Detlef Nolte (Hg.), *Rechtsreform und Demokratieentwicklung in Lateinamerika*, Hamburg: Institut für Iberoamerika-Kunde; Frankfurt: Vervuert, S. 53-77.

Ströbele-Gregor, Juliana (2001): „Frauenwelten im Umbruch – zur Lage von Frauen in Lateinamerika", in: Axel Borsdorf/Gertrud Krömer/Christof Parnreiter (Hg.), *Lateinamerika im Umbruch. Geistige Strömungen im Globalisierungsstress*, Innsbruck, Wien: Institut für Geographie der Universität Innsbruck, S. 155-167.

Ströbele-Gregor, Juliana (2002): „Zukunft gestalten – Herausforderungen an die indigenen Bewegungen in Lateinamerika", in: Juliana Ströbele-Gregor (Hg.), *Dossier: Nuevas Tendencias de Movimientos Indígenas en los Paises Andinos y Guatemala al Fin del Milenio*, Berlin: INDIANA 17/18, S. 9-29.

Ströbele-Gregor, Juliana (im Druck): „Hindernislauf. Indígena und Geschlechterverhältnis in Guatemala", in: Sabine Kurtenbach/Werner Mackenbach/Günther Maihold/Volker Wünderich (Hg.), *Zentralamerika heute*, Vervuert: Frankfurt a.M.

United Nations (1995): *The United Nations and the Advancement of Women 1945-1995*, UN Department of Public Information: New York.

MEIDUNG ALS MODUS DES UMGANGS MIT KONFLIKTEN

Erdmute Alber

Spätestens seit James Scotts Untersuchungen der „weapons of the weak", den „alltäglichen Formen des Widerstands" (Scott 1985), wissen wir, dass Strategien des Ausweichens und Meidens offener Konflikte typische Modi der Auseinandersetzungen von Bauern mit ihren jeweiligen Herrschern sind. Scott zeigte, dass Bauerngesellschaften keineswegs dem Klischee der passiven, unpolitischen, konservativen und zu keiner gemeinsamen Aktion fähigen Untertanen entsprechen, das ihnen in der Literatur immer wieder unterstellt worden ist. Vielmehr erscheinen Strategien des Bummelns, Ausweichens, Desertierens, Sich-Entziehens, des Redens hinter dem Rücken der Herrscher oder der schweigenden Nicht-Befolgung von Befehlen in Situationen der Übermacht gewalttätiger oder despotischer Herrscher für Untergebene wirksamere Formen des Widerstands zu sein als der offen ausgetragene Konflikt. Mit der Einführung des Begriffs des *hidden transcript* wies Scott den machtrelevanten Diskursen der in Machtsituationen Unterlegenen, die sich abseits der direkten Wahrnehmung der Herrschenden entwickeln, eine wichtige Rolle für das Verständnis von Machtbeziehungen zu. (Scott 1990: 4ff).

Nun denkt James Scott vor allem an jene Konstellationen, in denen die Machthabenden den Bauern als hoffnungslos überlegen erscheinen. Stark vereinfacht läuft seine Argumentation darauf hinaus, Ausweichstrategien gerade in Situationen starker und übermächtiger Herrschaft für besonders erfolgsversprechend zu halten. Nicht umsonst benutzt er in seinem stärker theoretisch ausgerichteten Buch über die alltäglichen Formen des Widerstands (Scott 1990) als Fallbeispiele zur Erläuterung der *hidden transcripts* besonders häufig die Sklaverei.

Gerd Spittler (1981) argumentiert in seinem Buch zum westafrikanischen Bauernstaat ähnlich: Die westafrikanischen Bauern bevorzugen ebenfalls passive Ausweichstrategien gegenüber kolonialer Herrschaft. Anders als bei Scott charakterisiert er den kolonialen Staat in Westafrika jedoch als schwachen Staat, der aus Ohnmacht und Unfähigkeit zur flächendeckenden Kontrolle des Landes und der Produktionsmittel auf das Mittel despotischer, willkürlicher oder intermediärer Herrschaft zurückgreifen musste. Gerade diese Schwäche des Staates machte, so Spittlers Interpretation, Ausweichstrategien für die Bauern so attraktiv.

Scott und Spittler verbindet, dass ihre Betrachtung der Modalitäten gesell-schaftlicher Konfliktaustragungen auf eine Konzeptualisierung von Macht und Herrschaft zielt. Mit der Fokussierung auf die Frage nach der Konfliktaustra-gung bei der Beschreibung von Herrschaftstypen teilen sie implizit die Auf-fassung von Georg Elwert, Machttheorien vom Konflikt her zu denken.[1] Bei der gegenüberstellenden Lektüre beider Autoren stellt sich jedoch die Frage, ob eher „schwache", wie in der Argumentation von Spittler, oder „starke" Herrschaft, wie bei Scott, indirekte Strategien begünstige. Sie wird in diesem Text letztlich offen bleiben müssen, was zugleich zeigt, wie wenig wir über jene Faktoren wissen, die Meidungsstrategien beeinflussen.

Georg Elwert hat in dem in diesem Band vorgestellten Text eine andere Perspektive auf das Thema Konflikte gewählt. In diesem Text schaut er nicht auf die Verbindung von Konflikt zu Macht, sondern entwirft eine Typologie unterschiedlicher Arten des Konfliktprozessierens, die sich aus der Kombina-tion der beiden Faktoren Gewalt und gesellschaftliche Einbettung ergibt. Bei-de Faktoren können sowohl Begleiterscheinungen oder Rahmenbedingungen der Konfliktmodi, wie auch ihre Folge sein. Neben Krieg, Zerstörung und Verfahren ist der vierte Konflikttyp Meidung. Sie geht mit Gewaltarmut und einer schwachen Einbettung der Konflikte in gesellschaftliche Institutionen ih-rer Regelung einher. Zerstörung teilt mit Meidung die schwache Einbettung, korreliert jedoch mit Gewaltbereitschaft und kann diese erzeugen bezie-hungsweise verstärken. Verfahren teilt mit Meidung das Kennzeichen schwach ausgeprägter Gewalt, hingegen gibt es in Gesellschaften, die zu Ver-fahren neigen (etwa die unsrige) Institutionen, die Konflikte bearbeiten und in die die Konfliktprozeduren eingebettet sind. Krieg, die offen ausgetragene, je-doch regelhaft strukturierte Gewalt, ist von Meidung in Elwerts Systematik am weitesten entfernt, bei ihr liegt die Kombination von Gewalthaftigkeit und institutioneller Einbettung vor.

Aus diesem Argumentationsfeld lassen sich zwei Fragen extrapolieren, die ich anhand eines Fallbeispiels diskutieren möchte. Lassen sich erstens Mei-dungsstrategien als Modi der Austragung von Konflikten auf Macht- und Herrschaftstypen beziehen oder gar aus ihnen ableiten, wie dies Spittler, Scott und Elwert in ihren Überlegungen zum Thema Macht suggerieren? Und zwei-tens, gehen sie sie mit Gewaltarmut und mangelnder institutioneller Einbet-tung von Konflikten einher, wie Elwert dies in seinem Konfliktaufsatz nahe gelegt hat? Ich möchte diese Fragen vor dem Hintergrund meiner empirischen Forschungen zu den Baatombu in Nordbenin beleuchten. Ausweich- und Mei-dungsstrategien, sowie Formen der indirekten Kommunikation, die sich als

---

1   Elwert (1999). Er stellte diese Perspektive jenen Machttheorien gegenüber, die Macht von der Sozialstruktur her denken (etwa Foucault). Siehe dazu auch Eckert, Alber und Elwert (2003). Zur Verortung des Machtbegriffs zwischen Konflikt und Sozialstruktur siehe auch Alber (2003). Ohne die Gespräche mit Georg Elwert und Julia Eckert wäre dieser Text nicht zustandegekommen. Ihnen sei an dieser Stelle gedankt. Ich danke ferner Martin Staude und insbesondere Ulf Vierke für ihre kritische Lektüre des Manuskripts.

Meidungsstrategien deuten lassen, erlebte ich bei unterschiedlichsten Konflikten dieser ethnischen Gruppe in einem für mich bis daher nicht bekannten Ausmaß. Dieses Konfliktmuster ist bei den Baatombu nicht nur in der Gegenwart nachweisbar, sondern auch in der Kolonialzeit und begrenzt auch in der vorkolonialen Zeit. Mithin zeigt sich, dass Elwerts Vorstellung, dass Gesellschaften lernen und dabei Selektionsprozesse vollziehen, die zu einer Auswahl bestimmter Typen von sozialem Handeln führten, auch für die Baatombu geltend gemacht werden kann.[2]

Meidungsstrategien der Baatombu im Umgang mit Kolonialherrschaft

Circa 100 Kilometer östlich vom Siedlungsgebiet der Byalebe, die Elwert ja bereits als Beispiel für eine *avoidance*-Gesellschaft erwähnt, beginnt der alte Siedlungsraum der Baatombu, die auch als Bariba in der ethnologischen Literatur bekannt geworden sind.[3] Zusammen mit anderen ethnischen Gruppen, vor allem den Rinder züchtenden Fulbe, deren Sklaven, den Gando, und islamischen Händlern, den Dendi, bewohnen sie seit Jahrhunderten den Borgu, einen soziopolitischen Raum in der westafrikanischen Savanne, der sich vom Atacoragebirge im Westen der heutigen Republik Benin bis zum Nigerbogen im heutigen Nigeria erstreckt. Seitdem die Grenze zwischen beiden Ländern den Borgu seit Beginn der Kolonialisierung am Ende des 19. Jahrhunderts teilt, siedeln die Baatombu, wie die anderen ethnischen Gruppen der Region, in beiden Ländern.

In vorkolonialer Zeit hatten die Kriegsherrn der Baatombu die Gewalt monopolisiert, bedrohten durch Razzien und Fehden Bauern und Viehzüchter, die sich unter dem Schutz anderer Kriegsherrn befanden, und schützten „ihre" Leute vor den Überfällen anderer. Charakteristisch für die Machtstrukturen in

---

2   Da dieser Artikel auf die Entfaltung und Diskussion theoretischer Argumente zu Konflikttypen zielt und insgesamt stark typologisiert, verzichte ich auf die Beantwortung der Frage, wen ich meine, wenn ich von „den Baatombu" spreche. Dies geschieht im Bewusstsein, dass dieses typologisierende Denken nicht nur eine sträfliche Vereinfachung darstellt, sondern, womöglich noch problematischer, scheinbar im Duktus einer Ethnologie spricht, die eindeutig abzugrenzende Ethnien mit bestimmten Charakteristika und womöglich „kulturellen Merkmalen" im Sinne hat. Immerhin spreche ich nicht von einer bestimmten „Konflikt-Kultur bei den Baatombu" sondern versuche, das vereinfacht dargestellte und typologisierte Konfliktverhalten als Ergebnis eines Selektionsprozess auf der Basis historischer Erfahrungen und ökologischer Rahmenbedingungen zu deuten.

3   Zu den Baatombu siehe als Monographien Lombard (1965), Peterli (1971), Adrian (1975), Sargent (1982), Steward (1993), Kuba (1996) und Alber (2000). Meine Darstellung stützt sich ausschließlich auf Forschungen bei den Baatombu in Benin.

diesem Gebiet war, dass die Razziadrohung nicht entlang einer „ethnisch" oder „verwandtschaftlich" strukturierten Line zwischen „Eigenen" und „Fremden" verlief, sondern dass Razzien und Fehden auch innerhalb der Gruppe der Baatombu selbst stattfanden. Die Region war mithin von struktureller Instabilität und prinzipieller Gewaltoffenheit geprägt. Auch in dieser Zeit dominierten, soweit dies durch Erinnerungen und Erzählungen rekonstruierbar ist, Ausweichstrategien auf Seiten der Machtunterworfenen, die sich paarten mit der Bemühung, sich unter den Schutz eines Mächtigen zu stellen. Zwischen den Machtzentren lagen nahezu unbewohnte Landstriche, die als unsicher galten, als temporäre Rückzugsgebiete. Flucht und temporärer Rückzug in den Busch kommen als häufige Motive in den Schilderungen der Bauern über die vorkolonialen Razzien vor.[4]

Mit der Ankunft der Franzosen und der Etablierung kolonialer Herrschaft wurde das Gefüge interethnischer dezentraler Machtausübung grundlegend verändert. Die ehemaligen Kriegsherren wurden als Häuptlinge in das koloniale Verwaltungssystem integriert, wobei der koloniale Staat ihre wichtigste Machtressource, die Gewalt, für sich monopolisierte. Razzien und Fehden wurden nicht nur verboten, die Kolonialverwaltung setzte dieses Verbot, das die Einhaltung des kolonialen Friedens zumindest auf regionaler Ebene erzwang, konsequenter durch als andere Verbote, etwa das der Sklaverei, die auf lokaler Ebene nur allmählich und zögerlich abgeschafft wurde. Lokal oder personell begrenzte gewaltsame Aneignungen, etwa die Eintreibung von Abgaben unter Zuhilfenahme punktueller Gewalt durch die lokalen Häuptlinge und andere Mächtige, blieben jedoch auch nach der Kolonialisierung vor Ort unter der Decke des kolonialen Friedens erhalten.

Zu Beginn der Kolonialisierung war der Borgu ein äußerst dünn besiedeltes Land. Dies erschwerte während der Kolonialzeit die Durchsetzung französischer Kolonialherrschaft und änderte sich erst mit der Zunahme des Bevölkerungswachstums in der späten Kolonialzeit, das bis heute anhält und im Borgu zwischen 1992 und 2002 jährlich 4,37 % betrug. Damit liegt es über dem durchschnittlichen Bevölkerungswachstum in der Republik Benin von 3,25 %. Mit 28 Menschen pro Quadratkilometer im Vergleich zu landesweit 60 Personen pro Quadratkilometer zählt der Borgu gleichwohl noch heute zu den dünn besiedelten Gegenden der Republik Benin. (Doevenspeck 2004: 36-44).

Diese dünne Besiedlungsstruktur erlaubte während der Kolonialzeit eine hohe Mobilität der bäuerlichen Bevölkerung, denn bearbeitbare Böden standen den Bauern nahezu unbegrenzt zur Verfügung. Ausweichstrategien – und zwar ganz im physischen Sinne – boten sich also als Modi der Auseinandersetzung mit der Kolonialherrschaft und ihren lokalen Repräsentanten geradezu

---

4   Zu Razzien und Fehden im Borgu siehe Alber (1999). Methodologische Überlegungen lasse ich hier außer Acht; meine Interpretation des vorkolonialen und kolonialen Borgu stützt sich auf die Lektüre von kolonialen und spärlichen vorkolonialen schriftlichen Quellen, sowie der kontrastierenden Auswertung von Erinnerungen und Erzählungen heute lebender Baatombu.

an. Glaubt man den Berichten einiger Kolonialbeamten, so scheint diese Mobilität sogar höher gewesen zu sein als in vorkolonialer Zeit, als die Drohung von Razzien und Gewalt Bauern stärker dazu zwang, in der Nähe von Kriegsherrn zu siedeln. (ANB, 1E3, RMTB, 4. Quartal 1933).

Zur dünnen Besiedlung des Landes kam als weiterer, Ausweichstrategien begünstigender Faktor hinzu, dass der koloniale Staat in Nordbenin nur ausgesprochen schwach präsent war. Zehn Jahre nach der Eroberung des Landes, im Jahr 1908, lebten beispielsweise erst sechs Europäer im Borgu. (Alber 2000: 132) Aber auch nach der Etablierung der Kolonialherrschaft, die nach dem ersten Jahrzehnt des vorigen Jahrhunderts abgeschlossen war, kam es nie zu einer flächendeckenden staatlichen Herrschaftsausübung, so dass sich der Einfluss der Weißen während der Kolonialzeit im Norden Benins weitgehend auf punktuelle Herrschaft im Umkreis der Kolonialstationen erschöpfte.[5]

Die neue koloniale Realität wurde für die Bevölkerung des vorkolonialen Borgu vor allem an drei strukturellen Veränderungen erfahrbar: Es sind dies erstens die neuen Herrschaftsstrukturen und die Integration afrikanischer Häuptlinge in die Kolonialverwaltung. Die zweite Veränderung bestand in neuen Verboten, vor allem der Untersagung gewalttätiger Razzien und der Sklaverei. Drittens wurden neue Anforderungen an die Bevölkerung gestellt: Steuern wurden eingetrieben, Soldaten rekrutiert, und Menschen zur Zwangsarbeit herangezogen. Die neuen Herrschaftsstrukturen, die Integration der Häuptlinge in das Verwaltungssystem sowie die Untersagung von Razzien und Sklaverei betrafen besonders die ehemaligen Kriegsherren. Der allmähliche Rückgang der Gewalt wurde von vielen Bauern und Viehzüchtern durchaus begrüßt, so dass die Durchsetzung dieser Maßnahmen kein großes Konfliktpotential mit den Bauern darstellte. Hingegen versuchten sie sich gegen die neuen Anforderungen zu wehren, so dass man dieses Handlungsfeld ein Feld der „teilweise inkompatiblen Interessen mehrerer Personen" und mithin nach Elwert (in diesem Band) einen Konflikt nennen kann.

Formen des bäuerlichen Widerstands gegen die Maßnahmen sollen nun exemplarisch anhand des Konfliktfelds der Steuereintreibung betrachtet werden.

Steuern

Die Aushandlung der Frage, wer Steuern in welcher Höhe bezahlte, war ein ausgesprochen willkürlicher Prozess, an dem im kolonialen Borgu drei Akteursgruppen beteiligt waren: die Kolonialherrn, die Häuptlinge und die Bevölkerung. Erstere legten die Höhe der Steuern fest, die die jeweiligen Dörfer

---

5 Zur schwachen Präsenz des Staates auf der lokalen Ebene und ihrer historischen Veränderungen siehe auch Thomas Bierschenk und Jean-Pierre Olivier de Sardan (1998), die insgesamt von einer Pendelbewegung zwischen stärkerer Präsenz des Staates auf lokaler Ebene und seinem Rückzug ausgehen.

aufbringen mussten, zweitere waren für die Eintreibung dieser festgelegten Summen zuständig, und die Bevölkerung schließlich versuchte, die Zahlungen so weit wie möglich zu vermeiden, zu unterlaufen oder zu umgehen.

Die Festlegung der Höhe der Steuern geschah auf der Basis regelmäßig wiederholter Bevölkerungszensen, die nicht nur möglichst viele Dörfer erfassen, sondern auch genau angeben sollten, wie viele Menschen in den jeweiligen Dörfern wohnten.

Einen exakten Zensus im Borgu durchzuführen, war für die Franzosen aber ein Ding der Unmöglichkeit. Immer wieder stieß man auf „neue" Dörfer, die bislang noch nicht bei der Steuereintreibung erfasst worden waren. Noch in den dreißiger Jahren des vorigen Jahrhunderts entdeckten die Franzosen immer wieder solche neuen Dörfer, deren Einwohner sich bislang allen Steuerforderungen entzogen hatten. Zum Teil handelte es sich um tatsächlich unentdeckte Dörfer aus vorkolonialer Zeit, zum Teil aber auch um Neugründungen, wie sie im Borgu üblich waren.

Die Franzosen setzen auf der Basis dieser Zensen Bevölkerungszahlen für die einzelnen Dörfer fest, nach denen sich die Höhe der Steuern richtete, ohne Rücksicht auf die reale Entwicklung der Bevölkerungszahl. Nur jene Dörfer, die vom Zensus gar nicht erfasst worden waren, entkamen diesen Zahlungen zur Gänze; die anderen mussten zahlen. So kam es, dass Häuptlinge gelegentlich dringend darum baten, ihre Dörfer neu zählen zu lassen. Die Bevölkerungszahl sei gesunken, und man müsse die übrig gebliebenen Bauern von allzu drückenden Steuerforderungen entlasten (unter anderem ANB, 1E4, RMTB 2. Quartal 1923).

Derartige Bitten markieren die Grenzen der Meidungsstrategien: Dadurch dass die Franzosen die Steuersummen pro Dorf festlegten, zwangen sie die Bauern und Häuptlinge zu einem gewissen Gemeinschaftshandeln, denn individuelle Meidungsstrategien führten unter Umständen zu einer Erhöhung der Steuerschuld der anderen Dorfbewohner. So konnten die Bauern zunächst versuchen, durch gemeinschaftliche Meidungsstrategien der Steuerforderung zu entkommen, indem sie versuchten, das Dorf gar nicht erfassen zu lassen. Einmal erfasst, halfen nur noch begrenzte individuelle Strategien, die sich mithin nicht direkt gegen die Franzosen richteten, sondern darauf abzielten, den Steuern eintreibenden Häuptlingen zu entkommen. Für diese wiederum schienen manchmal Verhandlungen (also Verfahren, in der Terminologie von Georg Elwert) sinnvoll, um die Steuerschuld insgesamt zu drücken. Als ein solches Verfahren kann die Bitte um eine neue Bevölkerungszählung interpretiert werden.

Bei der Eintreibung der Steuern, ihrer wichtigsten Aufgabe in diesem Konfliktfeld, wurden die Häuptlinge, die zweite Akteursgruppe, von den Kolonialherren kaum kontrolliert. Wie die aufzubringenden Summen also real auf die Familien verteilt wurden, blieb ihnen weitgehend selbst überlassen.

Die Bauern als dritte Gruppe versuchten, sich nicht nur den Kolonialherrn, sondern auch den Häuptlingen zu entziehen. Viele Bauern sahen die Steuern in einer Kontinuität zu den vorkolonialen Abgaben an die Kriegsherren und wandten ähnliche Entzugsstrategien an: Bis heute werden Geschichten von Menschen erzählt, die nicht im Dorfkern, sondern bei ihren Feldern im Busch lebten und stets abwesend waren, wenn sich ein Steuereintreiber ankündigte. Die „Qualität" eines Häuptlings hinsichtlich des Steuereintreibens wurde unter anderem daran gemessen, welche entfernt gelegenen Gehöfte er erreichte und welche nicht. Und schließlich erzählten mir alte Menschen Geschichten über Männer, die von den Behörden aufgegriffen worden waren, nachdem sie jahrelang keine Steuern bezahlt hatten. Ihre Angehörigen gingen in die Stadt und versuchten, sie mit Bestechungsgeldern aus dem Gefängnis zu befreien oder zu verhindern, dass sie ins Gefängnis kamen (SGB1).

Dass sich die Bauern durch Meidungsstrategien nicht nur gegen die Anforderungen der Kolonialherren, sondern auch gegen die der Häuptlinge zur Wehr setzen, war auch insofern folgerichtig, als manche Häuptlinge von den Steuereintreibungen auch privat profitierten. Jedenfalls gingen die Bauern davon aus, dass ein Teil des eingesammelten Geldes bei den Häuptlingen selbst verblieb. Für ihre Untergebenen mag die Höhe der Steuerzahlungen schlecht kontrollierbar gewesen sein; erst recht war kaum zu kontrollieren, welcher Teil der eingesammelten Gelder tatsächlich beim Fiskus abgeliefert wurde. Gelegentlich klagten die Franzosen einzelne Häuptlinge wegen der Veruntreuung von Geldern an (etwa ANB, 1E4, RMTB, Februar 1904). Solche aktenkundigen Verfahren deuten darauf hin, dass die Franzosen durchaus versuchten, institutionalisierte Verfahren der Konfliktschlichtung im Borgu zu etablieren, etwa die Fiktion eines geregelten und gerechten Steuersystems oder geregelter Gerichtsverfahren. Da die meisten Bauern von diesen formalen Verfahren kaum Kenntnis hatten, nutzten sie sie in der Regel nicht zur Verhandlung ihrer Konflikte. Auch nahmen sie die Häuptlinge nicht als Teil formaler bürokratischer staatlicher Strukturen wahr, mit denen in geregeltem Verfahren verhandelt werden konnte, sondern vorwiegend als Teil dörflicher Strukturen jenseits der kolonialen Obrigkeit und in diesem Zusammenhang oftmals als willkürliche Herrscher, deren Anforderungen man zu entkommen versuchte, wo es möglich war.

Ähnlich wie gegen die Steuern wehrten sich die Bauern auch gegen Zwangsarbeiten und besonders gegen die Rekrutierung von Soldaten mit Meidungsstrategien, wo sie nur konnten. Die Erinnerungen der Bauern an die Musterungen, die Teil der jährlichen Rekrutierungskampagnen waren, haben als zentrales Thema die Frage, wer sich und mit welchen Tricks einer Musterung entziehen konnte. Man versuchte erstens, möglichst nicht auf die Musterungslisten zu geraten oder wenigstens, bei der Frage, welches Familienmitglied rekrutiert werden sollte, zu manipulieren. Manche Familien schickten Sklavenkinder anstelle ihrer leiblichen Kinder zur Musterung.

Auch in den Kolonialdokumenten wird häufig über die Schwierigkeiten bei der Rekrutierung geklagt. Dieser Zustand änderte sich bis zum Ende der Kolonialzeit nicht: Ganze Dörfer leerten sich noch in den zwanziger Jahren regelmäßig im Frühjahr, wenn die Rekrutierung nahte (ANB, 1E3, RMTB 1928). Wenn der Kommandant persönlich erscheine, seien sie oft bis auf den

Häuptling menschenleer, klagt ein Kommandant (ANB, 1E3, RMTB, 1. Quartal 1927). Angeblich seien sie „auf der Jagd", „auf Reisen" oder „auf dem Feld" (ebd.). Oder es waren nur noch Frauen und Kinder anwesend, wenn die Musterungsbeamten kamen. Viele Menschen sollen auch an die Goldküste migriert sein, um sich der Rekrutierung zu entziehen (ANB, 1E3, RMTB, 4. Quartal 1927).

Andere Meidungstypen

Die bisher geschilderten Meidungsstrategien waren überwiegend tatsächlich physisch: Abwesenheit, Entzug oder auch Flucht in den Busch. Daneben gab es andere Formen bäuerlichen Widerstands, die ebenfalls Meidungsstrategien genannt werden können, aber nicht in diesem physischen Sinne. Dazu zählt die Strategie, Befehlen nicht zu widersprechen, sie aber zu unterlaufen.

Dies geschah beispielsweise als Reaktion auf eine Entwicklungsmaßnahme der Kolonialbürokratie im Jahr 1935, in deren Rahmen den Bauern angeordnet worden war, Busch zu roden und auf dem Land Maniok anzubauen: Als sich der Kommandant von den Ergebnissen der Maniokanbaukampagne überzeugen wollte, stellte er voller Entsetzen fest, dass viele der „Eingeborenen" zwar gut ihre Felder vorbereitet,[6] aber nichts darauf gepflanzt hatten. Befragt nach der Begründung für ihr Tun antworteten sie, sie hätten ihm gehorchen wollen, aber keine Stecklinge gehabt. Wenn man – so schloss der Kommandant, der dies für eine reine Ausrede hielt – den Anbau nicht ständig überwache, würden es die Bauern durch ihre Nachlässigkeit erreichen, allen Gewinn aus ihrer Arbeit zu verspielen (ANB,1E3, RMTB, 3. Quartal 1935).

Die Bauern provozierten den Kolonialbeamten also durch „Dienst nach Vorschrift": Sie legten die Felder zwar an, bestellten sie aber nicht. Solange ihnen niemand Stecklinge herbeischaffte, blieben sie untätig. Möglicherweise nutzten sie das einmal gerodete Land lieber dazu, Yams anzubauen.

Eine andere Strategie bestand darin, möglichst solche Familienmitglieder zu den Gemeinschafts- oder Zwangsarbeiten zu schicken, deren Arbeitsausfall in der eigenen Landwirtschaft weniger schwer wog: Ein Kommandant konstatierte, dass in den Arbeitsgruppen, die auf der Straße von Parakou in den Niger arbeiteten, „zwei bis drei Jugendliche", ansonsten Kinder im Alter von fünf bis acht Jahren zu sehen seien (ebd.).

Manche Entzugsstrategien grenzten an Sabotage. Dies war zum Beispiel der Fall, wenn die Schlachter von Parakou, dem kolonialen Zentrum des Borgu und Sitz des Kommandanten, ihre Rinder heimlich schlachteten, ohne es dem Posten zu melden. Sie verkauften das Fleisch heimlich in den umliegenden Dörfern, so dass die Angestellten der Kolonialstation und damit die Europäer leer ausgingen (ANB, 1E3, RMTB, 1. Quartal 1927).

---

6 Zur Vorbereitung von Feldern zählen aufwendige Arbeiten wie das Abbrennen des Busches, Beseitigen der Baumstümpfe, Hacken und Steine entfernen.

Eine weit verbreitete Möglichkeit, unliebsamen Anordnungen aus dem Weg zu gehen, war, ihnen vermeintlich zuzustimmen und sie dann zu ignorieren. Dies brachte einen Kommandanten schier zur Verzweiflung. Er schrieb:

Les Baribas sont vraiment des maîtres dans l'art de s'esquiver et d'opposer la force d'inertie. Tô! Tô! répondent-ils invariablement, approuvant tout ce qu'on leur dit, l'air empressé à vouloir exécuter les ordres, et finalement ne faisant rien si aucune contrainte n'est exercée sur eux, si aucune sanction n'est suspendue sur leur tête. Très individualistes, ils se soucient fort peu de leurs Chefs indigènes qui n'ont sur eux aucun pouvoir (ANB, 1E3, RMTB, 2. Quartal 1927).

Andere Meidungsstrategien bestanden, zumindest in der Wahrnehmung der Kolonialbeamten, darin, Scheingründe anzuführen, um sich gegen unliebsame Maßnahmen zu wehren, während die eigentlichen Motive ganz woanders lagen. So ärgerte sich ein Kommandant 1927 über die Bevölkerung von Kika, einer Ortschaft, die nur etwa zwanzig Kilometer von Parakou entfernt lag, doch während der Regenzeit durch die über die Ufer getretenen Flüsse stets von diesem abgeschnitten war (ANB, 1E3, RMTB, 3. Quartal 1927). Über ihre regelmäßige Unerreichbarkeit seien die Bauern höchst zufrieden gewesen. Als man ihnen vorschlug, doch ein Boot oder ein Bambusfloß zu bauen, entgegneten sie, weder das eine noch das andere herstellen zu können. Außerdem würde ihnen, so der Kommandant, der „Fetisch" des Flusses alle Handlungen untersagen, die zu dessen Überquerung während der Hochwasserzeit dienen könnten. Diese Begründung hielt der Kommandant für einen reinen Vorwand. (ANB, 1E3, RMTB, 3. Quartal 1927).

Die beiden letztgenannten Beispiele – sich unter dem Vorwand der vermeintlichen Gegenwart eines Fetisch gegen eine Flussüberquerung zu wehren, sowie einer Anordnung zuzustimmen, sie dann aber zu ignorieren – charakterisieren Meidungsstrategien noch einmal sehr genau und führen zu einer Begriffsdefinition, die sich an Elwerts Definition von Konflikt anlehnt: Meidungsstrategien sind jene soziale Handlungen, die auf der Wahrnehmung von teilweise inkompatiblen Interessen oder Intentionen der beteiligten Personen oder Personengruppen beruhen, diese jedoch zu verschleiern oder zu umgehen versuchen. Dabei versucht die die Meidungsstrategien anwendende Konfliktpartei entweder, den Konflikt als solchen zu umgehen oder zu ignorieren und ihn durch Nicht-Handeln ins Leere laufen zu lassen. Oder sie setzt Meidungsstrategien ein, um ihre eigentlichen Interessen möglichst vor dem Konfliktpartner zu verbergen. Zwischen beiden Typen gibt es Zwischenformen und Abstufungen, die auch auf unterschiedlichen Graden der Intentionalität der Handlungen beruhten.

Für die bäuerliche Auseinandersetzung mit kolonialer Herrschaft im Borgu lassen sich die angewandten Meidungsstrategien als Reaktion auf einen bestimmten Herrschaftstypus interpretieren und bejahen mithin die eingangs gestellte erste Frage nach dem Zusammenhang zwischen Herrschaftstyp und Konfliktmodus. Gegen schwache, aber punktuell despotische koloniale Herrschaft in einer schwer zu kontrollierenden Umgebung konnten sich die Bauern gut mit Meidungsstrategien wehren. Dies bestätigt also eher die Argumentation von Gerd Spittler, die Schwäche des Staates begünstige Meidungsstrategien, dessen Fallregion, das koloniale Französisch-Westafrika ja auch den Borgu mit einschließt. Die Frage, ob Meidungsstrategien nicht auch, wie James Scott dies im Blick hat, in Situationen starker Herrschaft angebracht sein können, ist mit dem Beispiel der Baatombu daher nicht zu beantworten und muss offen bleiben.

Allerdings muss das Argument Georg Elwerts, Meidung ginge mit relativer Gewaltlosigkeit einher, vor dem Hintergrund des Fallbeispiels relativiert oder zumindest differenziert werden. Denn auch zu Beginn kolonialer Herrschaft, als tatsächlich und sichtbar Gewalt ausgeübt wurde, reagierten die Bauern des Borgu zumeist mit Meidungsstrategien: In den ersten Jahren der Kolonialherrschaft, als die Franzosen ihre Macht überhaupt sichern mussten, brannten sie eine Reihe von Dörfern nieder, deren Bevölkerung sich nicht unmittelbar zu fügen schien oder deren Kriegsherrn ihnen nicht rasch genug die Treue bekundete. Eine weit verbreitete Reaktion der Bauern war in dieser Zeit die radikale Meidung: kündigte sich ein Weißer oder gar ein Eroberungszug an, so leerten sich die Dörfer; die Bevölkerung floh in den Busch und ging jeder direkten Auseinandersetzung aus dem Weg.

Gerade wenn man nicht weiß, ob der Gewaltdrohung eine tatsächliche Gewaltausübung folgt, wenn die räumlichen und sozialen Gegebenheiten das Ausweichen zulassen, und wenn schließlich die Kosten für Meidungs- und Ausweichstrategien nicht allzu hoch sind, können sie ein Mittel der Wahl sein. Heute wie in der Kolonialzeit haben und hatten nahezu alle Bauern des Borgu bei ihren Feldern im Busch kleine Hütten, in denen sie relativ problemlos, ohne Hunger leiden zu müssen und ohne größeren Aufwand zu treiben, ein paar Tage oder Wochen überleben können und konnten. Im Alltag dienen diese Hütten als Unterstände bei Regen, als temporäre Unterkünfte, wenn man mehrere Tage bei den Feldern verbringen möchte, und als Speicher. Solche Außenstationen jenseits der Straßen und Wege, nur auf Pfaden erreichbar, waren weder den Franzosen bekannt und zugänglich, noch sind sie es heute den Vertretern der staatlichen Ordnungsmacht. Von diesen Ausweichmöglichkeiten machten die Bauern nicht nur während der gesamten Kolonialzeit reichlich Gebrauch, auch heute dienen sie Menschen als Refugium bei Konflikten oder auch als Versteck vor Menschen, die zu den Ortskenntnissen der Bauern keinen Zugang haben.

Das Fallbeispiel der Baatombu verweist auf die Bedeutung des sozialen und geographischen Raums zur Erklärung von Meidungsstrategien. Die Möglichkeit auszuweichen, ist gebunden an die Verfügbarkeit von Land, das vom Konfliktgegner nicht kontrolliert wird. Elwert hat dieses Argument in seinem Beitrag angeschnitten, jedoch nicht weiter ausgeführt.

Elwerts Argumentation, Gewaltarmut begünstige Meidungsstrategien, wird allerdings insofern gestützt, als ein bestimmter Meidungstypus unter den Bedingungen des kolonialen Friedens zugenommen hat: Die Gründung neuer Siedlungen im Busch. So argumentiert zumindest ein kolonialer Verwaltungsbeamter, der 1933 schrieb, dass die allgemeine Mobilität der Bevölkerung mit der Kolonialisierung des Landes zugenommen habe. Die Notwendigkeit zur Verteidigung vor Razzien habe – so der Kommandant des Borgu – in vorkolonialer Zeit die festen Ortschaften geschaffen, deren jeweiliger Häuptling ehedem als Kriegsherr die Sicherheit gewährleistet hatte. Seitdem die Franzosen die Sicherheit garantierten, fände die Bevölkerung es nur natürlich, die Ortschaften zu verlassen, um den Zumutungen der neuen Herrschaft zu entkommen. Wenn sich diese Tendenz fortsetze und sich die gesamte Bevölkerung im Busch zerstreue, würde Herrschaft gänzlich unmöglich. (ANB, 1E3, RMTB, 4. Quartal 1933).

Innerhalb des Spektrums räumlicher Meidungsstrategien gibt es zwei Typen, die beide die Siedlungsstruktur des Borgu bestimmen.

Der eine Typ ist das kurzfristige, schnelle und temporäre Ausweichen in den Busch. Im Extremfall ist es die Flucht bei Gefahr im Verzug. In vorkolonialer Zeit geschah dies angesichts der Androhung von Gewalt bei Razzien, vor denen die Bauern in den Busch flohen, wenn sie sich nicht mit ihrem Kriegsherrn zum Gegenangriff entschieden. Während der Kolonialzeit floh die Bevölkerung vor allem bei der Drohung von Soldatenrekrutierungen, Zwangsarbeit oder der Gefahr von Steuereintreibungen temporär in den Busch. Am Ende solcher Handlungen steht jedoch die Rückkehr ins Dorf.

Der andere Typ räumlicher Meidungsstrategien besteht darin, das Dorf gänzlich zu verlassen, um eine neue Siedlung zu gründen. Oftmals erzählen Dorfgründungsgeschichten von solchen Prozessen. Sie beginnen damit, dass eine oder mehrere Familien ihr Dorf verlassen und in den Busch ziehen. Allmählich entwickelt sich aus der neuen Niederlassung ein eigenes Dorf. Das Fortziehen aus dem Dorf gilt als eine bewährte Möglichkeit, mit innerfamiliären oder -dörflichen Konflikten umzugehen und so die direkte Konfrontation zu meiden.

Ausweich- und Meidungsstrategien bestimmten also in weitaus stärkerem Maße die Strategien der Bauern im Umgang mit kolonialer Herrschaft und deren Vermittlung durch die lokalen Häuptlinge im Borgu als andere Formen der Konfliktaustragung. Lediglich im Jahr 1916 kam es zu einem großen Aufstand, der gewaltsam niedergeschlagen wurde. Aber auch dieser Aufstand begann zunächst als Revolte gegen einen unbeliebten Häuptling und weitete sich nur allmählich aus. (Alber 2000: 186ff; Crowder 1978; Lombard 1965: 416ff) Die anderen von Elwert genannten Konflikttypen, Krieg, Zerstörung und Verfahren, kamen verglichen mit der Meidung weitaus seltener vor.

Meidungsstrategien jenseits der Auseinandersetzung mit Herrschaft

Hängen nun Herrschaftstypen und Formen des Konfliktprozessierens auch kausal zusammen? Meine bisherigen Ausführungen scheinen dies nahe zu legen, jedenfalls wenn man das geschilderte Fallbeispiel so versteht, dass im

Borgu erst die koloniale Herrschaft die Meidungsstrategien hervorgebracht hat. Dagegen spricht zum einen, dass sie auch in vorkolonialer Zeit nachweisbar sind. Zum anderen dominieren bei den Baatombu Formen von Meidung und Ausweichen auch in Konfliktfeldern, die keinen direkten Bezug zur Auseinandersetzung mit Herrschaft haben. Dies werde ich nun abschließend darstellen und mich damit auch der bislang noch offen gebliebenen Frage nach der schwachen Einbettung annähern.

Bereits die Ethnologin Hannelore Adrian (1975: 191) hat Meidung für eine grundlegende Konfliktstrategie bei den Baatombu angesehen. Auch sie sieht einen Zusammenhang zwischen Siedlungsstruktur und Konfliktverhalten. Sie schreibt:

Man wird daraus [aus der Tatsache, dass Konflikte nicht lautstark, außerhalb des eigenen Gehöfts ausgetragen werden, E.A.] jedoch nicht auf die Abwesenheit von Spannungen schließen dürfen, vielmehr kann man deutlich eine Tendenz erkennen, durch räumliche und organisatorische Trennung Konflikten aus dem Wege zu gehen. Die Zersplitterung in kleine Residenzeinheiten und die nochmalige Unterteilung solcher Einheiten in Haushalte hat hier, auch nach dem Selbstverständnis der Bariba, eine ihrer Ursachen. Viele *ferme*-Gründungen wurden mir damit erklärt, daß die Betreffenden sich mit ihren jeweiligen Verwandten gestritten hätten und daraufhin aus deren Dorf ausgezogen seien. (Hervorhebung: E.A.).

Meidungsstrategien fielen auch bei meinen Forschungen zu den Veränderungen von Familienstrukturen bei den Baatombu auf. So werden beispielsweise Ehekonflikte, die bei den Baatombu häufig vorkommen, nahezu immer dadurch öffentlich bekannt, dass die Frau unter dem Vorwand, an einem Fest oder einer Zeremonie bei ihrer Herkunftsfamilie teilzunehmen, das Ehegehöft verlässt. Oft wird dem Ehemann erst durch die Verzögerung ihrer Rückkehr klar, dass sie gegangen ist. Nicht ein einziges Mal habe ich bei den Baatombu Trennungen erlebt, die verbal ausgehandelt wurden, ohne dass einer der Ehepartner (fast immer ist es die Frau) einmal oder wiederholt und stets unangekündigt das Gehöft verließ. Verhandlungen über den Anlass des Konflikts, die Bitte zur Rückkehr und vor allem die bei den Baatombu wichtige Bitte um Verzeihung (*suuru*) wurden immer erst dann begonnen und ausgesprochen, wenn die Frau bereits fort war. Der Weggang der Frau ist also nicht als Endpunkt eines Ehekonflikts anzusehen, sondern, sofern die endgültige Trennung abgewendet werden kann, als Beginn des öffentlichen Verlaufs, der mit der Bitte um Verzeihung endet. Dieser letzte Schritt in einem Ehekonflikt geschieht oftmals, ohne dass die Konfliktpartner auf die Gründe oder Anlässe des Konflikts direkt zu sprechen gekommen sind.

Als Meister der indirekten Kommunikation verstehen sich viele Baatombu darauf, Reisen anderer zu deuten und zu interpretieren. Gerade weil über Reiseanlässe öffentlich meist nur spärlich und formelhaft gesprochen wird (etwa: *u win tombu tobiri n da* – er/sie geht, um seine Familie zu grüßen), sind Spekulationen über die wahren Absichten einer Reise weit verbreitet.

Das Thema der indirekten Kommunikation als Teil von Konfliktstrategien beschäftigte auch die Ethnosoziologin Wendy Schottman (1993) in ihrem

Aufsatz über Hundenamen bei den Baatombu. Häufig geben die Baatombu – so Schottman – ihren Hunden Namen von Sprichwörtern, mit denen sie ihren Nachbarn indirekte Botschaften übermitteln. Um etwa den Nachbar auf seinen Geiz aufmerksam zu machen, ruft man den eigenen Hund „Geizhals". Dadurch wird vermieden, einen möglichen Konflikt mit dem Nachbar direkt anzusprechen.

Der Zusammenhang zwischen Meidungsverhalten in Konflikten und indirekter Kommunikation fiel mir bei meinen eigenen Forschungen auch bei der Rekonstruktion vergangener Ereignisse auf. Hier wurde die indirekte Kommunikation zu einer methodologischen Schwierigkeit der Forschungen, denn die Baatombu vermeiden in der öffentlichen Rede, wenn irgend möglich, jeglichen Verweis auf einen Konflikt. Ein ausgesprochen wortkarges und formelhaftes Sprechen dominiert, beispielsweise über kriegerische Konflikte oder über gewaltsame Aneignungen von dörflicher Macht. „U na u bandu di" („er kam und aß die Herrschaft") ist eine solche typische Formel, mit der über viele unterschiedliche Vorfälle, etwa die gewaltsame Absetzung eines Häuptlings durch einen anderen Mächtigen, die Eroberung eines Dorfes oder auch nur eine Inthronisierung gesprochen wird.

Die Erwähnung von Gewalt wird dabei unter allen Umständen vermieden. Auch rezente Konflikte, etwa die gewaltsame Vertreibung eines Hexers aus dem Dorf (Alber 2001), werden in den Erzählungen im Nachhinein ihrer Gewalthaftigkeit beraubt, und selbst ein Mord wird im retrospektiven Sprechen, auch der Angehörigen des Opfers, als Todesfall dargestellt und der Name des Mörders möglichst nicht genannt.

Diese Sprechweise wird nach meiner Erfahrung nur in Gesprächen unter vier Augen und unter Vertrauten punktuell unterbrochen.

Auch bei Familienkonflikten, etwa über die Frage, bei welcher Person ein Kind aufwächst,[7] werden vorwiegend indirekte Strategien angewendet. So reisen Frauen, die möchten, dass ihre Kinder in ihrer Herkunftsfamilie aufwachsen, mit diesen in ihre Herkunftsdörfer, ohne ihre Männer von ihren Plänen zu informieren und kehren anschließend ohne das Kind zurück. Oft sagen sie dann, die Kinder seien auf Besuch bei der Großmutter geblieben, bis sich nach Wochen oder Monaten herausstellt, dass sie dort bleiben und die Großeltern nicht gewillt sind, das betreffende Kind wieder zu den Eltern zurückkehren zu lassen.

Wird ein Konflikt dann doch offen und bemüht sich eine Konfliktpartei um dessen Lösung auf dem Verhandlungsweg, so wird dafür eine „begrenzte und in ihrer personalen Zusammensetzung frei gewählte Öffentlichkeit" geschaffen, um einen Begriff von Adrian (1975: 189) zu verwenden. Man kann sich an eine Autoritätsperson innerhalb der Familie wenden, oder zum staat-

---

7 Bei den ländlichen Baatombu wachsen bis heute viele Kinder nicht bei den leiblichen Eltern, sondern bei Pflegeeltern auf. Bestimmte Verwandte haben das Recht, um ein Pflegekind zu bitten. Dies darf ihnen offiziell nicht abgeschlagen werden. Um Kinder dennoch bei sich zu behalten, müssen indirekte Strategien angewendet werden. Zur Kindspflegschaft siehe Alber (2003a und 2004).

lich und durch Wahlen legitimierten Dorfvorsteher gehen, man kann den traditionellen Häuptling einschalten oder einen Notablen des Dorfes. Thomas Bierschenk und Jean-Pierre Olivier de Sardan (1998) haben solche Strukturen, bei denen die Zuständigkeit für Konflikte nicht an ein bestimmtes Amt gebunden ist, „polykephal" genannt.

Eine solche selbst gewählte Öffentlichkeit jedoch ist keine etablierte und an Verfahren gebundene Institution der Schiedssprechung, und insofern trifft der von Elwert konstatierte Zusammenhang zwischen mangelnder Einbettung von Konflikten und der Neigung zu Meidung für die Baatombu zu. Im Laufe eines Konflikts können von den daran beteiligten Parteien, wenn sie ihn denn überhaupt einmal öffentlich gemacht haben, verschiedene Instanzen der Schiedssprechung eingeschaltet werden, und nicht nur der Gegenstand des Konflikts und sein Deutungsrahmen, sondern auch die Zuständigkeit solcher einbezogener Schiedspersonen werden im Laufe des Konflikts mit verhandelt. Anhand eines dörflichen Konflikts im Dorf Alafia habe ich dies exemplarisch bereits dargestellt (Alber/Sommer 1999). Nicht wenige Konflikte „versanden" in solchen Prozessen, etwa indem die involvierten Autoritätspersonen die Parteien auffordern, die Ruhe zu bewahren und sich zu verzeihen, ohne dem Konfliktgrund vollständig nachzugehen.

Eine andere Möglichkeit ist der plötzliche Umschlag zu Gewalt, vor allem in Hexerei- oder Eigentumskonflikten, und damit die oft ausgesprochen abrupte Beendigung des Meidungsverhaltens. (Dazu als Fallbeispiel Alber 2001)

Die meisten Familienkonflikte jedoch werden in Baatombu-Dörfern ausgetragen oder eben umgangen, indem die daran beteiligten Familienmitglieder das Gehöft verlassen. Junge Männer ziehen in andere Gehöfte, etwa die ihrer mütterlichen Familie, Frauen verlassen ihre Ehemänner, verheiratete Männer gründen eigene Gehöfte. Die historische Erfahrung, die diesem Konfliktverhalten zugrunde liegt, ist der unbegrenzt zur Verfügung stehende Raum und die Möglichkeit, Land zu roden, um es neu zu bebauen. Diese Möglichkeit war weniger durch Ansprüche anderer oder durch Rechtstitel und Verfahren eingeschränkt als vielmehr durch die Gewalt der Kriegsherrn und Razzien. Diese würde in Elwerts Konfliktschema allerdings eher dem die Fehde einschließenden „Krieg" entsprechen als der Zerstörung, denn die vorkolonialen Razzien waren keineswegs unbegrenzt oder gänzlich ungeregelt, sondern durch Formen sozialer Kohäsion begrenzt.

* * *

Mit dem Fallbeispiel der Baatombu habe ich gezeigt, dass sich die bäuerlichen Meidungsstrategien im Umgang mit kolonialer Herrschaft insofern auf diese spezifische Form von Herrschaft beziehen lassen, als sie hier Erfolg versprechend sind und daher auch von den Bauern über Jahrzehnte der französischen Kolonialherrschaft angewandt wurden. Die Präferenz der Baatombu für Meidungsstrategien lässt sich jedoch nicht allein aus dieser Herrschaftsform ableiten, und insofern ist die erste der beiden eingangs in diesem Beitrag gestellten Fragen nur partiell zu bejahen. Vielmehr gründet sie auf einem historischen Lern- und Selektionsprozess, innerhalb dessen sich die Baatombu Meidungs- und Ausweichstrategien als ihre spezifische Art des Umgangs mit Konflikten angeeignet haben. Dies war ihnen nicht nur durch den zur Verfügung stehenden Raum möglich, sondern auch durch die Tatsache, dass die bäuerliche Produktion im Borgu auf wenig Kooperation angewiesen ist. Weder Produktionsmittel wie Land oder Wasser wurden und werden geteilt, noch werden Techniken eingesetzt, die nicht auch von Einzelpersonen ausgeübt werden können. Dies schafft eine Situation, in der man zwar als Familienverband in der Landwirtschaft miteinander kooperieren kann, es aber nicht muss.

In solch einer Konstellation können Menschen im Konfliktfall einander meiden und fortziehen oder die Kommunikation minimieren. Sie sind nicht gezwungen, sich unmittelbar miteinander auseinanderzusetzen. Ohne die Notwendigkeit des Konfliktprozessierens jedoch, besteht auch weniger Notwendigkeit, Schiedsinstanzen zu entwickeln und Verfahren des Konfliktprozessierens zu entwickeln. Tatsächlich sind im Borgu in vorkolonialer Zeit keine Schiedsinstanzen entwickelt worden, wie auch Adrian (1975: 191) bemerkt hat.

Vor dem Hintergrund des Fallbeispiels der Baatombu kann also vor allem Georg Elwerts Argument, die fehlende Einbettung von Konflikten in Institutionen korreliere mit Meidung, bestätigt werden. Hingegen lässt das Fallbeispiel für den von Elwert angenommenen Zusammenhang zwischen Meidung und Gewaltarmut, keine klare Veri- oder Falsifikation zu. Interessant wäre nun, zu Elwerts Hypothesen eine andere Gesellschaft zu befragen, bei der Meidungsstrategien vorhanden, aber weniger ausgeprägt betrieben werden als bei den Baatombu. Tatsächlich aber ist zum Thema Meidung bislang kaum systematisch geforscht worden. So stehen, wie so oft, mehr Fragen am Ende eines Texts als Antworten gegeben werden konnten.

Literatur

Adrian, Hannelore (1975): *Ethnologische Fragen der Entwicklungsplanung. Gbeniki – die ethnologische Erforschung eines Bariba-Dorfes als Grundlage für Planung und Aufbau eines Projekts der Entwicklungshilfe in Nord-Dahomey*, Meisenheim am Glan: Hain.

Alber, Erdmute (1999): "Violent Conflicts in West African Borgou on the Eve of Colonization", in: Georg Elwert et al. (Hg.), *Dynamics of Violence. Processes of Escalation and De-Escalation in Violent Group Conflicts*, Berlin: Duncker & Humblot, S. 119-132.

Alber, Erdmute (2000): *Im Gewand von Herrschaft. Modalitäten der Macht bei den Baatombu (1895-1995)*, Köln: Rüdiger Köppe Verlag.

Alber, Erdmute (2001): „Hexerei, Selbstjustiz und Rechtspluralismus in Benin", in: *Afrika spectrum* 2, S. 145-168.

183

Alber, Erdmute (2003): „Machttheorien", in: *Sociologus* 53 (2), S. 143-166.

Alber, Erdmute (2003a): „Denying Biological Parenthood – Child Fosterage in Northern Benin", in: *Ethnos* 68 (4), S. 487-506.

Alber, Erdmute (2004): „Grandparents as Foster Parents: Transformations in Foster Relations between Grandparents and Grandchildren in Northern Benin", in: *Africa* 74 (1), S. 28-46.

Alber, Erdmute/Sommer, Jörn (1999): „Grenzen der Implementierung staatlichen Rechts im dörflichen Kontext. Eine Analyse der Rechtswirklichkeit in einem Baatombu-Dorf in Benin", in: *Afrika spectrum* 34 (1), S. 85-111.

Bierschenk, Thomas/Olivier de Sardan, Jean-Pierre (1998): „Les arènes locales face à la décentralisation et la démocratisation. Analyses comparatives en milieu rural béninois", in: Thomas Bierschenk/Jean-Pierre Olivier de Sardan (Hg.), *Les pouvoirs au village. Le Bénin rural entre démocratisation et décentralisation,* Paris: Édition Karthala, S. 11-52.

Crowder, Michael (1978): „The French Suppression of the 1916–17 Revolt in Dahomeyan Borgu", in: Michael Crowder (Hg.), *Colonial West Africa: Collected Essays,* London: Cass, S. 179–197.

Doevenspeck, Martin (2004): *Migration im ländlichen Benin. Sozialgeographische Untersuchungen an einer afrikanischen Frontier,* Dissertation, Bayreuth: Universität Bayreuth.

Eckert, Julia/Alber, Erdmute/Elwert, Georg (2003): „Macht, Situation, Legitimität – Einführung", in: *Sociologus* 53 (2), S. 139-143.

Elwert, Georg (1999): *Macht und Konflikte.* Vortrag, gehalten auf der Tagung Macht, Situation. Legitimität, Juni 1999 in Berlin, unveröffentlicht.

Elwert, Georg, in diesem Band.

Kuba, Richard (1996): *Wasangari und Wangara: Borgu und seine Nachbarn in historischer Perspektive,* Hamburg: Lit.

Lombard, Jacques (1965): *Structures de type „féodal" en Afrique Noire. Étude des dynamismes internes et des relations sociales chez les Bariba du Dahomey,* Paris, La Haye: Mouton.

Peterli, Rita (1971): *Die Kultur eines Bariba-Dorfes im Norden von Dahomé,* Basel: Schwabe.

Sargent, Carolyn (1982): *The Cultural Context of Therapeutic Choice. Obstetrical Care Decisions among the Bariba of Bénin,* Dordrecht, Boston: Reidel.

Schottman, Wendy (1993): „Proverbial Dog Names of the Baatombu: A Strategic Alternative to Silence", in: *Language in Society* 22, S. 539–554.

Scott, James (1985): *Weapons of the Weak. Everyday Forms of Resistance,* New Haven, London: Yale University Press.

Scott, James (1990): *Domination and the Arts of Resistance. Hidden Transcripts,* New Haven, London: Yale University Press.

Spittler, Gerd (1981): *Verwaltung in einem afrikanischen Bauernstaat. Das koloniale Französisch-Westafrika 1919–1939,* Atlantis Verlag: Freiburg.

Stewart, Majorie (1993): *Borgu and its Kingdoms: A Reconstruction of a Western Sudanese Polity,* Dordrecht, Boston: Lewingston.

Archivquellen

ANB: Archives Nationales du Bénin, Porto-Novo, Serien 1E3 und 1E4
RMTB: Rapport mensuel trimestriel Borgou

DIE INFORMALISIERUNG UND PRIVATISIERUNG VON KONFLIKTREGELUNG IN DER BENINER JUSTIZ

Thomas Bierschenk

In dem zentralen Text, um den sich dieser Band dreht, formuliert Georg Elwert eine Matrix der Modi der Konfliktaustragung, die nach den beiden Dimensionen „höhere vs. niedere Gewaltaustragung" und „höhere vs. niedere
soziale Einbettung" (wir könnten auch sagen: Institutionalisierung) aufge-
spannt ist. Elwert suggeriert – ohne das je völlig explizit zu machen – eine
Korrelation von Modi der Konfliktaustragung in erster Linie mit bestimmten
„Gesellschaften". Als illustrierende Beispiele für die jeweiligen Modi zitiert er
meist ethnische Gruppen aus einem beeindruckenden Korpus ethnographischer Literatur. In ähnlicher Perspektive beschreibt Erdmute Alber (in diesem
Band) die Baatombu im Norden Benins als eine „Gesellschaft", in der Meidung als Modus der Konfliktaustragung dominiert, was sie überzeugend aus
der Geschichte und der politischen Ökonomie des nordbeninischen Borgou
ableitet.

In meinem Beitrag versuche ich, Ergebnisse aus der empirischen Erforschung der Justiz in Benin auf die in der Matrix formulierten vier „Extremty-
pen" bzw. „Pole" zu beziehen. Das von mir präsentierte Material scheint nahe
zu legen, erstens die von Elwert formulierten Idealtypen nicht als exklusive
Kategorien aufzufassen. Alle von Elwert definierten Modi der Konfliktaustragung können in einem sozialen Feld gleichzeitig auftreten, als alternative
Handlungsstrategien für die gleichen oder für unterschiedliche Akteure oder
auch in der kombinierten Anwendung durch individuelle oder kollektive Akteure. Das provoziert zweitens die Frage nach den grundlegenden Analyseeinheiten: Korrelieren Modi der Konfliktaustragung mit bestimmten Gesellschaften – wie Elwert mit seinem Begriff des „dominierenden Modus" nahe legt –
oder korrelieren sie (alternativ oder verschränkt damit) mit bestimmten sozialen Akteuren bzw. sozialen Gruppen? Korrelieren sie eventuell auch mit bestimmten Typen von Konflikten?

Es ist offensichtlich, dass Elwerts Sympathie in erster Linie dem Modus
des Verfahrens gilt. Ein großer Teil seiner Arbeiten steht unter der Leitidee,
dass Konflikte durch transparente Institutionen geregelt, „eingebettet", sein
müssen, soll es nicht zu gesellschaftlicher Anomie kommen. Seinen Verfahrensbegriff übernimmt er dabei von Luhmann (1983), erweitert ihn aber inter-

kulturell, indem er etwa auch Orakelschau und alle Formen des geregelten, nicht nur ökonomischen Wettbewerbs als Verfahren begreift. Allerdings ist offensichtlich, dass für ihn rechtsförmige Verfahren die positiven Eigenschaften von Verfahren am deutlichsten verwirklichen. Auch in anderen Texten hat er in den letzten Jahren immer wieder auf die Bedeutung von Rechtsstaatlichkeit für gesellschaftliche Entwicklungsprozesse verwiesen (siehe z.b. jüngst Elwert 2001).

Mein Text bezieht sich darüber hinaus auf eine weitere Elwertsche Leitkategorie, die der Venalität. Auch Märkte sind Institutionen, die der sozialen Einbettung bedürfen, soll es nicht zur Generalisierung von Venalität kommen (Elwert 1987). Die meinem Text zu Grunde liegende Forschung fand im Rahmen einer Untersuchung der Korruption im westafrikanischen Alltag statt.[1] Ein wichtiges Thema meines Beitrags ist die Rolle des Geldes in der Beniner Justiz oder, wenn man so will, die Venalität Beniner Richter, Staatsanwälte, Polizisten und Gendarmen. Texte zur Korruption sind zwar mittlerweile Legion, empirisch fundierte Texte jedoch eher selten.[2] Venalität und Korruption stehen allerdings nicht im Zentrum meines Textes. Ich versuche vielmehr, die Korruption in der Beniner Justiz organisationssoziologisch als eine unter mehreren Strategien der Informalisierung und Privatisierung darzustellen, mit denen die Beniner Justiz ihre Funktionsprobleme zu lösen sucht und damit gleichzeitig – in einer Rückkoppelungsschlaufe – verstärkt. Damit soll nicht gesagt werden, dass die Funktionsprobleme der Beniner Justiz – ihre im Folgenden beschriebene personelle, technische, organisatorische und „re-

---

1   Die Feldforschung wurde im Frühjahr 2000 zusammen mit Nassirou Bako-Arifari in Cotonou unternommen. Unsere Gesprächspartner waren Richter und Staatsanwälte, Anwälte, Notare und Gerichtsvollzieher (*huissiers*). Diese Forschung fand im Rahmen eines internationalen Projektes zur vergleichenden Erforschung der Korruption im Alltag in drei westafrikanischen Staaten (Bénin, Niger, Sénégal) statt. In meine Analyse sind auch Forschungsergebnisse anderer Projektmitglieder eingegangen, insbesondere die von Nassirou Bako-Arifari zur Korruption in Benin und von Mahaman Tidjani Alou zur Justiz in den genannten drei Staaten (siehe Tidjani Alou 2001). Daraus erklärt sich die gelegentliche Verwendung des „wir" in diesem Text. Zu den Ergebnissen des Gesamtprojekts siehe Blundo & Olivier de Sardan (2001a; 2001c). In Form der Betreuung einer studentischen Forschungsarbeit (Ribouis 1998/99) hatte ich mich schon einige Jahre zuvor mit der Beniner Justiz beschäftigt. – Kürzere Versionen dieses Textes wurden zwischen 2001 und 2004 an der Ecole des Hautes Etudes en Sciences Sociales (EHESS) in Marseille, im Institut für Ethnologie der Freien Universität Berlin, an der Fakultät für Soziologie der Universität Bielefeld, im Afrika-Kolloquium der Universität Bayreuth und in verschiedenen Lehrveranstaltungen der Johannes Gutenberg-Universität Mainz mündlich vorgetragen. Ich danke den Diskussionsteilnehmern bei diesen Vorträgen für ihre Verbesserungsvorschläge und Erdmute Alber und Julia Eckert für eine für mich sehr produktive kritische Durchsicht dieses unter großem Zeitdruck geschriebenen Textes.

2   Siehe die Literaturverweise in Blundo (2000) und Blundo & Olivier de Sardan (2001a).

gulatorische" Unter- oder Fehlausstattung –, die „Ursache" oder gar die einzige Ursache, von Korruption sind (was im Umkehrschluss zu der völlig falschen Einschätzung führen würde, dass man die Korruption durch einfache Organisationsreformen beseitigen könne).[3] Ein Ergebnis unseres gemeinsamen Forschungsprojekts war, dass die Alltagskorruption in Benin (und anderen westafrikanischen Staaten) systemischen Charakter hat und überdeterminiert ist: Sie ist das Ergebnis von historischen, ökonomischen, politischen, organisatorischen und kulturellen Faktoren, die sich gegenseitig abstützen und verstärken und die sie ihrerseits verstärkt (siehe die Einleitung in Blundo and Olivier de Sardan 2001). In der von mir gewählten Perspektive auf die Organisationsprobleme der Beniner Justiz sehe ich allerdings drei Vorteile. Erstens erlaubt sie, Korruption als eine unter vielen informellen Praktiken in einer formalen Organisation zu verstehen. Zweitens unterschlägt sie nicht, dass die Justiz, wie der gesamte öffentliche Dienst im frankophonen Westafrika, in weiten Bereichen doch auch irgendwie funktioniert, und dass formelle und informelle Praktiken in der Regel, wenn auch auf höchst ambivalente und fragile Weise, aber eben doch artikuliert sind (wie das grundsätzlich in allen formalen Organisationen der Fall ist) (Copans 2001). Drittens wird mit dieser Perspektive auch dem Hang zur Kulturalisierung und normativen Bewertung vorgebeugt, der viele Beiträge zur Korruption auszeichnet.

Das westafrikanische Land Benin, mit heute etwa 6 Millionen Einwohnern und von der Fläche her halb so groß wie die alte Bundesrepublik, stellt seit Ende der 1969 Jahre das Feldforschungsgebiet *par excellence* von Georg Elwert dar. Für eine empirische Erforschung der Justiz in Afrika bietet es sich hervorragend an. Benin ist nach offiziellen Statistiken eines der ärmsten Länder der Welt. Seine politische Ökonomie ist durch extrem hohe Abhängigkeit von transnationalen Rentenflüssen geprägt, sprich einerseits Entwicklungshilfe (Bierschenk 1993), andererseits Positionsrenten, die aus seiner geographischen Situation als „Stapelplatz-Staat" in Bezug auf Nigeria und die Sahelstaaten (Igué and Soulé 1992) herrühren. Dies macht Ökonomie und Politik in Benin in hohem Maße „außenorientiert",[4] was sich in einem großen Einfluss der Geber auf die Formulierung der offiziellen nationalen Politik äußert. Nach einem langen Jahrzehnt, in dem der Großteil dieser Geber grundsätzlich Misstrauen gegen den Beniner Staat (wie gegen alle Staaten, in der Dritten Welt und darüber hinaus) hegte, sind sie mittlerweile unter den Schlagworten von *governance*, *accountability* und *ownership* zu der Auffassung gelangt, dass nicht ein weniger, sondern ein besser funktionierender Staat eine zentrale Vorbedingung für ökonomische und gesellschaftliche Entwicklung darstellt. Dies führte, zusammen mit den Demokratisierungsprozessen, die um 1990 parallel zum Fall der Berliner Mauer und dem Verschwinden des Eisernen Vorhangs

---

3   Mit „prozeduraler Fehlausstattung" ist gemeint, dass archaische und unübersichtliche Gesetze eine unzureichende Grundlage darstellen, um auf ihrer Basis hinreichend vorhersehbare Verfahren durchzuführen und Entscheidungen zu treffen, vgl. dazu weiter unten.

4   „extrovertiert" im Sinne von Bayart (1989).

in vielen Teilen Afrikas einsetzten und in denen Benin eine Vorreiterrolle spielte, zu einer Aufwertung des Rechtsstaates und einer gut funktionierenden, unabhängigen Justiz.[5] Benin erlebte 1989/1990 einen exemplarischen, friedlichen Regimewechsel, von einer lokalen Variante des Marxismus-Leninismus hin zu einem Mehrparteiensystem. Es gilt heute als eines der demokratischsten Länder Afrikas, mit freien Wahlen, weitgehender Respektierung der Menschenrechte und einer erklärten Politik des Aufbaus einer starken Justiz. Der vorliegende Text beschäftigt sich mit der Realität dieser Beniner Justiz.[6]

Wenn im folgenden von der Beniner Justiz gesprochen wird, dann sind damit neben den Gerichten (den Rechtsfindungsinstitutionen in einem juristischen Sprachgebrauch) auch die Ermittlungsbehörden, d.h. Polizei und Gendarmerie, die freien juristischen Berufe, wozu im französischen Rechtssystem neben den Anwälten und Notaren auch die Gerichtsvollzieher (*huissiers*) gehören,[7] und die Vollzugsbehörden, also die Gefängnisse und ihr Aufsichts- und Verwaltungspersonal, gemeint. Alle genannten Berufsgruppen zusammengenommen werden von mir im Folgenden, der üblichen rechtssoziologischen Terminologie folgend, manchmal auch als „professionelle Rechtsanwender" bezeichnet. Der Schwerpunkt der Ausführungen liegt allerdings auf den Gerichten.

Ich werde im Folgenden zunächst einige in meinen Augen wesentliche Funktionsprobleme der Beniner Justiz aufzeigen, nämlich die bemerkenswerte Überlastung des Systems, Ergebnis seiner, gemessen an westeuropäischen Maßstäben, extremen personellen, materiellen, organisatorischen und regulatorischen Unter- oder Fehlausstattung. Angesichts dieser Überlastung entwickeln die Rechtsanwender und die Rechtsuchenden kollusive Entlastungsstrategien – die das eigentliche Thema dieses Aufsatzes darstellen. Die Strategien sind kollusiv, weil sie auf einem unausgesprochenen Einverständnis der Rechtsanwender und der Rechtsuchenden beruhen. Sie lassen sich grob in Informalisierungsstrategien und Privatisierungsstrategien unterteilen.

---

5   Für die deutsche Entwicklungspolitik stellen Recht und Justiz einen wichtigen Förderbereich und ein Querschnittsthema im Rahmen der Schwerpunkte „Demokratie, Zivilgesellschaft, öffentliche Verwaltung" und „Wirtschaftsreform und Aufbau der Marktwirtschaft" dar (Bundesministerium für wirtschaftliche Zusammenarbeit (BMZ) 2002: 16).

6   In auffallendem Gegensatz zu der Bedeutung, die Entwicklungspolitik und Entwicklungsforschung zunehmend einem gut funktionierenden Staat zumessen, steht der Mangel an empirischen Studien zum realen Funktionieren der öffentlichen Verwaltungen und Dienste in der Dritten Welt (für einen Literaturüberblick siehe Copans 2001; Darbon 2001). Auch die Justiz in Afrika gehört zu dieser *terra incognita*. Zu den wenigen vorliegenden Veröffentlichungen, gehören Albrecht (1985/86); Dubois de Gaudusson & Conac (1990); Ndiaye (1990); Pie (1990); Le Roy (1997); Tidjani Alou (2001); Jones-Pauly/Elbern (2002); Le Roy (2004).

7   während sie in Deutschland selbstständige Beamte mit festen Grundbezügen und Gebühreneinnahmen sind.

189

Dies ist an und für sich nicht überraschend, da zum einen alle administrativen Apparate Informalisierungsstrategien zu ihrer Entlastung entwickeln, und zum anderen gegenwärtig gerade die Privatisierung staatlicher Funktionen weltweit propagiert wird. Der Unterschied zwischen einem westeuropäischen Justizsystem, sagen wir dem deutschen oder französischen, und einem afrikanischen wie dem beninischen liegt jedoch in der relativ sehr viel größeren Bedeutung spontaner, nicht durch organisatorische Regelungen abgestützter Informalisierung und Privatisierung, also von Praktiken im Bereich von A2. und B2. auf der folgenden Matrix:

	A. Informalisierung	B. Privatisierung
1	A1. regulativ abgestützte Informalisierung	B1. regulativ abgestützte Privatisierung
2	A2. spontane Informalisierung	B2. spontane Privatisierung a. Externalisierung b. interne Privatisierung (Korruption)

Tabelle 1: Entlastungsstrategien in der Beniner Justiz

Diese Praktiken der spontanen Informalisierung und Privatisierung sind einerseits notwendig zur Entlastung des Systems. Ohne diese Praktiken würde die Justiz noch schlechter funktionieren, als sie das ohnehin tut. Sie verhindern das Zusammenbrechen der Justiz. Andererseits entziehen sie dem System Ressourcen (ökonomische und legitimatorische) und setzen tendenziell Grundprinzipien der Justiz außer Kraft, vor allem das Prinzip der Rechtsförmigkeit von Entscheidungen. Sie verstärken somit in einer negativen Rückkoppelungsschleife die Funktionsprobleme, deren Ergebnis sie sind.

Die kollusiven Praktiken der spontanen Informalisierung und Privatisierung erklären somit gleichzeitig das Überleben der Justizorganisation (weder die professionellen Rechtsanwender noch die Rechtsunterworfenen sehen ihr Interesse in einem völligen Verschwinden der modernen Justiz) wie ihr (im Sinne der Organisationsnormen) schlechtes Funktionieren: Das System stabilisiert sich auf einem niedrigen Leistungsniveau.

Funktionsprobleme der modernen Justiz in Benin

Die Funktionsprobleme der modernen Justiz in Benin liegen zum einen in ihrer personellen und materiellen Unterausstattung. Sie liegen des Weiteren in der schlechten Motivation der staatlichen Rechtsanwender als Ergebnis geringer Gehälter, schlechter Arbeitsbedingungen und des Fehlens einer an berufliche Leistungen geknüpften Karrierepolitik. Drittens liegen sie in organisatorischen und regulatorischen Defiziten, die aus der weitgehenden Abwesenheit von Justizreformen und Gesetzesnovellierungen seit der Unabhängigkeit des Landes im Jahre 1960 herrühren.

Personelle Unterausstattung

An Standards gemessen, die für okzidentale Justizapparate gelten, ist der Apparat in Benin hoffnungslos unterausgestattet. Wie die folgende Tabelle zeigt, arbeiteten an Beniner Gerichten im Jahre 2000 etwa 60 Richter und 20 Staatsanwälte (zusammengefasst *magistrats de siège* genannt), was einen Richter-*cum*-Staatsanwalt auf 75.000 Einwohner bedeutet. Im Vergleich dazu gibt es in Frankreich einen Richter bzw. Staatsanwalt auf 15.000 Einwohner, also pro Kopf der Bevölkerung siebeneinhalb mal mehr, in Deutschland sogar einen Richter bzw. Staatsanwalt auf 3.800 Einwohner und somit eine fast zwanzig Mal höhere Richterdichte.[8]

	Bevölke-rungszahl (aufgerundet)	Zahl der Richter und Staatsan-wälte	Richter plus Staatsanwälte im Verhältnis zur Bevölke-rungszahl[9]	Zahl der Anwälte	Anwälte im Verhältnis zur Bevöl-kerungszahl
Benin[10]	6.000.000	80	1:75.000	60[11]	1:100.000
Frankreich	60.000.000	6.100	ca. 1:10.000	k.A.	k.A.
Deutschland	80.000.000	20.000	1:4.000	50.000	1:1.600

Tabelle 2: Bevölkerung und Rechtsstab in Benin, Frankreich und Deutschland: einige Vergleichszahlen. Berechnet nach eigenen Erhebungen (für Benin, wo es keine Justizstatistik gibt) sowie nach Perrot (1995: 56); Rehbinder (2000: 109).

---

8   Der Vergleich mit Deutschland und Frankreich wurde gewählt, weil Frankreich die Schablonen für das moderne Recht und die Justizorganisation Benins liefert, andererseits der Text aber in erster Linie für deutsche Leser geschrieben wurde. Der Vergleich zeigt *en passant*, dass die Rechtsverhältnisse selbst innerhalb des kontinentalen-westeuropäischen Rechtskreises durchaus nicht einheitlich sind. Das hat historische Ursachen, auf die hier jedoch nicht weiter eingegangen werden kann.

9   „Richterdichte".

10 Im Niger kommen ein Richter auf 70.000 Einwohner und über 300.000 Einwohner auf einen Rechtsanwalt, vgl. Blundo/Olivier de Sardan (2001a).

11 1995 gab es in Benin noch 71 zugelassene Anwälte. Daneben wurden fünf Gerichtsvollzieher *(huissiers)* gezählt, davon vier in Cotonou und einer in Porto-Novo, sowie acht Notare, davon sechs in Cotonou, einer in Porto-Novo und einer in Parakou (der allerdings dort nur zeitweise anwesend ist) (République du Bénin 1996).

Daneben gibt es in Deutschland etwa 50.000 Rechtsanwälte und 50.000 weitere ausgebildete Juristen in anderen Berufen, also einen Rechtsanwalt auf 1.600 Einwohner. In Benin gibt es insgesamt etwa 60 Rechtsanwälte, also einen auf 100.000 Einwohner. Nach französischen Maßstäben fehlen in Benin somit über 520 Richter und Staatsanwälte, fast siebenmal mehr als die existierende Anzahl, nach deutschen Maßstäben fehlen sogar 1.420 (also fast das siebzehnfache der vorhandenen Anzahl). Und nach deutschen Maßstäben fehlen in Benin fast 3.700 Rechtsanwälte, die 60fache Anzahl der vorhandenen.

Was die Zahl der Richter und Staatsanwälte anbelangt, verschlechtert sich darüber hinaus die Situation in Benin von Jahr zu Jahr. 1986 wurde auf Druck von IWF und Weltbank die automatische Übernahme von Hochschulabgängern in den Staatsdienst abgeschafft und ein genereller Einstellungsstopp verhängt. Seitdem ist die Zahl der beschäftigten Richter und Justizbeamten um etwa 20 % gesunken.[12] Die so genannte „demokratische Erneuerung" von 1989/1990 hat, unter dem Applaus ausländischer Beobachter und Experten, zu einer Wiederaufwertung des Rechtsstaates geführt. In der Praxis der Gerichte äußert sich das als ein wachsender Bedarf nach Konfliktregelungen durch Gerichte, was die Zahl der zu verhandelnden Fälle von Jahr zu Jahr steigen lässt.[13]

Dieses Missverhältnis zwischen Abbau von staatlichen Ressourcen und gleichzeitiger Erhöhung der Anforderungen an staatliche Outputs ist ein schönes Beispiel – der Schulbetrieb mit seiner wachsenden Zahl von Schülern und sinkenden Zahl von Lehrern wäre ein anderes – für die Paradoxien und Widersprüche, an denen die internationale Entwicklungskooperation so reich ist, die aber erst dann auffallen, wenn man die Auswirkungen von Makroprozessen auf der Mikroebene untersucht. Gemeint ist der Widerspruch zwischen der neoliberal begründeten Forderung der Geberwelt nach „Verschlankung" und „Rückbau" des Staates auf der einen Seite, und der Aufwertung von Demokratie und Rechtsstaat auf der anderen.

Ein Untersuchungsrichter am Berufungsgericht (*cour d'appel*) in Cotonou (bis zur jüngsten Justizreform das einzige im Lande) hat 600 Fälle auf seinem Schreibtisch liegen. Die Norm für seinen französischen Kollegen liegt bei 50; erreicht dort die Zahl der Fälle 80, gilt der Richter als erheblich überlastet. Der Beniner Kollege ist gleichzeitig Haftrichter und in dieser Funktion zuständig für 140 Gefangene, die das Recht haben, ihm einmal im Monat zu schreiben – was die meisten anscheinend auch tun, denn die Gefahr, im Gefängnis vergessen zu werden, ist groß. 1995 war in allen Beniner Gerichten mit Ausnahme des Amtsgerichtes (*tribunal de 1ère instance*) in Cotonou die Zahl der neuen Fälle größer als die der abgeschlossenen (République du Bénin 1996). Allerdings ist die Zahl der pro Richter abgeschlossenen Fälle im regio-

---

12 Im Jahre 1995 waren in Benin in den neun Gerichten noch 70 Richter und 27 Staatsanwälte beschäftigt (République du Bénin 1996).
13 Beniner Juristen sprechen von einer *judicarisation des litiges* (République du Bénin 1996: 10).

nalen Vergleich sehr unterschiedlich: sie ist im Süden des Landes deutlich höher als im Norden.[14]

Hinzu kommen erhebliche regionale Ungleichgewichte: In der (ökonomischen) Hauptstadt Cotonou fehlen Richter und Staatsanwälte, außerhalb Cotonous hat sich kein einziger Rechtsanwalt niedergelassen.[15] Bis zur jüngsten Reform gab es in Benin nur ein einziges Berufungsgericht (*cour d'appel*, in Cotonou), dessen *chambre administrative* auch die Funktion des einzigen Verwaltungsgerichtes im Lande einnahm.[16] Noch krassere regionale Ungleichgewichte finden sich bei Notaren und Gerichtsvollziehern, die es außerhalb von Cotonou und Porto-Novo praktisch nicht gibt (siehe Fußnote 10). Die auch im nationalen Beniner Vergleich erhebliche Überbelastung des einzigen Amtsgerichts in Cotonou, einer Stadt von einer Million Einwohnern, ist Folge einer Justizorganisation, die seit 1963 nicht reformiert wurde.[17]

Ähnlich unterausgestattet sind die Geschäftsstellen der Gerichte, insbesondere in Cotonou, was schon bei einem kurzen Besuch auffällt: Das dortige Berufungsgericht in Cotonou z.B. ist eine der wenigen Beniner Behörden, in denen ich keine Sekretärinnen gesehen habe, die über ihrer Schreibmaschine eingeschlafen sind. Alle von uns dort befragten Justizbeamten (*greffiers*, in der Mehrzahl Frauen) – und übrigens auch die Untersuchungsrichter – gaben an, regelmäßig und unbezahlt, am Abend und am Wochenende zu arbeiten,

---

14 Im Jahre 1995 erledigte ein Richter in Abomey durchschnittlich 268 Fälle, sein Kollege in Kandi, dem am weitesten nördlich gelegenen Amtsgericht, nur 63; im Jahre 1992 soll es sogar einen Richter gegeben haben, der keinen einzigen Fall erledigte! (République du Bénin 1996).

15 Aber auch in Cotonou werden in Strafrechtsfällen schätzungsweise nicht mehr als 5 % der Angeklagten von Rechtsanwälten vertreten, vgl. Fédération Internationale des Ligues des Droits de l'Homme (FIDH) (2004: 7).

16 Gerichtliche Auseinandersetzungen zwischen Bürgern und der öffentlichen Verwaltung sind in Benin sehr selten. Das mag daran liegen, dass es, ähnlich wie in Frankreich, nur eine relativ schwache Tradition der Verwaltungsgerichtsbarkeit gibt und dass während der Zeit des Beniner Marxismus-Leninismus die Exekutive gegenüber der Judikative (die damals als einfache Behörde [*autorité* bzw. *service publique*] und nicht als unabhängige Gewalt [*pouvoir*] definiert wurde) nochmals gestärkt wurde (République du Bénin 1996: 2). Es ist auf jeden Fall offensichtlich, dass Beniner Bürger in der großen Mehrzahl der Konfliktfälle mit dem Staat andere Strategien verfolgen als die Anrufung von Gerichten, nämlich klientelistische Strategien, wie sie etwa von Gerd Spittler (1977) beschrieben wurden.

17 In Benin gibt es für sechs Millionen Einwohner acht Gerichte der ersten Instanz (*tribunaux de 1ère instance*) und ein einziges Berufungsgericht (*cour d'appel*, in Cotonou). Bei einer Befragung im Jahre 1995 waren für 36 % der Befragten die Reisekosten der größte Posten bei den für ein Gerichtsverfahren getätigten Ausgaben, vor den Anwaltskosten und den Ausgaben für „*cadeaux*" (e.g. Bestechungsgelder), vgl. République du Bénin (1996, Anhang: Réponses en registrées aux questionnaires). – Die laufende Reform der Gerichtsorganisation sieht zwei weitere Berufungsgerichte (eins in Parakou – bereits eingerichtet, ein weiteres in Abomey) sowie einige weitere Gerichte der ersten Instanz vor.

und angesichts der Aktenberge auf ihren Schreibtischen hatten wir keinen Grund, daran zu zweifeln. Im Jahre 1995 gab es in Benin 132 in den Gerichten beschäftigte Justizbeamte (*fonctionnaires des greffes*), also etwa 1,4 auf einen Richter bzw. Staatsanwalt; in Frankreich liegt, trotz bei weitem besserer technischer Ausstattung der Geschäftsstellen, z.B. mit Computern, das Verhältnis bei drei zu eins. Geschäftsstellen der Beniner Gerichte können nur deshalb einigermaßen funktionieren, weil sie neben dem Stammpersonal eine große Zahl von (meist nicht speziell ausgebildetem) Büropersonal auf der Basis von Zeitverträgen beschäftigen, die mit den Einnahmen aus Gerichtsgebühren bezahlt werden. Eine Folge dieser Überbelastung sind Sitzungen der Strafkammer, in denen, wie wir beobachten konnten, über 50 Fälle in weniger als drei Stunden behandelt werden.[18]

Es muss allerdings vorgreifend auf meine spätere Argumentation darauf hingewiesen werden, dass diese Organisationsdefizite teilweise wiederum Ergebnis der Korruption sind, die sie verursachen – in einer Rückkoppelungsschlaufe, auf die wir in Teil 3 dieses Textes zurückkommen werden.[19]

Niedrige Beamtengehälter

Ein junger Richter – der für Fälle zuständig sein kann, in denen es um Hunderte von Millionen Franc CFA geht – verdient ca. F CFA 40.000 als Grundgehalt, zusätzlich eines Zuschusses zur Wohnungsmiete von F CFA 20.000, also etwa € 60 pro Monat oder etwa US$ 2 pro Tag. Die Umrechnung in US-Dollar ist deshalb von Interesse, weil in der internationalen entwicklungspolitischen Diskussion ein Einkommen von US$ 1 pro Tag als Schwelle der absoluten Armut gilt, US$ 2 als Schwelle zur relativen Armut gilt. Auch unter Einrechnung von Gehaltszuschüssen ist der junge Richter dieser Schwelle also sehr nahe. Auf keinen Fall erlaubt ihm sein Einkommen eine auch nur annähernd respektable Lebensführung. Diese Gehälter waren im Jahre 2001 sogar nominal niedriger als im Jahre 1985 infolge der Strukturanpassungsmaßnahmen.

---

18 Es kommt auch vor, dass die Sitzung kurz nach Beginn unterbrochen und auf einen Zeitpunkt einige Monate später vertagt wird, da die Anwesenheit des Vorsitzenden Richters in einer anderen dringenden Angelegenheit erforderlich ist (Fédération Internationale des Ligues des Droits de l'Homme (FIDH) 2004). Es ist auch anzumerken, dass kein Gericht in Benin mehr als zwei Sitzungssäle hat (République du Bénin 1996)

19 Um hierzu ein Beispiel aus der Beniner Polizei zu liefern: Von den neun Polizisten, die im Kommissariat der Stadt Ouidah tätig sind, verbringen acht regelmäßig damit, den Verkehr auf der Durchgangsstraße Lagos-Cotonou-Ouidah-Lome-Accra-Abdidjan zu kontrollieren – was für den einzelnen Polizisten viel lukrativer ist als die Verhinderung und Aufklärung von Straftaten. Die Korruption entzieht dem ohnehin schlecht ausgestatteten System also Ressourcen und verschärft damit die Funktionsprobleme.

Materielle und technische Unterausstattung

Die relative personelle Unterausstattung der Beniner Justiz wird durch ihre materielle und technische Unterausstattung verschärft. So fehlen in Benin moderne Mittel der Kriminaltechnik fast völlig, und es gibt demzufolge auch keine kriminaltechnische Abteilung der Polizei. Das heißt z.b., dass keine Fingerabdrücke genommen werden könne. Dies schafft zusätzliche Arbeitsbelastungen für das Personal: Zum Beispiel muss sich die Faktenermittlung im Vorfeld richterlicher Entscheidungen fast ausschließlich mit Zeugenaussagen begnügen, die für den Richter und seine Geschäftsstelle sehr viel zeitaufwendiger sind als Indizienbeweise. Andererseits schafft das aber auch eine Rechtfertigung für die teilweise sehr harten Praktiken des Verhörs, für die Beniner Ermittlungsbehörden bekannt sind und für einen weit verbreiteten Missbrauch der Untersuchungshaft.[20]

Der Justizapparat teilt darüber hinaus die allgemeinen Probleme der Beniner Verwaltung, in der es zum Beispiel keine Eigenmittel für Büromaterial gibt. Das Büromaterial wird zentral zugeteilt, in völlig unzureichendem Maße und in erratischen und nicht vorhersehbaren Abständen.[21] Das Berufungsgericht in Cotonou kauft – wie viele andere Behörden auch – sein Büromaterial aus den von ihm eingenommenen, legalen Gebühren. Es ist nicht selten, dass Behörden – um funktionsfähig zu bleiben – darüber hinaus auch Gebühren für Verwaltungsakte verlangen, ohne dass dafür eine rechtliche Grundlage besteht.[22] Ein Kunde einer solchen Behörde wird in der Regel den Unterschied zwischen einer gesetzlich vorgesehenen Gebühr und einer ad hoc von einer bestimmten Behörde verlangten Gebühr nicht verstehen. Man erkennt – um meiner Argumentation vorzugreifen –, dass sich diese Praxis leicht dahingehend erweitern lässt, dass auch einzelne Beamte für Verwaltungsakte Gebühren verlangen, um diese dann in die eigene Tasche zu stecken.

Organisationsdefizite

Zu diesen Ausstattungsproblemen kommen erheblich Organisationsdefizite, die hier nur kurz aufgezählt werden sollen. Das offensichtlichste Beispiel für *Zuständigkeitskonflikte* sind die Konflikte zwischen Polizei und Gendarmerie, die ständig versuchen, sich gegenseitig Verfahren abzujagen, aber es könnten

---

20 Fédération Internationale des Ligues des Droits de l'Homme (FIDH) (2004: passim). Die Internationale Liga für Menschenrechte schätzt, dass ca. 90 % der Gefängnisinsassen Untersuchungsgefangene sind. Bei einem Besuch im Jahre 2004 traf sie auf einen Gefangenen, der seit dem 5. Juni 1996 in Untersuchungshaft sitzt (ebd.: 17).

21 Was – um meiner Argumentation der Rückkoppelungsschlaufen vorzugreifen – seinerseits Folge von Korruption in der staatlichen Materialverwaltung sein kann.

22 Für Beispiele aus der Justiz siehe République du Bénin (1996), Anhang: Brief der Chambre des Notaires du Bénin vom 4. Oktober 1995.

auch die Konflikte zwischen *huissiers* und Gendarmerie bzw. Polizei bei der Vollstreckung von Gerichtsurteilen genannt werden (siehe Fußnote 38). Weiterhin zu nennen wären *fehlende Leistungskontrolle und Politisierung.* Es gibt in der Beniner Justiz keinen Karriereplan und kein objektiviertes Bewertungssystem für das Personal. Wie die angeführten Beispiele der unterschiedlichen Produktivität von Richtern in Bezug auf die Erledigung von Fällen zeigen (siehe Fußnote 13), existieren insbesondere auch für nichtkonformes Verhalten keine systematischen Sanktionsroutinen. Dass es in Benin keine Justizstatistik gibt, ist ein Ausdruck dieses Fehlens einer systematischen Kontrolle der richterlichen Tätigkeit. Darüber hinaus gilt der Apparat als stark politisiert: Personalentscheidungen in der Justiz waren zur Zeit unserer Feldforschung (Frühjahr 2000) immer noch Vorrecht des Justizministers, und nicht eines aus der Justiz heraus gewählten *Conseil supérieur de la magistrature,* dessen Einrichtung die Generalstände der Justiz seit 1996 gefordert hatten, um die politische Unabhängigkeit der Justiz zu gewährleisten. Versuche der Einführung eines modernen, leistungsbezogenen Personalmanagements sind bislang, wie überall im Beniner Öffentlichen Dienst, gescheitert. Das entsprechende Reformgesetz liegt seit über zehn Jahren im Parlament auf Eis. Reformversuche in einzelnen Verwaltungen stoßen sich am massiven Widerstand der Betroffenen.[23]

Das vielleicht größte Problem der Beniner Justiz sind jedoch die archaischen und unübersichtlichen Gesetze, die den lokalen Verhältnissen zunehmend weniger angepasst sind. Das Beniner Parlament kommt seinen gesetzgeberischen Funktionen kaum nach. Eine kontinuierliche Modernisierung und Anpassung der Gesetze gibt es nicht. Zwischen 1960, dem Jahr der Unabhängigkeit, und 1998 wurden in Benin nur drei Gesetzbücher verabschiedet: die Strafprozessordnung und das Arbeitsgesetzbuch im Jahre 1967 sowie der *Code de commerce maritime* im Jahre 1974. Mit anderen Worten stammt mit wenigen Ausnahmen das in Benin derzeit gültige Straf- und Zivilrecht noch aus der Kolonialzeit. Das Strafgesetzbuch, zusammengestellt im so genannten *Code Bouvenet,* ist in den französischen Kolonien Afrikas seit 1877 in Kraft. Wesentliche Teile stammen aus den 1930er Jahren; er ist in seiner Fassung von 1958 weiterhin in Benin gültig. Ähnliches gilt für die Straf- und die Zivilprozessordnung; letztere stammt aus dem Jahre 1939. Ein Gesetzesentwurf zur Änderung der Zivilprozessordnung liegt schon seit Jahren der Beniner Nationalversammlung vor, ebenso wie der Entwurf zur Änderung der Strafprozessordnung. Ein Vorentwurf zur Änderung des Strafgesetzbuches ist – ebenfalls seit Jahren – „in Vorbereitung".

---

23 Ein Beispiel aus dem Beniner Zoll: um 2000 wurde von der Beniner Regierung mit großem publizistischem Aufwand, insbesondere gegenüber den Entwicklungshilfe-Gebern, eine *code de la bonne conduite de la douane* veröffentlicht, um die massive Korruption, insbesondere im Hafen von Cotonou einzudämmen (Bako-Arifari 2001). Als die vorgesehenen Maßnahmen durchgeführt werden sollten, streikte der Zoll.

Reformiert wurden in den letzten Jahren das Handelsrecht, bei dem Benin 1998 die Vorgaben des Vertrags der Organisation für die Harmonisierung des Handelsrechts (OHADA) übernommen hat sowie, nach neun Jahren Debatte in der Nationalversammlung, das Familienrecht, dessen neue Fassung im Juni 2004 angenommen wurde – auf erheblichen Druck der „Geber", also der Benin unterstützenden Entwicklungshilfeagenturen. Abgesehen davon ist in Benin immer noch das französische Zivilrecht in der Fassung des Jahres 1958 gültig.

Darüber hinaus ist die Informationsbasis der Beniner professionellen Juristen so schlecht, dass sie sich, wie uns versichert wurde, in Einzelfällen nicht nur nicht darüber im Klaren sind, welcher Text auf einen bestimmten Fall anzuwenden ist, sondern dass es auch keine Möglichkeit gibt, dieses Problem etwa durch Bezug auf einen eindeutig geregelten Gesetzes- oder Entscheidungsstand in einer leicht zugänglichen Datenbank zu lösen. Beniner Richter sind grundsätzlich Generalisten, und nicht auf ein besonderes Rechtsgebiet spezialisiert. Die Strafprozessordnung wurde zum letzten Male 1982 nachgedruckt und ist im Buchhandel heute nicht erhältlich, ebenso wenig wie das in Benin gültige französische Zivilrecht des Jahres 1958 – von dem der Vorsitzende des Berufungsgerichts im Jahre 1995 behauptete, dass es manchen Beniner Richtern schlicht unbekannt sei (République du Bénin 1996).[24] Ähnlich öffentlich unzugänglich sind die anderen Gesetzbücher. Beniner Juristen behelfen sich im besten Fall mit Kopien, die seit Jahren, wenn nicht Jahrzehnten, von Hand zu gehen, oft aber auch einfach mit den Vorlesungsskripten, die bei der Ausbildung von Richtern und Justizbeamten von den Dozenten verwendet werden.[25] Mit Ausnahme des Berufungsgerichtes in Cotonou hat kein einziges Gericht eine funktionierende Bibliothek. Seit einigen Jahren gibt der Vorsitzende des Berufungsgerichts in persönlicher Initiative eine Sammlung von Entscheidungen seines Gerichtes heraus, um zur Vereinheitlichung der Rechtsprechung in den Gerichten der ersten Instanz beizutragen. Schon wegen der Kosten (ein Heft kostet F CFA 4.000) ist diese Sammlung bei den Juristen des Inlandes kaum verbreitet.

Diese Situation, die wir als „regulatorische Unter- oder Fehlausstattung" bezeichnen können, hat drei Folgen, die für unsere Argumentation von Belang sind:

---

24 Was möglicherweise damit zusammenhängt, dass die Beniner Richter zunächst vier Jahre an der Nationaluniversität (mit Abschluss einer *maîtrise en droit*) und danach zwei Jahre an der *Ecole de la Magistrature Française* in Bordeaux ausgebildet werden, wo sie natürlich im aktuell gültigen Zivilrecht unterrichtet werden.

25 Zum Beispiel mit den als Kopien zirkulierenden Texten Toumatou, M. Justin. o.J. *Le procès civile au Bénin* (Vorlesungsskript des *greffier-en-chef de la Cour Suprême du Bénin*. Cotonou), o.O. oder mit Ganmavo, Placide. o.J. *Le procès pénal au Bénin* (Vorlesungsskript des *greffier-en-chef du Tribunal de 1ère instance de Cotonou*), o.O.

Folge 1: Bedeutende Bereiche des gesellschaftlichen Lebens sind juristisch unterreguliert

Das eindrucksvollste Beispiel für Unterregulation ist das Landrecht. Der theoretisch in Benin geltende *Code foncier* stammt aus dem Frankreich des 19. Jahrhunderts und ist in Benin zumindest im ländlichen Bereich – wo es traditionell kein Privateigentum an Grund und Boden gibt – unanwendbar. Die entsprechenden Regelungen des Gewohnheitsrechts (*Code coutumier du Dahomey*) sind seit ihrer Erstellung im Jahre 1931 nicht verändert worden – und dies in einer Situation, in der die Mehrzahl der Gerichtsprozesse im Süden des Landes Landrechtskonflikte betrifft, sodass die betreffenden Prozesse mithin auf einer völlig unzureichenden regulatorischen Basis entschieden werden müssen.

Folge 2: Die Gesetzestexte sind oft nicht anwendbar

Ein Beispiel für eine völlig veraltete Gesetzeslage ist die juristische Behandlung des Ehebruchs in flagranti. Dieser ist in Benin, einer veralteten französischen Gesetzgebung folgend, ein Tatbestand des Strafrechts, der zwingend mit Gefängnis nicht unter sechs Monaten zu bestrafen ist. Diese Regelung ist (wie viele andere, etwa die Vorschrift, dass eine Straftat ab einem Streitwert von F CFA 500.000, also ca. € 760, automatisch mit einer Haftstrafe zu ahnden ist) schlicht nicht anwendbar.

Sie stößt sich nicht nur an den Tatsachen des sozialen Lebens, sondern auch an der massiven Überbelegung der Gefängnisse. In Cotonou zum Beispiel gibt es im Gefängnis, das im Jahre 1952 für 400 Insassen gebaut wurde, derzeit (2004) 1.686 Gefangene (Fédération Internationale des Ligues des Droits de l'Homme (FIDH) 2004).[26] Der Richter steht deshalb unter dem moralischen wie auch offiziellen seines Ministers, mit der Verhängung von Gefängnisstrafen sparsam umzugehen – obwohl er das angesichts einer konkreten Straftat aufgrund der Gesetzeslage eigentlich nicht müsste. Ein anderes Beispiel einer „unrealistischen" Gesetzeslage sind die vorgeschriebenen Fristen für die Eintragung von Gerichtsbeschlüssen, die angesichts der schlechten Personalausstattung kaum einzuhalten sind – und die, wie wir sehen werden, eines der „Einfallstore" der Korruption sind.

---

26 Davon 1408, also 83 %, in Untersuchungshaft! Das Gefängnis von Porto Novo wurde 1893 für 250 Insassen gebaut; gegenwärtig sitzen dort 932 Gefangene ein, davon nur 275 (30 %) rechtskräftig verurteilte. Im Jahre 1996 befanden sich in den acht Gefängnissen des Landes mit insgesamt 1.500 Plätzen mehr als 4.000 Gefangene (République du Bénin 1996). Die Gefängnisse werden von Gendarmen bewacht, die keinerlei spezielle Ausbildung besitzen.

Folge 3: Delegitimierung der modernen Justiz

Die Folge hiervon ist ein Bruch im Selbstverständnis der Juristen, deren gleichsam offizielles Selbstbild das von „Sklaven des Rechts" (in den Worten des Präsidenten des Obersten Gerichtshofes, siehe République du Bénin 1996: 7) ist, die aber permanent gezwungen sind, Gesetzestexte und Verfahrensvorschriften zu ignorieren. Die Folge ist aber vor allem, wie wir in Teil 2 dieser Abhandlung sehen werden, eine zunehmende Informalisierung und Privatisierung der Verfahren im Inneren der Justiz selbst.

Folge 4: Langwierigkeit der Verfahren

Überall ist die Justiz sprichwörtlich langsam. Sie muss es sein, will sie mit ihren komplexen Regeln korrekte Entscheidungen produziert. Generell ist Zeitautonomie, worauf Georg Elwert (in diesem Band) im Anschluss an Luhmann (Luhmann 1983) hingewiesen hat, ein konstituierendes Merkmal funktionierender Verfahren. In Benin kann die Justiz extrem langsam sein. Die höheren Gerichte bearbeiten heute noch Zivilsachen aus der Mitte der 1980er Jahre. Die Gründe für die Langsamkeit liegen einerseits in der schon beschriebenen Überlastung des Systems. Es ist durchaus üblich, dass zwischen einem Prozesstermin und dem nächsten 6, 9, 12, sogar 18 Monate vergehen.

Sie liegen aber auch in den auch anderswo bekannten Strategien der Prozessverschleppung, die in Benin durch fehlende reale Sanktionsmöglichkeiten des Justizapparates verschärft werden. Zum Beispiel kommt es häufig vor, dass in Zivilsachen diejenigen Parteien, die einen ungünstigen Ausgang befürchten, sich einfach nicht präsentieren, oder die notwendigen Dokumente nicht vorlegen, in der Erwartung, dass dann die Sache auf einen Termin 12 Monate oder noch später vertagt wird. Offensichtlich haben die Gerichte keine reale Handhabe, dem entgegenzutreten.[27]

Informalisierung und spontane Privatisierung: Kollusive Entlastungsstrategien der Rechtssuchenden und des Rechtsstabes

Wie jede Organisation hat die Beniner Justiz Selektionsverfahren entwickelt, um die Grenze zu ihrer äußeren Umwelt zu stabilisieren. In der Rechtssoziologie (Kaiser 1996) ist zur Verdeutlichung dieses Phänomens das so genannte Trichtermodell entwickelt worden.

---

27 In den Beiträgen zu den Generalständen der Justiz im Jahren 1996 war die als exzessiv empfundene Praxis der Vertagung von Sitzungen einer der häufigsten Klagepunkte, der insbesondere von den Banken geäußert wurde (République du Bénin 1996: diverse Anhänge).

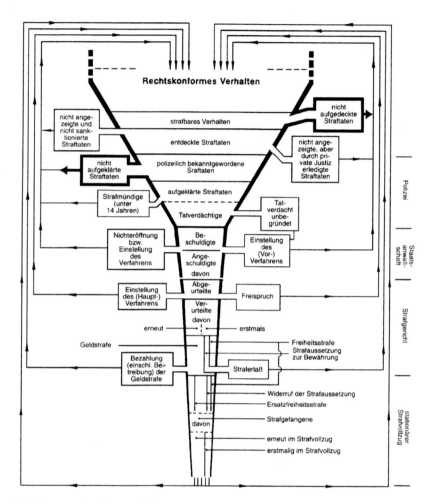

Abbildung 1: Trichtermodell

Dieses Modell, das hier in Bezug auf das Kriminalgerichtssystem dargestellt ist, erlaubt es, die Unterschiede zwischen einem europäischen und einem afrikanischen Justizsystem etwas näher zu beleuchten. Man könnte sagen, das der Trichter in Benin erheblich enger ist als in Deutschland, und dass die Mechanismen, nach denen man in ihn hineinfällt und evtl. vor Erreichen des Bodens wieder aus ihm hinausgelangt, nicht die gleichen sind. Sie sind vielmehr, unter anderem, deutlich von den oben beschriebenen materiellen, organisatorischen und regulatorischen Defiziten der Beniner Justiz geprägt.

Es ist offensichtlich, dass die Rechtsadressaten möglichst zu vermeiden suchen, in den Trichter zu stürzen. Den Rechtsadressaten erscheint das System wie ein Staubsauger, der nach einem undurchschaubaren Mechanismus funktioniert und der, hat er erst einmal sein Saugrohr auf einen Normadressaten gerichtet, droht, ihn in einen Wirbel hineinzuziehen, der ins Unbekannte führt. In dieser Ungewissheit über den möglichen Verlauf und den Ausgang von juristischen Verfahren wird der Bürger auch von professionellen Rechtsanwendern bestärkt: „Jeder Prozess", erklärte uns ein Beniner Rechtsanwalt, „ist wie ein Sprung ins Ungewisse. Man weiß, wo er beginnt, aber man weiß nicht, wann und wo er endet."[28]

Die Furcht vor dem Trichter beruht zum einen auf einem weitverbreiteten Unverständnis der hohen technischen Komplexität, von der das moderne Recht und das Funktionieren der Justiz geprägt sind. Das moderne Recht beruht auf fundamentalen Unterscheidungen, etwa zwischen Form und Inhalt oder zwischen Privatrecht und Strafrecht und basiert auf einer Rationalität der Entscheidungsproduktion, die sich einem Alltagsverständnis nicht so einfach erschließen und die dem „natürlichen Rechtsempfinden", sei es in Afrika, sei es in Deutschland, oft nicht entsprechen. So ist es – um aus unseren Feldforschungsnotizen zu zitieren – dem beninischen Rechtslaien nicht ohne weiteres einsichtig, dass ein Einspruch gegen eine Gerichtsentscheidung der ersten Instanz nur deshalb abgelehnt wird, weil er drei Tage nach Ablauf der Frist eingegangen ist oder in der falschen Form (als Einschreiben statt zur Niederschrift beim Gerichtsschreiber) vorgelegt wurde, wenn gleichzeitig selbst der Richter im Privatgespräch äußert, dass der Einspruch von der Substanz her durchaus Erfolgschancen gehabt hätte. Oder wie soll ein Rechtssuchender verstehen, dass er von seiner tschadischen Frau, die ihn vor drei Jahren ohne Angabe einer Adresse verlassen hat, und von der er seitdem nichts mehr gehört hat, erst in sieben Jahren geschieden werden kann – weil das Gesetz nämlich zwingend die postalische Zustellung des Scheidungsantrages an die Ehefrau vorsieht?

Hinzu kommt eine komplexe Rollenverteilung zwischen den einzelnen Akteuren, die einem Außenstehenden oft ebenso unverständlich bleibt. Zum Beispiel tragen in Benin während einer Gerichtsverhandlung nicht nur der Richter, sondern auch der Staatsanwalt, der verteidigende Rechtsanwalt, der Gerichtsschreiber sowie der evtl. anwesende Übersetzer die gleiche schwarze Robe. Unterschiede ergeben sich nur aus subtilen Unterschieden in den aufgestickten Applikationen, auf die Außenstehende – selbst die Ethnologen unserer Forschergruppe – erst hingewiesen werden mussten, um sie überhaupt zu sehen. Weist niemand den des Französischen nicht mächtigen Angeklagten auf diese Unterschiede hin, ist es durchaus möglich, dass er den Staatsanwalt, der sich mit lauter Stimme äußert, für den Richter, den groß gewachsenen Ü-

---

28 Diese Innensicht der Professionellen von der prinzipiellen Unvorhersehbarkeit des Ausgangs juristischer Verfahren ist nicht auf Benin oder Afrika beschränkt. „Alles hängt vom Richter ab", pflegte mein Vater zu sagen, der damals Amtsgerichtsrat an der Mosel war, wenn ich ihn über den wahrscheinlichen Ausgang eines Prozesses befragte. Allerdings sind in Deutschland die einzelnen möglichen Abläufe des Verfahrens, der zu erwartende Zeithorizont und das Ausmaß, in dem sich die Professionellen an ihre vorgeschriebenen Rollen halten werden, deutlich vorhersehbarer.

bersetzer, der sich ihm immer wieder mit drohender Stimme nähert, für eine Art Assistent des Richters, die sich wenig äußernde Richterin, die viel mitschreibt, für die Sekretärin des Richters hält und dass ihm die Rolle des ihm zugewiesenen Anwalts (in Benin allerdings ein eher unwahrscheinlicher Fall), der offensichtlich, wie an der Kleidung zu erkennen ist, zur gleichen Kategorie von Personen gehört, überhaupt nicht klar wird. Diese komplexen Unterscheidungen und Symboliken können als Mechanismen verstanden werden, mit denen die Justiz Distanz zur sozialen Alltagswelt schafft und damit als eine Grundbedingung für ihr erfolgreiches Funktionieren. Andererseits begründet die Unkenntnis ihrer Funktionsregeln auf Seiten der Rechtssuchenden und der Bevölkerung allgemein eine Art *analphabétisme juridique*, der keineswegs auf Afrika beschränkt ist.[29]

Es ist somit intuitiv einsehbar, dass die Normadressaten in der Regel den Justizapparat lieber meiden. In dieser Absicht kollidieren sie nun, was intuitiv weniger einsehbar ist, mit den Rechtsanwendern, die ihrerseits ein Interesse daran haben, den Trichter nicht mit zu vielen Fällen zu verstopfen. Anders gesagt, entwickelt der Rechtsstab Strategien der Entlastung, die Vorbedingung für das Funktionieren der Justiz sind. Ohne sie würde die Grenze zur Umwelt zusammenbrechen.

Wie bereits angedeutet, lassen sich zwei verschiedene Bündel von kollusiven Entlastungsstrategien unterscheiden, nach denen ich die Beniner Justiz in vergleichender Perspektive abfragen möchte. Die Grenze zwischen Informalisierung und Privatisierung ist, wie wir sehen werden, nicht immer eindeutig zu ziehen. Ich setze voraus, dass eine dritte Möglichkeit der Entlastung der Justiz, nämlich die regelmäßige Kalibrierung des Systems durch eine gelegentliche normative Entkriminalisierung und Justizreformen, in Benin, wie gezeigt, kaum realisiert wird.

Informalisierungen

Zu unterscheiden sind die *zentral gesteuerte administrative* von der pragmatischen *Informalisierung*, die sich spontan entwickelt (siehe die Matrix weiter oben). Beide Formen finden sich sowohl in Europa wie in Benin, jedoch mit einem deutlichen Übergewicht der administrativen Informalisierung in Europa und der pragmatischen Informalisierung in Benin. So wird in Deutschland beispielsweise durch Dienstanweisungen an die Staatsanwaltschaften und die Polizei (wenn man so will: exekutorisches Recht) zu erreichen versucht, die Gerichte von Bagatellkriminalität wie Ladendiebstahl und Schwarzfahren (Beförderungserschleichung) frei zu halten (Albrecht 1999). Die administrative

---

29 Bei einer Befragung im Jahre 1995 gaben 78 % an, nicht zu wissen, worin die Arbeit eines Richters besteht. Die entsprechenden Zahlen für den *greffier* und den Notar lag bei 85 %, für den Gerichtsvollzieher bei 83 % und für den Beruf des Rechtsanwalts immer noch bei 55 %. Generell zeigten sich Männer etwas besser informiert als Frauen (République du Bénin 1996, Anhang: Réponses enregistrées aux questionnaires).

Vorgabe an die französische Gendarmerie, bei Anzeigen wegen Körperverletzung zuvor ein ärztliches Attest zu verlangen, kann als eine äquivalente Strategie der administrativ-informellen Entlastung (Produktion von Anzeigevermeidung) verstanden werden. Ein Beispiel für administrative Informalisierung im Beniner Recht stellt die weit verbreitete Praxis dar, sich bei Bauland auf die Anerkennung eines „Bewohnungsrechtes" zu beschränken (per Beantragung eines *permis d'habiter*) und auf den Erwerb des Landes als Eigentum im juristischen Sinne zu verzichten (Spellenberg 1999).[30]

Für Benin typischer ist jedoch die Häufigkeit *pragmatischer Informalisierungen* (*usages judiciaires*), die sich spontan herausgebildet haben. Ein Beispiel sind die zahlreichen Vereinfachungen in den Formerfordernissen für Urkunden, die nicht selten im direkten Widerspruch zum Gesetzestext stehen, sich in der Verwaltungspraxis aber weitgehend durchgesetzt zu haben scheinen.[31]

Wegen des bereits behandelten zunehmenden Anachronismus der Gesetze, aber auch wegen der schlechten Informationslage, auf die wir bereits verwiesen haben (siehe oben) ist vermutlich die Bedeutung der *Rechtsschöpfung durch Richter (Richterrecht)* in Benin wesentlich höher als in westeuropäisch-kontinentalen Rechtssystemen – wo Richterrecht prinzipiell die System bildende Idee der Gewaltenteilung stört, in der Praxis aber, wie rechtssoziologische Untersuchungen gezeigt haben, auch regelmäßig vorkommt. Ein Beispiel wäre die Praxis der Beniner Gerichte, das Sorge- und Aufenthaltsbestimmungsrecht für Kinder bis zum sechsten Lebensjahr grundsätzlich der Mutter, danach grundsätzlich dem Vater zuzusprechen, eine Praxis, die durch keinen Gesetzestext gedeckt ist.[32]

Sowohl pragmatische Informalisierungen wie auch Rechtschöpfung durch Richter reduzieren die Vorhersehbarkeit von Verfahren. Im Beniner Kontext sind sie darüber hinaus Einfallstore der Korruption. Darauf kommen wir gleich nochmals zurück.

---

30 Dieses Recht kann der Staat allerdings nach der Gesetzeslage nur an seine *domaine privé* vergeben. In der Praxis erhalten jedoch private Eigentümer sehr oft auch einen *permis d'habiter* über Land, das ihnen nach traditionellem Recht, also nicht dem Staat, gehört; dies wäre dann schon als pragmatische Informalisierung zu werten. Vergl. Spellenberg (1999): 206.

31 Zum Beispiel schreibt das Beniner Zivilrecht bei Schenkungen unter Verwandten die notarielle Beurkundung vor, eine Bestimmung, die in der Praxis weitgehend missachtet wird. Ein weiteres Beispiel wäre die Interpretation der in Kraftfahrzeugscheinen angegebenen Zahl der zugelassenen Sitzplätze, bei denen der Fahrer nie mitgezählt wird, auch nicht von Polizei und Gendarmerie, die ansonsten bei den häufigen Straßenkontrollen von Überlandtaxis hohe kreative Energie darauf verwenden, irgendeinen, wenn auch noch so obskuren Regelverstoß festzustellen, um sich „auszahlen" lassen zu können. Vgl. auch die Beispiele in Fußnote 38.

32 Obwohl viele Beniner Juristen behaupten, hier nur eine Vorschrift des Zivilrechts umzusetzen. Ich verdanke dieses Beispiel Erdmute Alber.

Privatisierung

Die Privatisierung der Konfliktregelung vollzieht sich in zwei Formen, als der Justiz externe Privatisierung (Meidungsstrategien) oder als spontane interne Privatisierung, gemeinhin als Korruption bezeichnet.

Meidungsstrategien (Externalisierung der Konfliktregelung)[33]

Es gibt, in Benin nicht anders als sonst wo, viele im Prinzip justitiable Konflikte, die nie die Justiz erreichen, weil die Konfliktparteien die Justiz meiden. Sie vermeiden sozusagen den Trichter per se. Für Deutschland wird z.b. geschätzt, dass nur ein Drittel aller Straftaten überhaupt zur Anzeige gelangt (der Rest stellt die so genannte „Dunkelziffer" dar), und dass 75 % aller zivilen Streitfälle durch außergerichtliche Vergleiche gelöst werden, nicht selten aufgrund informellen Druckes der Gerichte.

Extralegale Konfliktregelung ist ein klassisches Thema der Rechtsethnologie, die im Übrigen gezeigt hat, dass diese Strategie keineswegs auf so genannte traditionelle oder Übergangsgesellschaften beschränkt ist.[34] Die *Streitschlichtung durch alternative Rechtsfindungsinstanzen* kommt in Benin häufig vor, insbesondere bei Familien- und Landnutzungskonflikten (die nicht selten zusammenhängen): Sie werden sehr viel häufiger durch Ortsvorsteher (*chefs de village*), Bürgermeister, Landwirtschaftsberater oder Gendarmen geregelt als durch Gerichte.[35] Dieses Phänomen ist in der Rechtsethnologie breit unter dem Stichwort des „Rechtspluralismus" abgehandelt worden (siehe etwa Griffiths 1986; Benda-Beckmann 1994); in einer Studie zum ländlichen Benin ha-

---

33 Ich benutze in dem vorliegenden Text, der aus der Perspektive der Justiz geschrieben ist, den Begriff der Meidung anders als Elwert und Alber (in diesem Band). Beide verstehen unter Meidung, in Anlehnung an James Scott (1976; 1985; 1990) und ähnlich wie Spittler (1977; 1981), Strategien, der offenen Austragung von Konflikten aus dem Wege zu gehen. Jean-Pierre Olivier de Sardan und ich haben in einem ähnlichen Sinne in Bezug auf die ländliche Zentralafrikanische Republik von „Unter-den-Teppich-kehren" gesprochen (Bierschenk & Olivier de Sardan 1997). Diese Form der Meidung wird in dem vorliegenden Text als Regelungsverzicht bezeichnet (siehe unten), während hier mit Meidung ein Verhalten gemeint ist, sich nicht auf einen bestimmten Modus der Austragung von Konflikten, nämlich vor Gericht, einzulassen.

34 Siehe stellvertretend hierzu die Studien von Sally Falk Moore (z. B. 1978), die hierfür den Begriff des (Normen produzierenden) „semi-autonomen sozialen Feldes" geprägt hat.

35 Wie Lund (1998) im Detail für den Niger gezeigt wird, werden sogar die Vertreter politischer Parteien als Schiedsrichter angerufen. Spittler (1980) hat allerdings herausgearbeitet, dass auch die nichtstaatliche Konfliktregelung „im Schatten des Staates" stattfindet, das heißt vor dem Bewusstsein der Beteiligten, dass bei einer als unbefriedigend empfundenen Regelung die Anrufung (anderer) staatlicher Instanzen jederzeit möglich ist.

ben Jean-Pierre Olivier de Sardan und ich auch von „Instanzenpluralismus" gesprochen (Bierschenk and Olivier de Sardan 1998).

In einer Umfrage bei der Vorbereitung der Generalstände der Justiz im Jahre 1995 wurden Grundstücksangelegenheiten als der bei weitem häufigste Konfliktgegenstand aufgezählt, für dessen Regelung die Befragten sich an eine dritte Person bzw. Instanz gewandt hätten. Nur in ca. ein Viertel aller Konfliktfälle hätten sich die Befragten allerdings an die Gerichte gewandt; der größere Teil der Konflikte seien durch die Gendarmerie, das Familienoberhaupt, den Dorf- bzw. Stadtviertelchef, den Bürgermeister, die Polizei oder einen traditionellen Häuptling (in dieser Reihenfolge) geregelt worden. Bei der außergerichtlichen Konfliktregelung sei es in höherem Maße (73 gegenüber 61 %) und vorschneller (in Tagen, statt in Jahren) zu einer abschließenden Regelung gekommen, die von den Befragten auch in deutlich höherem Maße als befriedigend (67 % gegenüber 36 % Zufriedenen in Bezug auf gerichtliche Regelungen) betrachtet wurde. Insgesamt war das Ansehen der Gendarmerie höher (34 % hatten eine sehr gute oder gute Meinung) als das der Polizei (27 %) und deutlich höher als das der Richter (15 %) (République du Bénin 1996, Anhang: Réponses enregistrées aux questionnaires)

Noch häufiger dürfte allerdings – wie bei uns – der *Regelungsverzicht* (die „Konflikt-Meidung" im Sinne von Elwert und Alber in diesem Band) vorkommen. Universell ist auch die *Selbstjustiz*, die in Benin unter Einsatz physischer Gewalt häufig vorkommt (Bierschenk 2000; Alber 2001). In ihrer extremen Form, als *Lynchjustiz*, findet sie sich vor allem in städtischen Gebieten und vorwiegend bei kleineren Eigentumsdelikten (Paulenz 1999). Sie ist Ausdruck des geringen Vertrauens darin, dass die Justiz in angemessener Zeit zu einem nachvollziehbaren Urteil kommt. Vor allem im Bereich des Wirtschaftsrechts kommt es, wenn auch vermutlich insgesamt sehr viel weniger häufig als in Europa oder den USA, zur *Aushandlung von Vereinbarungen durch Rechtsanwälte* – eine Form der Regulierung, die wahrscheinlich überall auf der Welt von Rechtsanwälten präferiert wird. Zahlen über die Häufigkeit von Vergleichen liegen mir nicht vor, aber alle von uns daraufhin befragten Rechtsanwälte plädierten für diese Form der Konfliktregelung. Ihr Hauptargument war dabei die exzessive Länge von Gerichtsverfahren und die schlechte Vorhersagbarkeit von Verlauf und Ausgang: „Ein schlechter Vergleich heute", so lautete ein öfter gehörtes Zitat, „ist besser als ein guter Prozess übermorgen".

Neben der Auslagerung der Konfliktregelung an extralegale Instanzen (Privatisierung nach außen) findet sich aber auch eine *interne Privatisierung der Justiz*, wenn nämlich Konflikte durch den beamteten Rechtsstab außerhalb der legalen Verfahren bearbeitet werden. Spricht ein Beniner davon, dass er zu Gericht geht, dann sagt er in der Regel (auf Französisch): „*je vais au parquet*". Diese zunächst überraschende (zumindest für einen deutschen Beobachter) Gleichsetzung des Gerichts mit der Staatsanwaltschaft (*parquet*) – auch wenn es sich gar nicht um Strafsachen handelt –, die in alle in Benin verwandten Lokalsprachen übernommen wurde, mag zunächst als Ausdruck des bereits erwähnten „juristischen Analphabetismus" der Beniner Bevölkerung verstanden werden. In der populären Vorstellungswelt ist der Staatsanwalt mit einer unüberschaubaren Machtfülle ausgestattet, die erheblich über die – im französischen Recht traditionell ohnehin relativ weiten – Grenzen seiner durch die Gesetze festgeschriebenen Rolle hinausgeht.[36]

Diese populäre Vorstellung ist nun aber nicht nur eine der vielen Mythenbildungen, die von der hohen Komplexität des juristischen Apparates erzeugt werden. Sie ist auch in weit verbreiteten sozialen Praktiken verankert. Beniner wissen, dass Staatsanwälte, genauso wie etwa Gendarmen und Polizisten, Konflikte regeln, für die sie nach der Gesetzeslage gar nicht zuständig sind, und dass sie dabei von der Möglichkeit profitieren, das Drohpotenzial zu mobilisieren, das an ihre offizielle Funktion in Strafverfahren gebunden ist. Auch in Zivilfällen drohen sie sozusagen mit dem Trichter des Strafverfahrens. So kommt es zum Beispiel häufig vor, dass es einem Gläubiger gelingt, einen Polizeikommisar oder vielleicht sogar einen Staatsanwalt dazu zu motivieren, den Schuldner einzubestellen. Findet sich dieser nun ein (wozu er aufgrund der Rechtslage zunächst keineswegs einen Grund hat), so kommt es evtl. zwischen Gläubiger und Schuldner zur Begleichung der Schulden oder zumindest zu einer schriftlichen Schuldanerkenntnis durch den Schuldner – immer in Gegenwart des Staatsanwaltes, der zur Beschleunigung der Angelegenheit möglicherweise einen kleinen Hinweis auf den strafrechtlichen Tatbestand der „Veruntreuung" (*abus de confiance*) und seiner Folgen einflechten kann, so als ob dieser im gegebenen Fall zweifelsfrei relevant sei. Kommt es zur Begleichung der Schuld, was aus Sicht des Gläubigers und des Staatsanwaltes am besten in bar und vor ihren Augen geschieht, gebieten es die Höflichkeit und die guten Sitten, einen Teil der Summe, in der Regel 10 %, gleichsam als Konfliktregelungsgebühr bzw. privatisierte Gerichtskosten dem Staatsanwalt zu übergeben. Das diesem Verhalten zu Grunde liegende Modell ist das des Dorfhäuptlings, der einen Konflikt regelt, und der dafür üblicherweise vor Beginn der Verhandlung von beiden Konfliktparteien einen kleinen Geldbetrag (die so genannten *droits de table*) einfordert, den er für sich einbehält.[37]

---

36 Die „Aufgaben (der Staatsanwaltschaft, T.B.) reichen in Frankreich bedeutend weiter als in Deutschland, da (sie) ... auch ein Zivilverfahren in Gang setzen und sich im öffentlichen Interesse grundsätzlich jedem Verfahren anschließen kann" (Sonnenberger/Autexier 2000: 236). Vgl. als historischen Parallelfall aus dem französischen Rechtsgebiet für populäre Vorstellungen zur Rolle des Staatsanwalts Alexandre Dumas' Roman „Der Graf von Monte Christo", wo der Staatsanwalt für die jahrelange Kerkerhaft des Helden verantwortlich ist. In den Beschreibungen des Gerichtswesens durch Beniner erscheint der Staatsanwalt oft als eine Art übergeordneter Richter, ohne den kein Verfahren eröffnet und kein Urteil gesprochen werden kann (mündliche Mitteilung von Erdmute Alber, 31.8.2004).

37 Bei einer Befragung im Jahre 1995 gaben die Befragten an, sowohl bei Gerichtsverfahren wie auch bei außergerichtlichen Streitregelungen in etwa einen gleichen Anteil der insgesamt aufgewendeten Summe für „*cadeaux*" aufgewandt zu haben (wobei natürlich – worüber aber keine Angaben gemacht werden – die insgesamt aufgewandte Summe sehr unterschiedlich gewesen sein kann; zu

Noch ähnlicher sind die Praktiken bei einem durch einen Makler vermittelten Verkauf eines Hauses, wo ebenfalls in der Regel die Kaufsumme in bar übergeben wird und der anwesende Makler davon 10 % erhält. Man könnte auch einen weiteren, weniger Kultur gebundenen Vergleich ziehen, nämlich mit dem eines angestellten Krankenhausarztes, der nebenher Privatpatienten betreut und privat liquidiert – eine auch in Benin verbreitete, wenn auch informelle Praxis (Jaffré and Olivier de Sardan 2003). Der Polizeikommissar und der Staatsanwalt betreiben sozusagen nebenher (zum Teil während der Dienststunden oder auch am Abend) eine informelle Konfliktregelungskanzlei, in die sie – wie die Beniner Krankenhausärzte in ihre Privatkliniken – Ressourcen aus ihrer öffentlichen Position einbringen.[38]

Angesichts der Langwierigkeit von Zivilprozessen und ihrer Unvorhersehbarkeit ist diese Praxis für den Gläubiger unter Diskontierung der ungewissen Zukunft wahrscheinlich auch finanziell die günstigste Form der Interessenverfolgung. Sie entlastet mit Sicherheit – zumindest vordergründig gesehen, denn diese Praxis hat verdeckte Kosten, auf die wir gleich zu sprechen kommen werden – die überlastete Justiz, und sie hilft dem Staatsanwalt, die Folgen der von IWF und Weltbank verordneten Gehaltssperre zu überleben.

Systemisch gesehen, handelt es sich bei diesem Abkürzungsverfahren um einen Mechanismus der Reduktion organisatorischer Komplexität: Verschiedene Bereiche des Justizsystems, die durch komplexe Verfahren aufeinander bezogen sind, werden kurzgeschlossen. Der Gläubiger hätte auch einen Zivilprozess anstrengen können. Nehmen wir an, er hätte ihn gewonnen, und der Schuldner hätte sich geweigert, zu zahlen, dann hätte der Gläubiger vor Gericht einen Vollstreckungsbescheid beantragen können, der von einem Gerichtsvollzieher (*huissier*) hätte vollzogen werden müssen. Nehmen wir weiter an, das bis zu diesem Zeitpunkt alle Beteiligten ihre Rolle korrekt gespielt hätten, und nehmen wir an, dass sich der Schuldner auch jetzt noch gegen die Vollstreckung wehren würde – beides unter Beniner Verhältnisse weder sehr wahrscheinliche noch völlig unwahrscheinliche Annahmen –, dann, und erst dann, wäre der Moment gekommen, Strafrecht und Strafverfolgungsbehörden zu aktivieren.[39] Durch das Kurzschließen und die Privatisierung von Verfahren kann somit viel Zeit gewonnen werden.

vermuten ist, dass sie bei Gerichtsverfahren durchschnittlich höher lag (République du Bénin 1996, Anhang: Réponses enregistrées aux questionnaires).

38 Historisch erinnern diese Praktiken an die für das Verhältnis zwischen dem kolonialen Staat und der Wirtschaft typischen Konzessionen, etwa für die exklusive Einfuhr von bestimmten Produkten: Der Staat verleiht an Privatleute exklusive private Appropriationsrechte.

39 In einem Rundlerlass vom 8. September 1993 verbot der Präfekt der Provinz Atlantique allen Polizei- und Gendarmeriekräften in seinem Bereich, Gerichtsvollzieher bei der Ausübung ihrer Funktionen zu unterstützen, wenn sie nicht vorher eine ausdrückliche Erlaubnis seinerseits erhalten hätten. Der Anlass dieser flagrant ungesetzlichen, aber anscheinend nicht geahndeten Maßnahme war, so vermutet die Gerichtsvollzieher-Kammer, die Durchführung eines Beschlusses des

Die Regelung von Konflikten durch den Rechtsstab – auf privater Basis, aber unter Verwendung der Ressourcen des öffentlichen Amtes – ist eine Hauptform der *Korruption* in der Beniner Justiz. Wie in anderen Bereichen des beniner öffentlichen Dienstes, drehen sich hier viele korrupte Praktiken um die Beschleunigung und Verlangsamung von Zeit.[40] Schlüsselakteure in dieser Hinsicht sind die Geschäftsstellenbeamten (*personnel du greffe*), die vergleichbar überlastet sind wie Richter und Staatsanwälte und auf deren Schreibtischen sich die Aktenberge türmen. Alle von uns befragten Kenner des Systems sprachen davon, dass ein Rechtsanwalt, will er nicht, dass seine Akten in diesen Bergen auf unabsehbare Zeit verschwinden oder will er im Gegenteil, dass seine Akte beschleunigt bearbeitet wird, den Geschäftsstellenbeamten regelmäßig „den Hof machen" und einen „Brautpreis (*dot*) zahlen" muss (wie die von vielen gewählten Ausdrücke lauteten). Dies gilt vor allem dann, wenn es darum geht, nach günstig ausgegangen Urteilen von den Geschäftsstellen rasch eine vollstreckbare Ausfertigung (*grosse*) zu erhalten.[41] Umgekehrt kommt es dem Prozessgegner entgegen, wenn die Ausstellung der Titel Zeit benötigt. Für beide Seiten schaffen und erhalten regelmäßige Geschenke, z.B. an den hohen Feiertagen, die für die Kooperation der Geschäftsstellenbeamten notwendige *„bonne ambiance"*. *„C'est l'affinité qui joue"*, so beschreiben Rechtsanwälte die Bedingungen einer erfolgreichen Bearbeitung von Anliegen bei Gericht.[42]

Beniner Berufungsgerichts in einem Grundstücksstreit zu verhindern. Die Staatsanwaltschaft habe sich auf informellen Weg (ohne dafür schriftliche Spuren wie der Präfekt zu hinterlassen) ebenfalls das grundsätzliche Recht angeeignet, die Ausführung von Gerichtsbeschlüssen in Zivilprozessen von ihrer Zustimmung abhängig zu machen. Dies wird von der Féderation internationale des Ligues des Droits de l'Homme (2004: 7) bestätigt, die bemängelt, der *procureur général* am Berufungsgericht habe sich entgegen der Rechtslage das Recht angeeignet, jede Zwangsräumung von seiner vorherigen Zustimmung abhängig zu machen. Generell beklagt die Gerichtsvollzieherkammer die ständigen Einmischungen der Staatsanwaltschaft in Zivilprozessverfahren. Vgl. République du Bénin (1996), Anhang, Brief der Chambre Nationale des Huissiers de Justice vom 21.10.1995.

40 Siehe zur Korruption in Benin schon Wong (1982), und jetzt die Beiträge von Nassirou Bako-Arifaria in Blundo/Olivier de Sardan (2001a) sowie Bako-Arifari (2001). Dass die Korruption in Benin keineswegs auf den Öffentlichen Dienst beschränkt ist, zeigen u.a. Sommer (2000); Nansounon (2000/2001); Adjovi (2003) für Bauernvereinigungen, Nansounon (2000/01) für die Kraftfahrervereinigungen und Adjovi (2003) für die private Presse. Für einen sehr plastischen Bericht aus dem Beniner Baumwollsektor siehe Scheen (2004).

41 In einem Brief vom 23. August 1996 an das Vorbereitungskomitee der „Generalstände der Justiz" beschwerte sich die Financial Bank in Cotonou, dass für drei Jahre zuvor ergangene Gerichtsurteile immer noch keine vollstreckbaren Ausfertigungen vorlägen, vgl. République du Bénin (1996), Anhang.

42 Es ist eine allgemein verbreitete Ansicht in Benin, dass ein Vorgang in einer Behörde nur dann die erforderlichen Stationen durchläuft, wenn sich der betreffende Bürger an jeder Station persönlich darum kümmert. *„Suivre le dossier"*

Allerdings ist Geld nicht in jedem Fall das einzige Medium des Kurzschließens oder Blockierens von Verfahren, von Beschleunigung und Verlangsamung von Zeit. Es kann durch andere Medien ersetzt oder, häufiger, auch kombiniert werden. Ein alternatives Medium ist sozialer Status: einige wenige der „großen" Rechtsanwälte, die schon seit mehreren Jahrzehnten tätig sind, unterliegen nicht der informellen Pflicht des regelmäßigen Gebens von Geldgeschenken an die Justizbeamten. Verwandtschaftliche oder freundschaftliche Beziehungen zum Umfeld des Richters oder eines Leiters einer Gerichtskanzlei (*greffier-en-chef*) können eingesetzt werden, um die Wirkung von Geldgeschenken zu verstärken oder den Preis zu drücken. Parallel zu einem Prozess kann man auch einen Spezialisten für übernatürliche Kräfte aufsuchen, um die Erfolgschancen vor Gericht zu erhöhen: Vor allem bei Landrechtskonflikten ist während der Gerichtssitzungen die Luft voll von Duftrauch und Staub, die von den geheimnisvollen Substanzen erzeugt werden, die die zahlreich anwesenden alten Männer vor Beginn der Sitzung im Saal oder vor ihm verbrannt haben. Und schließlich ist Gewalt oder ihre Androhung ein weiteres Medium nicht nur der außergerichtlichen Konfliktregelung, sondern auch eine parallel zu Gerichtsverfahren eingesetzte Strategie. Adressat ist dabei nicht nur der Prozessgegner; auch Richter und Staatsanwälte, wie sie uns in Einzelbeispielen erläuterten, erhalten immer wieder anonyme oder offene Drohungen im Zusammenhang mit Prozessen. Geld, soziales Kapital, übernatürliche Kräfte und Gewalt können als Währungen betrachtet werden, mit denen jeweils juristische Verfahren beeinflusst werden können, und die sowohl kombinierbar wie zumindest partiell ineinander konvertierbar sind.[43]

Die hier behandelten korrupten Praktiken in der Beniner Justiz sind nicht die einzigen, die vorkommen.[44] Sie verdeutlichen aber den Aspekt, auf den es mir hier in erster Linie ankommt: den der Einbettung der Korruption in das „normale" Funktionieren eine bürokratischen Apparates. Von einer gewissen

---

wird das aus der Sicht des Bürgers genannt, während der Beamte vielleicht davon spricht, dass auf die Akte ein „Stein gelegt (werden müsse), damit sie nicht davonfliege". Für eine Analyse der volkstümlichen Sprache der Korruption in Westafrika siehe Blundo/Olivier de Sardan (2001b).

43 In Anlehnung an den in der Medizinethnologie verwandten Begriff des „*healer shopping*" oder des rechsethnologischen „*forum shopping*" (Benda-Beckmann 1981) könnte man auch von „*medium shopping*" sprechen.

44 Seit Frühjahr 2004 müssen sich fast 100 Richter, Staatsanwälte, Justizbeamte und Beamte der Steuerverwaltung für anscheinend seit Jahren verübten Abrechnungsbetrug bei Dienstreisen vor Gericht verantworten. Dadurch soll zwischen 1996 und 2000 ein Schaden von über 12 Millionen € entstanden sein. – Ein anderes Beispiel für Korruption sind die zahlreichen Privatleute, die sich im Laufe der Jahre die Funktionen von informellen „Pförtnern" bei Gericht angeeignet haben, zum Teil in Komplizenschaft mit dem beamteten Personal, und die sich dem Rechtssuchenden als Mittler aufdrängen. (Tidjani Alou 2001). Dieses Phänomen eines Grauschleiers von semi-privaten Figuren an der Schnittstelle zwischen öffentlichem Dienst und Bürgern existiert in allen Bereichen der öffentlichen Verwaltung in Westafrika.

Häufigkeit derartiger Praktiken an entstehen in der Organisation Rückkoppe-lungsschlaufen, mit denen die Korruption sozusagen die Bedingungen ihrer eigenen Notwendigkeit schafft, sich systemisch stabilisiert. Die private Liqui-dation des oben erwähnten Staatsanwaltes hilft ihm bei der dringend erforder-lichen Aufbesserung seines Gehalts. Sie entzieht dem beninischen Schatzamt aber die Ressourcen, die dieses für die Erhöhung der Gehälter der Beamten einsetzen könnte. Die trianguläre Beziehung Bürger – Beamter – Staat (letzte-rer in seiner vierfachen Bedeutung als Regulator, Dienstleister, Steuereinneh-mer und Dienstherr) wird zu einer dyadischen kurzgeschlossen, in der der Bürger den Beamten für eine Dienstleistung direkt entlohnt – was dann all-mählich die Vorausbedingung dafür wird, dass der Beamte seinen Dienst-pflichten überhaupt noch, wenn auch nur noch selektiv, nachkommt. Dies de-legitimiert die Steuereintreibung, reduziert letztlich die Steuereinnahmen und verhindert Gehaltserhöhungen. Der Kreis schließt sich. Die Beniner politische Ökonomie ist denn auch durch eine selbst für Afrika extrem niedrige Rate der internen Ressourcenmobilisierung für öffentliche Zwecke gekennzeichnet (Joekes/Houedete/Serra 2000). Korruption entzieht dem Öffentlichen Dienst jedoch nicht nur ökonomische, sondern auch legitimatorische Ressourcen. In den Augen der Beamten ebenso wie der Bürger hat der Staat einen morali-schen Vertrag gebrochen, weil er weder seine Beamten anständig bezahlt, noch in der Lage ist, Recht zu schaffen, sodass der Bürger nicht nur verpflich-tet ist, sondern sich auch moralisch berechtigt fühlt, den Beamten direkt zu bezahlen.

Da nun alle, oder hinreichend viele, Beniner davon ausgehen, dass Ent-scheidungen – in diesem Falle der Justiz – nicht durch korrekte Verfahren produziert werden, sondern durch das Zahlen in anderen Währungen, kann auch kein hinreichendes Systemvertrauen entstehen, um sich auf das juristi-sche Verfahren alleine zu verlassen. Dies verstärkt wiederum, in einer Rück-koppelungsschleife, den Anreiz zur Verwendung alternativer oder zusätzlicher Währungen. Die Korruption alimentiert sich gleichsam durch sich selbst und stellt sich damit auf Dauer.

Schlussbemerkungen

Die hier präsentierten Daten machen deutlich, dass in Benin ausgerechnet in dem sozialen Feld der Justiz – aus dem in gewisser Weise die Idee des Ver-fahrens in reinster Form abgeleitet wurde[45] – die von Georg Elwert formulier-ten Ansprüche an diesen Idealtyp der Konfliktaustragung oft nicht oder nur unvollständig erfüllt sind. Im alltäglichen Funktionieren der Beniner Justiz sind auch für die Professionellen einzelne Verfahrensschritte und -verläufe *ex ante* nicht hinreichend zuverlässig abzusehen. Die Zeitautonomie des Systems

---

45 Siehe das zentrale und umfangreiche Kapitel zum Gerichtsverfahren in Luh-mann (1983: 55-136).

wird stark begrenzt durch die erfolgreichen Entschleunigungs- und Beschleunigungsstrategien einzelner Akteure. Gerichtliche Entscheidungen haben nur begrenzte Bindungswirkung und bleiben nicht selten ohne Handlungsfolgen für die Konfliktparteien, die sie ignorieren oder sich an alternative Streitschlichter wenden.

Insbesondere sind auch die Machtdifferenziale zwischen den Konfliktparteien nur unzureichend suspendiert. Diese Machtdifferenziale beruhen auf Ressourcen, die die beteiligten Akteure zur Beeinflussung von Verfahren mobilisieren und die von sehr unterschiedlicher Art sein können. Elwert nennt in diesem Zusammenhang Geld, Zeit und sozialen Status; zu ergänzen wäre das, für den Fall Benin, durch „soziale Beziehungen", „Kontrolle über übernatürliche Kräfte" und „physische Gewalt". Es erweist sich, dass diese Ressourcen „Währungen" (oder Kapitalien im Sinne von Bourdieu 1991) darstellen, die in einem gewissen Ausmaß ineinander konvertierbar sind. So reduziert ein hoher sozialer Status (etwa die Seniorität eines Rechtsanwalts) die Kosten an Geld, das zur informellen Begleitung eines Verfahrens aufgewendet werden muss. Mit einem hohen Zeitaufwand (aufgrund von örtlicher Anwesenheit) lässt sich die überlegene Finanzkraft des (nicht dauerhaft vor Ort anwesenden) Konfliktgegners zumindest zum Teil kompensieren. Dieser kann seinerseits versuchen, diesen strategischen Nachteil durch die Mobilisierung sozialer Beziehungen etwa im Umfeld des Richters auszugleichen. In einem Landrechtskonflikt können gewaltsam Fakten geschaffen werden, indem jahrzehntelang auf einem Stück Land anwesende, ortsfremde Pächter über Nacht durch eine ad hoc zusammengetrommelte Truppe von jungen Männern aus ihren Häusern vertrieben werden (siehe die Beispiele in Le Meur, Bierschenk, and Floquet 1999). Oder man versucht, sich des Prozessgegners durch Schadensmagie zu entledigen.[46]

Dies legt nahe, Meidung und Gewalt nicht als die einzigen Alternativen zum Verfahren in der Austragung von Konflikten zu sehen. Der theoretische Status der Alternativen „Zeit", „Geld", „sozialer Status", „soziale Beziehungen", „übernatürliche Kräfte" wird bei Elwert allerdings nicht systematisch ausgeführt. Im Grunde behandelt er sie nur – teilweise – als Störungen des Verfahrens.

Darüber hinaus sind die genannten Ressourcen in der Praxis beninischer Konfliktregelungsstrategien in der Regel keine sich ausschließende Alternativen. Sie werden vielmehr typischerweise komplementär eingesetzt. Dass eine Frau mithilfe eines Rechtsanwalts einen Unterhaltsprozess gegen ihren Mann im Zuge einer Ehescheidung führt, schließt nicht aus, dass sie gleichzeitig versucht, den Richter zu bestechen, ihrem Mann einen Schadenszauber sendet

---

46 Siehe als Beispiel die lokale Interpretation des plötzlichen Todes des Vorsitzenden der Marktgesellschaft von Parakou, der sich in einer gerichtlichen Auseinandersetzung mit dem Bürgermeister von Parakou befand, in Bierschenk (2004).

und ihm androht, ihn nachts auf der Straße von ihren Verwandten verprügeln zu lassen.

Dies regt dazu an, auch die drei großen Elwertschen Modi der Konflikt-austragung (Verfahren, Meidung, Gewalt – während Zerstörung einen Sonder-status hat) nicht als exklusive und alternative Kategorien, sondern komple-mentär und kombinierbar zu denken. In jeder Gesellschaft haben soziale Ak-teure bei Konflikten prinzipiell immer mehrere Handlungsoptionen. Deren Spannweite ist jedoch immer auch begrenzt, und zwar sowohl durch die Ge-sellschaftsstruktur, wie auch die sozialen Attribute der Akteure, wie auch die Natur der Konflikte. Dass dies auch für die deutsche Gesellschaft gilt, hat die Rechtssoziologie deutlich gemacht: Bei allen grundsätzlich justitiablen Kon-flikten ist Selbstregulierung in ihren diversen Formen (zumindest im statisti-schen Sinne) normal, nicht die Regulierung durch die Justiz und deren Verfah-ren (Albrecht 1999: 126f). In einer afrikanischen Gesellschaft wie der benini-schen scheint allerdings die Spannbreite und Kombinierbarkeit der Hand-lungsoptionen (die Möglichkeit der „optation" im Sinne Gluckmans (1961)) größer zu sein als in der deutschen, in der einiges dafür spricht, von einer Dominanz des Verfahrensmodus zu sprechen. In Benin steht, bei einer größe-ren Zahl von Konflikten und für eine größere Bandbreite von Akteuren, nicht nur eine größere Zahl von Verfahren zur Verfügung (selbst innerhalb der Jus-tiz, wo das Gerichtsverfahren nur ein mögliches Verfahren unter vielen ist), sondern alternativ und kombiniert damit auch eine größere Menge an Optio-nen jenseits der Verfahren, darunter Gewalt und Meidung (Alber in diesem Band). Es fällt mir schwer, in Bezug auf Benin von einem dominanten Kon-fliktregelungsmodus zu sprechen. Es wäre eine spannende Aufgabe einer ver-gleichenden Anthropologie der Konflikte, zu klären, ob (und eventuell wa-rum) diese in Benin zu beobachtende Präferenz für die Bündelung von Strate-gien ein spezifisch beninisches, oder gar ein afrikanisches, oder doch eher ein universelles Phänomen ist.

Literaturverzeichnis

Adjovi, Emmanuel Vidjinnagni (2003): „Liberté de la presse et ‚affairisme' médiatique au Bénin", in: *Politique Africaine* 92, S. 157-172.

Alber, Erdmute (2001): „Hexerei, Selbstjustiz und Rechtspluralismus in Be-nin", in: *afrika spectrum* 36, S. 145-168.

Albrecht, H.-J. (1985/86): „Afrikanische Kriminologie. Forschungen über Kriminalitätsentstehung und Kriminalitätskontrolle in schwarzafrikanischen Staaten", in: *Jahrbuch für afrikanisches Recht* 6, S. 103-118.

Albrecht, Peter-Alexis (1999): *Kriminologie*, München: Beck.

Bako-Arifari, Nassirou (2001): „La corruption au port de Cotonou: douaniers et intermédiaires", in: *Politique Africaine* 83, S. 38-58.

Bayart, Jean-Francois (1989): *L'Etat en Afrique. La politique du ventre*, Paris: Fayart.

Benda-Beckmann, Franz von (1994): „Rechtspluralismus. Analytische Begriffsbildung oder politisch-ideologisches Programm", in: *Zeitschrift für Ethnologie* 119, S. 1-16.

Benda-Beckmann, Keebet von (1981): „Forum Shopping and Shopping Forums: Dispute Processing in a Minangkabau Village in West Sumatra", in: *Journal of Legal Pluralism and Unofficial Law* 19, S. 117-159.

Bierschenk, Thomas (1993): *Außenabhängigkeit und Intermediarität: Merkmale des Staates in Benin vor 1989, Sozialanthropologische Arbeitspapiere. 52*, Berlin: Das Arabische Buch.

Bierschenk, Thomas (2000): „Herrschaft, Verhandlung und Gewalt im modernen Afrika. Zur politischen Soziologie einer afrikanischen Mittelstadt (Parakou, Benin)", in: *afrika spectrum* 34, S. 321-348.

Bierschenk, Thomas (2004): *The Local Appropriation of Democracy. An Analysis of the Municipal Elections in Parakou, Republic of Benin, 2002/03, Working Paper Nr. 39*, Mainz: Institut für Ethnologie und Afrikastudien, Johannes Gutenberg-Universität Mainz (http://www.uni-mainz.de/~ifeas/workingpapers/LocalParakou.pdf).

Bierschenk, Thomas/Olivier de Sardan, Jean-Pierre (1997): „Local Powers and a Distant State in Rural Central African Republic", in: *Journal of Modern African Studies* 35, S. 441-468.

Bierschenk, Thomas/Olivier de Sardan, Jean-Pierre (Hg.) (1998): *Les pouvoirs au village. Le Bénin rural entre démocratisation et décentralisation*, Paris: Karthala.

Blundo, Giorgio (Hg.) (2000): *Monnayer les pouvoirs. Espaces, mécanismes et représentations de la corruption, Les nouveaux cahiers de l'Institut Universitaire d'Études du Développement (IUED)*, Paris: Presses Universitaires de France.

Blundo, Giorgio/Olivier de Sardan, Jean-Pierre (2001a): *La corruption au quotidien en Afrique de l'Ouest. Approche socio-anthropologique comparative: Benin, Niger et Sénégal. Étude financée par la Commission des Communautés européennes et la Direction du développement et de la coopération suisse (DDC). Rapport final*, Marseille, Genève.

Blundo, Giorgio/Olivier de Sardan, Jean-Pierre (2001b): „La sémiologie de la corruption", in: *Politique Africaine* 83, S. 89-114.

Blundo, Giorgio/Olivier de Sardan, Jean-Pierre (Hg.) (2001c): *La corruption au quotidien Politique Africaine 83*, Paris: Karthala.

Bourdieu, Pierre (1991): *Die feinen Unterschiede. Kritik der gesellschaftlichen Urteilskraft*, 4. Auflage, Frankfurt a.M.: Suhrkamp.

Bundesministerium für wirtschaftliche Zusammenarbeit (BMZ) (2002): „Recht und Justiz in der deutschen Entwicklungszusammenarbeit. Ein Positionspapier des BMZ", in *BMZ Spezial* 47, Bonn, Berlin: BMZ.

Copans, Jean (2001): „Afrique noire: Un État sans fonctionnaires?", in: *Autrepart* 20, S. 11-27.

Darbon, Dominique (2001): „De l'introuvable à l'innommable: fonctionnaires et professions de l'action publique dans les Afriques", in: *Autrepart* 20, S. 27-43.

Dubois de Gaudusson, Jean/Conac, Gérard (Hg.) (1990): „La justice en Afrique", in: *L'Afrique contemporaine* 156, no. spécial.

Elwert, Georg (1987): „Ausdehnung der Käuflichkeit und Einbettung der Wirtschaft. Markt und Moralökonomie", in: *Kölner Zeitschrift für Soziologie und Sozialpsychologie* Sonderheft 28 („Soziologie wirtschaftlichen Handelns"), S. 300-321.

Elwert, Georg (2001): „The Command State in Africa. State Deficiency, Clientelism and Power-locked Economies", in: S. Wippel/I. Cornelssen (Hg.), *Entwicklungspolitische Perspektiven im Kontext wachsender Komplexität. Festschrift für Prof. Dr. Dieter Weiss*, München: Weltforum, S. 419-452.

Fédération Internationale des Ligues des Droits de l'Homme (FIDH) (2004): *La justice au Bénin: corruption et arbitraire (Rapport de mission internationale d'enquête no. 394, Juillet 2004)*, Paris: FIDH.

Gluckman, Max (1961): „Anthropological Problems Arising from the African Industrial Revolution", in: A. Southall (Hg.), *Social Change in Modern Africa*, London: Oxford University Press for the International African Institute, S. 67-82.

Griffiths, John (1986): „What is Legal Pluralism?", in: *Journal of Legal Pluralism* 24, S. 1-50.

Igué, John O./Soulé, Bio G. (1992): *L'État-entrepôt au Bénin. Commerce informel ou solution à la crise?*, Paris: Karthala.

Jaffré, Yannick/Olivier de Sardan, Jean-Pierre (Hg.) (2003): *Une médecine inhospitalière. Les difficiles relations entre soignants et soignés dans cinq capitales d'Afrique de l'Ouest*, Paris: Karthala.

Joekes, Susan/Houedete, Thomas/Serra, Renata (2000): *Creating a Framework for Poverty Reduction: Institutional and Process Issues in National Poverty Policy in Selected African Countries*, Benin Country Report, Brighton: IDS.

Jones-Pauly, Christina/Elbern, Stefanie (Hg.) (2002): *Access to Justice. The Role of Court Administrators and Lay Adjucators in the African and Islamic Contexts*, The Hague: Kluwer.

Kaiser, G. (1996): *Kriminologie: Ein Lehrbuch*, Heidelberg: Müller

Le Meur, Pierre-Yves/Bierschenk, Thomas/Floquet, Anne (1999): *Paysans, État et ONG au Bénin, Arbeitspapiere zu afrikanischen Gesellschaften* 33, Berlin: Das Arabische Buch.

Le Roy, Etienne (1997): „Contribution à la ,refondation' de la politique judiciaire en Afrique francophone. A partir des exemples maliens et centrafricains", in: *afrika spectrum* 32, S. 311-327.

Le Roy, Etienne (2004): *Les Africains et l'institution de la justice. Entre mimétisme et métissages*, Paris: Dalloz.

Luhmann, Niklas (1983): *Legitimation durch Verfahren*, Frankfurt a.M.: Suhrkamp.

Lund, Christian (1998): *Law, Power and Politics in Niger. Land Struggles and the Rural Code*, Münster, Ph.D dissertation, Roskilde University 1995.

Moore, Sally Falk (1978): *Law as Process*, London: Routledge & Kegan.

Nansounon, Orou Z. Cather (2000/2001): *La problématique de la corruption entre agents de contrôle routier et conducteurs de Parakou*, Faculté des Lettres, Arts et Sciences Humaine (FLASH), Université Nationale du Bénin, Abomey-Calavi.

Ndiaye, Y. (1990): „Les auxiliaires de justice", in: *Afrique Contemporaine* 156, S. 140-146.

Paulenz, Simon (1999): „Selbstjustiz in Benin. Zur Debatte über den Charakter außerstaatlicher Sanktionsformen in Afrika", in: *africa spectrum* 34, S. 59-83.

Perrot, Roger (1995): *Institutions judiciaires*, Paris: Montchrestien.

Pie, F. (1990): „La justice à la recherche de son effectivité: le cas de la justice pénale", in: *Afrique Contemporaine* 156, S. 65ff.

Rehbinder, Manfred (2000): *Rechtssoziologie*, München: Beck.

République du Bénin/États Généraux de la Justice Béninoise (1996): *Travaux Préparatoires*, Cotonou (4 - 7 Novembre 1996).

Ribouis, Martine (1998/99): *La juridiction moderne dans la ville de Parakou*, Rapport de recherche de terrain, Abomey-Calavi: Université Nationale du Bénin, Faculté des Sciences Juridiques, Économiques et Politiques (FASJEP).

Scheen, Thomas (2004): „Im Königreich des Ungefähren. Warum die Baumwollindustrie in Benin weniger unter amerikanischen Subventionen leidet als unter eigenen Unzulänglichkeiten", in: *Frankfurter Allgemeine Zeitung*, 27.2.2004.

Scott, James C. (1976): *The Moral Economy of the Peasant. Rebellion and Subsistence in Southeast Asia*, New Haven: Yale University Press.

Scott, James C. (1985): *Weapons of the Weak. Everyday Forms of Peasant Resistance*, New Haven: Yale University Press.

Scott, James C. (1990): *Domination and the Arts of Resistance. Hidden Transcripts*, New Haven: Yale University Press.

Sommer, Jörn Henri (2000): *Korrupte Zivilgesellschaft. Unterschlagungen und die Kontrolle dörflicher Eliten bei Bauern im Borgu*, Dissertation, Freie Universität Berlin.

Sonnenberger, Hans Jürgen/Autexier, Christian (2000): *Einführung in das französische Recht*, 3. Auflage, Heidelberg: Verlag Recht und Wirtschaft.

Spellenberg, Ulrich (1999): „Immatrikulation von Grundstücken in Benin", in: *Recht in Afrika*, S. 201-233.

Spittler, Gerd (1977): „Staat und Klientelstruktur in Entwicklungsländern", in: *Europäisches Archiv für Soziologie* 18, S. 57-83.

Spittler, Gerd (1980): „Streitregelung im Schatten des Leviathan. Eine Darstellung und Kritik rechtsethnologischer Untersuchungen", in: *Zeitschrift für Rechtssoziologie* 1, S. 4-32.

Spittler, Gerd (Hg.) (1981): *Verwaltung in einem afrikanischen Bauernstaat. Das Koloniale Französisch-Westafrika 1919-39*, Wiesbaden: Steiner.

Tidjani Alou, Mahaman (2001): „La justice au plus offrant. Les infortunes du système judiciaire en Afrique (autour du cas du Niger)", in: *Politique Africaine* 83, S. 59-78.

Wong, Diana (1982): „Bauern, Bürokratie und Korruption. Ein Beitrag zur Analyse des bürokratischen Staates am Fall Benin", in: G. Elwert/R. Fett (Hg.) *Afrika zwischen Subsistenzökonomie und Imperialismus*, Frankfurt a.M.: Campus.

LANDWIRTSCHAFTSGENOSSENSCHAFTEN, LANGFRISTRECHTE UND LEGITIMATION: EINE FALLSTUDIE AUS UNGARN

Chris Hann

Einleitung

Einzigartig in dem Oeuvre von Georg Elwert ist seine Fähigkeit, komplexe Gedanken und Modelle in konzentrierten Kurzbeiträgen auszudrücken. Neben dem Hauptbezugspunkt dieses Bandes im Bereich Konflikttheorie möchte ich in diesem Kapitel auf einen Lexikonbeitrag hinweisen, der in den letzten Jahren für die Arbeiten meiner Gruppe am Max-Planck-Institut in Halle und auch für mich persönlich wichtig gewesen ist (Elwert 1999).

Im Folgenden werde ich Konflikte auf zwei Ebenen behandeln: zum einen auf der des ungarischen Staates und seiner Gesellschaft und zum anderen auf der der Dorfgemeinschaft Tázlár, in der ich seit den 1970er Jahren Feldforschung durchgeführt habe. Ich ziele insbesondere auf das Schema von Elwert ab, in dem er (in Anlehnung an Niklas Luhmann) eine zunehmende Rolle eines Verfahrensprinzips nicht nur mit *conflict management,* sondern mit steigender Legitimation assoziiert. Im Gegensatz zu weit verbreiteten Vorurteilen bin ich der Meinung, dass es auch im Sozialismus einen auf Verfahren basierenden Rechtsstaat gab (vgl. Thelen, in diesem Band). Nichtsdestotrotz ist klar, dass es auch nach dem Ende des Stalinismus, in den letzten friedlichen Jahrzehnten des Sozialismus, noch an Transparenz und offenen Verfahren in vielen Bereichen mangelte. Wir müssen also das Schema von Elwert modifizieren, in dem wir eine Art von friedlicher Konfliktbewältigung erkennen, die weder auf Meidung noch auf Verfahren beruht. Ich nenne diese Zwischenkategorie „Vertuschung durch sozialistische Verbürgerlichung". Es geht im Grunde darum, dass Konflikte dadurch gemildert oder heruntergespielt werden, dass die Bürger sich als Individuen und als Familien so heftig für Konsum und Akkumulation interessieren, dass Gruppenstrukturen und auch Konflikte auf allen strukturellen Ebenen an Bedeutung verlieren. Da solche Optionen nicht nur im ungarischen Sozialismus vorhanden, sondern auch Kernmerkmale des Kapitalismus überhaupt und insbesondere des neuen Neoliberalismus sind, können wir einen allgemeineren Namen für diese Kategorie vorschlagen: Verdrängung durch private Anhäufungsmöglichkeiten.

Nach der Wende hat sich in Ungarn vieles geändert, auch Grundfragen von Legitimation und Konflikt. Einige verdrängte Konflikte tauchten sofort auf, und im Laufe der Dekollektivierungsprozesse hat es nahezu einen Überschuss an Verfahren gegeben: Konflikte konnten jetzt offen durch verschiedene Gremien auf Dorfebene und darüber hinaus in den Gerichtsälen ausgetragen werden. Aber die Legitimation dieser Prozesse ist fraglich geblieben: die steigende Anzahl von Konflikten ist von einem zunehmend verbreiteten Zynismus begleitet worden. Der Zugewinn an Verfahren hat nicht zu größerem Vertrauen in das politische und in das juristische System geführt. Allein das demokratische Wahlverfahren, dessen Potential man schon während der Zeit des Sozialismus klar erkennen konnte, diente der Meidung von Instabilität und offenem Protest.

Gesellschaftliche Konflikte im Sozialismus

Wenden wir uns zunächst der Makroebene zu: In Ungarn wurde nach 1945 unter sozialistischer Hegemonie ein radikaler Wandel vollzogen. Während das Land früher eine eigenartige Mischung feudalistischer Stände- und kapitalistischer Klassenunterschiede aufwies, wurde schnell die Ideologie einer friedlichen Allianz der Arbeiter und Bauern unter der aufgeklärten Leitung der kommunistischen Partei durchgesetzt. Die Seifenblase der Harmonie platzte 1956 in dramatischer Weise, als nicht nur Nationalisten und anti-kommunistische Intellektuelle, sondern Millionen von Arbeitern und Bauern gegen ein verhasstes Regime kämpften.

Nach diesem Fiasko für die sozialistische Bewegung ist eine Regierung mit weniger Unterstützung und Legitimität als diejenige von János Kádár kaum vorstellbar gewesen. Wie war es trotzdem möglich, dass dieses Land innerhalb kürzester Zeit die Kollektivierung der Landwirtschaft vollzog? Wie kam es, dass Kádár selbst sich zu einer beliebten oder zumindest geachteten Figur, auch nach Ansicht vieler einstiger Opponenten, entwickelte? Im Grunde war die Antwort spätestens Mitte der 1970er Jahre jedem Bürger klar. Die Partei hatte einen Kompromiss gefunden, durch den die großen gesellschaftlichen Konflikte gemildert oder gedämpft worden waren. Wie ist das passiert? Die Untersuchungen von Volks- und Völkerkundlern auf der Mikroebene haben Einsichten in diese großen politischen und soziologischen Fragen ermöglicht.

Betrachten wir die Geschichte der Genossenschaften des sozialistischen Tázlár nun näher (Hann 1980, 1983). Zunächst muss man feststellen, dass die Kollektivierung 1958-1961 in Ungarn keineswegs das dramatische Ereignis war, das wir uns aufgrund von Berichten aus der stalinistischen Zeit der UdSSR vorstellen. Wegen des wirtschaftlich bedeutenden Obst- und Weinanbaus in der Region von Tázlár war es den Bauern gestattet, ihre eigenen Betriebe weiterhin selbst zu verwalten. Sie wurden jedoch gezwungen, in genossenschaftliche Gruppen (*TSz Csoport*) einzutreten, und es war immer vorgesehen, dass diese früher oder später zu vollwertigen LPGen entwickelt werden sollten. Es gab am Anfang drei dieser Gruppen in Tázlár, die *Kossuth*, die *Rákóczi* und die *Remény* (Hoffnung). Sie hatten Ackerland, das sie gemeinsam nutzten, aber die meisten Mitglieder beschäftigten sich fast ausschließlich mit den Parzellen, die sie noch immer als ihr Eigentum betrachteten, obwohl sie nun lediglich Nutzungsrechte dafür besaßen.[1]

Diese Gruppen hatten einen Vorsitzenden, einen Buchhalter und ein Direktorengremium, die sie selbst wählten. Die Wahlen dieser Leiter waren von außen manipuliert, aber es gab immer Spielraum und auch eine Zusammenarbeit bzw. Kollaboration mit den Behörden. Die Partei, deren Landwirtschaftssektion im Dezember 1960 auf Bezirksebene die Gründung der Genossenschaften in Tázlár veranlasste, hatte in den 1950er Jahren genügend Erfahrung gesammelt, um zu erkennen, dass es wenig Sinn hätte, Vertreter der proletarischen Schicht (also Nicht-Bauern) mit leitenden Posten zu betrauen (vgl. Thelen, in diesem Band). Sie nominierten daher Nicht-Kommunisten, Klein- oder Mittelbauern oder sogar solche Personen, die kurz zuvor noch als *kulákok* stigmatisiert worden waren. So wurde zum Beispiel Ferenc Papp, ein Kleinbauer *(kisgazda)*, der auf 6,5 *hold* (3,8 ha) wirtschaftete, zum ersten Vorsitzenden der größten Genossenschaft, der *Hoffnung*, ernannt:

Ich wusste gar nicht, dass man mich als Vorsitzenden nominieren würde, die Erwartung war, dass einer meiner Nachbarn den Posten bekommt, die Partei hatte ihn ja ausgewählt. Allerdings bekam er von der Versammlung keine einzige Stimme, weil er während der früheren Kolchos-Kampagnen Mist gebaut hatte, woran sich die Bevölkerung noch gut erinnern konnte. Ich war als sein Vertreter vorgesehen gewesen, aber auf diese Weise kam es dazu, dass ich das Amt des Vorsitzenden annehmen musste. Als ich dies erfuhr, habe ich fast geweint. Meine Ausbildung bestand lediglich aus sechs Jahren Grundschule. Wie sollte ich denn so eine verantwortliche Stelle übernehmen? Daraufhin sagte mir der Vertreter der Partei: entweder du stimmst zu oder du gehst ins Gefängnis! Da habe ich mich doch für das Amt entschieden.[2]

Drei Leiter mit Weltanschauungen dieser Art haben die drei Genossenschaften mit viel Geschick bis in die frühen 1970er Jahre geführt. Sie hatten keine Macht und nur wenig Einfluss auf die Aktivitäten der meisten Bauern, die keine andere Wahl hatten als die neue Hierarchie zu dulden, aber weiterhin mit ihren eigenen Haushalten beschäftigt waren. Die wirtschaftliche Entwicklung kam nur langsam voran. Von Ferenc Papp wurde erwartet, dass er den kollektiven Sektor seiner Genossenschaft verstärken sollte, aber er war ein sehr vorsichtiger Mensch:

---

1 Um diesen Punkt lässt sich streiten: die Bauern behielten immer noch die rechtlichen Eigentumsurkunden zu ihrem Land. Es war allerdings allen klar, dass der Beitritt, selbst in eine Genossenschaft dieser einfachen Art, deren Leitern die Verfügungsgewalt bezüglich des Bodens gewährte.

2 Pavlovits (1990: 39) (Es handelt sich um ein hundertseitiges, von dem Journalisten Miklós Pavlovits angefertigtes Auftragswerk, das Ende 1990 zum Anlass der 30. Jubiläumsfeier der Genossenschaft erschienen ist).

Wir haben Schwierigkeiten vermieden, haben immer aufgepasst und nur so viel aufgegeben, wie in unseren Möglichkeiten lag. Wir haben nicht einmal 20 Groschen Kredit von irgendjemandem beantragt und auch die Staatssubventionen nicht in Anspruch genommen, die nicht zurückzuzahlen waren. Warum? [...]. Weil wir dem Staat nicht glaubten, wir glaubten nicht, dass er das Geld später nicht von uns zurückverlangen würde. Darauf bin ich eigentlich besonders stolz. Nicht wir haben die Schulden des Landes im Ausland verursacht, zu dieser Verschuldung haben wir nichts beigetragen.[3]

Die überwiegende Mehrheit der ungarischen Bauern war zu dieser Zeit Mitglied einer LPG (*Termelőszövetkezet*) und dadurch mehr oder weniger in eine neue, fast industrielle Art von Arbeitsteilung integriert. Aber auch sie hatten ihre „Haushaltsparzellen" (*háztáji*), wo sie nicht nur für den eigenen Familienbedarf, sondern auch für den freien Markt produzieren konnten. Nach den Wirtschaftsreformen 1968 blühten die Geschäfte aller „Kleinproduzenten" (*kistermelők*). Die „genossenschaftlichen Gruppen" wurden im selben Jahr in spezielle Genossenschaften (*szakszövetkezetek*) umgewandelt, und diese konnten am meisten von der allgemeinen Liberalisierung profitierten (Hann 1980).

Diese Reformpolitik war allerdings nicht unumstritten. Kurz vor meiner Ankunft in Ungarn 1975 kam es zu einem vorläufigen Kurswechsel: Einige Altkommunisten an der Spitze waren darüber erschrocken, wie schnell sich viele Bauern bereicherten, so dass die Preise ihrer landwirtschaftlichen Produkte von staatlicher Seite heruntergesetzt wurden (so frei war dieser Marktsozialismus doch nicht: Die meisten Preise blieben unter strenger Kontrolle). Die sofortige Folge war, dass sich die Kleinproduzenten zurückzogen. Ihre Produkte waren aber dringend notwendig, nicht nur um solche Konflikte zu vermeiden, die z.B. Polen wegen mangelnder Waren kontinuierlich plagten, sondern auch um Devisen zu beschaffen. Der Kurs der Politik wurde rasch wieder zu Gunsten der Bauern geändert und blieb dann bis zum Ende des Sozialismus verhältnismäßig stabil. Diese Agrarpolitik war ein sehr wichtiges Element des Kadarischen Kompromisses, nicht nur weil so die städtische Nachfrage nach Lebensmitteln befriedigt wurde, sondern weil die günstigen Preise zu bemerkenswerten Entwicklungen auf dem Land führten. Ausgerechnet unter den verhassten Kommunisten und nach der erzwungenen Kollektivierung konnten viele Bauern in diesen Jahren ihre Häuser modernisieren und privat Autos kaufen (Swain 1985, Szelenyi 1988).

Das bedeutete jedoch nicht, dass es auf lokaler Ebene keine Konflikte mehr gab. Die Kommunisten und ihre Institutionen sowie die Genossenschaften wurden dadurch nicht beliebter. Im Gegenteil kam es unter dem Einfluss des o.g. Kurswechsels Mitte der 1970er Jahre in Tázlár zu einer Krise. Die externen Behörden waren klug genug gewesen, geschätzte lokale Bauern für die wichtigen Ämter zu empfehlen und dann wählen zu lassen. Wie wir schon gesehen haben, waren die ersten Führungskräfte keine Kommunisten. Sie hatten keine professionelle Ausbildung in der Landwirtschaft erhalten. In den frühen 1970er Jahren beschloss die Partei auf Bezirksebene, dass die drei kleinen

---

3 Ebd.: 40.

Genossenschaftsformen nicht effizient genug funktionierten, und zu einer einzigen Genossenschaft für ein Dorf zusammengeschlossen werden müssten. Es gab lebhafte Debatten und Rivalitäten während des erzwungenen Einigungsprozesses, so dass sich die Beteiligten auch 30 Jahre später noch erinnern können, wie 1974 zwei der bisherigen Vorsitzenden um das wichtigste Amt gekämpft und ihre Anhänger die jeweils andere Seite beschimpft haben. Es zeigte sich das Potenzial eines freien Wahlverfahrens für die Legitimation einer neuen Hierarchie im Dorf.[4]

Der Sieger dieser Wahl hatte, formell gesehen, genauso wenig Macht wie seine Vorgänger. Aber als erfolgreicher Bauer hatte er schon vorher ein gewisses Prestige, und der Wahlsieg brachte ihm noch mehr Respekt ein. Er war der erste Bauer, der für die ganze Gemeinschaft sprechen durfte. Man konnte jedoch vermuten, dass die Beliebtheit des Vorsitzenden auch ein Problem darstellte. Innerhalb kurzer Zeit wurde ihm von seinem eigenen Chefbuchhalter vorgeworfen, Materialien der Genossenschaft zum eigenen Vorteil verwandt zu haben. Der Buchhalter stammte aus dem Dorf, hatte aber (als erster im Dorf) in Budapest an der Karl Marx Universität für Volkswirtschaft studiert und in anderen Betrieben gearbeitet. Für ihn war es im Grunde eine Frage der Professionalität. Die externe Behörde nutzte die Vorwürfe gegen ihn aus, um eine neue Gruppe jüngerer, ausgebildeter Fachleute aufzuoktroyieren. Es sollte sich jetzt endlich eine neue Hierarchie entwickeln, und es hätte gefährlich sein können, wenn ein Nicht-Kommunist an der Spitze der Genossenschaft verblieben wäre. Das Wahlverfahren konnte also zu keinem dauerhaften Ergebnis führen, und die Frage der Legitimation stellte sich auf lokaler Ebene erneut.

Die Hauptversammlung – initiiert von den externen Behörden – hat für einen neuen Vorsitzenden gestimmt, einen Kommunisten aus einer anderen Region. Eine seiner ersten Aufgaben bestand darin, die politisch-ideologisch gewünschte Erweiterung der kollektiven Ackerbauflächen durchzuführen, was dann ausgerechnet am Rande des Dorfes geschah, wo der Boden von guter Qualität war und viele Dorfbewohner ihre „privaten" Parzellen aufgeben mussten (sie erhielten in anderen, weniger attraktiven Gebieten eine Kompensation). Diese sozialistische Flurbereinigung gelang, und die Ergebnisse der folgenden Jahre waren meist sehr gut. Trotzdem kam es zu großem Unmut und sogar die, die weiterhin privat und erfolgreich arbeiteten, schimpften auf

---

4   Der Mechanismus für die Wahl eines Dorfrates hatte dieses Potenzial nicht. Der Ratsvorsitzende (*Tanácselnök*) wurde vom Staat bezahlt, vom Rat gewählt, und von der kommunistischen Partei bestimmt. Die Kommunisten hatten im Rat nie eine Mehrheit, aber die Liste aller Kandidaten wurde von der *Hazafias Népfront* zusammengestellt, einer Organisation, die von den externen Behörden kontrolliert wurde. Der Inhaber des Amtes in Tázlár zwischen 1957 und 1987 war ein Kommunist, Sohn einer armen Familie aus der Kreisstadt und slowakischer Abstammung; egal ob man ihn respektierte, fürchtete oder streng kritisierte, aufgrund der Tatsache, dass er nicht frei gewählt werden konnte, fehlte es ihm im Vergleich zum neuen Genossenschaftsvorsitzenden an Legitimität.

die „bösen Kommunisten" und ihre Institutionen. Die neue Führung der LPG konnte mit dieser Kritik nicht umgehen: Es kam zu noch mehr Instabilität, so dass der Vorsitzende und einer seiner wichtigsten Mitarbeiter aufgaben und umzogen.

Es folgte ein langer Konsolidierungsprozess unter zwei weiteren, wieder von den Behörden eingesetzten, Vorsitzenden. Seit 1982 wurde die Genossenschaft dann von einem qualifizierten Agronomen geleitet, der zwar weiterhin im Nachbarort Soltvadkert wohnte, sich aber relativ schnell einen hohen Grad an Achtung und Akzeptanz in Tázlár erwarb. Die Gründe dafür hatten weniger mit seinen landwirtschaftlichen Kenntnissen, als vielmehr mit seinem persönlichen Stil zu tun, z.b. wie er mit langen Reden auf den rituellen Hauptversammlungen jede Art von Konflikt zu vermeiden suchte. Zwei weitere Faktoren verstärkten seinen Erfolg. Zum einen setzte er die Politik seines Vorgängers fort, wodurch die Dorfbewohner mit Hilfe großzügiger staatlicher Subventionen in den Besitz von Weinstöcken gelangten, die in modernen Reihen angebaut worden waren (Hann 1993). Zum anderen war dieser Vorsitzende mit der Gründung zweier nicht-landwirtschaftlicher Betriebe im Dorf erfolgreich, die besonders Frauen attraktive Arbeitsplätze boten. Diese Initiativen waren die besten Beispiele für die Art von Symbiose und Kooperation zwischen privaten Haushalten und Großbetrieben, die die ungarische Kollektivierung bis zum Ende prägte.

Im letzen Jahrzehnt des Sozialismus kam es zu keinen neuen Konflikten in Tázlár. Auch wenn die Gewinne aus allen zusätzlichen (privaten) landwirtschaftlichen Arbeiten im Vergleich zum vorigen Jahrzehnt geringer ausfielen, waren die meisten Bewohner zufrieden. Die Arbeitsplätze waren sicher, aber auch die, die es vorzogen, im Familienbetrieb zu arbeiten, konnten davon ausgehen, dass es sichere Absatzmärkte für ihre Produkte geben würde. Somit mussten auch die überzeugtesten Antikommunisten zugeben, dass sich vieles zum besseren verändert hatte, nicht nur im privaten, sondern darüber hinaus auch im gesellschaftlichen Bereich, insbesondere da die längst vernachlässigten Bauern der speziellen Genossenschaften endlich voll in das Versicherungssystem des Landes integriert wurden. So erkennt man auf der Mikroebene, welche Auswirkungen der Kadarische „gesellschaftliche Kompromiss" dort hatte.

Im Spätsozialismus von Legitimität zu sprechen, ist vielleicht zu gewagt. Es mangelte immer noch an freien Wahlen. Einige erinnerten sich noch an 1956 und viele zweifelten daher daran, dass die Kommunisten ihre kollektivistische Ideologie wirklich aufgeben würden. Aber von den teilweise heftigen Konflikten früherer Jahre konnte man nichts mehr spüren, die wenigen Dissidenten der Hauptstadt fanden keine Unterstützung unter den Bauern und Arbeitern. Diese erfolgreiche Verwaltung von Konflikten wurde ohne eine Konsolidierung schlüssiger Verfahren erreicht, die nach Elwertschem Modell nötig gewesen wäre. Vielmehr muss man von einer Verdrängung von Konflikten sprechen. Für diejenigen, die ihr früheres Eigentum beanspruchen wollten, war der Kadarische Kompromiss nichts als eine Scheinwelt, die es jetzt zu überwinden galt.

Gesellschaftliche Konflikte im Postsozialismus

Bereits 1989, als nach dem (zweiten) Begräbnis von Imre Nagy und anderen Ereignissen klar geworden war, dass es auf Makroebene zu einer Wende (im Ungarischen sagt man Systemwechsel, *rendszerváltás*) kommen würde, gab es spontane Reaktionen auf der Mikroebene. Einige Bauern gründeten die Partei der Unabhängigen Kleinbauern (*Független Kisgazdapárt*) in Tázlár neu, übrigens dieselben Personen, die bereits 1989 an der Besetzung des umstrittenen Bodens am Dorfrand im Namen der alten Besitzer beteiligt waren. Die Führung der Genossenschaft nahm diese Aktion ohne Protest zur Kenntnis und beschloss bald danach, sich aus allen kollektiven landwirtschaftlichen Aktivitäten zurückzuziehen. Diese Entscheidung fiel nicht schwer, da neben dem von fast allen Seiten anerkannten moralischen Drang, alle Flächen in Privatbesitz zurück zu geben, gleich nach der Wende klar wurde, dass mit dem Zerfall der etablierten sozialistischen Märkte und der Kürzung oder Streichung vieler Subventionen die Landwirtschaft in diesem verhältnismäßig unfruchtbaren Teil der Tiefebene keine wirtschaftliche Zukunft haben würde.

Es dauerte viele Jahre bis alle Eigentumsverhältnisse geregelt wurden. Im Gegensatz zu anderen Ländern entschied sich Ungarn für ein Entschädigungsprinzip, das nicht garantierte, dass die ehemaligen Eigentümer ihre ursprünglichen Ländereien zurück erhalten konnten. Die Umsetzung dieser Dekollektivierung hatte (wie bei der Kollektivierung drei Jahrzehnte zuvor, aber jetzt umgekehrt) vor allem einen pragmatischen Sinn: Man wollte die Fragmentierung vieler Großflächen vermeiden. Allerdings war das Verfahren in Tázlár sehr umstritten. Viele behaupteten, die Mitglieder der verschiedenen Gremien hätten sich selbst und ihren Familien- und Freundeskreisen Land verschafft. Die Neuverteilung des Bodens dauerte bis 1997 an, und einige schwierige Fälle konnten erst im neuen Jahrhundert vor Gericht gebracht werden. Katherine Verdery (2003) hat ähnliches für Siebenbürgen dokumentiert: Konflikte innerhalb der Dorfgemeinschaft wurden im Laufe des Dekollektivierungsverfahrens verstärkt bzw. neu ins Leben gerufen. Wie Verdery bin ich der Meinung, dass ein Prozess, den die meisten als Wiederherstellung eines alten Eigentumssystems betrachteten, in Wirklichkeit die Schaffung eines gänzlich neuen Systems war, welches nicht nur strukturelle Konflikte der Vergangenheit wieder belebte, sondern auch neue ins Leben gerufen hat.

Die Gremien wurden vom neuen Dorfrat konstituiert und beauftragt, im Geist einer neuen Demokratie zu entscheiden. In der Realität gab es hier große personelle und institutionelle Kontinuität. 1990 kam es während der Wahlen zum ersten Mal zu einer lebhaften Konkurrenz um den Posten des Ratsvorsitzenden (jetzt umbenannt in Bürgermeister – *Polgármester*). Es gab keine Präzedenz für die aggressive Kampagne eines lokalen Unternehmers, der in den späten sozialistischen Jahren durch verschiedene Geschäfte reich geworden war, obwohl er auch eine Zeit lang im Gefängnis gesessen hatte. Er war sehr antikommunistisch und versprach große Veränderungen im Dorf. Seine Hauptgegnerin war eine Funktionärin, die den alten kommunistischen Rat verwaltet hatte. Sie hatte das Vertrauen der Bevölkerung über viele Jahre gewonnen und wurde in das neue Amt gewählt. 1994 ging sie in Rente, und erst dann kam es zu einem echten Wechsel an der Spitze des Dorfes. Ein junger Mann (geboren 1962), Sohn einer alt eingesessenen mittelbäuerlichen Familie, parteilos, aber mit der offensichtlichen Unterstützung der Partei der Unabhängigen Kleinbauern, wurde mit großer Mehrheit gewählt, und später 1998 und 2002 wieder gewählt. Diese Beständigkeit ist nicht das Resultat eines stabilen Parteiensystems. Keine einzige politische Partei hat eine aktive Niederlassung im Dorf aufrechterhalten können. Nach der Auflösung der Bauernpartei hat die Mehrheit der Bewohner Tázlárs 2002 in den sehr polarisierten Parlamentswahlen die konservative Regierung von Viktor Orbán gewählt, aber ungefähr ein Drittel die sozialistische Partei.[5]

Im Gegensatz zum Dorfrat, wo Stabilität eingetreten ist, sind in der Genossenschaft nach der Wende Spannung und Instabilität fast kontinuierlich gewachsen. Im Rahmen der neuen Gesetzgebung wurde die Institution vollständig umstrukturiert und umbenannt: Von dem alten Namen *Landwirtschaftliche Spezielle Genossenschaft Frieden* ist nur *Genossenschaft Frieden* übrig geblieben. Das Eigentum wurde in Form von Aktienzertifikaten an die Mitglieder verteilt. Man wusste nicht, wie viel andere erhalten hatten, aber die meisten vermuteten, dass die seit langem amtierenden Leiter jetzt Hauptaktionäre wurden, weil die Verteilung nicht nur dem Wert des zur Zeit des Eintritts eingebrachten Eigentums und den über die Genossenschaft verkauften Produkten entsprach, sondern auch von der Höhe des Gehalts abhing. Die Genossenschaft hatte in den frühen 1990er Jahren ungefähr 800 Mitglieder, unter ihnen viele, die seit Jahren nicht mehr im Dorf wohnten. Genau wie zu sozialistischen Zeiten kamen davon weniger als die Hälfte zur Hauptversammlung, bei der die Leitung immer für ein gutes Essen und Getränke sorgte. Auch wenn die Genossenschaft selbst kein landwirtschaftlicher Betrieb mehr war, bot sie doch allen Dorfbewohnern (nicht nur Mitgliedern) verschiedene Dienstleistungen an, z.B. Hilfe mit Kunstdünger oder beim Verkauf von Milch, Schweinen, Wein und Trauben. Zu dieser Zeit arbeiteten die beiden o. g. Nebenbetriebe, wo Schuhoberteile und Plastikfolien und -tüten hergestellt wurden, noch ganz erfolgreich. Von diesen stammten die Gewinne, von denen das zahlreiche Leitungs- und Verwaltungspersonal bezahlt wurde.

Außer dem Rückzug aus der Landwirtschaft und den Kündigungen einiger Angestellter der Verwaltung sowie des Leiters der Schuhfabrik, der früher Sekretär der kommunistischen Partei gewesen war, gab es nur wenige Verän-

---

5   Vermutlich als Zeichen ihres allgemeinen Unmuts gegenüber der Regierung; aber die Sozialisten haben Stimmen auf dem Land gewonnen, weil sie einen verbesserten Schutz für Ungarn gegen ausländische Käufer von Landwirtschaftsflächen versprochen haben.

derungen in der Genossenschaft Frieden. Vielerorts lief es in Ungarn anders. Viele Genossenschaften mussten sehr schnell Konkurs anmelden oder wurden in Gesellschaften mit beschränkter Haftung umgewandelt. Die zeitlichen und regionalen Unterschiede waren enorm, dennoch haben sozialwissenschaftliche Untersuchungen über Gewinner und Verlierer der Transformationsprozesse ergeben, dass wichtige Muster und Regelmäßigkeiten auftreten. Was die Genossenschaften und ihre Nachfolgeinstitutionen angeht, scheint es sehr häufig der Fall zu sein, dass die einstigen sozialistischen Leiter ihre Macht behalten haben bzw. umwandeln konnten (Lampland 2002, Swain 2003). Die wichtigste Voraussetzung für den Erfolg im neuen System war das „soziale Kapital", das diese Funktionäre im Sozialismus aufgebaut hatten. Diese alten Eliten verfügten nicht nur über viel technisches und praktisches landwirtschaftliches Wissen, sondern vor allem über die Netzwerke, die sie schon zu sozialistischen Zeiten zu verwenden wussten, um erfolgreich in der Marktwirtschaft abzuschneiden.

Über lange Zeit sah es auch in Tázlár so aus. Die Führung, insbesondere der Vorsitzende und sein Stellvertreter, die beide im Nachbarort Soltvadkert wohnen, sagten sogar offen, dass sie es für besser hielten, wenn die Genossenschaft in eine GmbH umgewandelt werden könne. Die Stimmrechte würden dann dem Umfang der Aktienzertifikate entsprechen. Solange die Stimme eines jeden Mitglieds gleichwertig bliebe, würde es nicht zu den notwendigen neuen Investitionen kommen, argumentierte die Führung. Allerdings versuchten sie, diesen Konflikt, wie früher im Spätsozialismus, vorsichtig zu entschärfen. Auf den Hauptversammlungen verteilten sie nicht nur Getränke und Prämien für die Leitungsebene, sondern manchmal sogar kleine Ausschüttungen für alle Mitglieder. Der Stil des Vorsitzenden blieb herzlich und patriarchalisch. Andererseits strebten sie einen Rückgang der Zahl der Mitglieder an, indem sie auch privat Zertifikate kauften, natürlich für einen weit geringeren Preis, der dem ursprünglichen Wert der Zertifikate nicht entsprach. Um den Kauf von Zertifikaten im Namen der Institution zu ermöglichen, haben die Führungskräfte kontinuierlich Objekte wie Wohnungen und Ausstattungsobjekte aus dem genossenschaftlichen Eigentum veräußert.

Dank dieser Taktik war die Mitgliederzahl auf 200 reduziert worden, als ich im Sommer 2001 ein paar Monate im Dorf verbrachte. Es war bereits offensichtlich, dass die Institution in große ökonomische Schwierigkeiten geraten war. Die Schuhfabrik wurde vorübergehend still gelegt, und der Betrieb für Plastiktüten arbeitete nun weit unter seiner Kapazität. Auch die landwirtschaftlichen Dienstleistungen waren stark zurückgegangen. Die Genossenschaft musste weitere Objekte verkaufen, um Rechnungen und Gehälter zahlen zu können. Inzwischen wuchs die Kritik an der Führung. Insbesondere der neue Bürgermeister (selbst Genossenschaftsmitglied) äußerte offen eine verbreitete Vermutung, nämlich die, dass die beiden Leiter aus dem Nachbarort, sobald sie nicht mehr ihre hohen Gehälter beziehen könnten, den endgültigen Wandel in eine GmbH erzwingen würden. Dies würde den Bewohnern von Tázlár schaden: Arbeitsplätze gingen verloren und die notwendigen neuen Investitionen fänden im Nachbarort statt. Der Bürgermeister wurde dabei von seiner Stellvertreterin unterstützt, die zugleich eine der drei Betriebsleiter (alle in Tázlár wohnhaft) in dem Betrieb für Plastiktüten war. Sie wollten diesen Betrieb selbst in die Hände nehmen und hatten zu diesem Zweck jahrelang privat Aktienzertifikate gekauft, fürchteten nun aber, dass sie am Ende eine Niederlage erleiden würden.

Die Konflikte spitzten sich auf der Hauptversammlung im Frühjahr 2003 zu. Ausschlaggebend dafür war eine Entscheidung der konservativen Regierung im Jahr 2002, Aktienzertifikate aller außen stehenden Mitglieder und Rentner mit staatlichen Geldern zu 100 % ihres Wertes aufzukaufen. 2003 wurden zu der Versammlung nur die verbleibenden 40 Mitglieder eingeladen. Der Vorsitzende stellte seinen Plan für eine Umwandlung vor, stieß damit aber auf allgemeine Ablehnung. Einerseits plädierte der ehemalige Sekretär der kommunistischen Partei für eine Fortsetzung der Genossenschaft (er behauptete, dass dies mit der Unterstützung, versprochen von der neuen links orientierten Regierung durchaus realistisch sein könne). Andererseits wollten der Bürgermeister und seine Allianz eine schnelle und endgültige Privatisierung aller Eigentumsobjekte der Genossenschaft erreichen. Den beiden Männern aus Soltvadkert wurde gekündigt und die stellvertretende Bürgermeisterin als kommissarische Vorsitzende, mit dem Auftrag, die Auflösung der Institution auf den Weg zu bringen, gewählt. Die Mehrheit der Mitarbeiter in der Verwaltung erhielt ihre Kündigung. Die übrigen Mitglieder ermutigte man dazu, Angebote für die noch existierenden Immobilien einzureichen. Der größte Betrieb, der für Plastiktüten, wurde samt Ausstattung von seinen drei Betriebsleitern für 16.000.000 *Forint* (circa 64.000 Euro) übernommen. Das neue Direktorium beschloss außerdem, den Wert von Zertifikaten bis zu 2.000.000 *Forint* auszuzahlen.

Diese Auszahlung haben auch die Männer aus Soltvadkert ausgenutzt, aber sie hatten natürlich viel mehr Zertifikate in ihrem Besitz und wollten keine Angebote für Objekte in Tázlár vorlegen (oder sie wagten es nicht). Sie waren mit dem ganzen Verfahren unzufrieden und engagierten Anwälte, die jeden Schritt des Auflösungsprozesses in Frage stellten. Im Frühjahr 2004, als ich wieder zu Besuch war, arbeiteten zwar beide Kleinbetriebe noch, aber nur auf niedrigem Niveau und mit weit weniger Arbeitern als früher. Einer der drei neuen Eigentümer des Betriebs für Plastikfolien erklärte, dass wegen des gerichtlichen Prozesses immer noch keine endgültige Eintragung ihrer Eigentumsrechte im Grundbuch vorgenommen werden konnte. Sie hatten an die Genossenschaft bezahlt und waren in den Augen der Dorfbewohner eindeutig die legitimen Eigentümer, aber vor Gericht zählte das nicht. Es wurde angedeutet, dass viel darauf ankommen könnte, welche Seite mehr Geld für die besseren Anwälte ausgeben würde; aber auch, dass Geld an die zuständigen Richter fließen könnte.

Es gibt also im Postsozialismus in diesem Dorf wenig Vertrauen zu den neuen Institutionen im rechtlichen Bereich (vgl. Verdery 2003). Im Vergleich zu den letzten Jahren des Sozialismus sind Konflikte und Unzufriedenheit allgemein gewachsen. Die Wende hat zu einer großen Verunsicherung der Bevölkerung geführt, und die Konsequenzen gehen weit über die schwindenden Arbeitsplätze hinaus. Die Möglichkeiten, privaten Reichtum auf dem Land anzuhäufen, sind geschrumpft, weil niemand sicher sein kann, dass er für landwirtschaftliche Produkte einen Markt findet.[6] Außerdem sagen viele, dass die Qualität des Zusammenlebens im Dorf gesunken sei. Als Beispiel führen sie an, dass die gute Tradition solidarischer Hilfe beim Hausbau fast verloren gegangen sei. In jüngster Zeit kam es zudem immer häufiger zu Einbrüchen und Gewalttätigkeiten auf den abgelegenen Bauernhöfen. Die allgemeine Rechtssicherheit hat enorm abgenommen, so geschah es z.b. Anfang 2004, dass ein Bewohner eines solchen Hofes, wahrscheinlich nur wegen eines Fernsehers, von einem Nachbar ermordet wurde. Auch im Gesundheitsbereich scheinen sich die Verhältnisse verschlechtert zu haben. Einige Dorfbewohner weisen darauf hin, dass der allgemeine Lebensstandard auf dem Land im Vergleich zur Stadt gesunken sei. Es wird sogar eine Rückkehr zu vorsozialistischen Verhältnissen beklagt, nämlich zur Lebensweise des *paraszt* (*peasant*), was im modernen Ungarisch wie im Englischen einen eindeutig negativen, pejorativen Klang hat.

Allein im politischen Bereich kann man vielleicht etwas Positives erkennen. Wahlen sind keine Rituale mehr, sondern schlüssige Verfahren in Elwerts Sinne. Bisher wurde jede postsozialistische Regierung nach vier Jahren mit großen Kontroversen abgewählt. Die Parteien müssen ihre Macht abgeben, aber man kann doch von einer bewiesenen Stabilität des neuen Verfahrens sprechen. Objektiv gesehen kann man zwar behaupten, dass sich auf der Makroebene stets neue Konflikte entwickeln, z.B. zwischen Stadt und Land oder zwischen Industrie und Landwirtschaft, aber spätestens seit dem Zerfall der Partei der Kleinbauern gibt es keine Verschärfung eines Stadt-Land Konflikts in der Öffentlichkeit. Man könnte also argumentieren, dass auch heute wichtige Konflikte verdrängt oder vertuscht werden. Allerdings sorgt das freie Wahlverfahren, das dies ermöglicht, für einen Grad an Legitimation, den das sozialistische System nie erreichen konnte. Zum Schluss betrachten wir das Zauberwort Legitimation ein wenig genauer, auch wenn sich meine Kritik eher an Luhmann und nicht an Elwerts Konflikttheorie richtet.

Schluss: Legitimation und Langfristrechte

In dieser Fallstudie habe ich gezeigt, dass die besonderen Verhältnisse einer sozialistischen Gesellschaft sich nicht befriedigend mit dem Elwertschen, auf

---

6 Wie Elwert (1999) mit Recht notiert: „Die Formen der Weitergabe von Eigentum gehören in allen Gesellschaften zum besonders geschützten zentralen Verfahrensbestand. Wenn etwa [...] die Gewissheit, die Produkte seiner Arbeit verkaufen zu können (ausfiele), wären zentrale Elemente der gesellschaftlichen Reproduktion bedroht."

Einbettung und Gewalt basierenden, Schema untersuchen lassen. Ich habe auf einen Begriff von Legitimation Bezug genommen, freilich ohne diesen genau zu definieren. In Ungarn scheint es offensichtlich zu sein, dass ein freies Wahlverfahren einen hohen Grad von Legitimation in sich trägt. Im Sozialismus kam diese Art von offenem Verfahren selten vor (es gab wohl andere Arten des Verfahrens, die ich in diesem Kapitel nicht untersuchen konnte). Sollen wir denn platt behaupten, dass das alte Herrschaftsmodell keine Legitimation hatte, während heute das Standardmodell legitimer demokratischer Herrschaft seine Blütezeit erlebe? Wenn wir Legitimation nicht als verfahrenen Begriff anwenden und schnell in einen mechanistischen Reduktionismus geraten wollen, müssen wir als Ethnologen ein wenig mehr mit einschließen. Dieser Begriff beinhaltet für mich ebenso eine grundlegende existenzielle Zufriedenheit der Bevölkerung, eine Wahrnehmung von zuverlässigen „Prävisionsräumen" (Elwert 1999) und auch eine gewisse moralische Zustimmung zum Herrschaftsmodell. Bezüglich dieser Aspekte kann die postsozialistische Gesellschaft noch nicht das bieten, was für viele Bürger im Sozialismus bereits alltäglich gewesen war.

Woran liegt es, dass der Systemwechsel, die Privatisierungen und die versuchte Wiederherstellung eines alten Eigentumssystems durch komplexe Verfahren zu verschärften Konflikten statt zu Legitimation geführt haben? Ich versuche mit Hilfe des Elwertschen Begriffs der *Langfristrechte* (auch *Langzeitrechte*), zu denen Eigentumsrechte gehören, eine Antwort zu geben.[7] Während es sich für Elwert bei allen Ansprüchen auf Eigentum implizit um Langfristrechte handelt, möchte ich einerseits seinen Eigentumsbegriff differenzieren, andererseits den Begriff von Langfristrechten erweitern. Die Differenzierung ist nötig, weil einige Eigentumsrechte im Sozialismus nicht die gleiche Bedeutung wie in den Nachbarländern Westeuropas hatten. Viele Bauern haben ihren Boden formell behalten, mussten sich aber ab 1960 damit abfinden, dass die Verfügungsgewalt über ihre Fläche einer Genossenschaft übertragen worden war. Mit anderen Worten, inwieweit Eigentum als langfristiges Recht gelten kann, das dabei den Individuen und Familien Prävisionsräume sichert, muss empirisch untersucht und nicht *per definitio* im Voraus festgelegt werden. Es gab diesbezüglich auch große zeitliche Unterschiede und Kontraste zwischen den Nachbarländern im Osten. Die Bodenrechte des Spätsozialismus in Ungarn waren im Vergleich zu den 1950er Jahren stabil. Aber weder die in den Händen der Bauern verbleibenden Eigentumsurkunden (von Verdery „empty title" genannt, 2003: 72) noch der Anteil am Eigentum einer Genossenschaft diente als stabile Basis für Prävisionsräume. Die Bewohner Tázlárs, wie beinahe alle Ungarn, mussten somit eine Schwächung ihrer Bodenrechte zu Gunsten der Genossenschaft akzeptieren, während es z.B. nach 1956 den polnischen Bauern gelungen war, die Kollektivierung zu umgehen. Dafür haben die Ungarn aber von den Erfolgen dieser Kollektivierung profitiert, so

---

7 Er selbst gibt folgende Beispiele: „Eherechte, Adoptionsrechte und intergenerationelle Rechte (Versorgungs- und Erbrechte)" (Elwert 1999).

dass es im Vergleich zu Polen den ungarischen Bauern viel besser ging, was die gesellschaftliche Integration betraf. Ein zu enger Fokus auf die Bodenrechte ist also irreführend, auch wenn viele Akteure (sowohl die Mächtigen als auch einfache Bauern) diesen Aspekt der Kollektivierung und Dekollektivierung immer wieder betonten.

Der zweite Punkt ist aber für meine Kritik noch wichtiger. Elwert schreibt (1999) über „eigentumsähnliches Recht" und beruft sich auf Urteile des Bundesverfassungsgerichts bezüglich Versorgungsansprüche. Ich selbst habe es vorgezogen, auch die *citizenship entitlements* eines modernen Systems von Sozialversicherung als *property relations* zu betrachten (Hann 1998). In gewissem Sinne wird eine solche Gleichstellung von der Bevölkerung Tázlárs unterstützt: Als ich im Sommer 2001 Fragen über die Dekollektivierung stellte, schweiften viele ihrer Antworten auf Defizite im sozialen Bereich und den Mangel an Jobs ab. Ich habe es so verstanden, dass die Zerstörung der im Spätsozialismus entwickelten Langfristrechte bedeutender war als die problematische und Konflikt beladene Wiederherstellung einer alten Privateigentumsordnung. Ein Plus im Bereich Verfahren reicht nicht aus, um die Bürger für diese Verluste zu entschädigen.[8]

Das Legitimationsrätsel wird gelöst, indem man die Errungenschaften des Sozialismus als Langfristrechte *par excellence* betrachtet. Sie haben in Zusammenhang mit den großzügig gewährten Räumen für „sozialistische Verbürgerlichung" (Szelényi 1988) eine Kombination gebildet, die trotz aller Vorbehalte dem Kadarischen Kompromiss einen beträchtlichen Grad von Legitimation auch im moralischen Sinne bescherte. Die Prozesse, die zur Anhäufung eines gewissen Reichtums führten, basierten auf spontanen Handlungen „von unten", wurden aber immer „von oben" gesteuert. Die neuen Langfristrechte kamen von oben und wurden in bestimmter Weise der Bevölkerung aufoktroyiert, genauso wie damals die Kollektivierung. Aber diese innovative Kombination von sozialistischen Rechten und wirtschaftlichem Spielraum hat sich in der lokalen Gesellschaft fest etabliert. Sie hat eine freiwillige, spontane Kooperation zwischen den Bewohnern nicht ersetzt, sondern vielmehr ergänzt. Zum Beispiel florierte im Spätsozialismus die Hilfe der Verwandtschaft und der Nachbarschaft, insbesondere beim Hausbau, wo allerdings auch die billigen Kredite vom Staat eine entscheidende Rolle spielten. Diese so genannte *kaláka* Hilfe ist in den letzten Jahren stark zurückgegangen, während das Ausmaß der illegalen oder Schattenwirtschaft gestiegen ist. Schwarzarbeiten ist äußerst unattraktiv, weil man dann keinen Zugang zum staatlichen Gesundheitssystem oder zur Rente erhält. Aber, wie Elwert (1999) schreibt: „Wenn reproduktionsrelevante Langfristrechte in Frage gestellt werden, entsteht in jeder Gesellschaft Abwehr." Viele Arbeitslose sagen bloß, „wir haben keine andere Wahl".

---

8 Im lokalen Denken gehören diese *entitlements* eines jeden einzelnen Bürgers doch einer anderen Kategorie an; sie werden nicht als Eigentumsrechte gesehen und insofern hat Thelen Recht, wenn sie hier einen Unterschied macht (2003: 275-276).

Es wird heutzutage um die Erhaltung von möglichst vielen der errungenen Langfristrechte des Spätsozialismus gekämpft, aber in Dörfern wie Tázlár haben viele Bürger das Gefühl, wieder benachteiligt und ausgegrenzt zu werden.

Literatur

Elwert, Georg (1999): „Eigentum", in: Hans Dieter Betz et al. (Hg.), *Religion in Geschichte und Gegenwart*, Bd. 2, Tübingen: Mohr, Siebeck, S. 1143.

Hann, C.M. (1980): *Tázlár: A Village in Hungary*, Cambridge: Cambridge University Press.

Hann, C.M. (1983): „Progress toward Collectivized Agriculture in Tázlár, 1949-78", in: M. Hollos/B. Maday (Hg.), *New Hungarian Peasants; an East-central European Experience with Collectivization*, New York: East European Monographs CXXXIV, S. 69-92.

Hann, C.M. (1993): „Property Relations in the New Eastern Europe; the Case of Specialist Cooperatives in Hungary", in: Minka Desoto/David G. Anderson (Hg.), *The Curtain Rises: Rethinking Culture, Ideology and the State in Eastern Europe*, New York: Humanities Press, S. 99-119.

Hann, C.M. (1998): „Introduction: The Embeddedness of Property", in: C. M. Hann (Hg.), *Property Relations; Renewing the Anthropological Tradition*, Cambridge: Cambridge University Press, S. 1-47.

Lampland, Martha (2002): „The Advantages of Being Collectivized: Cooperative Farm Managers in the Post-socialist Economy", in: C.M. Hann (Hg.), *Postsocialism; Ideals, Ideologies and Practices in Eurasia*, London: Routledge, S. 31-56.

Pavlovits, Miklós (1990): *A tázlári Béke Mg. Szakszövetkezet harminc éve*, Tázlár: Béke Mg. Szakszövetkezet.

Swain, Nigel (1985): *Collective Farms which Work?* Cambridge: Cambridge University Press.

Swain, Nigel (2003): „Social Capital and its Uses", in: *Archives Européennes de Sociologie* 44 (2), S. 185-212.

Szelényi, Iván (1988): *Socialist Entrepreneurs; Embourgeoisement in Rural Hungary*, Cambridge: Polity Press.

Thelen, Tatjana (2003): *Privatisierung und soziale Ungleichheit in der osteuropäischen Landwirtschaft; zwei Fallstudien aus Ungarn und Rumänien*, Frankfurt a. M.: Campus.

Verdery, Katherine (2003): *The Vanishing Hectare; Property and Value in Post-socialist Transylvania*, Ithaca: Cornell University Press.

INSZENIERUNG VON SCHEINKONFLIKTEN ALS STRATEGIE. DIE UNSICHTBARKEIT DER MACHT IN GEORGIEN

Barbara Christophe

Ausgangspunkt meines Beitrages ist die von Georg Elwert (in diesem Band) in Anlehnung an Lewis Coser (1965) formulierte Beobachtung, dass Konflikte ein enormes gesellschaftliches Integrationspotential entfalten können. Anregend ist dieser an und für sich simple Gedanke nicht nur deshalb, weil er sich gegen einen soziologischen Mainstream richtet, der ausgehend von einem harmonistischen Gesellschaftsverständnis in einseitiger Verkürzung immer wieder auf die destruktiven Wirkungen von Konflikten abhebt. Weiterführend ist in erster Linie Elwerts Bemühen, den *funktionalen Ort* von Konflikten im integrativen Projekt *präziser* zu bestimmen. Am Anfang steht dabei die systemtheoretisch inspirierte Einsicht in die *widersprüchlichen Imperative*, auf die gesellschaftliche Systeme reagieren müssen, wenn sie ihr Überleben sichern wollen. Die Aufgabe einer stabilen Reproduktion bestehender gesellschaftlicher Strukturen, die einem System erst seine eindeutig bestimmbare Identität verleiht, konkurriert mit der Notwendigkeit, in Anpassung an sich verändernde Umwelten strukturelle Innovation zu ermöglichen (Elwert 1996). In diesem Kontext, so lässt sich Elwert paraphrasieren, fällt Konflikten eine Schlüsselfunktion zu. Sie wirken als eine Art Selektionsfilter. Die im Idealfall prozedural verregelte Austragung von Konflikten signalisiert einem gesellschaftlichen System, welche innovativen Optionen eine Chance auf Durchsetzung haben. Die damit erreichte Begrenzung der zur Disposition stehenden Bandbreite an strukturellen Variationen führt zur Reduktion von Unsicherheit und steigert so die Akzeptanz von Wandel (Elwert, in diesem Band).

Dieses Argument, das zunächst vornehmlich auf die analytische Beschreibung von Gesellschaften zu passen scheint, denen die institutionelle Einbettung von Konflikten gelungen ist, verliert auch dann nichts von seiner Plausibilität, wenn man es von den Füssen auf den Kopf stellt. Erklärbar wird damit nämlich eine weitere auf den ersten Blick paradox anmutende, weil kontraintuitive empirische Beobachtung. Gesellschaftliche Systeme mit ausgeprägter Innovationsunfähigkeit zeichnen sich entgegen weit verbreiteter common-sense Erwartung eher selten durch eine hohe Konfliktintensität aus. Die Regel ist vielmehr eine erstaunliche Fähigkeit zur Blockade von Konflikten. Das scheint zunächst eine durchaus problematische Feststellung zu sein. Die Blockade von Konflikten, so können wir in Extrapolation des eingangs referierten Zusammenhanges schließen, müsste sich über die Vereitelung von Innovation eigentlich in eine Reduzierung von Anpassungsfähigkeit übersetzen und damit die Überlebensfähigkeit der betroffenen Systeme empfindlich schwächen. Diese theoretisch plausible Erwartung kontrastiert allerdings mit der erstaunlichen Erschütterungsresistenz einer Reihe von extrem stagnativen Systemen.

Für den post-sowjetischen Kontext ist hier das georgische Beispiel besonders instruktiv. Obwohl sich das Regime Shevardnadze in den 12 Jahren seines Bestehens durch eine nachgerade katastrophale Leistungsbilanz auszeichnete, bestach es doch gleichzeitig durch eine beeindruckende Stabilität (Christophe, im Druck). In zwei kriegerischen Auseinandersetzungen gegen die sezessionistischen Regionen Abchasien und Süd-Ossetien musste es eine veritable Niederlage einstecken. Gegenüber den etwa 300.000 Flüchtlingen, die diese Kriege produziert haben (Baev et al. 2002), blieb es soziale Unterstützungsleistungen in Höhe von 10,6 Millionen Lari schuldig (Newsline 3.3.2002). Auch im post-sowjetischen Maßstab durchlebte Georgien einen beispiellosen wirtschaftlichen Niedergang.[1] Mit weniger als 10 % bewegte sich der Anteil des Steueraufkommens am Bruttosozialprodukt zeitweilig auf afrikanischem Niveau (UNDP 1998).[2] Die Bereitstellung öffentlicher Güter wurde auf ein erschreckendes Minimum reduziert.[3] Und doch – ungeachtet all dieser Horrormeldungen sah sich die Regierung Shevardnaze bis zu der so genannten Rosenrevolution im November 2003 keiner ernsthaften Herausforderung ihres Herrschaftsanspruches ausgesetzt. Bis zu diesem Zeitpunkt gab es keine Anzeichen dafür, dass es einer rivalisierenden Elitefraktion nach dem Muster vieler afrikanischer Putsche gelingen könnte, soziale Konflikte für eine Machtübernahme zu instrumentalisieren. Lange Jahre präsentierte sich Geor-

---

1   Zwischen 1990 und 1997 sank das Bruttosozialprodukt um mehr als 70 % (UNDP 1998). Der Anteil der Industrieproduktion am Bruttosozialprodukt erreichte einen Tiefstand von 14 % (Muradjan 2000). Die Leistungsfähigkeit der Landwirtschaft fiel trotz der Verdoppelung der Zahl der Beschäftigten auf 70 % des Standes von 1990 (UNDP 1999).

2   Die entscheidende Ursache ist in der Duldung und aktiven Beteiligung staatlicher Strukturen an Schmuggelaktivitäten zu suchen. Neuen Daten zu Folge, die eine parlamentarische Untersuchungskommission im März 2003 publiziert hat, sind 90 % des in Georgien verbrauchten Mehls, 40 % des Benzins und 40 % der Zigaretten Schmuggelware. Allein die Operationen, die ohne Wissen und Unterstützung einer Vielzahl von staatlichen Agenturen nicht hätten realisiert werden können, brachten das Budget um Jahreseinnahmen von mehr als 150 Millionen $ (Newsline 5.4.2003), also um fast ein Viertel seiner Einkünfte.

3   Zwischen 1990 und 1995 sind die Bildungsausgaben pro Schüler von jährlich 804 $ auf 30 $ gefallen (TACIS 1996). Zwischen 1997 und 2000 ist der Anteil der staatlichen Gesundheitsausgaben am BSP von eh schon niedrigen 0,8 % auf 0,5 % gesunken. Der Anteil für Bildungsausgaben hat sich im selben Zeitraum halbiert und lag im Jahre 2000 nur noch bei bescheidenen 0,8 % (IMF 2001). Zu Beginn des Jahres 2003 erreichten die Rückstände bei der Auszahlung von Pensionen und Gehältern einen Rekordstand von 15 Millionen $ (Newsline 3.2.2003).

gien als ein in lähmender Perspektivlosigkeit stillgelegtes Land. Und selbst die überraschende Wende der Ereignisse im Herbst 2003 lieferte kein wirklich überzeugendes Gegenargument. Der Sturz des Regimes war in erster Linie das Ergebnis einer massiven externen Intervention. Es waren amerikanische Agenturen, die durch die abrupte Streichung von Krediten die Kosten für den Machterhalt enorm in die Höhe getrieben und gleichzeitig durch massive Investitionen in die Einigung der so genannten Opposition die Transaktionskosten für den Machtwechsel empfindlich gesenkt haben (Christophe 2004a). Das stagnative Gleichgewicht, in dem sich das System eingerichtet hatte, konnte offensichtlich nur von außen aufgebrochen werden. Wenn wir einen unvoreingenommenen Blick auf die Entwicklung werfen, die die Kaukasusrepublik in den letzten Jahren durchlaufen hat, einen Blick, der nicht durch etablierte Interpretationsschemata verstellt wird, ist das Erstaunliche, was es zu sehen gibt, die frappante Überlebensfähigkeit eines Regimes, das zwar in fast allen Dimensionen versagt hat, aber *against all odds* eine beeindruckende Kompetenz in der Abwehr jeder ernsthaften Bedrohung seines Machtmonopols entwickelte. Im Folgenden soll auf dem Wege der Beschreibung von Prozessen auf der Ebene der Mikropolitik und mit Fokus auf die Frage, nach den Ursachen für das Ausbleiben destabilisierender Konflikte ein Blick in die Werkzeugkiste der Machttechniken geworfen werden, mit deren Hilfe das Wunder der Stabilisierung gelang. Dabei geht es mir zunächst darum, zwei theoretisch plausible Erklärungsstrategien durch die Präsentation von sperrigen empirischen Befunden zu erschüttern, um dann in einem dritten Anlauf die Fakten noch einmal neu zu ordnen und in ein alternatives Interpretationsmuster zu integrieren. Das empirische Material, auf das ich mich dabei stützen werde, habe ich in insgesamt fünf zweimonatigen Feldforschungsaufenthalten zwischen 1998 und 2002 in der westgeorgischen Provinzhauptstadt Kutaisi erhoben.

Zwischen Fassaden der Anarchie und regulativer Allmacht – wider die These vom schwachen Staat

Spätestens seit der Publikation der bahnbrechenden Studie „*Strong Societies and Weak States*" von Joel Migdal (1988) dominiert in der Auseinandersetzung mit nicht-westlichen Formen der Organisation von Herrschaft die Denkfigur des schwachen Staates, die in Gestalt der Formel vom Netzwerkstaat mittlerweile auch in die Forschung zu post-sowjetischen Gesellschaften eingedrungen ist. Will man das heuristische Potenzial dieses Ansatzes für die Auflösung des von mir formulierten Rätsels nutzbar machen, wird man neben der zwischen Kooptation und Anpassung an lokale Machtkonstellationen oszillierenden „*Politik des Überlebens*", die Migdal so eindrucksvoll beschrieben hat, auf die deeskalative Wirkung einer Ausdünnung der Kontaktzone zwischen Staat und Gesellschaft verweisen. Weil die Berührungspunkte zwischen Herrschaftsapparat und Bevölkerung immer flüchtiger werden – so ließe sich die Logik des

Arguments weiterspinnen – fehlt es auch an Reibungspunkten, an denen sich Konflikte entzünden können. Auf den ersten Blick scheint dieses Modell, das das Verhältnis zwischen Staat und Gesellschaft in Kategorien einer Art Stillhalteabkommen denkt, auch auf die Beschreibung georgischer Realitäten anwendbar. Auch hier scheint sich ein Gleichgewichtszustand auf niedrigem Niveau herausgebildet zu haben. Die Beherrschten erwarten nichts vom Staat und glauben, ihm nichts schuldig zu sein. Sie zahlen keine Steuern, nehmen dafür aber ihr Schicksal in die eigene Hand und reparieren z.b. die Dächer von Schulen in Selbsthilfe oder wenden sich an Kriminelle, die so genannten *Diebe im Gesetz*, um Streitigkeiten zu regeln. Die Herrschenden vernachlässigen auf das Gröbste ihre Pflicht zur Unterhaltung einer öffentlichen Infrastruktur, verzichten dafür aber auch auf regulative oder gar normierende Eingriffe in das Leben der sich selbst überlassenen Beherrschten. Kurz: Der Staat scheint überall auf dem Rückzug zu sein und sich in einer Situation eingerichtet zu haben, in der er viel zu schwach ist, gestaltend in das Beziehungsgeflecht einer Gesellschaft einzugreifen, die sich seinem Zugriff schon lange entwunden hat.

Und doch, der Schein trügt, erweist sich bei näherem Hinsehen als das Produkt einer sorgfältigen Inszenierung. Der zweite Blick fällt auf untrügliche Zeichen staatlicher Potenz, auf ein enormes Droh- und Erpressungspotential, das immer dann mobilisiert wird, wenn es darum geht, all denen, die nicht zur offiziellen Klientel gehören, den Zugang zu Ressourcen und Infrastruktur zu blockieren (Christophe 2000).[4] Herzstück dieser Strategie, die manchmal einer schlichten Logik der Generierung von Abschöpfungsmöglichkeiten für die Mitglieder des eigenen Herrschaftsapparates folgt, aber manchmal auch auf die Sicherung von exklusiven Marktzugangsrechten für die eigenen Klienten zielt, ist die Kombination zweier Techniken. Zum einen beobachten wir eine ständige Aushöhlung des auf der formalen Ebene anerkannten Rechtes auf Privateigentum. Der Staat setzt sich im Zweifelsfall über die von ihm selbst gesetzten Regeln Uumstandslos hinweg und ignoriert z.B. die Eigentumsansprüche des Besitzers eines Marktterritoriums solange, bis dieser dem Gouverneur einen Anteil an seinem lukrativen Business einräumt. Zum anderen stellen wir fest, dass derselbe Staat, der nicht müde wird, seine eigene Handlungsunfähigkeit zu beschwören, über eine erstaunliche Regulations- und Sanktionskompetenz verfügt, die er hochgradig selektiv im Sinne einer Strukturierung des Feldes der handlungsfähigen ökonomischen Akteure einzusetzen weiß.

Auf besonders beeindruckende Zeichen staatlicher Regelwut stoßen wir in zwei Bereichen, im Transportsektor und im Kleinhandel, also in den einzigen beiden Branchen, die in der Provinz noch abschöpfungsfähige Gewinne abwerfen, weil über sie die Transferzahlungen der meist illegalen Arbeitsmigranten in den georgischen Wirtschaftskreislauf eingespeist werden.[5] Deren Anteil an der Gesamtbevölkerung dürfte mittlerweile bei knapp 30 % liegen. In

---

4 Zu Logik und Struktur dieser Art der Herrschaftsorganisation vgl. auch Elwert (2001).
5 Zur Bedeutung extern generierter Ressourcen für die Reproduktion der georgischen Machtordnung vgl. auch Christophe (2004b).

der Stadt Kutaisi haben sie im Jahr 2000 allein über Western Union mehr als 20 Millionen Lari an ihre Verwandten überwiesen, eine Summe, die fast das Doppelte des städtischen Budgets beträgt, das bei ca. 11 Millionen Lari liegt.[6] Für zehn Basen, die in der Stadt für die Abwicklung des Transportes zuständig sind, arbeiten ca. 1.250 Fahrer, auf 12 Märkten und den Straßen der Stadt sind ca. 8.000 Händler beschäftigt und in kleinen Kiosken, von denen es in jeder Straße zwei bis drei gibt, dürften zusätzlich noch einmal ca. 1.200 tätig sein.[7] Wenn man dementsprechend von einer Gesamtzahl von 10.450 Beschäftigten ausgeht, die jeweils durchschnittlich sechs Familienmitglieder ernähren, sind 62.700 von ca. 168.000 Einwohnern,[8] also mehr als ein Drittel der Bevölkerung direkt von beiden Sektoren abhängig. Es liegt auf der Hand, dass auch der staatliche Abschöpfungsapparat seine Aktivitäten auf diese beiden Sphären konzentrieren muss. Die Akten der Kreisverwaltung der Stadt Kutaisi sind voll mit Vorschriften, die in ihrer Detailversessenheit manchmal geradezu absurd anmuten.

- Die Stände von Markthändlern müssen einem offiziell verordneten architektonischen Design entsprechen.
- Jeder Fahrer muss sich täglich einem Alkoholtest unterziehen.
- Zweimal im Jahr müssen sie eine Transportgenehmigung erwerben, die mittlerweile von einer privaten Firma vergeben wird, die dem ehemaligen Leiter der in Kutaisi angesiedelten regionalen Abteilung des Transportministeriums gehört.

---

6 Diese Angaben, die zudem von dem ehemaligen Vorsitzenden der Budgetkommission des Stadtrates, der lange Jahre als Wirtschaftsjournalist gearbeitet hat, bestätigt wurden, verdanke ich einem Mitarbeiter von Western Union.

7 Genaue Zahlen zu den Beschäftigten einzelner Branchen zu ermitteln, ist in einem Land wie Georgien, in dem es seit der letzten Volkszählung von 1989 offiziell nicht einmal zuverlässige Daten zur demographischen Entwicklung gibt, extrem schwierig. Die oben genannten Angaben sind das Ergebnis eigener Schätzungen, die ich dann mit Experten in verschiedenen Behörden abgeglichen habe. In den sechs größeren der insgesamt zehn Basen habe ich die genaue Zahl der beschäftigten Fahrer feststellen können. Für die restlichen vier stütze ich mich auf Schätzungen des Leiters der regionalen Abteilung des Transportministeriums. Auf den 12 Märkten der Stadt habe ich versucht, eigene Berechnungen anzustellen, die ich dann mit einem Mitarbeiter der Behörde für lokale Abgaben diskutiert habe. Die Angaben zu der Zahl der Kioske habe ich aus der städtischen Steuerinspektion. Stichproben, die ich in einzelnen Stadtteilen erhoben habe, ergaben, dass ein Laden in der Regel ca. 25 Familien bedient. Bei einer vermutlichen Einwohnerzahl von 120.000 und einer durchschnittlichen Familiengröße von sechs Personen würde man dabei auf die etwas geringere Zahl von 800 kommen.

8 Offiziellen Angaben zufolge hat die Stadt Kutaisi 241.000 Einwohner. Legt man jedoch eine Migrationsrate von ca. 33 % zugrunde, die von allen Lokalpolitikern als realistisch betrachtet wird, kommt man auf die von mir genannte Zahl von 168.000.

- Täglich müssen Händler und Fahrer einen festgelegten Steuersatz zahlen. Seit 1999 sind zusätzlich wöchentlich fällig werdende lokale Abgaben zu entrichten.
- Halbjährlich werden auf einer von der Stadtverwaltung organisierten Auktion Lizenzen für das Recht auf Bedienung bestimmter Transportrouten bzw. auf Handel an bestimmten Plätzen vergeben.
- Der Handel mit bestimmten Waren ist auf genau definierte Territorien beschränkt.

Allerdings wird man in vielen Bereichen sehr schnell feststellen, dass all diese Dekrete kaum irgendwelche Auswirkungen auf eine manchmal geradezu anarchisch anmutende gesellschaftliche Praxis haben. Betrunkene Fahrer tragen die Konkurrenz um besonders lukrative Routen, auf denen regelmäßig mehr Busse verkehren, als offiziell vorgesehen, mit den Fäusten aus. Auf einem zentralen Platz im Zentrum, auf dem eigentlich nur Blumen verkauft werden dürfen, bieten ca. 200 Händler unter den wachsamen Augen von sechs Polizisten ein breites Spektrum von allen möglichen Waren an. Weder Straßenhändler noch Busfahrer können sich daran erinnern, je an Auktionen teilgenommen zu haben, die in den Akten immer wieder sehr detailliert dargestellt werden. Kurz – die Akten simulieren über weite Strecken eine Fiktion, die offensichtlich kaum je Wirklichkeit wurde. Wir stehen vor einem Rätsel: Warum wird eigentlich so viel Sorgfalt auf die ordnungsgemäße Registrierung, Archivierung und Publikation all dieser bürokratischer Akte verwandt, wenn es offensichtlich für niemanden ein Geheimnis ist, dass all diese Bemühungen keinerlei Spuren in der Realität hinterlassen, ja nicht einmal Anstrengungen zu ihrer Implementation unternommen werden? Gleichwohl – diese Repräsentation der Ereignisse unterschlägt ein Faktum, das leicht übersehen wird. Die dekretierten Regeln entfalten zwar keine unmittelbare Bedeutung. Sie leiten keine gesellschaftliche Praxis an. Sie sind aber gleichwohl nichts weniger als folgenlos. Das lässt sich wieder besonders eindrücklich im Transportsektor beobachten.

Zu Beginn der 1990er Jahre mobilisierten viele Georgier alles verfügbare Kapital, um es in den Kauf eines Kleinbusses zu investieren und sich als unabhängiger Transportunternehmer zu etablieren. Diesen Status haben sie heutzutage formal zwar immer noch, real sind sie aber schon lange zum letzten und schwächsten Glied einer bis in städtische Behörden und lokale Parlamente hinein reichenden Abschöpfungskette geworden. Initiiert und gesteuert wurde diese Entwicklung durch eine geschickte administrative Politik, die die gezielte Generierung von Unsicherheiten mit der Einrichtung von Schutzräumen kombinierte. Von Jahr zu Jahr sah sich jeder Busunternehmer – wie oben skizziert – mit einer im Alleingang nicht zu bewältigenden Eskalation von staatlicher Regelungswut konfrontiert. An all diesen Hürden kann ein potentieller Transportunternehmer scheitern. Was liegt also näher, als sich gegen drohende Unsicherheiten zu versichern und sich unter den Schutz von politischen Unternehmern zu begeben, die genügend Beziehungskapital mobilisieren können, um solche Hindernisse aus dem Weg zu räumen. Alkoholtests werden zwar nicht durchgeführt, eine technische Überprüfung der Busse findet zwar nicht statt und keiner der Busfahrer hat je eine Steuerdeklaration ausgefüllt. Aber jeder Fahrer führt Dokumente mit sich, die ihm genau das Gegenteil bestätigen und die auf Schritt und Tritt von einem Heer von Verkehrspolizisten kontrolliert werden. Das Ergebnis ist überzeugend: Mittlerweile arbeiten alle Fahrer für so genannte Basen, die keine andere Funktion haben, als ihren Klienten gegen teures Geld die nötigen Papiere und Dokumente zu besorgen und sie gegen behördliche Willkür abzuschirmen. Das funktioniert vor allem deshalb, weil diejenigen die als Schutzschirm fungieren, weitgehend mit denen identisch sind, die über die Schutz erst erforderlich machende Willkürmacht gebieten. In den Aufsichtsräten der Basen findet man immer wieder Abgeordnete des Stadtrates.

Die eingangs aufgeworfene Frage kann im Rekurs auf diese Situationsschilderung endgültig beantwortet werden. Die Funktion nur scheinbar wirkungsloser staatlicher Regulationstätigkeit besteht offenkundig darin, einen lukrativen Markt für die Außerkraftsetzung der teilweise absurden Auflagen zu schaffen und gleichzeitig den Mitgliedern des eigenen Herrschaftsapparates einen unschlagbaren Vorteil auf diesem Markt zu garantieren. Die spezifische Stärke des georgischen Staates kommt dabei darin zum Ausdruck, dass es sich kaum jemand erlauben kann, Normverstöße zu begehen, ohne sich das Recht dazu von staatlichen Agenten zu kaufen. Regelbruch ist in diesem System kein Ausdruck von Scheitern. Er ist vielmehr Voraussetzung für Effizienz und muss deshalb zuverlässig reproduziert werden.

Fast im Nebenher habe ich in meiner bisherigen Erzählung ein in höchstem Maße irritierendes Phänomen gestreift. Ich habe geschildert, dass die lokalen Machthaber in einem ersten Schritt ihre Regulationskompetenz zur gezielten Generierung von Unsicherheit einsetzen und in einem zweiten Schritt den Verkauf der selektiven Außerkraftsetzung der Sanktionierung von Regelbruch Abschöpfung betreiben. Das Ergebnis dieser Strategie ist die Entstehung von Klientelketten, die den unter dem Schutzschild der Machthaber agierenden Kleinunternehmern ein Minimum an Verhaltenssicherheit garantieren. Auffällig sind dabei aber der hochgradig asymmetrische Charakter des Klientelverhältnisses und die prekäre Natur des dadurch gewährten Schutzes. So können die als Schutzschirme der Fahrer agierenden Basen zwar von der Stadtverwaltung das Recht auf Bedienung von Buslinien kaufen, gleichwohl müssen sie regelmäßig auf private Gewaltmittel zurückgreifen, um illegale Konkurrenten von ihren Routen zu vertreiben. Dasselbe Dilemma reproduziert sich auf der Ebene des Verhältnisses zwischen Fahrern und Basen. Gekauft werden kann nur eine zwar unverzichtbare, aber dennoch nicht eindeutige Leistung. Bestandteil des Geschäftes ist nur der Verzicht auf die Mobilisierung von Blockademacht gegen den Klienten, aber nicht der aktive Einsatz der Blockademacht zur Sanktionierung und Ausschaltung von potentiellen Konkurrenten des Klienten. Denkbar wäre also, dass sich dieses Moment der Unsicherheit, das den Tauschverträgen anhaftet, in eine Reihe von Konflikten übersetzt. Genau dies tritt aber – so die einleitend formulierte These – nicht ein. Zu fragen ist also nach den Techniken, die das Eintreten des Erwartbaren, die Eskalation von Konflikten verhindern.

Die Inszenierung von Scheinkonflikten zwischen Legitimitätsbeschaffung und der Produktion von kognitivem Chaos

Einen ersten Anhaltspunkt bietet die Konflikttheorie von Lewis Coser (1965), der auf die *Inszenierung von Scheinkonflikten* als ein probates Mittel zum Abbau von Frustrationspotential verweist. Aggressionen, die in Gesellschaften mit starren Systemen sozialer Ungleichheit notwendig entstehen, werden in dieser Logik entweder durch die Konstruktion von Sündenböcken nach außen abgeleitet oder in deutlich als außeralltäglich markierten Ritualen abreagiert. Die Thematisierung und Bearbeitung interner antagonistischer Gegensätze wird dadurch ebenso verhindert, wie eine Veränderung der die Aggression auslösenden Struktur sozialer Beziehungen. Die damit erreichte Blockade authentischer Konflikte, die eine innovative Dynamik auslösen könnten, wirkt stabilisierend. In dem Maße, in dem diese Strategie tatsächlich aufgeht, leisten Scheinkonflikte damit auch einen Beitrag zur *normativen* Integration einer Gesellschaft, die sich insbesondere im Moment der Abgrenzung gegen den als Fremden konzipierten Sündenbock als Einheit erleben kann. Die erfolgreiche Ablenkung und Entladung sozialer Aggression kann nach dem reinigenden Ritual tatsächlich so etwas wie einen Anschein von *Legitimität* oder doch zumindest eine Entlastung des dieser Gesellschaft aufsitzenden Machtzentrums produzieren.

Auf den ersten Blick scheint dieses Erklärungsmodell auch auf das Georgien des Eduard Shevardnadze übertragbar zu sein. Gerade in den letzten Jahren des Regimes stießen wir hier vermehrt auf eine Reihe von Scheinkonflikten zwischen lokalen und zentralen Agenturen des Machtapparates, in denen der Zentralstaat offensichtlich immer wieder bemüht war, die Verantwortung für die Abschöpfung informeller Abgaben von den Händlern und Transportunternehmen auf die als Konfliktgegner konstruierte Lokalverwaltung abzuwälzen. Getreu der Coserschen Logik könnte man dahinter das Bestreben vermuten, von den Machtunterworfenen als ein Allianzpartner anerkannt zu werden und in dieser Rolle Legitimität zu generieren. Diese Interpretation soll im Folgenden an Hand eines Falles überprüft werden.[9]

---

9 Die Rekonstruktion dieses Falles beruht auf der Auswertung von Akten der Stadtverwaltung und Gerichtsprotokollen sowie auf 48 Interviews, die ich mit Mitarbeitern der Stadtverwaltung, Vertretern der regionalen Abteilung des Justizministeriums, Abgeordneten des Stadtrates sowie betroffenen Kleinunternehmern 2001 und 2002 geführt habe. Des Weiteren konnte ich persönlich an einer

In dem Bemühen um die Mobilisierung zusätzlicher finanzieller Ressourcen hat die Stadt Kutaisi seit Jahren einen lukrativen Handel mit Genehmigungen für den Straßenhandel begonnen. Das ging jahrelang gut. Im Sommer 2001 kommt es allerdings zu einer merkwürdigen Eskalation von zwei auf verschiedenen Ebenen ausgetragenen Konflikten.

Am 25.5.2001 verabschiedet die Stadtverwaltung von Kutaisi den Erlass Nr. 4 über „Maßnahmen zur Regulierung des Straßenhandels im Jahr 2001-2002", der sich durch nichts von analogen Beschlüssen aus früheren Jahren unterscheidet. Kernpunkt ist aber die Ankündigung einer neuen Auktion für die Ausgabe befristeter Handelsgenehmigungen. Die Verantwortung für die Implementierung des Beschlusses trägt ebenso wie in allen vorherigen Jahren der stellvertretende Bürgermeister Onise. Wie jedes Jahr scheint es sich auch dieses Mal laut übereinstimmenden Aussagen von Kommissionsmitgliedern und Händlern wieder um eine völlig fiktive Veranstaltung zu handeln, deren tieferer Sinn darin zu bestehen scheint, den Händlern die Unsicherheit ihrer Situation vor Augen zu führen und sie durch die Drohung mit potenziellen Sanktionsmöglichkeiten für die Zahlung informeller Abgaben zu präparieren.[10]

Wenige Wochen nach der Inszenierung der fiktiven Auktion wird die alljährliche Routine allerdings durch eine ungewöhnliche Intervention von unerwarteter Seite durchbrochen. Am 2.7.2001 reicht der Vertreter des regionalen Departments des Justizministeriums beim zuständigen Kreisgericht eine Klage gegen die Stadtverwaltung von Kutaisi ein und beantragt die Annullierung des Erlasses Nr. 4. In seiner Begründung verweist der Vertreter des Zentralstaates neben formalen Mängeln vor allem auf drei Rechtsverstöße: *Erstens* könne die Stadtverwaltung in Übereinstimmung mit den Bestimmungen des Gesetzes über lokale Verwaltung und Selbstverwaltung normative Akte nur auf der Grundlage eines entsprechenden Beschlusses des Stadtrates verabschieden, der in diesem Fall nicht vorliege. *Zweitens* verstoße die Entscheidung, das Department für Entwicklung von Wirtschaft und Business mit der Durchführung der Auktion zu beauftragen, gegen das Gesetz über nicht landwirtschaftlich genutztes Land im Staatsbesitz, das diese Kompetenz eindeutig der städtischen

---

Sitzung des Gerichtes, einer Sitzung des Stadtrates und einem Arbeitstreffen des Bürgermeisters mit den in dieser Sache zuständigen Behörden teilnehmen.

10 Ein in der Aufdeckung von Skandalen besonders engagierter Oppositionspolitker beziffert die Abgaben, die ein Straßenhändler monatlich informell zu leisten hätte, auf ca. 120 Lari. Bei einem Tagesgewinn, der selten über 10 Lari liegt, ist das mehr als ein Drittel der Einnahmen. Diese Angaben decken sich mit dem, was mir befreundete Händler erzählt haben. Der Versuch, zu dieser Frage eine eigene kleine statistische Erhebung durchzuführen, scheiterte an dem unüberwindbaren Misstrauen der Händler, die diesbezüglichen Fragen immer wieder auswichen. Einige begründeten ihre Gesprächsverweigerung mit der Angst vor Polizisten und Vertretern der Munizipalität, andere unterstellten mir offen ein Interesse an der Eruierung zukünftiger Abschöpfungsmöglichkeiten. Wie tief verwurzelt derartige Verdachtsmomente sind, wurde mir spätestens in dem Moment klar, in dem mir ein Transportunternehmer die Gründung einer internationalen NGO zur Abschöpfung der Busfahrer vorschlug.

Kommission für Landverwaltung zuschreibe. Und *drittens* schränke der Verkauf des Rechtes auf Handel in unzulässiger Weise die in nationalen Gesetzen und internationalen Konventionen verbriefte unternehmerische Freiheit ein. Schon auf der Ebene der formalen Argumentation präsentiert sich der zentralstaatliche Einspruch gegen eine Praxis, deren Fassadencharakter für niemanden ein Geheimnis ist, als höchst widersprüchlich. In fast schon paradoxer Manier dringt das Justizministerium hier mit dem Verweis auf die fehlende Zustimmung des Stadtrates und der Forderung, normativ definierte behördliche Zuständigkeiten zu berücksichtigen, in einem ersten Schritt auf die Einhaltung von gesetzlichen Bestimmungen für ein Verfahren, das im zweiten Schritt auf einer demgegenüber viel grundsätzlicheren Ebene für illegitim erklärt wird. Die Einbettung der Ereignisse in einen weiteren Kontext wirft zusätzliche Rätsel auf. Warum, so fragt man sich unwillkürlich, schwingt sich das Justizministerium auf einmal zum Verteidiger der Rechte von Straßenhändlern auf und kriminalisiert eine Praxis, die es jahrelang unwidersprochen hingenommen hat? Warum macht es sich zum Fürsprecher der Mitspracherechte eines Stadtrates, dessen Mitglieder zu keinem Zeitpunkt diesbezügliche Ansprüche angemeldet haben? Warum mahnt es gerade an diesem Punkt eine klare behördliche Kompetenzabgrenzung an, die auch in anderen Bereichen permanent unterlaufen wird? Der weitere Verlauf des Prozesses bestätigt zunächst den hinter diesen Fragen aufscheinenden Zweifel an den lauteren Motiven des Ministeriums, das sich hier als Verteidiger rechtsstaatlicher Prinzipien geriert.

Am 21.9.2001 tritt das Kreisgericht zu einer ersten Sitzung zusammen, die von einem sichtlich überforderten Richter allerdings bereits nach wenigen Minuten wieder geschlossen wird. Der stellvertretende Bürgermeister als Vertreter der angeklagten Stadtverwaltung ist gar nicht erst erschienen – ein Umstand, der den Anklagevertreter, den Leiter der regionalen Abteilung des Justizministeriums allerdings weder zu überraschen, noch zu stören scheint. Bereitwillig lässt er sich vom Gericht zu einer außergerichtlichen Einigung mit der Stadt raten. Auch die unbefristete Vertagung des Verfahrens nimmt er widerspruchslos hin. In den nächsten Monaten wird der Prozess schließlich immer wieder verschleppt, bis am 1.5.2002 schließlich ein Urteil ergeht, das zu diesem Zeitpunkt allerdings schon keinerlei Folgen mehr hat. Zwar gibt das Gericht dem Antrag des Justizministeriums statt und beschließt die Annullierung des strittigen Erlasses der Stadtverwaltung. Die Auktion wird nachträglich für gesetzwidrig erklärt. Konsequenzen hat dieser Beschluss allerdings keine. Zu diesem Zeitpunkt sind die auf der Auktion versteigerten und auf ein halbes Jahr befristeten Handelsgenehmigungen nämlich schon lange abgelaufen.

Spätestens hier wird deutlich, worum es in dem Konflikt ging: nämlich keineswegs um kontroverse Beurteilungen einer normativen Entscheidung. Es ging nicht um Sinn, sondern um Bedeutung. Dem Justizministerium lag an einem öffentlich sichtbaren Auftritt in der Rolle des Verteidigers der Rechte der Straßenhändler – in dem sicheren Wissen darum, dass dieser Auftritt außerhalb des sorgsam inszenierten Spektakels keinerlei Folgen hatte. Nur wenige Wochen nach der Urteilsverkündung wird auf nationaler Ebene ein Gesetz „über die Ausgabe von Genehmigungen und Lizenzen an Unternehmer" verabschiedet, das genau die Praxis legalisiert, die in Kutaisi gerade verurteilt worden war. All dies spricht dafür, die Ereignisse als Ausdruck eines Scheinkonfliktes zu deuten, in dem beide Seiten mehr oder weniger einvernehmlich das Zerwürfnis nur simulieren, um dem Zentrum im sicheren Wissen um die Folgenlosigkeit der Inszenierung die Möglichkeit zu geben, sich als Verfechter von Normen sozialer und prozeduraler Gerechtigkeit zu profilieren. Und doch, auch wenn diese Interpretation durch analoge Phänomene in anderen Bereichen gestützt wird, so scheint sie in diesem Fall nicht hinreichend zu sein. Die Geschichte hat nicht nur einen doppelten Boden.

Hinter den Kulissen des im Gerichtssaal inszenierten Scheinkonfliktes zwischen Justizministerium und Stadtverwaltung kommt es im Sommer 2001 auf den Straßen der Stadt nämlich zur Zuspitzung eines realen Interessensgegensatzes zwischen ganz anderen Konfliktgegnern. Zwar ist insbesondere die Stadtverwaltung daran interessiert, eine offene Thematisierung dieser Auseinandersetzung zu verhindern, gleichwohl ist sie aber auch bestrebt, das offizielle Verfahren zur Stärkung ihrer Position in diesem latent gehaltenen Konflikt zu instrumentalisieren, in dem sie sich anfänglich offenbar kaum durchsetzen kann. Was war geschehen?

In der fiktiven Auktion tritt zunächst eine mysteriöse Geschäftsfrau namens K. in Erscheinung, von der niemand zuvor etwas gehört haben will. In deutlicher Abweichung von der bislang üblichen Praxis bietet sie exorbitante Summen für die besonders lukrativen Plätze im Zentrum der Stadt. Während diese Standorte bei einem Ausgangspreis von 80 Lari in den vergangenen Jahren offiziell für 250 Lari versteigert worden sind, zahlt K. diesmal bis zu 10.000 Lari für einen Stand. Für insgesamt 110.000 Lari erwirbt sie auf 128 von insgesamt 280 Plätzen eine exklusive Handelsgenehmigung. Alle Beteiligten interpretieren diese überraschende Wendung der Ereignisse als ersten Schritt zur Errichtung eines Monopols über den Straßenhandel in Kutaisi. Sofort setzen Spekulationen über die wahre Identität von K. ein. Die Stadtverwaltung in Gestalt der für die Regulation des Straßenhandels zuständigen Behörde für die Verwaltung der Wirtschaftspolitik gibt sich betont ahnungslos. Auch die Straßenhändler wissen nichts Genaues zu berichten. Sie haben K. niemals zu Gesicht bekommen. Verhandelt haben sie nur mit deren Vertretern, die ihnen mit Vertreibung drohten, wenn sie nicht bereit wären, 600 Lari zu zahlen. Alle lehnen es ab, auf diese – wie sie betonen – völlig überzogene Forderung einzugehen. Daraufhin unternimmt die Stadtverwaltung mehrere Versuche, die Plätze durch die Polizei räumen zu lassen, die allerdings alle an dem erbitterten Widerstand der Händler scheitern.

Unfähig, die Interessen von K. effektiv durchzusetzen und scheinbar nicht gewillt, sich auf eine harte Konfrontation einzulassen, ändert die Stadtverwaltung in einer erneuten überraschenden Wendung der Ereignisse ihre Taktik. K. sei vertragsbrüchig geworden – so argumentiert man nun. Weil sie die auf der Auktion gebotene Summe niemals gezahlt habe, könne sie keine Rechtsansprüche auf Räumung der Plätze mehr anmelden. Damit verlagert sich das Schwergewicht des Konfliktes jetzt auf eine Auseinandersetzung zwischen der Stadt und K., die sich im Dezember 2001 entschließt, als Nebenklägerin in dem vom Justizministerium gegen die Stadt angestrengten Verfahren aufzutreten. Allerdings scheinen auch damit die Fronten längst noch nicht eindeutig geklärt zu sein. Durch unentschuldigtes Fernbleiben wird K. den Prozess von nun an immer wieder verschleppen.

Auf den ersten Blick haben wir es hier mit einem hochgradig komplizierten Verwirrspiel zu tun, in dem ein Widerspruch den anderen jagt und klare Handlungsrationalitäten oder Interessen nur schwer auszumachen sind. Einerseits stoßen wir auf eine Vielzahl von sich überschneidenden Konfliktlinien zwischen wechselnden Konfliktpartnern. Andererseits zeichnen sich alle Konfliktakteure durch eine erstaunliche Inkonsequenz und Halbherzigkeit ihrer Handlungen aus. Das Justizministerium klagt wegen Verletzung nationaler Gesetze gegen die Stadt, duldet aber offensichtlich eine monatelange Verzögerung des Verfahrens, um sich schließlich mit einem in seiner Wirkungslosigkeit fast schon absurden Urteilsspruch zufrieden zu geben. Die Stadt, die zunächst im Interesse von K. ihren Gewaltapparat gegen die alten Händler in Bewegung setzt, wechselt auf einmal die Seiten und konstruiert K. als ihren Gegner. Gleichzeitig verzichtet sie aber darauf, K. wegen Zahlungsverweigerung vor Gericht zu bringen. K. reicht Klage gegen die Stadtverwaltung ein, die offenkundig unfähig ist, ihr zu ihrem Recht zu verhelfen, scheint dann aber sehr bald jedes Interesse an einem erfolgreichen Abschluss des Prozesses zu verlieren. Kurz – niemand handelt so, wie es eine rationale Rekonstruktion seiner Interessenslage erwarten lassen würde. Der Schlüssel zur Auflösung des Rätsels liegt unverkennbar in der sorgsam verdeckten Identität von K. Dazu kursieren in der Stadt zwei konkurrierende Versionen, die jeweils zwei völlig entgegengesetzte Erzählungen über den verborgenen Kern des Konfliktes produzieren. Allerdings – und das ist entscheidend – gehen alle Beteiligten davon aus, dass es hinter den manifest gewordenen Ereignissen eine latent gehaltene Wahrheit zu entdecken gibt. Auch wenn es mir nicht gelungen ist, das Geheimnis zu lüften und der Geschichte auf den Grund zu gehen, unterscheiden sich doch beide Varianten deutlich durch den jeweils erreichten Grad an Plausibilität.

Mitarbeiter der Stadtverwaltung nähren Gerüchte, denen zufolge K. die Marionette eines einflussreichen Politikers in Tbilissi ist, der zwei Ziele verfolge. Einerseits wolle er lokalen Akteuren die Kontrolle über den lukrativen Straßenhandel entreißen, andererseits gehe es ihm darum, im Bündnis mit dem Justizministerium Chaos in der Stadt zu stiften, um die Position des Gouverneurs zu schwächen. Unklar bleibt in dieser Version allerdings, wie sich K. gegen den Willen der Stadtverwaltung in einer fiktiven Auktion durchsetzen konnte, die offenkundig niemals stattgefunden hat. Und überhaupt nicht nachvollziehbar ist im Rahmen dieser Interpretation schließlich, warum sowohl K. als auch das Justizministerium in dem Prozess so merkwürdig unentschlossen agieren.

In eine ganz andere Richtung führt die Fährte, die eine Reihe von Oppositionspolitikern legt. Für sie ist es ausgemacht, dass K. in Wirklichkeit ein von der Stadtverwaltung selber eingesetzter Strohmann ist. Der Vizebürgermeister Onise – so behaupten sie – habe die bedrohliche Figur eines potentiellen Monopolisten schlichtweg erfunden, um die Straßenhändler unter Druck zu setzen und damit die informellen Abgaben, die er seit Jahren von ihnen kassiert, in die Höhe zu treiben. Die Auseinandersetzung zwischen K. und Stadtverwaltung, die ja erst in dem Moment aufbricht, als der ursprüngliche Plan zu scheitern droht, entpuppt sich damit ebenso wie die Kontroverse zwischen Stadt und Justizministerium als reiner Scheinkonflikt, der sich zudem leicht kontrollieren lässt, weil es sich bei den vermeintlichen Konfliktpartner um ein und dieselbe Person handelt. Die Funktion des merkwürdigen Gerichtsverfahrens, das nicht richtig in Schwung geraten will, besteht letztlich darin, die Aufmerksamkeit von dem eigentlichen Kern der Auseinandersetzung zwischen Stadt und Händlern abzulenken, um Zeit und Raum für die Aushandlung einer informellen Lösung hinter den Kulissen zu schaffen.

Ich habe so viel Mühe auf die Rekonstruktion dieser vertrackten Geschichte verwandt, weil sie uns auf bislang noch nicht thematisierte Möglichkeiten der Kombination von Herrschaftstechniken aufmerksam macht: Die Inszenierung von Scheinkonflikten hat hier ganz offensichtlich eine Doppelfunktion. Einerseits geht es darum, hinter einer Nebelwand das Sichtbarwerden von realen Auseinandersetzungen zu verhindern – in diesem Fall den Kampf zwischen Stadtverwaltung und Händlern um die Erhöhung der informellen Abgaben. Andererseits fällt dem auf der Vorderbühne simulierten Scheinkonflikt aber offensichtlich eine entscheidende Rolle bei der Minimierung von Risiken zu, die die Stadtverwaltung mit dem Eintritt in den auf die Hinterbühne gedrängten Konflikt mit den Händlern auf sich nimmt. Dessen Ausgang ist ja – wie wir gesehen haben – durchaus ungewiss. Es leuchtet unmittelbar ein, dass in dieser Situation der Hinweis auf die drohende Niederlage der Stadt in dem Prozess gegen K. eine willkommene Möglichkeit zur Abwälzung von Verantwortung bietet. Formal wäre die Stadt dann ja quasi gezwungen, die Händler zu vertreiben. Gleichzeitig kann das Verfahren als zusätzliches Druckinstrument verwendet werden, um die Händler zur Annahme einer informellen Verhandlungslösung zu bewegen. Was wir hier beobachten können, ist ein relativ effizientes Ineinandergreifen von formalen und informellen Prozeduren der Konfliktbearbeitung. Für sich betrachtet scheint der in der formalen Arena des Gerichts inszenierte Prozess nichts weiter als eine zeremonielle Fassade zu sein, deren Funktion darin besteht, ein Bekenntnis zu Prinzipien der Rechtsförmigkeit zu simulieren, das allerdings ohne Auswirkungen auf das reale Verhalten der beteiligten Akteure bleibt. Im Kontext der gleichzeitig auf informeller Ebene stattfindenden Aushandlungsprozesse, in denen Vertreter der Stadtverwaltung mit den Händlern über die Festlegung der Höhe informeller Abgaben ringen, wächst dem scheinbar sinnlosen Verfahren allerdings ein ganz unerwarteter Sinn zu. Die Tatsache, dass die Stadtverwaltung in dem Moment, in dem sie mit dem Verlauf des informellen Aushandlungsprozesses unzufrieden ist, mit einer Verlagerung der Auseinandersetzung auf die formale Ebene drohen kann, muss ihre Position hier ungemein stärken. Damit ist auch deutlich, dass das Verhältnis zwischen formalen und informellen Institutionen nicht in Kategorien eines Nullsummenspiels gedacht werden kann, in dem die eine die andere aushöhlt oder verdrängt. Die Durchsetzungsfähigkeit eines Akteurs im Rahmen informeller Institutionen hängt vielmehr ganz entscheidend von seiner Kontrolle über formale Institutionen ab.

Unter der Hand ist damit die Deutung des Scheinkonfliktes als eine auf die Schaffung von Legitimität zielende Maßnahme in entscheidenden Punkten schwer erschüttert. Eine derartige Interpretation würde ja nicht zuletzt unterstellen, dass die Inszenierung in erster Linie an die Machtunterworfenen adressiert ist. Davon kann im vorliegenden Fall keine Rede sein. Auch wenn in Kutaisi eine Reihe von konkurrierenden Narrativen zur Entschlüsselung der den beiden analysierten Konflikten zugrunde liegenden Handlungsrationalitäten zu hören sind, ist doch auffällig, dass niemand den Disput zwischen Stadtverwaltung und Zentralstaat in Kategorien eines sachlichen Streits um die Auslegung bestimmter gesetzlicher Bestimmungen erklärt. Auch die in der Anklageschrift zum Prozess über den Straßenhandel formulierte Position, der zufolge der Zentralstaat dem korrupten Treiben der Stadtväter ein Ende bereiten wolle, wird außerhalb der ministerialen Führungsetagen von niemandem übernommen. Nicht einmal die Vorstellung, dass es sich vorrangig um einen Gegensatz zwischen Zentralstaat und Stadtverwaltung handelt, setzt sich im informellen Diskurs durch. Die Händler haben zu keinem Zeitpunkt den Versuch unternommen, sich durch Appelle an zentrale Instanzen gegen die überhöhten Abgabeforderungen der Stadtverwaltung zu schützen. Die Inszenierung von Rechtsstaatlichkeit, der wir in den Prozessen zwischen Stadt und Zentralstaat begegnen, ist offensichtlich wegen des übergeordneten Interesses an der Konservierung von Abschöpfungsmöglichkeiten von vornherein darauf angelegt, sich selbst als Spektakel zu erkennen zu geben. Wenn einzelne Akteure unbeholfen aus der Rolle fallen, wie der sich in seiner Haut sichtlich unwohl fühlende Richter im Prozess um den Straßenhandel; wenn sie den Part des empörten Anklägers mit nur mühsam verborgenem Desinteresse spielen, wie der Vertreter der regionalen Abteilung des Justizministeriums im selben Verfahren, dann ist das nicht notwendig eine Panne, die den Schleier der Täuschung für einen kurzen Moment zerreißen lässt und einen desillusionierenden Blick auf die hinter der Bühne gespannten Fäden freigibt.

Denn anders als bei Coser (1965) geschildert, besteht die Funktionalität von Scheinkonflikten in unserem Fall nämlich nicht etwa darin, interne Gegensätze durch Simulation einer gemeinsamen Front zu verdecken und damit einen Beitrag zur Stabilisierung der Machtordnung zu leisten. Würde man diesen Maßstab anlegen, müsste man die Inszenierung als gescheitert betrachten. Dafür sprächen dann sowohl die geschilderten Ungereimtheiten des Verfahrens, als auch die Unfähigkeit, das Narrativ vom Gegensatz zwischen Stadtverwaltung und Zentralstaat als hegemoniale Deutungsfolie im öffentlichen Diskurs durchzusetzen. Dass niemand auch nur die geringste Anstrengung unternimmt, die Glaubwürdigkeit der in den offiziellen Dokumenten artikulierten Konflikterzählung gegenüber den in den informellen Diskursen transportierten Wahrnehmungsmustern zu erhöhen, spricht gegen die voreilige Rede vom Scheitern der bislang unterstellten Legitimationsanstrengungen.

Eine Überwindung des sich hier abzeichnenden Dilemmas bietet eine Lesart, die die Entstehung von Unübersichtlichkeit und die daraus resultierende Blockade von Handlungsfähigkeit, die durch das Nebeneinander von sich gegenseitig aufhebenden Deutungen erreicht wird, als das eigentliche Ziel der Inszenierung beschreibt. Die beschriebenen Scheinkonflikte sind dann im doppelten Sinne funktional. Einerseits leisten sie durch die zu Tage tretenden Inkonsistenzen des offiziellen Verfahrens der Konfliktbearbeitung einen Beitrag zur Untergrabung des Vertrauens in die Wirksamkeit des Bekenntnisses zu rechtsförmigen Prozeduren. Das Ergebnis ist eine aus fatalistischer Resignation und dem Bewusstsein der Alternativlosigkeit geborenen Bereitschaft zur Unterwerfung unter eine Machtordnung, die wenig bietet, aber viel nehmen kann. Andererseits blockieren die Scheinkonflikte durch ein schwer zu durchschauendes Verwirrspiel, in dem für nicht Eingeweihte kaum zu erkennen ist, von welchen Personen oder Institutionen die Zumutungen eigentlich ausgehen, die diese Ordnung permanent für sie bereithält, die Fähigkeit der Machtunterworfenen zur Identifikation von Angriffsflächen und damit zur Artikulation von Protest. Das Machtzentrum wird unsichtbar und damit unangreifbar.

Aus dieser Perspektive kann der Inszenierung unzweifelhafter Erfolg bescheinigt werden. Die Straßenhändler verzichten weitgehend darauf, sich gemeinsam einen Reim auf die für sie undurchschaubare Situation zu machen. Unter ihnen kursieren höchst widersprüchliche Versionen über die Quelle der neuen Unsicherheit, die die einen in der Stadtverwaltung, die anderen in verschiedenen Kreisen in Tbilissi vermuten. Die anfänglich durchaus gegebene Fähigkeit zu kollektivem Handeln, die sich zunächst im gemeinsamen Widerstand gegen den Räumungsbefehl der Stadtverwaltung artikulierte, zerbricht bald an den gegensätzlichen Realitätsdeutungen. Jeder mobilisiert für sich Beziehungskapital, um sich mit den neuen Umständen zu arrangieren und bewahrt gegenüber den anderen Stillschweigen über die jeweils ausgehandelte Höhe der informellen Abgaben.

Wenn wir diese Überlegungen im Lichte des von Coser entwickelten Ansatzes noch einmal Revue passieren lassen, ergeben sich jetzt sowohl Abgrenzungen als auch Anknüpfungspunkte. Anders als in seinem Erklärungsmodell vorausgesetzt, zielen Scheinkonflikte auf lokaler Ebene in Georgien offensichtlich nicht auf die Herstellung von *Eindeutigkeit* durch die Konstruktion einer fiktiven Konfliktlinie. Sie produzieren vielmehr *Unübersichtlichkeit* und *Orientierungslosigkeit*. Es geht nicht darum, interne Gegensätze, die den Gruppenzusammenhalt bedrohen, verschwimmen zu lassen. Ziel ist es vielmehr, eine eindeutige Lokalisierung des auch weiterhin als Ursprung der Bedrohung wahrgenommenen Machtzentrums zu verhindern und damit gleichzeitig eine durchaus funktionale Vorstellung von seiner diffusen und unberechenbaren Allgegenwart zu nähren. Zwar weiß kaum einer genau zu sagen, wo das Zentrum der Macht eigentlich sitzt, aber alle sind überzeugt, dass es irgendwo einen überlegenen Akteur gibt, der alle Fäden in der Hand hält und kühl kalkulierend seine Netze spannt, in denen er im Zweifelsfall alle zum Stolpern bringen kann, die sich ihm nicht unterwerfen.

Zwar mögen diese Vorstellungen in manchen Fällen tatsächlich der Wirklichkeit entsprechen. Ich habe selber die Hypothese entwickelt, dass hinter dem Scheinkonflikt um die Regulierung des Straßenhandels das planerische Kalkül des Vizebürgermeisters Onise zu erkennen ist, der tatsächlich in vielen Bereichen als eine Art graue Eminenz zu agieren scheint. Endgültige Beweise konnte ich dafür allerdings nicht liefern. Entscheidend ist dies jedoch nicht. Entscheidend ist vielmehr die Art und Weise, in der Perzeptionen wirklichkeitsmächtig werden. Die konkurrierenden Verschwörungstheorien, die von den verschiedenen Konfliktparteien in dem Bestreben, sich eine für sie undurchschaubare Situation zu erklären, in Umlauf gebracht werden, erzeugen so einerseits das resignative Gefühl, keinen Schritt mehr machen zu können, der nicht von der Macht kontrolliert wird. Andererseits wird das Gefühl der Ohnmacht kompensiert durch die Vorstellung, den eigenen Kopf im Zweifelsfall durch die Inanspruchnahme von Diensten eines Vermittlers gerade noch aus der Schlinge ziehen und der Macht damit ein Schnippchen schlagen zu können.

Im Ergebnis handeln die Machtunterworfenen selbst dann, wenn sie glauben, eine erfolgreiche Umgehungsstrategie entwickelt zu haben, im Sinne der Macht und leisten einen nicht-intendierten Beitrag zu ihrer Stabilisierung.[11] Der Mythos von ihrer allgegenwärtigen Kontrollfähigkeit immunisiert die lokalen Machthaber in Kutaisi damit auch gegen hin und wieder auftretende Evidenzen ihrer Handlungsunfähigkeit. Selbst wenn die Dinge aus dem Ruder laufen, sieht es noch so aus, als gehe alles nach Plan. Erinnert sei hier nur daran, dass die Stadtverwaltung den Räumungsbefehl gegen die alten Straßenhändler nicht durchzusetzen kann – ein Zeichen von Schwäche, das in den Diskursen allerdings keine Spuren hinterlässt.

Zusammenfassend können wir also feststellen, dass die Inszenierung von Scheinkonflikten explizit nicht auf die Generierung von Legitimität, sondern vielmehr auf die Produktion von kognitivem Chaos zielt, in dem die Lokalisierung des präzisen Ortes der Macht unmöglich wird. Der Ausbruch von authentischen Konflikten scheitert in der Folge immer an der Unfähigkeit zur Identifikation von Angriffsflächen. Das einleitend beschworene Wunder der Stabilität dieser Machtordnung resultiert damit aus der Blockade von Konflikten, die damit auch nicht in die von Elwert analysierte Funktion der Selektion von Innovationsoptionen hineinwachsen können.

---

11 Ein ähnliches Phänomen beschreibt Stephen Kotkin (1995), wenn er auf die ambivalente Funktion von informellen Netzwerken auf der stalinistischen Großbaustelle von Magnitogorsk aufmerksam macht. Einerseits – so weist er nach – erfüllten informelle und von offiziellen Stellen nicht kontrollierte Austauschbeziehungen in Kompensation von Planversagen durchaus System stabilisierende Funktion. Andererseits suggerieren sie den Transaktionspartnern gewisse Freiheitspielräume.

Literatur

Baev, Paul/Koehler, Jan/Zürcher, Christoph (2002): *Civil Wars in the Caucasus. Case Studies on the Economics and Politics of Civil War* (first draft: www.univie.ac.at/politikwissenschaft/Caucasus.pdf).

Christophe, Barbara (2000): „Transformation als Inszenierung. Zur institutionellen und kulturellen Einbettung von Korruption in Georgien", in: H.H. Höhmann (Hg.), *Kultur als Bestimmungsfaktor der Transformation im Osten Europas*, Bremen: Edition Temmen, S. 157-177.

Christophe, Barbara (im Druck): „Using Corruption as a Means of Statebuilding: The Logic of Politics in Post-Socialist Georgia", in: Ole Norgaard/Sally Cummings (Hg.), *The Role of the State for the Political and Economic Development in Post-Communist and Developing Countries.*

Christophe, Barbara (2004a): „Die bestellte Revolution. Bleibt alles beim Alten in Georgien?", in: *Frankfurter Allgemeine Sonntagszeitung* Nr. 17, S. 13.

Christophe, Barbara (2004b): „Parastaatlichkeit und Schattenglobalisierung: Das Beispiel Georgien", in: Peter Lock/Sabine Kurtenbach (Hg.), *Kriege als (Über)Lebenswelten: Schattenglobalisierung, Kriegsökonomien und Inseln der Zivilität*, Bonn: Eine Welt, S. 88-101.

Coser, Lewis (1965): *Theorie sozialer Konflikte*, Neuwied/Berlin: Luchterhand.

Elwert, Georg (1996): „Kulturbegriffe und Entwicklungspolitik – über soziokulturelle Bedingungen der Entwicklung", in: Georg Elwert et al. (Hg.), *Kulturen und Innovationen*, Berlin: Dunker & Humblot, S. 51-87.

Elwert, Georg (2001): „The Command State in Africa. State Deficiency, Clientelism and Power Locked Economies", in: Steffen Wippel/Inse Cornelssen (Hg.), Entwicklungspolitische Perspektiven im Kontext wachsender Komplexität. Forschungsberichte des BMZ vol. 128, Bonn: Weltforum 2001, S. 419-452.

Elwert, Georg, in diesem Band.

IMF Country Report (2001): *Georgia: Recent Economic Developments and Selected Issues*, No. 211, Washington: International Monetary Fund.

Kotkin, Stephen (1995): *Magnetic Mountain. Stalinism as Civilization*, Berkeley: University of California Press.

Migdal, Joel (1988): *Strong Societies and Weak States*, Princeton: Princeton University Press.

Muradjan, Igor' (2000): „Geoekonomicheskaja situacija v stranach zakavkazkogo regiona i ekonomicheskaja struktura v etich gosudarstvach", in: *Central'naja Azija i Kavkaz* 1 (7), S. 68-87.

Newsline: Radio Free Europe/Radio Liberty Newsline „Caucasus and Central Asia" [www.rferl.org].

TACIS European Expertise Service (1996): *Georgian Economic Trends* 3, Tbilissi: TACIS.

UNDP (1998): *Human Development Report: Georgia*, Tbilissi: UNDP.
UNDP (1999): *Human Development Report: Georgia*, Tbilissi: UNDP.

ZENTRIFUGALE BEWEGUNGEN IN INDONESIEN: KONFLIKT, IDENTIFIKATION UND RECHT IM VERGLEICH

Franz und Keebet von Benda-Beckmann

Einleitung

Das Suharto-Regime hinterließ 1998 ein Land, in dem viele latente Spannungen und offene gewalttätige Auseinandersetzungen neue Impulse bekamen. Diese gewalttätigen Konflikte wurden durch eine Reihe von Autoren ausführlich beschrieben und analysiert.[1] Sie werden innerhalb bestimmter Regionen in ihren nationalen und transnationalen Kontexten untersucht. Im Zentrum der Analyse stehen die politischen und wirtschaftlichen Beziehungen und die Interessenkonstellationen der am Konflikt beteiligten Akteure. Dabei wird vor allem auf die wichtige Frage eingegangen, in welcher Weise und durch wen Gruppenidentitäten und -gegensätze mit Berufung auf ethnische Zugehörigkeit und/oder Religion konstruiert werden, welche Faktoren die Konflikte und vor allem das Ausbrechen gewalttätiger Auseinandersetzungen innerhalb von Regionen bedingen und welche Rolle die Beziehungen zwischen Regionen und dem Zentrum dabei spielen. Ein zentraler Punkt in diesen Analysen ist, dass die Konflikte nicht unbedingt auf ethnisch-religiösen Gegensätzen beruhen und durch damit einhergehende primordiale Gefühle bedingt werden, sondern dass es in erster Linie um politische und wirtschaftliche Konflikte geht, die sich nur eines religiösen, ethnischen oder nationalistischen Diskurses bedienen (vgl. Chauvel 2001; Robinson 2001).

In unserem Aufsatz bauen wir auf diesen Analysen auf, wollen jedoch eine Dimension der Konstruktion und Austragung von Konflikten beleuchten, die in der Literatur weitgehend unberücksichtigt bleibt. Das ist die Rolle von Recht in der Strukturierung von Konfliktinhalten und in der Rationalisierung und Rechtfertigung der Forderungen und des Verhaltens der Konfliktparteien. Es geht uns in diesem Beitrag vor allem um die Beziehungen zwischen Regionen und dem Zentrum, allerdings werden wir auch auf die Beziehungen innerhalb von Regionen eingehen, da diese ebenfalls Einfluss auf die Beziehun-

---

1 See u.a. Davidson/Kamman (2002); Davidson (2003); Avonius (2004); Van Klinken (2001) und die Beiträge in Colombijn/Lindblad (2002); Lloyd/Smith (2001); Anderson (2001); Wessel/Wimhöfer (2001); Budiman/Hatley/Kingsbury (1999); Vel (2001).

gen zwischen Regionen und dem Zentrum haben.[2] In unsere vergleichenden Überlegungen werden wir Aceh (Nord-Sumatra), West-Sumatra, Ambon und West-Kalimantan einbeziehen, in denen die Beziehungen zwischen Zentrum und Region und auch innerhalb der Regionen sehr unterschiedlich sind.

Recht und Konflikt

Die unterschiedlichen Bedeutungen, die Recht in Konflikten haben kann, werden in den meisten ethnologischen und soziologischen Konflikttheorien kaum berücksichtigt. Wenn Recht überhaupt erwähnt wird, geht es um Recht als sanktionierte Normen, die primär als Evaluationsmaßstab für abweichendes Verhalten dienen oder es geht um rechtliche Verfahren zur Bewältigung von Konflikten.[3] Recht als Auslöser und Gegenstand von Konflikten und als Medium, in dem konfligierende wirtschaftliche, politische oder moralische Forderungen ausgedrückt werden, spielt praktisch keine Rolle. Recht ist jedoch mehr als ein Maßstab, an dem unerlaubtes Verhalten gemessen wird. Da Recht Positionen und Beziehungen sozialer, wirtschaftlicher und politischer Macht definiert, verteilt und legitimiert, wird es oft zum Auslöser von Konflikten. Wenn man von rein gewalttätigen Konfliktaustragungen absieht, geht es bei den einander widersprechenden Interessen und Werten immer auch um die legitime Kontrolle und Autorität über soziale, wirtschaftliche und politische Organisation und Verteilung von Ressourcen. In den heutigen politischen Systemen mit ihren demokratischen und rechtsstaatlichen Vorgaben ist die Ausübung von Macht und Gewalt zu ihrer Legitimierung primär auf staatliches Recht angewiesen. Das verlangt von Akteuren die Übersetzung ihrer Forderungen und Ansprüche und ihrer politisch-moralischen Wertvorstellungen in rechtlich legitimierte Formen, womit Recht zu einem wichtigen Medium in der Interaktion wird.4 Zugleich sind die Kontrolle über die Interpretation bestehenden und die Schaffung neuen Rechts wichtige Machtsressourcen,

---

2 Natürlich gehen wir nicht davon aus, dass besagte Regionen homogene und monolithische politische Größen oder gar „Akteure" sind. Die verschiedenen Gruppierungen, unterschieden nach ethnischen und religiösen, aber auch beruflichen und politischen Kriterien (Bauern, Wirtschaftsunternehmen, Provinzregierungen, Intellektuelle) haben teilweise unterschiedliche Forderungen an das Zentrum, die auch unterschiedlich rechtlich legitimiert werden. In diesem Beitrag können wir jedoch nur eine grobe Skizze vorstellen.

3 Siehe Elwert (in diesem Band) oder Schlee (2003: 98).

4 Die Art, in der zwischen Norm- und Akteurkonflikten unterschieden wird, wie es Elwert (in diesem Band) beispielsweise macht, ist deshalb auch nicht einleuchtend. Seine Typologie ähnelt den früher in der Rechtsethnologie gängigen Unterscheidungen zwischen Konflikten um Normen und Konflikten um Fakten oder zwischen Norm- und Interessenkonflikten. Diese Unterscheidungen berücksichtigen nicht, dass (rechtliche) Normen die Konstruktion von Fakten und Interessen weitgehend mitprägen (K. von Benda-Beckmann 1984: 66f).

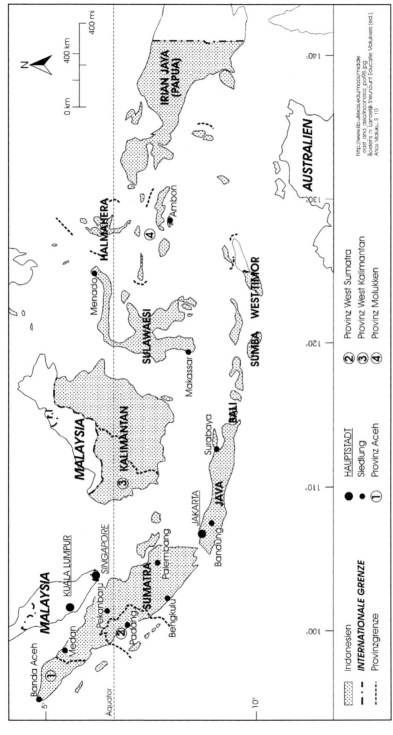

Abbildung 1: Indonesien

251

die in sozialen und politischen Konflikten eingesetzt werden können.[5] Damit wird Recht auch zum Gegenstand von Konflikten.

Mit diesen Überlegungen soll keinesfalls ein Primat für die Bedeutung des Rechts in Konflikten behauptet werden. Auch verdrängt diese Perspektive nicht die Bedeutung von ethnischer oder religiöser Zugehörigkeit. Sie zwingt nur dazu, einen Unterschied zwischen Ethnizität und rechtlich definierter und relevant gemachter Ethnizität oder Religionszugehörigkeit zu machen. Ethnizität oder Religion kann auch ohne rechtliche Grundlage, als Mechanismus von Inklusion bzw. Exklusion dienen. Dies ist jedoch wirksamer, wenn mit einer ethnischen oder Religionszugehörigkeit bereits bestimmte Zugangsmöglichkeiten nach bestehendem Recht verbunden sind, erleichtert oder für andere ausgeschlossen werden bzw. durch ein neues, in diesem Sinne ethnisiertes Recht gestaltet werden sollen.[6] Dasselbe gilt für religiöse Rechte. Ethnizität als solche (wie auch immer konstruiert) reicht oft nicht; es muss ein in Ethnizität begründetes Recht sein, so wie das bei vielen Rechtsordnungen, die man meist als Gewohnheits-, Stammes- oder Dorfrechte andeutet, aber auch in staatlichen Rechtsordnungen der Fall ist.

Dies spielt schon eine Rolle, wenn man davon ausgeht, dass in einer sozial-politischen Organisation nur ein Rechtssystem existiere. In vielen Staaten, über die Elwert gearbeitet hat und auch in den Regionen Indonesiens, die wir näher betrachten werden, gibt es jedoch eine Pluralität von unterschiedlichen Rechten. Diese bietet ein vielschichtiges Repertoire an Organisations- und Legitimationsstrukturen für soziale, wirtschaftliche und politische Beziehungen innerhalb von und zwischen Bevölkerungsgruppen, wie auch für Beziehungen zwischen diesen und dem Staat an. Zugehörigkeit zu einer ethnischen oder religiösen Kategorie oder Gruppe kann darin einen sehr unterschiedlichen Stellenwert haben. Die wichtigsten Elemente dieses Repertoires in Indonesien sind staatliches, religiöses, internationales und Gewohnheitsrecht (in Indonesien Adat oder Adatrecht genannt). Adats sind in hohem Maße ethnisch-historisch begründet. Andere Rechte wie die *Sharî'a* geben der Zugehörigkeit zu einer Religionsgemeinschaft eine zentrale Rolle, die ethnische und staatliche Grenzen transzendiert. Die staatliche Rechtsordnung Indonesiens ist wie in den meisten heutigen Staaten dadurch gekennzeichnet, dass sie die ethnische oder religiöse Zugehörigkeit ihrer „Bürger" weitgehend für rechtlich irrelevant erklärt, allerdings noch mit einigen Ausnahmen im Familien-, Erb-

---

5 Siehe Turk (1978); F. von Benda-Beckmann (1983); Starr/Collier (1989); Nader (2003).

6 Dies wird in Konflikttheorien oft implizit vorausgesetzt. Schlee zum Beispiel weist darauf hin, dass „*recognition as an ethnic minority is advantageous in many countries. This might concern seats in parliaments, or hunting and fishing rights, or property rights to old tribal territories. [...] To be recognised as an ethnic minority a group must appear in public, must have access to the media and must bring a certain political influence to bear*" (2003: 101). Aber das setzt ja voraus, dass die Sitzverteilung im Parlament bzw. die Bedingungen, unter denen tribale Rechte anerkannt werden, rechtlich geregelt sind.

und Bodenrecht. Internationales Recht baut weitgehend auf „modernen" Rechtsstrukturen auf, die im Prinzip von der Gleichheit von Staaten und Personen ausgehen. Es macht jedoch wichtige Ausnahmen zugunsten so genannter „indigener Völker" (*indigenous peoples*) und, weniger ausgeprägt, auch von „Minderheiten", welchen andere politische und wirtschaftliche Rechte zugesprochen werden als „normalen Bürgern" oder Bevölkerungsgruppen.

Pluralistische rechtliche Repertoires erlauben unterschiedliche Rationalisierungen und Legitimierungen politischer und wirtschaftlicher Standpunkte, Forderungen und Gegensätze und der Ausübung von offener Gewalt. Dabei geht es vor allem um die Frage, unter welchen Umständen das Potenzial der unterschiedlichen rechtlichen Ordnungen zur Rationalisierung und Legitimierung von wirtschaftlichen und politischen Forderungen „greift". Wir sprechen bewusst von einem Potenzial. Zwar beinhalten alle rechtlichen Formen im Prinzip eine Reihe von Legitimationsmöglichkeiten, aber keiner der rechtlichen Ordnungen ist ein ganz bestimmtes oder feststehendes Mobilisierungspotenzial inhärent. Was plausibel als Waffe in der sozialen und politischen Interaktion für bestimmte Zwecke eingesetzt werden kann und was nicht, hängt von einer Vielzahl von Faktoren ab. Die Frage ist, wie diese Unterschiede zu erklären sind. Wir haben die folgenden hauptsächlichen Faktoren identifiziert. Einmal geht es um die historische Eingliederung der Regionen in weitere politische Verbände oder Netzwerke, den Kolonialstaat und später den indonesischen Zentralstaat, aber auch um transregionale und/oder -nationale Beziehungssysteme. Ferner spielt die ethnische und religiöse Zusammensetzung der Bevölkerung eine wichtige Rolle. Zudem geht es darum, was der Kern des Streites mit dem Zentralstaat ist und inwieweit dabei der Zugang zu Ressourcen eine Rolle spielt. Schließlich geht es auch darum, inwieweit die betreffenden Rechtssysteme inhaltlich (in)kompatibel sind. Wir werden zeigen, wie diese Faktoren zum einen das ideologische Mobilisierungspotenzial der unterschiedlichen Rechtssysteme bedingen; zum anderen, inwiefern die jeweils potenziell zur Verfügung stehenden Rechtssysteme sich dazu eignen, bestimmte Ressourcen zu sichern; und letztlich, inwieweit die jeweiligen Rechtssysteme die internen Konflikte eher anheizen bzw. dämpfen können.

Konfliktkonstellationen und strategischer Gebrauch von Recht: Variationen in Indonesien

Auf den ersten Blick scheinen die regionalen Forderungen an den Zentralstaat ziemlich parallel zu liegen. Der Unmut über das korrupte und kleptokratische politische Zentrum hatte während des Suharto-Regimes überall immer mehr zugenommen. Die Forderung nach einer nicht korrupten Regierung und Verwaltung, die rechtsstaatliche und religiöse Werte ernst nehmen müsse, wurde immer lauter. Dazu kamen Proteste gegen die ungleiche interregionale Verteilung der Einkommen aus Bodenschätzen. Überall zerrten starke zentrifugale Kräfte an der einst sicher gewähnten staatlichen Einheit. Periphere oder sich peripher fühlende Regionen forderten mehr Einfluss auf politische Entscheidungen. In manchen Regionen war der Ruf nach Unabhängigkeit nicht mehr zu überhören. Andere Regionen wollten zwar im indonesischen Staat bleiben, wünschten sich jedoch eine weitergehende Selbstbestimmung. Außerdem verlangten vor allem die an Bodenschätzen reichen Regionen einen größeren Anteil an deren Ertrag. Sie verstanden nicht, dass 80 % davon nach Jakarta verschwinden sollten, was vor allem einer kleinen politisch-ökonomischen Elite auf Java zugute kam. Schon vor dem Ende des Suharto-Regimes vollzog sich so ein ziemlich eindeutiger Prozess um mehr wirtschaftliche und politische Autonomie, ausgelöst von einer politischen Elite, die sich zu lange zu wenig mit den Gebieten außerhalb von Jakarta und Java beschäftigen wollte. Diese politische Introvertiertheit hat zentrifugale Kräfte freigesetzt, durch welche der indonesische Nationalstaat auseinander zu fallen droht. Unter dem Druck der ausländischen multilateralen und bilateralen Gebergemeinschaft, (IMF, Weltbank, IGGI, UNDP, GTZ, USAID, AUSSAID) hat die indonesische Regierung 1999 eine Dezentralisierungspolitik in Angriff genommen, um die Wucht dieser Entwicklungen aufzufangen. Aus Furcht, mit dieser auf mehr regionale Autonomie gerichteten Politik sezessionistische Tendenzen noch weiter zu verstärken, hat die Regierung (im Gegensatz zu den Geberorganisationen) nicht die Provinzen, sondern die Distrikte zu den wichtigsten „autonomen Regionen" erklärt.[7] Robinson (2001) und Chavel (2001) argumentieren, dass es, unbeschadet aller ethnischen, religiösen, linguistischen, geographischen und historischen Unterschiede zwischen den Regionen, vor allem diese grundlegenden Eigenschaften des *New Order Regimes* sind, welche an der Basis der Konflikte und des Widerstandes zu liegen scheinen (Robinson 2001: 214), wobei es nicht nur um die gespannten Beziehungen der Region mit dem Zentrum geht, sondern diese Aspekte des Regimes auch die intraregionalen Konflikte mit beeinflussen.

Bei näherer Betrachtung der Konflikte in den einzelnen Regionen fällt jedoch auf, dass die Konflikte mit dem Zentrum auf unterschiedliche Weise ausgetragen werden. Es werden unterschiedliche Forderungen gestellt, die eine lange Vorgeschichte haben, welche in jeder Region wiederum einen unterschiedlichen Charakter hat. Diese Geschichte hat das Verhältnis zwischen den Rechtssystemen in den Regionen stark geprägt und wird zu einem bestimmenden Faktor bei der Frage, welches Recht zu welchen Zwecken mobilisiert werden kann bzw. wird.

---

7   Über die Dezentralisierung in Indonesien siehe Aspinall/Fealy (2003); Holtzappel (2002); Schulte Nordholt/Asnan (2003); Kingsbury/Aveling (2003); F. und K. von Benda-Beckmann (2001).

Aceh

Die Region an der Nordspitze Sumatras gehört zu den am frühesten islamisierten Gebieten des Archipels.[8] Ab Beginn des 15. Jahrhunderts wurde von dort aus der größte Teil Indonesiens islamisiert, meist mit friedlichen Mitteln, manchmal auch mit Gewalt. Aceh hat sich lange erfolgreich gegen die Inkorporierung in das niederländische Kolonialreich gewehrt und wurde erst 1906 definitiv Teil der Kolonie. Seitdem ist es eine der unruhigsten Regionen Indonesiens geblieben. Als Teile Indonesiens in den 1950er Jahren gegen die übermächtigen Zentralisierungsansprüche aus Java rebellierten, waren Aceh und Minangkabau/West-Sumatra, aber auch Kalimantan unter den führenden Zentren der Rebellion. Robinson (2001) und Chauvel (2001) weisen jedoch darauf hin, dass die ersten Konflikte nach der Unabhängigkeit nicht auf eine Unabhängigkeit von der neuen Republik Indonesien gerichtet waren, sondern zum Ziel hatten, Indonesien in einen islamischen Staat zu transformieren. Der Kampf gegen die Holländer und die japanische Besatzung waren Hand in Hand mit einer sozialen Revolution gegangen, die durch die militante Jugend und islamische Geistliche getragen war und die Klasse der Adat-Führer (*uluë-balang*) fast ausgelöscht hatte. Diese *Darul Islam* Rebellion dauerte von 1953 bis 1962. 1965 bekam Aceh seinen Sonderstatus. Die damit einhergehenden Befugnisse und Versprechungen seitens des Zentralstaates wurden jedoch nicht eingehalten. Bis dahin gab es eigentlich keine Zweifel an der Loyalität Indonesien gegenüber. Das änderte sich jedoch 1976 mit dem Aufkommen der Frei-Aceh-Bewegung. Seitdem erlebt die Provinz ein ständiges Auf und Ab der Kämpfe, getragen durch den Unmut gegen die wirtschaftliche Ausbeutung der Region und die zentralisierten Entscheidungsprozesse.

Aceh ist reich an Bodenschätzen (Öl, Erdgas) und hat riesige Regenwälder, wodurch es sich in den letzten Jahrzehnten industriell stark entwickeln konnte. Es ist eine der Regionen, die am nachdrücklichsten eine neue Umverteilung fordert. Man profitierte jedoch kaum von der Entdeckung und Ausbeutung der großen Flüssiggasreserven. Die hiermit geschaffenen Arbeitsplätze wurden weitgehend von Nicht-Acehnesen eingenommen. Auch führte die zunehmende Abholzung des Regenwaldes (eine Pfründe des Militärs) zu großen Landenteignungen. Man akzeptiert(e) nicht länger, dass 80-90 % der Erträge an die Zentralregierung, (die vielfach mit Java gleichgesetzt wird), abgetreten werden mussten. Ihre Reichtümer einerseits und der schwelende Guerilla Krieg andererseits machten die Drohung einer Abspaltung realistisch und haben Jakarta gezwungen, diese ernst zu nehmen. Nachdem Versuche, Aceh mit militärischen Mitteln unter Kontrolle zu bringen, gescheitert waren, hat es 2001 wiederum einen administrativen Sonder-Status bekommen, der der Provinz eine größere Unabhängigkeit ermöglicht. Die wichtigste Konsequenz des Ausnahme-Status ist, dass 70 % der Erträge aus Öl und Gas und gut 60 % aus

---

8   Zu Aceh siehe Chauvel (2001); Ariffadillah (2001); Kell (1995); Wessel (2001); Robinson (2001). Siehe auch Bowen (2003).

anderen natürlichen Ressourcen statt der herkömmlichen 20 % an die Region zurückgeleitet werden sollen. Die dafür erforderlichen Implementierungsregelungen sind allerdings noch nicht verabschiedet. Die Provinz bekommt immer noch sehr viel weniger als sie erhalten sollte. Auch soll viel Geld statt der Provinz den mächtigen Ölfirmen zugute kommen.[9] Die durch die Zentralregierung gemachten Zugeständnisse reichen offenbar nicht aus, um den Forderungen der radikaleren Gruppen in Aceh gerecht zu werden. Die militärischen Konflikte entflammten im Mai 2004 wieder sehr heftig, und die Armee reagierte mit den üblichen Repressionen.

Der Sonder-Status sieht auch vor, dass die Provinz Aceh das Recht hat, die *Sharî'a* einzuführen. Dies war ein wichtiger Punkt für die Region, die sich schon immer primär als islamisch identifiziert hat und in Indonesien als besonders religiös gilt. Die *Sharî'a* wurde auch offiziell eingeführt, jedoch nur dort, wie es heißt, „wo dies angemessen ist". Für den Bereich des Straf-, Handels- und Verwaltungsrechts gilt nach wie vor staatliches Recht.[10] Die *Sharî'a* gilt somit hauptsächlich im Bereich des Familien- und Erbrechts. Die Einführung der *Sharî'a* hat eine große symbolische Bedeutung. Sie symbolisiert die transnationale Verbundenheit mit der islamischen Welt. Zweitens kann, wie Bowen (2003) für das Gayo Hochland, einen Teil Acehs, gezeigt hat, die *Sharî'a* die erbrechtliche Stellung von Frauen in den äußerst patrilinearen Lokalgesellschaften verbessern, bei denen sie nach Adat nicht erben oder nur sehr schwache Erbrechte haben. Für viele Moslems ist die Tatsache, dass das *gender* Gleichheitsideal auch mit der *Sharî'a* begründet werden kann, symbolisch von großer Bedeutung. Dies alles verschafft dem Ruf nach der *Sharî'a* eine verhältnismäßig breite Zustimmung innerhalb der Bevölkerung. Islamisches Recht symbolisiert Zukunftsorientierung und Orientierung nach außen, weit über die nationalen Grenzen hinaus, wogegen Adat nur regional gilt und mit der Vergangenheit verbunden wird. Mit dem Islam als primärer Identifikation positioniert sich Aceh in einen betont transnationalen Kontext. Es hat wichtige Verbindungen zu Malaysien, das die politischen Entwicklungen bei seinem unmittelbaren Nachbarn mit gemischten Gefühlen verfolgt. Und es hat gute Verbindungen mit der arabischen Welt und islamischen Zentren im Mittleren Osten.

Im Konflikt mit dem Zentrum werden also Religion und religiöses Recht politisch mobilisiert, um unter der Androhung von Abspaltung, Änderungen im staatlichen Verfassungsrecht durchzusetzen und um damit auch einen größeren Teil der lokal vorhandenen Ressourcen unter eigene Kontrolle zu bekommen. Wenn Indonesien schon kein islamischer Staat werden kann, dann kann Aceh mit seinem Sonder-Status auf jeden Fall doch die *Sharî'a* einführen.

---

9 Niksch (2002: 4).

10 In anderen Regionen geht jedoch das Gerücht um, Aceh sei ganz auf die *Sharî'a* umgestiegen. In West-Sumatra hat das zum Beispiel rege Debatten über die Frage, ob die *Sharî'a* dort auch eingeführt werden sollte, ausgelöst, (F. und K. von Benda-Beckmann 2001).

Adat dagegen hat in der Region kaum (noch) Mobilisierungspotenzial. Es wird mit der Vergangenheit und der quasi-feudalen und mit der Kolonialmacht zusammenarbeitenden traditionellen Herrschaft assoziiert. Es kann die überregionale und internationale Einbettung, die über Religion abgerufen wird, nicht leisten. Der Kampf um Rechte an natürlichen Ressourcen, Land und Bodenschätzen wird auch nicht, wie zum Beispiel in West-Sumatra, mit der Berufung auf Adat legitimiert. In Aceh wird auf den verfassungs- und administrativrechtlichen Sonder-Status rekurriert, welcher der Verwaltungseinheit ausreichende rechtliche Mittel gegenüber dem Zentralstaat zur Verfügung stellt. Eine Berufung auf Adat-Bodenrechte ist deshalb nicht nötig; eine Berufung auf die *Sharî'a* hierfür nicht geeignet. Allerdings ist die Berufung auf die *Sharî'a* eine wichtige Legitimation des Sonder-Status geworden. Adat hat auch nicht die überragende Rolle bekommen, andere ethnische Gruppen von politischen Entscheidungsprozessen und wirtschaftlichen Ressourcen auszuschließen, da die Region eine relativ homogene Bevölkerung hat. Abgesehen von den Großstädten und einigen wenigen javanischen Transmigrationsgebieten gibt es keine größeren Ballungsgebiete mit Migranten, wie das zum Beispiel in West-Kalimantan und auf Ambon der Fall war. Nach den Gewaltaussbrüchen der Nach-Suharto-Periode sind viele der in Aceh lebenden und arbeitenden Indonesier mit anderer regionaler und ethnischer Herkunft aus Furcht weggezogen, unter ihnen auch viele Moslems. Wie viele andere Regionen wurde auch Aceh damit ethnisiert bzw. ethnisch stärker homogenisiert. Diese Prozesse von Ausschließung werden jedoch auf Grund des verfassungsrechtlichen Sonder-Status legitimiert. Ethnisierung muss also nicht zwangsläufig mit einer größeren Bedeutung von Adat einhergehen.

West-Sumatra

Das Gebiet der Minangkabau in West-Sumatra wurde Anfang des 19. Jahrhunderts in das niederländische Kolonialreich inkorporiert. Anlass dazu war ein Bürgerkrieg, den eine orthodoxe islamische Gruppierung, die Padri, gegen die Gesellschaftsstruktur in Minangkabau führten. Minangkabau bestand im wesentlichen aus autonomen Dorfrepubliken (*nagari*), in denen Gruppenzugehörigkeit, Vermögensverhältnisse und politische Ämter im wesentlichen auf der Basis matrilinearer Abstammung organisiert waren. Der Islam wurde zwar im 17. und 18. Jahrhundert die allgemein akzeptierte Religion, blieb im Bereich der sozialen Organisation jedoch weitgehend dem Adat untergeordnet. Die Padri wollten in ihrer „unislamischen" Gesellschaft eine islamische Theokratie einführen. Adat-gesinnte Gruppen, die nach wie vor eine auf Adat aufbauende Regierungsform bevorzugten, riefen die Holländer zu Hilfe, die bis dahin nur an der Küste einen Handelsposten hatten. Mit ihrer Intervention etablierten sie sich definitiv im Hochland West-Sumatras.

Die politischen und wirtschaftlichen Beziehungen zwischen West-Sumatra und innerhalb West-Sumatras können nur im Dreiecksverhältnis von Adat, Islam und Staat verstanden werden. Dabei dominieren im Verhältnis zwischen Region und Zentrum staatliches und Adatrecht. Diese standen sich bei bodenrechtlichen Konflikten einander feindlich gegenüber, waren sich aber beide in dem Bestreben einig, die Geltung islamischen Rechts auszuschließen. Das Verhältnis zwischen Adat und Islam war von Anfang an gespannt, und diese Spannung ist bis in die Gegenwart spürbar geblieben. Diese Spannungen zwischen matrilinearem Adat und Islam bzw. der *Sharî'a* sind im Laufe der Geschichte unterschiedlich verarbeitet worden. Inhaltlich bezog und bezieht sich diese Spannung vor allem auf das Gebiet des Erbrechts. Nach dem matrilinearen minangkabauschen Adat wurden Land und andere Güter innerhalb der matrilinearen Abstammungsgruppen vererbt, überwiegend von Frauen auf Frauen, die auf ihrem Familienland wohnten und dies zusammen mit ihren Ehemännern bearbeiteten. Dieses matrilineare Erbrecht für Familienland ist nach wie vor das im Dorf und auch in den staatlichen Gerichten geltende Recht. Persönlich erworbene Güter von Männern werden seit den 1960er Jahren allerdings innerhalb der Kleinfamilie vererbt und nicht mehr, wie früher, an die Kinder der Schwestern. Diese Veränderungen werden durch manche als Anwendung des islamischen Erbrechts interpretiert und als Folge der zugenommenen Bedeutung der Religion generell beansprucht. Andere Gruppen sprechen jedoch von einer Veränderung im Adatrecht, und diese ist auch als „neues Adatrecht" durch die staatlichen Gerichte festgestellt (siehe F. von Benda-Beckmann 1979; K. von Benda-Beckmann 1984). Das islamische Recht hat die Stellung der männlichen Mitglieder der Familie somit etwas verbessert. Für die Emanzipation von Frauen, so wie in Aceh, kann es jedoch nichts leisten, weil ihre rechtliche und wirtschaftliche Stellung nach Adat so viel stärker ist.

Während bei konkreten Entscheidungen im Bereich des Erb- und Familienrechts meist zwischen einander widersprechenden Alternativen gewählt werden muss, dominiert im politisch-ideologischen Bereich die Idee der unlösbaren Einheit von Adat und Islam. Hier sind Adat und Islam zusammen unveränderliche und unteilbare Elemente der Minangkabauschen Identität. Adat beruht auf der *Sharî'a*, die *Sharî'a* beruht auf dem Koran. *Sharî'a* weist an, Adat führt aus. Die Natur ist unser „Lehrer" sind die immer wieder beschworenen Ausdrucksformen dieser Einheit, was auch immer sich im täglichen Leben dahinter verbergen möge.

Die koloniale Regierung hatte seit der Niederschlagung der Padri und beim Aufbau ihres Verwaltungssystems die Geltung des Adatrechts gegenüber dem islamischen Recht unterstützt. Der *nagari* wurde zur Basiseinheit der Lokalverwaltung, und soweit es den kolonialen, wirtschaftlichen und politischen Interessen nicht widersprach, wurde Adat als Recht anerkannt. Dies ist im Wesentlichen auch nach der Unabhängigkeit Indonesiens so geblieben, wenn auch aus staatlich-rechtlicher Sicht die offizielle Geltung von Adatrecht immer mehr durch uniforme Gesetzgebung zurückgedrängt wurde.

Die gegen Ende des Suharto-Regimes zunehmend offen ausgetragenen Konflikte West-Sumatras mit dem Zentrum betrafen und betreffen eine weitergehende politische Autonomie und die Kontrolle über natürliche Ressourcen. Bei den gegenwärtigen politischen Konflikten zwischen West-Sumatra und der Zentralregierung geht es nicht um eine mögliche Abspaltung. Während der Rebellion der 1950er Jahre hatte man noch mit dem Gedanken eines sumatranischen Staates gespielt. Seitdem der Aufstand niedergeschlagen wurde, wird Unabhängigkeit jedoch nicht mehr als eine realistische Option betrachtet (Kahin 1999). Im Gegensatz zu Aceh hat West-Sumatra keine nennenswerten Bodenschätze oder Industrie und könnte schon deswegen kein unabhängiger Staat werden. West-Sumatra hat von den Umverteilungsmaßnahmen des Suharto-Regimes eher profitiert und ist auch weiterhin auf die Subventionierung durch die Zentralregierung angewiesen. Die meisten anderen Regionen Sumatras betrachten die Minangkabau heute eher als Mitläufer des Suharto-Regimes. Dies hat sicherlich dazu beigetragen, dass sie später weniger radikal als die reicheren Regionen gegen das Zentrum aufgetreten sind. Die reicheren Regionen haben daher wenig Interesse daran, sich mit den Minangkabau zu verbinden, da sie West-Sumatra auch eher als Zuschussgeschäft sehen.

Es geht in diesem Konflikt um Land und andere natürliche Ressourcen (Land, Wasser, Bodenschätze), die Teil des Dorfterritoriums waren, aber nicht permanent kultiviert wurden, die so genannten *ulayat*-Ressourcen. Der koloniale Staat hatte 1870-1874 diese Ressourcen als „wüstes Land" (niederländisch: *woeste gronden,* englisch: *wasteland*) definiert, an dem es keine eigentumsähnlichen Rechte gab und das deshalb zu Staatsdomänen erklärt und damit quasi in Staatseigentum überführt werden konnte. Auf dieser Grundlage konnten Land oder Holz- und Bergbaukonzessionen an Pflanzer und andere Betriebe in Erbpacht ausgeben werden. Während der Kolonialzeit war der Staat in West-Sumatra damit verhältnismäßig zurückhaltend umgegangen und hatte nur wenig Gebrauch von den rechtlichen Möglichkeiten gemacht (siehe F. von Benda-Beckmann 1979; F. and K. von Benda-Beckmann 2004). Das blieb auch nach der Unabhängigkeit so, nachdem der Staat im Prinzip kolonialrechtliche Struktur und Ansprüche übernommen hatte. Seit Mitte der 1970er Jahre änderte sich das jedoch dramatisch. Vor allem während der letzten 20 Jahre der Suharto-Regierung wurden große Land- und Forstgebiete „enteignet" und an der Regierung nahe stehende Personen und Unternehmen übertragen. Dies geschah oft unter Zwang und ohne bzw. gegen eine viel zu niedrige Vergütung. In dieser Zeit waren auch die auf Adat basierenden dorfpolitischen Strukturen durch die Implementierung der Gesetzgebung von 1979 in 1983 über die Lokalverwaltung geschwächt. Dabei wurden in Minangkabau alle *nagari* in mehrere reine Verwaltungsdörfer, *desa*, aufgeteilt.

Die minangkabausche Bevölkerung hat diese Rechte des Staates nie anerkannt, ihre Forderungen jedoch lange ruhen lassen, weil es politisch zu gefährlich war, sich mit dem Staat anzulegen. Dies hat sich seit 1998, dem Ende des Suharto-Regimes, wesentlich geändert. Im Zuge der Dezentralisierungspolitik wurden die *desa* wieder abgeschafft und die *nagari* wiedervereinigt. Damit sind Gemeindeverwaltungseinheiten wieder deckungsgleich mit den alten Dorfeinheiten, die auf die vorkolonialen Strukturen zurückgehen. Das hat das Interesse an und die Bedeutung von Adat erheblich gesteigert. Seit dem Regimewechsel trauen sich viele Dorfverwaltungen wieder, ihre bis dahin ruhenden Ansprüche öffentlich einzuklagen. Diese Ansprüche können sie nur unter Berufung auf Adat einklagen. Damit ist Adat politisch wieder sehr bedeutend geworden, nachdem es über Jahrzehnte ein politisches Schattendasein geführt hat. Die Adatprotagonisten fühlen sich zunehmend nicht nur berechtigt, sich bei Landforderungen auf Adat zu berufen, sondern auch dazu gezwungen, weil die Dörfer im Rahmen der Dezentralisierung mehr eigenes Einkommen generieren müssen.

West-Sumatra hat eine recht homogene Bevölkerung.[11] Im Gegensatz zu anderen Gebieten Indonesiens wurde der Handel hier nie völlig durch Chinesen dominiert. Auch die wenigen javanischen Transmigrationsgebiete sind kaum eine wirtschaftliche Bedrohung für die minangkabausche Bevölkerung. Und beide haben sich mehr oder weniger notgedrungen weitgehend der lokalen Hegemonie des minangkabauschen Adat angepasst. Ethnisch motivierte Ausschreitungen wie auf Kalimantan, hat es 1999 und 2000 nur in sehr geringem Umfang gegeben.[12] Das Leben in *desa* Dörfern hatte den Transmigranten etwas Unabhängigkeit von minangkabauschen Adatrechtlichen Strukturen geboten. Die „Zurück zum *nagari*"-Politik hat nun dazu geführt, dass das Adat-Modell der Dorfverwaltung und der Kontrolle von Ressourcen durch die Dorfregierung wieder dominanter geworden ist. Die zunehmende Bedeutung, die Adat im Rahmen der Dezentralisierungspolitik erhält, wird dann auch mit großer Besorgnis wahrgenommen. Man befürchtet eine verstärkt zunehmende Ethnisierung von Positionen im Verwaltungsapparat der Provinz, Distrikte, Städte und Dorfregierungen wie auch des Grundbesitzes, passt sich im Wesentlichen jedoch der neuen Hegemonie von Adat an.

Im Vergleich mit Aceh haben Religion und religiöses Recht viel weniger zu bieten. Sie liefern keine Lösung für die bodenrechtlichen Probleme. Sie haben auch emanzipatorisch nicht das Potenzial wie in Aceh, weil islamisches Recht nach wie vor als potenzielle Bedrohung des matrilinearen Adat und der relativ starken wirtschaftlichen und sozialen Position von Frauen betrachtet wird. Als Mobilisierungspotenzial gegen das Zentrum ist Religion ebenfalls weniger geeignet, weil Minangkabau im Nationalstaat bleiben will und weiterhin finanziell stark vom Zentrum abhängig sein wird. Adat dagegen ist die wichtigste Grundlage für Landforderungen gegenüber dem Zentralstaat und den Plantagenbesitzern. Und es wird in den Auseinandersetzungen mit nichtminangkabauschen Bevölkerungsgruppen erfolgreich eingesetzt. Diese Grup-

---

11 Das gilt nicht für die Mentawei Inseln, die zur Provinz West-Sumatra gehören. Mentawei ist im Zuge der Dezentralisierung ein eigener Distrikt geworden, in dem jetzt das Adat Mentawei eine größere Rolle spielen soll.

12 Mit einer wichtigen Ausnahme. Auch in West-Sumatra wurden 1999 und 2000 Chinesen angegriffen und ihre Geschäfte verwüstet. Im Vergleich zu Java und anderen Teilen Indonesiens waren die Ausschreitungen jedoch relativ gering.

pen sind zahlenmäßig relativ gering, stellen keine große Konkurrenz dar und haben nicht genug Macht, sich dem zu widersetzen.

Ambon

Der Konflikt in Ambon ist im Vergleich mit Aceh und West-Sumatra besonders komplex.[13] Seit der Inkorporierung der Insel in das holländische Kolonialreich zu Beginn des 17. Jahrhunderts ist Ambon ein religiös geteiltes Gebiet. Die Hälfte der Bevölkerung ist moslemisch, die andere Hälfte protestantisch, aber die meisten Dörfer sind religiös homogen. Ambon entwickelte sich zu einem der stabilsten Stützpunkte der Kolonialverwaltung. Die protestantische Bevölkerung wurde von der Kolonialregierung stark bevorzugt, profitierte wesentlich mehr als Moslems vom kolonialen Bildungswesen und war in der Kolonialverwaltung sowie in der kolonialen Armee stark überrepräsentiert. Als Indonesien unabhängig wurde, versprach die niederländische Regierung den Molukkern, sich für ihre Unabhängigkeit einzusetzen. Die ambonschen Kontingente der Kolonialarmee, zu ca. 90 % Christen, wurden „zeitweilig" nach Holland gebracht, um dort auf ihre Rückkehr in die versprochene moluksche Republik zu warten. Die niederländische Regierung konnte ihr Versprechen nicht einhalten, was vor allem in den 1970er Jahren in den Niederlanden zu großen Problemen und gewalttätigen Ausschreitungen führte. Die Molukken, und insbesondere die Insel Ambon, wurden von der indonesischen Regierung mit Argwohn betrachtet und unter strenge militärische Kontrolle gestellt (siehe Chauvel 1990). Der Abspaltungswunsch ist bis in die Gegenwart ein heikles Thema und prägt das Verhältnis mit dem Zentralstaat und teils auch innerhalb der molukschen Gesellschaft, da es vor allem die Christen waren, die dem Traum der Republik der Molukken anhingen. Bis in die 1980er Jahre konnten die niederländischen Molukker nur selten und unter großen Schwierigkeiten nach Ambon reisen. Seitdem war der Verkehr jedoch sehr rege, bis er durch den Ausbruch der Gewalttätigkeiten von 1999 wieder stark abnahm. Über Telefon und Email werden die Beziehungen zwischen Molukkern in den Niederlanden und auf Ambon jedoch weiterhin intensiv unterhalten.

Die Konflikte zwischen der Region und dem Zentrum und auch die zwischen den unterschiedlichen ethnischen und religiösen Bevölkerungsgruppen Ambons haben sich im Laufe der letzten 25 Jahre immer mehr aufgeladen, bis

---

13 Wir beschränken uns hier auf einen Teil der Probleme in den Zentralmolukken. Ambon ist das Zentrum der Provinz und war auch wegen der Gewürznelkenproduktion das wirtschaftlich wichtigste Gebiet. In anderen Gebieten, vor allem der sehr viel größeren Insel Seram gibt es jedoch seit den 1980er Jahren größere Transmigrationsgebiete und Holzkonzessionen, die wie in West-Sumatra und West-Kalimantan zu großen Spannungen geführt haben. In diesen Auseinandersetzungen wird Adat gegen das Zentrum mobilisiert.

dass das Pulverfass (Aditjondro 2001) im Jahre 1999 explodierte.[14] Nachdem Sukarno 1950 die RMS Rebellion niedergeschlagen hatte, wurden einige Prestige-Entwicklungsprojekte in der Gegend angesiedelt. Diese wurden jedoch während der Suharto-Regierung vernachlässigt. Während Indonesien in den 1980er Jahren einen wirtschaftlichen Boom erlebte, fühlten sich die Ambonesen zu Recht als Stiefkinder des Fortschritts (Aditjondro 2001: 104). Dazu kam, dass die Preise für Gewürznelken in den 1980er Jahren dramatisch fielen, nachdem ein Sohn Suhartos die Aufsicht über ein parastaatliches Kontrollmonopol für den Gewürznelkenhandel erhalten hatte. Die Spannungen mit dem Zentrum nahmen weiter zu, als die Zentralregierung in anderen Gebieten der Zentralmolukken Transmigrationsprojekte aufnahm und den Zugang zu natürlichen Ressourcen für der Regierung verbundene Konglomerate ermöglichte.

Die unterschiedlichen Bevölkerungsgruppen wurden jedoch durch diese Entwicklungen auf verschiedene Weise betroffen. Auch nach der Unabhängigkeit behielten die Christen auf Ambon ihre bevorzugte Stellung. Seit den achtziger Jahren verlangte jedoch eine zunehmend selbstbewusste islamische Bevölkerung dem Staat die Gleichberechtigung in der Verwaltung ab. Dies ist umso wichtiger, da die Provinzverwaltung abgesehen von Landwirtschaft und Hortikultur weit und breit der wichtigste Arbeitgeber ist, der eine wachsende Anzahl gut ausgebildeter Jugendlicher absorbieren muss. Der Sturz des Preises für Gewürznelken, der wichtigsten Geld-Einkommensquelle, Ende der achtziger Jahre machte die bereits angespannte Lage noch schwieriger. Im Streit um den Zugang zu diesen begehrten Verwaltungsjobs hat die Religionszugehörigkeit zunehmend das Verhältnis zwischen den Ambonesen gespalten. In diesem Verhältnis spielt die Religion jetzt für die islamische Bevölkerung die wichtige und mit Erfolg mobilisierte Rolle, während die Christen mit ihrer Religion immer mehr in die Defensive gedrängt wurden. Im Zuge der Expansion des indonesischen Verwaltungsapparats in den 1970er und 1980er Jahren wurden auch immer mehr nicht aus der Region stammende und meist moslemische Beamte eingestellt.[15] In diesem Konflikt forderten alle Bevölkerungsgruppen die Abschaffung der Korruption und die Verbesserung des Staatsapparats. Außerdem wurde verlangt, dass das Handelsmonopol der Suharto-Clique an dem wichtigsten Produkt der Insel, den Gewürznelken, aufgehoben wird.

Die Konflikte auf Ambon wurden jedoch nicht nur von den Auseinandersetzungen zwischen ambonesischen Christen und Moslems geprägt. Es gibt – oder gab, denn die meisten haben die Insel seit 1999 verlassen – große Bevölkerungsgruppen aus verschiedenen Gebieten der Insel Sulawesi. In den ländlichen Küstendörfern hatten sich seit Ende des 19. Jahrhunderts Butonesen nie-

---

14 Siehe Bartels (2000) für Faktoren, die für die Konflikte zwischen den Bevölkerungsgruppen verantwortlich sind. Siehe auch K. von Benda-Beckmann (2004).

15 Zwischen 1970 und 1980 vervierfachte sich der indonesische Beamtenapparat. Siehe Evers/Schiel (1988). Für die Auswirkungen für das Verhältnis zwischen Dorf und Staat siehe F. und K. von Benda-Beckmann (1998).

dergelassen, die vom Gemüseanbau und der Fischerei lebten, denen der Zugang zu den lukrativen Handelsgewächsen Gewürznelken und Muskatnuss jedoch durch die ambonsche Bevölkerung versagt wurde. Die Ambonesen definieren das Verhältnis mit den Butonesen betont nach ambonschen Adat, mit dem der Zugang der „Fremden" zu politischen und wirtschaftlich wichtigen Entscheidungsprozessen abgeblockt wird.[16] Die Butonesen berufen sich dagegen auf staatliches Recht, um sich als „indonesische Bürger" eine gleichberechtigte Position im Dorf zu sichern. Der zunehmende Druck und Kampf um Rechte an natürlichen Ressourcen wurde immer mehr zu einer Zeitbombe, die vor allem ethnische und wirtschaftliche, und kaum religiöse Komponenten aufwies (F. von Benda-Beckmann 1987: 110). In den islamischen Dörfern unterstrich die gemeinsame Religion zwar die religiöse und symbolische Einheit zwischen Ambonesen und Butonesen, dies führte jedoch nicht dazu, dass die politische und wirtschaftliche Diskriminierung der Butonesen nach Adat aufgehoben wurde.

In Ambon-Stadt lebten islamische Buginesen und christliche Torajas. Diese wurden in wirtschaftlich guten Zeiten gerne gesehen, in schlechten Zeiten jedoch immer mehr als wirtschaftliche Konkurrenten betrachtet. Die Gewalttätigkeiten, die seit 1999 auf der Insel verübt wurden, entzündeten sich an einem Streit zwischen einem Buginesen und einem (christlichen) Molukker und wurden zunächst ethnisch definiert. Der ursprüngliche Konflikt hatte also primär ethnischen und wirtschaftlichen Charakter, wobei in dem konkreten Falle der Unterschied zwischen Christ (Ambonese) und Moslem (Buginese) lag. Der Konflikt wurde dann jedoch sehr schnell als Religionskonflikt umdefiniert, was dann sein eigenes Momentum bekam und auf der Insel, die über Jahrhunderte für ihre religiöse Toleranz der nebeneinander lebenden Christen und Moslems bekannt war, in unvorstellbar grausame Gewalttätigkeiten ausuferte.[17] Obwohl der größte Teil der nicht-einheimischen Bevölkerung inzwischen aus Ambon geflohen ist, sind die Konflikte nicht rückgängig. Im Gegenteil, sie uferten in weit verbreitete Gewalttätigkeiten unter dem Banner von Religion aus, worunter auch oft seit Jahren (Jahrhunderten) schwelende Grenzkonflikte zwischen Dörfern ausgetragen wurden. Die Intensität dieser Konflikte ist weitgehend durch externen Einfluss angeheizt worden. Die Armee und Polizei haben von Anfang an aktiv Partei ergriffen und werden als wichtiger Teil des Konflikts, und nicht als dessen mögliche Lösung gesehen (siehe vor allem Aditjondro 2001). Ihr illegitimes Auftreten wird öffentlich angeprangert, und der Ruf nach „Entfilzung" der Streitkräfte ist auf den Molukken laut. Auch haben, in der zweiten Periode der Konflikte ab Mai 2000, Jihad-Kämpfer (*Laskar Jihad*) aus Java aktiv in die Kämpfe eingegriffen. Auch wird verlangt, dass sie kräftiger gegen die freien Milizen, die maßgeblich und völlig illegitim an den Ausschreitungen beteiligt waren, auftreten.

---

16 Siehe F. von Benda-Beckmann (1990); F. von Benda-Beckmann/Taale (1992).

17 Bubandt (2001: 231) nennt es „*religious cascading*", wenn Religion der überdeterminierende Faktor in Identitätsbestimmung wird, obwohl auch andere und durchaus anerkannte Gegensätze eine Rolle spielen.

Die Legitimität dieser Akteure wird einstimmig nach staatlichem Recht gemessen; Adat spielt hier keine Rolle.

Der Konflikt, der mittlerweile ausschließlich als religiöser Konflikt definiert wird, wird auf islamischer Seite angeheizt von national und transnational
operierenden islamistischen Gruppen.[18] Von den Niederlanden aus wird mit
Bestürzung und gemischten Gefühlen reagiert. Dort ist man mit der Überzeugung aufgewachsen, dass der einheitliche moluksche Adat die religiösen Unterschiede relativ unwichtig mache. Vor allem die Molukker in den Niederlanden suchen verzweifelt nach Möglichkeiten, Adat als Konfliktlösungsmittel
einzusetzen. Sie müssen jedoch feststellen, dass Adat eigentlich ungeeignet
ist, derartige regionale Konflikte zu lösen, da es schon seit Jahrhunderten keine dorfübergreifenden politischen Adatstrukturen gegeben hat. Das ist seit
Beginn der Kolonialzeit der Bereich des Staates gewesen, womit sich Adat,
und Islam übrigens auch, nicht zu befassen hatten.[19]

Im Konflikt mit dem Zentrum stehen somit drei Problemfelder im Mittelpunkt: Zugang und Verteilung der Positionen in der Verwaltung, das Handelsmonopol an Gewürznelken und neuerdings auch die Position und das
Verhalten der Streitkräfte. Die Religion spielt hier eine wichtige, aber spalten-
de Rolle und hat die Adateinheit, die es einst gab, weitgehend aufgelöst. Staatliches Recht wird vor allem angerufen, um sich gegen Korruption und Han-
delsmonopole zu wehren. Die übergroße Mehrzahl der Bevölkerung will sich
nicht aus dem indonesischen Staat lösen. Wirtschaftlich wäre das auch keine
realistische Option, und die meisten wissen, dass sie weiterhin finanziell vom
Zentrum und von der nationalen Umverteilung abhängig sein werden. Auf die
kleine Minderheit, die Unabhängigkeit fordert, wird seitens Armee und Zent-
ralverwaltung jedoch immer noch mit großer Empfindlichkeit und Vehemenz
reagiert. Deren Forderungen werden jedoch nicht unter Berufung auf Adat begründet, sondern auf internationale Abmachungen und Versprechen während
der Unabhängigkeit.[20] Für die Auseinandersetzungen mit nicht-molukschen
ethnischen Gruppen ist Adat für die moluksche Bevölkerung jedoch die ge-
eignete Legitimationsgrundlage, um sich ihre dominante Position zu sichern.
Darin sind sich Moslems und Christen einig. Sie können es sich für diese

---

18 Aditjondro geht soweit, die ganzen Konflikte vor allem auf die Manipulation
   durch externe Mächte zurückzuführen, und meint, dass die Gangs und Jihad-
   Kämpfer „enabled the masterminds of Moluccan violence to ‚indegenise' Ambonese state-sponsored violence“ (2001: 106).

19 Aditjondro (2001: 104) weist allerdings darauf hin, dass sich auch einheimische
   und internationale Milieuorganisationen in die Kritik der zentralistischen Politik
   und der Ausbeutung natürlicher Ressourcen prominent eingeschaltet haben. Dabei ist es zu einer Neubewertung und Propagandierung von Adat gekommen, vor
   allem von der Institution Sasi, einem Ernteverbot für bestimmte Gewächse und
   Meeresressourcen (siehe F. and K. von Benda-Beckmann/Brouwer 1995; Zerner
   1994).

20 Der Bischof von Ambon hat sich z.B. an die UN um Hilfe gewandt. Eine entsprechende Email wurde im Mai 2004 im Internet versendet.

Zwecke auch leisten, Adat zu mobilisieren, ohne sich den Zorn des Staates zuzuziehen.

West-Kalimantan[21]

Kalimantan ist eine der wenigen Inseln Indonesiens, die eine Landgrenze mit einem benachbarten Staat (und früher mit einer britischen Kolonie) hat. Das Verhältnis zwischen Region und Staat ist in West-Kalimantan dadurch immer stark beeinflusst gewesen. Zu Beginn des 19. Jahrhunderts wurde das Grenzgebiet weitgehend durch chinesische Bergbau-Unternehmen (*mining kongsis*) beherrscht, die quasi als Staat im Staat funktionierten. Um deren Einfluss zu verringern, luden die malaischen Herrscher die Holländer ein, sich in der Gegend zu etablieren. Das führte 1822-1825 zu den Holländischen-Kongsi Kriegen, in denen die Holländer auch viele der einheimischen Dayak als Hilfstruppen einsetzten.[22] Der Verlust der Kontrolle über die Bodenschätze führte dazu, dass sich viele Chinesen als Bauern auf dem Land niederließen. Auch später, während der Staatsgründung von Malaysien, wurde das Verhältnis zwischen Region und Zentralstaat stark durch die politischen Auseinandersetzungen geprägt. Als Malaysien gegründet wurde, flüchteten viele Malayer und Chinesen aus Sarawak in das benachbarte Indonesien. Sukarno versuchte mit seiner „Politik der Konfrontation" Sarawak davon abzuhalten, sich dem malaysischen Staat anzuschließen und bildete dazu chinesische und andere Guerilla-Gruppen zum Kampf aus. Suhartos Coup beendete 1965 dieses Abenteuer, aber die Region spürte seine Folgen noch lange. Die Chinesen, die bis dahin relativ friedlich mit den Dayak und anderen Bevölkerungsgruppen zusammengelebt hatten, wurden pauschal zu Kommunisten erklärt und 1967 aus dem Gebiet verjagt. Die Regierung und die Armee brauchten politische Erfolge bei der Unterdrückung der Kommunisten und schufen sich dazu ihre Konflikte. In einer bis heute kaum beachteten und kaum bekannten Episode von Staatsgewalt wurden lokale Dayak-Bevölkerungsgruppen von der Armee aktiv gegen Chinesen aufgehetzt, um damit die Präsenz der Armee in der Region zu legitimieren. Die grausame Art der Kriegführung, in der es auch zur Kopfjagd kam, wurde mit Hinweis auf den Adat der Dayak entschuldigt (Heidhues 2001: 143). Damit wurde die Region weitgehend ethnisiert, wobei die wirtschaftliche Infrastruktur, die vor allem von Chinesen unterhalten wurde, weitgehend vernichtet wurde. Die Gebiete, aus denen die Chinesen vertrieben waren, wurden durch Dayak und Maduresen besiedelt.

In der Zeit nach 1967 kam es lokal zu einer Dayak-Hegemonie. Aber die lokalen Beziehungen wurden zunehmend durch neue Außeneinflüsse überschattet.

---

21 Wir beziehen uns in diesem Absatz hauptsächlich auf Heidhues (2001) und Davidson/Kammen (2002) sowie Davidson (2003).

22 Siehe (Heidhues 2001: 139). Schon die Holländer hatten nach 1945 einen Prozess des *„Dayak awakening"* eingeleitet (Heidhues 2001: 142).

Nach 1967 wurden die ersten Konzessionen an Logging-Unternehmer abgegeben, die die Umwelt auf Dauer vernichten würden. In der Zeit nahm auch die Immigration aus Madura zu, welche schon im 19. Jahrhundert begonnen hatte und bisher überaus friedlich verlaufen war. Die neu zugezogenen Maduresen profitierten von dem großen finanziellen Input, der im Rahmen der Erschließung und Entwicklung West-Kalimantans in die Region floss. Die Immigration wurde auch seitens moslemischer Parteien unterstützt, die hofften, dass dann auch die in ihren Augen heidnischen Dayak bekehrt würden. Die Beziehungen zwischen Dayak und Maduresen wurde immer angespannter, um dann 1997 in einer ungekannten Virulenz auszubrechen. Davidson (2003: 67-70) macht jedoch annehmbar, dass weder der Widerstand gegen die Logging-Industrie, noch die staatlichen Transmigrationprogramme, die viele Javaner in die Region gebracht haben, das Ausmaß an Gewalt erklären können. Beide sind zwar problematisch und haben sich in ländlichen Gebieten schwer auf das Leben von Dayak und deren Umwelt ausgewirkt. Für die Beziehungen zwischen Dayak und Maduresen und die Gewalt bieten diese keine Erklärungen, da in anderen Gebieten Kalimantans die Maduresen weiterhin friedlich mit der Dayak-Bevölkerung zusammen lebten. Davidson sucht die hauptsächliche Erklärung in der Zunahme von Nicht-Regierungs-Organisationen (NROs), die sich der Dayak angenommen haben. Diese Organisationen haben zwar die gewalttätigen Ausschreitungen nicht initiiert, unterstützten jedoch das Gefühl der Deprivation bei den Dayak und verschafften ihnen die Möglichkeiten, diese Unlust- und Frustrationsgefühle gegenüber dem Staat zu artikulieren. Dabei wurde der Prozess einer zunehmenden Ethnisierung weitgehend unbeabsichtigt geschürt.[23] Die Spannungen wegen der zunehmend vernichteten Umwelt und die schwierige Wirtschaftslage in der Region, unter der Maduresen und Dayak gleichermaßen litten, entluden sich dann in diesen weitgehend von außen (Staat, Militär, NROs) ethnisierten Verhältnissen.

Als dann 1998 das Suharto-Regime zu Fall gebracht war, konnte eine selbstbewusste und gut informierte Dayak-Bewegung ihre Forderungen gegenüber dem Staat äußern. Dabei geht es (wie auf Ambon) um einen größeren Anteil an Posten in der staatlichen Verwaltung, von denen die Dayak bis dahin weitgehend ausgeschlossen waren. Weiter geht es um die Anerkennung ihrer Bodenrechte (wie in West-Sumatra). Diese Forderung wird mit dem Verweis auf Adat legitimiert. Aber anders als in West Sumatra wird die Forderung nach Anerkennung auch mit Hinweis auf internationales Recht legitimiert. Das hat unter anderem mit der Rolle der in der Gegend tätigen NROs zu tun. Viele haben einen Hintergrund als Aktivisten im Protest gegen die Logging-Industrie, welche die Umwelt indigener Völker ruiniert oder sie kommen aus der Bewegung, die sich für die Erhaltung indigener Kulturen einsetzt. Beide Arten von NROs sind international gut vernetzt, wo das internationale Recht indigener Völker prominent anwesend ist. Manche NROs sehen

---

23 Davidson zeigt insbesondere, wie NROs Informationen über die Gewalttätigkeiten, aber auch über gewaltlose Proteste gegen den Staat verbreiteten.

allerdings allmählich auch ein, dass die starke Betonung von Ethnizität vielleicht einen zu hohen Preis hat und versuchen nun, die Parteien zur friedlichen Schlichtung ihrer Konflikte zu bewegen, bislang allerdings ohne großen Erfolg.

Im Anschluss an die gewalttätigen Konflikte zwischen Dayak und Maduresen wurde auch das ethnische Bewusstsein der Malaier in dem Gebiet geweckt. Es kam auch zu Gewaltsausbrüchen zwischen Malaiern und Maduresen. Das Suharto-Regime war mittlerweile gefallen, und die Armee suchte eine neue Legitimation, um sich in der Region zu profilieren. Um die Maduresen weiter zu schützen, wurden sie in Lagern untergebracht, in der Hoffnung, dass sie sich wieder frei bewegen könnten, sobald der Frieden wiederhergestellt war. Die Region ist mittlerweile so stark ethnisiert, dass dies nicht mehr gut möglich zu sein scheint. Mit der Ethnisierung der Region kamen die Malaier auch zunehmend in Konflikt mit den Dayak, die ihnen den „einheimischen" Status strittig machten. Dies wiederum führte dazu, dass Malaier auf die Suche nach ihren eigenen kulturellen „*roots*" gingen, was eine Revitalisierung der feudalen Vergangenheit nach sich zog.

Die internen Konflikte zwischen den Bevölkerungsgruppen sind sehr stark politisch bedingt und hatten ursprünglich starke Wurzeln im gespannten Verhältnis zwischen Indonesien und Malaysien. Im Laufe der Zeit und unter Einfluss von Medien und NROs wurde Ethnizität ein immer wichtigerer Faktor zwischen den sich herausbildenden Bevölkerungsgruppen; die Bevölkerung wurde zunehmend ethnisiert. In diesen Konflikten wurden sowohl Adat (auf der Seite der Dayak und Malaier) und Religion (auf der Seite der Maduresen) eingesetzt, um die jeweilige politische Position zu stärken. Religion scheint jedoch im Laufe der Zeit weitgehend in den Hintergrund getreten zu sein. Im Gegensatz zu den anderen Regionen, die hier besprochen wurden, wurden internationale indigene Rechte im Sinne der ILO Konvention 169 immer prominenter. Dies wurde vor allem von international vernetzten NROs gefördert, die sich für den Kampf für die Umwelt und den Schutz aussterbender Kulturen einsetzten.

Neben diesen Konflikten, und davon nur indirekt berührt, stehen die Konflikte der lokalen Bevölkerung mit dem Zentrum. Diese Konflikte gehen um Autonomie und um Rechte an Land und Waldgebieten, die mit Unterstützung der staatlichen Verwaltung und der Armee vor allem durch die Logging-Industrie kontrolliert und ausgebeutet wurden. In diesen Auseinandersetzungen hat vor allem Adat ein hohes Mobilisierungspotenzial. Die Berufung auf Adat hat aber auch die spezifische Konstellation von lokaler Autonomie mitgeprägt, und dies hat zu einer Zweiteilung der Region in einen von Dayak und einen von Malaiern dominierten Distrikt geführt. In dieser Region wird es kaum für möglich gehalten, Adat einzusetzen, um die Konflikte zu lösen, da Adat ja ethnisch und nicht überethnisch verstanden wird. Aber das Vertrauen in den Staat und in die Armee ist bisher genauso gering.

Schlussbemerkungen

Unser Vergleich der vier Regionen Indonesiens hat gezeigt, dass Konflikte zwischen Regionen und Zentrum unterschiedlich ausgetragen werden. Dies hängt in erster Linie vom Inhalt der Konflikte mit dem politischen Zentrum ab. Zum Teil sind diese Konflikte durch das Recht des Staates hervorgerufen, das die politische Autonomie der Regionen und die legitime Kontrolle und Verteilung der natürlichen Ressourcen und deren Erträge sehr ungleich zu Gunsten des Zentrums festschreibt. Weiter hängt das mit der regionsspezifischen Konfliktkonstellation und der politischen Geschichte innerhalb der Region zusammen. Auch die Zusammensetzung der Bevölkerung in ethnischer und religiöser Hinsicht spielt hierbei eine wichtige Rolle. Es hat sich allerdings gezeigt, dass die politische und rechtliche Relevanz, welche Ausdifferenzierung und Abgrenzung nach Religion oder Ethnizität erhalten, keineswegs *„inevitable consequences of primordial sentiment"* sind (Robinson 2001: 239; ähnlich auch Chauvel 2001). Vielmehr spielt Recht hierbei eine konstituierende Rolle. Adat, Religion, staatliches Recht und internationales Recht sind in allen Regionen theoretisch verfügbar. Die einzelnen Teilordnungen erhalten jedoch in Auseinandersetzungen im Streit mit dem Zentrum und auch bei internen Problemen ein unterschiedliches Gewicht. Ob und mit welchem Erfolg ein bestimmtes Recht im Konflikt mit dem Zentrum herangezogen wird, hängt davon ab, ob es sich *inhaltlich* als Legitimierungsgrundlage für die Kernforderungen gegenüber dem Zentrum (Abspaltung, größere Eigenständigkeit, nationale Umverteilung von Finanzen, Zugang zu natürlichen Ressourcen, Zugang zu Positionen in der Verwaltung) eignet. Zweitens hängt es davon ab, ob das betreffende Recht ein ausreichendes Mobilisierungspotenzial hat. Dies kann nicht auf inhaltliche Aspekte reduziert werden, sondern hängt von der kontext-spezifischen politischen und ideologischen Lage innerhalb der Region und im Konflikt mit dem Zentrum ab.

Wo man sich zum Beispiel in West-Sumatra bei seinem Streit gegen das Zentrum weitgehend auf Adatrecht beruft, werden in Aceh in Nord-Sumatra vor allem die islamische Religion und religiöses Recht mobilisiert und spielt Adat kaum eine Rolle (Bowen 2003). Auf Ambon in den Zentralen Molukken in Ost-Indonesien ist Religion immer mehr zum Kernpunkt der innerregionalen Auseinandersetzungen geworden. Seitens der ambonschen Moslems wird auch in ihren Beziehungen mit dem Zentrum auf die gemeinschaftliche Religion mit der – in Jakarta repräsentierten – nationalen Mehrheit verwiesen. Religiöses Recht wird dabei jedoch nicht als Legitimationsgrundlage mobilisiert. Die UN und internationales Recht werden neuerdings in der Hoffnung herangezogen, dass mit ihrer Hilfe die Gewaltspirale durchbrochen werden könne, nachdem sich gezeigt hat, dass das religionsneutrale Adat nicht die erhoffte Einigungsfunktion wahrnehmen kann. Bei der Legitimation regionaler moluckscher Interessen gegenüber dem Zentrum wird vor allem auf staatliches Recht und auf die alten Versprechungen von Unabhängigkeit bei der Übergabe der Souveränität, als Indonesien unabhängig wurde, zurückgegriffen.

In West-Kalimantan wird internationales Recht, vor allem das Recht indigener Völker auf Selbstbestimmung, herangezogen, um die regionalen Forderungen gegenüber Jakarta zu untermauern. Die Konflikte mit dem Zentrum sind in allen Regionen eng mit intraregionalen Konflikten verknüpft. Diese werden allerdings sehr unterschiedlich ausgetragen. In manchen Regionen (Aceh, Ambon, West-Kalimantan) geht der Konflikt mit viel Gewalt einher, in anderen Gebieten, namentlich West-Sumatra, kommt es kaum zu gewalttätigen Auseinandersetzungen. Diese Konflikte haben zum Teil einen handfesten materiellen Hintergrund, im Sinne eines internen regionalen Streites um den Zugang und die Verteilung der Ressourcen innerhalb einer heterogenen Bevölkerung, so wie das vor allem in West-Kalimantan und auf Ambon der Fall ist. Die Relevanz der einzelnen rechtlichen Ordnungen kann dabei von der Art der Ressource anhängig sein. Bei natürlichen Ressourcen im Verhältnis zwischen Immigranten und der lokalen Bevölkerung wird Adatrecht relevant, bei Streit um die Verteilung von Beamtenstellen staatliches Recht. Dabei wird aber sehr deutlich auf die islamische Karte gesetzt; islamisches Recht hat da wenig zu bieten. Wir haben auch gezeigt, dass die Zusammensetzung der Bevölkerung ein wichtiger Faktor ist. In Regionen mit homogeneren Bevölkerungen wie Aceh und West-Sumatra geht der Streit mit dem Zentrum eher um eine nationale Umverteilung zwischen Regionen, wobei Aceh und West-Sumatra auf Grund ihres unterschiedlichen Reichtums an Bodenschätzen sehr verschiedene Interessen haben und sich dem Zentralstaat gegenüber auch anders verhalten.

Wie wir gezeigt haben, spielen das Recht bzw. unterschiedliche Formen von Recht in diesen Konflikten Rollen, die weit über die Rolle als Maßstab für erlaubtes Verhalten oder als Sanktion bei abweichendem Verhalten hinausgehen. Recht ist ein wesentlicher Bestandteil der Konstruktion von Konflikten und Ein- und Ausschließungsprozessen. In pluralen rechtlichen Konstellationen machen unterschiedliche Rechte Ethnizität und Religionszugehörigkeit auf unterschiedliche Art relevant. Recht spielt somit auch eine wichtige konstituierende Rolle für Ethnisierungsprozesse. Was diese Rolle ist, hängt nicht nur vom Inhalt des jeweiligen Rechts und von der (In-)Konsistenz der unterschiedlichen Rechtssysteme ab, sondern auch von der Frage, ob es in der jeweiligen politischen Konstellation ideologisches Mobilisierungspotenzial hat. Ob dies der Fall ist, wird wiederum weitgehend durch die politische Geschichte der Region, vor allem ihre Inkorporierung in den Kolonial- oder Nationalstaat bestimmt. Aber transnationale Einflüsse spielen eine immer mehr zunehmende Rolle, wobei in Indonesien der Grad der Einbettung in einer weltumspannenden Religion ebenso wichtig wie die Intervention transnational operierender NROs ist.

Literatur

Aditjondro, George J. (2001): „Guns, Pamphlets and Handie-talkies: How the Military Exploited Local Ethno-religious Tensions in Maluku to Preserve their Political and Economic Privileges", in: Ingrid Wessel/Georgia Wimhöfer (Hg.), *Violence in Indonesia*, Hamburg: Abera Verlag, S. 100-128.

Anderson, Benedict O' (Hg.) (2001): *Violence and the State in Suharto's Indonesia*, Ithaca: Cornell University Press.

Arifadhillah (2001): „The Recent Situation in Aceh after the Joint Understanding on a Humanitarian Pause for Aceh", in: Ingrid Wessel/Georgia Wimhöfer (Hg.), *Violence in Indonesia*, Hamburg: Abera Verlag, S. 317-334.

Aspinall, Edward/Fealy Greg (Hg.) (2003): *Local Power and Politics in Indonesia: Decentralisation and Democratisation*, Singapore: Institute of Southeast Asian Studies.

Avonius, Leena (2004): *Reforming Wetu Telu: Islam, Adat, and the Promises of Regionalism in Post-new Order Lombok*, Leiden: Leiden University.

Bartels, Dieter (2000): *Your God is no Longer Mine. Muslim-Christian Fratricide in the Central Moluccas (Indonesia) after a Half-millenium of Tolerant Co-existence and Ethnic Unity*. Email article. 9 September 2000 (kontak_salawaku@yahoo.com).

Benda-Beckmann, Franz von (1979): *Property in Social Continuity: Continuity and Change in the Maintenance of Property Relationships through Time in Minangkabau, West Sumatra*, The Hague: Martinus Nijhoff.

Benda-Beckmann, Franz von (1987): Agrarisch recht en landbouw in ontwikkelingslanden, in: *Agrarisch Recht* 47, S. 110-117.

Benda-Beckmann, Franz von (1990): Ambonese Adat as Jurisprudence of Insurgency and Oppression, in: *Law and Anthropology* 5, S. 25-42.

Benda-Beckmann, Franz von/Taale, Tanja (1992): „The Changing Laws of Hospitality: Guest Labourers in the Political Economy of Legal Pluralism", in: Franz von Benda-Beckmann/Menno van der Velde (Hg.), *Law as a Resource in Agrarian Struggles*, Wageningen: Pudoc, S. 61-87.

Benda-Beckmann, Keebet von (1984): *The Broken Stairways to Consensus: Village Justice and State Courts in Minangkabau*, Dordrecht/Leiden: Foris Publications/KITLV Press.

Benda-Beckmann, Keebet von (forthcoming): „Law, Violence and Peace Making on the Island of Ambon", in: Trutz von Trotha/Marie-Claire Foblets (Hg.), *Healing the Wounds*, Oxford: Hart, S. 283-308.

Benda-Beckmann, Franz und Keebet von (1998): „Where Structures Merge: State and Off-state Involvement in Rural Social Security on Ambon, Eastern Indonesia", in: Sandra Pannell/Franz von Benda-Beckmann (Hg.), *Old World Places, New World Problems: Exploring Issues of Resource Management in Eastern Indonesia*, Canberra: The Australian National University, Centre for Resource and Environmental Studies, CRES Publications, S. 143-180.

Benda-Beckmann, Franz und Keebet von (2001): „Actualising History for Binding the Future: Decentralisation in Minangkabau", in Paul Hebinck/Gerard Verschoor (Hg.), *Resonances and Dissonances in Development: Actors, Networks and Cultural Repertoires*, Assen: Van Gorcum, S. 33-47.

Benda-Beckmann, Franz und Keebet von/Brouwer, Arie (1995): „Changing ‚Indigenous Environmental Law' in the Central Moluccas: Communal Regulation and Privatization of Sasi", in: *Ekonesia* 2, S. 1-38.

Bowen, John R. (2003): *Islam, Law and Equality in Indonesia: An Anthropology of Public Reasoning*, Cambridge: Cambridge University Press.

Bubandt, Nils (2001): „Malukuan Apocalypse: Themes in the Dynamics of Violence in Eastern Indonesia", in: Ingrid Wessel/Georgia Wimhöfer (Hg.), *Violence in Indonesia*, Hamburg: Abera Verlag, S. 228-253.

Budiman, Arief/Hatley, Barbara/Kingsbury, Damien (Hg.) (1999): *Reformasi: Crisis and Change in Indonesia*, Clayton: Monash Institute.

Chauvel, Richard (1990): *Nationalists, Soldiers and Separatists: The Ambonese Islands from Colonialism to Revolt 1880-1950*, Leiden: KITLV Press.

Chauvel, Richard (2001): „The Changing Dynamics of Regional Resistance in Indonesia", in: Grayson Lloyd/Shannon Smith (Hg.), *Indonesia Today: Challenges of History*, Landham, Boulder, New York: Rowman and Littlefield, S. 146-158.

Colombijn, Freek/Lindblad, Thomas J. (Hg.) (2002): *Roots of Violence in Indonesia*, Leiden: KITLV Press.

Davidson, Jamie S. (2003): „The Politics of Violence on an Indonesian Periphery", in: *South East Asia Research* 11, S. 59-89.

Davidson, Jamie S./Kammen, Douglas (2002): „Indonesia's Unknown War and the Lineages of Violence in West Kalimentan, in: *Indonesia* 73, S. 53-88.

Elwert, Georg, in diesem Band.

Evers, Hans-Dieter/Schiel, Tilman (1988): *Strategische Gruppen : Vergleichende Studien zu Staat, Bürokratie und Klassenbildung in der Dritten Welt*, Berlin: Reimer.

Heidhues, May Somers (2001): „Kalimantan Barat 1967-1999: Violence in the Periphery", in: Ingrid Wessel/Georgia Wimhöfer (Hg.), *Violence in Indonesia*, Hamburg: Abera Verlag, S. 139-151.

Holtzappel, Coen J. G. et al. (Hg.) (2002): *Riding a Tiger: Dilemmas of Integration and Decentralization in Indonesia*, Amsterdam: Rozenberg.

Kahin, Audrey (1999): *Rebellion to Integration. West Sumatra and the Indonesian Polity 1926 -1998*, Amsterdam: Amsterdam University Press.

Kell, Tim (1995): *The Roots of Acenese Rebellion, 1989-1992*, Ithaca: Cornell Modern Indonesia Project.

Kingsbury, Damien/Aveling, Harry (Hg.) (2003): *Autonomy and Disintegration in Indonesia*, London, New York: RoutledgeCurzon.

Lev, Dan (1996): „Between State and Society: Professional Lawyers and Reform in Indonesia", in: Dan Lev/Ruth McVey (Hg.), *Making Indonesia: Es-*

says on Modern Indonesia in Honor of George McT. Kahin, Ithaca, New York: Cornell University Press, S. 144-163.

Klinken, Gerry van (2001): „The Maluku Wars of 1999: Bringing Society Back", in: *Indonesia* 71, S. 1-26.

Lloyd, Grayson/Smith, Shannon (Hg.) (2001): *Indonesia Today: Challenges of History*, Landham, Boulder, New York: Rowman and Littlefield.

Nader, Laura (2002): *The Life of the Law. Anthropological Projects*, Berkeley, Los Angeles, London: University of California Press.

Robinson, Geoffrey (2001): „*Rawan* is as *Rawan* Does: The Origins of Disorder in New Order Aceh", in: Benedict O' Anderson (Hg.), *Violence and the State in Suharto's Indonesia*, Ithaca: Cornell University Press, S. 213-242.

Schlee, Günther (2003): „Integration and Conflict", in: Günther Schlee/ Bettina Mann (Hg.), *Max Planck Institute for Social Anthropology Report 2002-2003*, Halle: Max Planck Institute, S. 89-109.

Schulte-Nordholt, Henk/Asnan, Gusti (Hg.) (2003): *Indonesia in Transition: Work in Progress*, Yogyakarta: Pustaka Pelajar.

Starr, June/Collier, Jane (Hg.) (1989): *History and Power in the Study of Law*, Ithaca, London: Cornell University Press.

Turk, Austin T. (1978): „Law as a Weapon in Social Conflict", in: Charles Reasons/Robert M. Rich (Hg.), *The Sociology of Law: A Conflict*, Toronto: Butterworths, S. 213-232.

Vel, Jacqueline A.C. (2001): „Tribal Battle in a Remote Island: Crisis and Violence in Sumba (Eastern Indonesia)", in: *Indonesia* 72, S. 141-158.

Wessel, Ingrid (2001): „The Politics of Violence in New Order Indonesia in the Last Decade of the 20th Century", in: Ingrid Wessel/Georgia Wimhöfer (Hg.), *Violence in Indonesia*, Hamburg: Abera Verlag, S. 64-81.

Wessel, Ingrid/Wimhöfer, Georgia (Hg.) (2001): *Violence in Indonesia*, Hamburg: Abera Verlag.

Zerner, Charles (1994): „Through a Green Lens. The Construction of Customary Environmental Law and Community in Indonesia's Maluku Islands", in: *Law and Society Review* 28, S. 1079-1122.

INSTITUTIONALISIERTE KONFLIKTAUSTRAGUNG, KOHÄSION UND WANDEL: THEORIEGELEITETER PRAXISCHECK AUF GEMEINDEEBENE

Jan Koehler

Georg Elwert fasst Konflikt in diesem Band als „[...] soziales Handeln, das auf der Wahrnehmung von teilweise inkompatiblen Interessen oder Intentionen zweier oder mehrerer Personen basiert".[1] Die Wahrnehmung von Inkompatibilität der jeweiligen Interessen kann dabei einseitig oder geteilt sein. Interessen müssen im jeweiligen Kontext verstanden werden, insbesondere im kulturellen Kontext der Akteure.

Elwert führt aus, dass sozialanthropologische Konfliktforschung zum Verständnis von (a) adaptiver Selbstveränderung von Gesellschaft durch Konflikt (Evolution und Transformation von Gesellschaft), (b) gesellschaftlicher Bindekraft (Kohäsion) durch geregelte Konfliktaustragung, (c) Gewaltkontrolle und Gewalteskalation in Konflikten und (d) Instrumentalisierung von Emotionen in und durch Konflikt beiträgt.

Im vorliegenden Aufsatz werden wir einige zentrale Aspekte dieser anthropologischen Konflikttheorie zu Chancen gewaltarmer Konfliktaustragung, Kohäsion und gesellschaftlichem Wandel herausarbeiten, diese in Beziehung zu dem Konzept von Institutionen setzen und anhand von drei Fallbeispielen aus Tadschikistan und Afghanistan diskutieren.

Institutionen der Konfliktaustragung

Institutionen

Kernfunktion von Institutionen ist es, dem einzelnen Akteur in einer Gesellschaft das Leben leichter zu machen. Transaktionskosten werden im Vergleich

---

1 Elwert folgt damit dem Geist der klassischen Definition Lewis Cosers und fokussiert diese: nach der von Coser (1956: 8) vorgeschlagenen Arbeitsdefinition sind Konflikte „a struggle over values and claims to scarce status, power and resources in which the aims of the opponents are to neutralize, injure or eliminate their rivals".

zu institutionsarmen Gesellschaften[2] gesenkt, Vorhersehbarkeit, Vertragssicherheit und Planbarkeit von Handlungen erhöht und durch das entstehende verallgemeinerte Vertrauen die Voraussetzung für komplexere Kooperations- und Tauschbeziehungen (unspezifische Reziprozität) geschaffen.

Formelle Institutionen sind als offizielle Spielregeln gesellschaftlichen Handelns relativ leicht zu identifizieren, da sie per Definition immer schriftlich verfasst (formalisiert) und im Regelfall staatlich sanktioniert (offiziell) sind. Schwieriger ist hingegen der für uns zentrale Begriff der informellen Institution zu fassen. Der Vater des Neoinstitutionalismus in der ökonomischen Theorie, Douglass North, mit Interesse für historische und empirische Erkenntnisse aus nicht-industriellen Gesellschaften, erkennt, dass die ungeschriebenen Regeln einer Gesellschaft entscheidenden Einfluss auf die Gestaltungsfähigkeit und Wirkungsmacht offizieller Institutionen haben. Marktorganisation, die trotz suboptimaler wirtschaftlicher Effizienz über lange Zeit stabil ist, erklärt North z.B. mit informellen, kulturspezifischen Einschränkungen (*constraints*), die in die offiziellen Spielregeln als unsichtbare Transaktionskosten eingepreist sind (vgl. North 1990: 11, 36ff).

Problematisch ist, dass nach North alles, was irgendwie kulturell in Gesellschaften kodiert ist, als informelle Institution bzw. informelle Einschränkung von Optionen gefasst werden kann. Dazu gehören sowohl vorbewusste, internalisierte Kodes wie Gewohnheiten oder Routinen als auch bewusste und gesellschaftlich überwachte Regeln wie Normen und Konventionen. Dadurch wird der Begriff der informellen Institution ähnlich weit aufgebläht wie sein Referenzbegriff – Kultur.

Nicht alles, was in Gesellschaften als nicht-kontingent (also regelhaft) erscheint und gleichzeitig nicht formal festgeschrieben ist, ist sinnvoll als informelle Institution zu fassen. Wir ziehen es vor, den Begriff der informellen Institution einzuschränken auf ungeschriebene Regeln, die folgenreich sind, weil ihre Einhaltung durch soziale Kontrolle überwacht wird und durch die glaubwürdige Androhung von Sanktionen geschützt wird (vgl. Elwerts Einschränkungen für „Normen im engeren Sinne" im Unterschied zu Werten im vorliegenden Band).

Gleichgewicht und Veränderung

Ein Zustand, in dem Akteure das institutionelle Rahmenwerk, das die Beziehungen unter ihnen regelt, nicht ändern, kann als Equilibrium bezeichnet werden. Dies heißt nicht, dass alle Akteure mit den Regeln zufrieden sind oder dass es keine Anreize für Neuverhandlung, Vermeidung oder offenen Bruch

---

2   Gesellschaft ohne Institutionen ist zwar als Gedankenkonstrukt vorstellbar (z.B. Thomas Hobbes *Naturzustand*) aber empirisch nicht nachgewiesen. Wahrscheinlicher ist, dass das Setzen von Spielregeln, die Überwachung deren Einhaltung und die Sanktionierung von Regelbruch eine der wenigen wirklichen relevanten Universalien sind, die den Menschen als kultur- und gesellschaftsfähige Spezies ausmachen (vgl. Huizinga 1987).

der Regeln gäbe; es heißt lediglich, dass die Kosten für intendierte institutionelle Veränderungen höher erscheinen als die Zumutungen, die mit der Beibehaltung des *status quo* verbunden sind. Institutionen werden verändert, wenn sich ändernde Rahmenbedingungen eine Neugewichtung von Präferenzen motivieren oder wenn sich relative Kosten ändern. Wichtig ist, dass sich Institutionen nicht selbst ändern, sondern von Akteuren verändert werden. Spielregeln schreiben sich nicht selbst. In besonders effektiven und für Konfliktaustragung relevanten Institutionen sind allerdings Verfahren für geregelte Anpassung an sich ändernde Randbedingungen von vornherein eingebaut. Ein allgemein bekanntes Beispiel hierfür ist die Möglichkeit der Verfassungsänderung über parlamentarische Mehrheitsentscheidungen.

Ein ökonomisches Verständnis von Ausgleich und Veränderung ist nur teilweise kompatibel mit einem evolutionistischen Erklärungsansatz, der institutionelle Veränderung innerhalb menschlicher Gesellschaften als kulturelle Anpassungsleistung an sich ändernde, für den Selbsterhalt der Gruppe relevante Umweltbedingungen (oder: Lebensräume) versteht. Hier wird der Begriff Equilibrium gebraucht für die effizienteste Anpassung an eine gegebene Umwelt zu einem gegebenen Zeitpunkt (vgl. Cohen 1971: 2-6). Sich ändernde Beziehungen zwischen Gesellschaft und Lebensraum – oder System und Umwelt – machen institutionelle Anpassungsleistungen erforderlich, um dynamische Systemstabilität über Zeit zu gewährleisten. Anders als im Ansatz der Ökonomen geht ein evolutionistisches Verständnis gesellschaftlicher Entwicklung von sozialen Systemen anstelle von um rationale Entscheidungen bemühten Akteuren als Träger von Veränderungen aus.

Elwerts Begriff einer Theorie sozialer Evolution, zu der anthropologische Konfliktforschung beitragen kann, ist deshalb nicht eindeutig; in der weiteren Ausführung des Zusammenhangs zwischen der Organisation von Konflikt und der adaptiven Selbstveränderung von Gesellschaft im Wahrnehmen von Alternativen stellt Elwert die Intention von Akteuren in den Vordergrund. Damit bleibt sein theoretischer Entwurf grundsätzlich anschlussfähig für institutuionszentrierte Ansätze zur Erklärung gesellschaftlichen Wandels.

Konfliktaustragung

Jede Gesellschaft verfügt über spezialisierte Institutionen, die Konfliktaustragung regeln. Diese Institutionen können sowohl formalen Charakter haben als auch informell sein. Beispiele für ersteres wären Rechtsprechung und ihre Verfahren, das Parlament als geregelter Streitplatz um Rechtsetzung oder Wahlen in politische Ämter. Beispiele für informelle Institutionen der Konfliktaustragung sind die ungeschriebenen Regeln nach denen Mediatorengerichte oder Ältestenräte im Streitfall operieren, Märkte oder Bazare Interessengegensätze regeln oder Vertragssicherheit in Schattenwirtschaft oder Parallelstrukturen von Herrschaft erzeugt wird. Die weiter oben angesprochene Kernfunktion von Institutionen – das Leben von Menschen erträglicher zu machen, indem Planungssicherheit, Vorhersehbarkeit erhöht und Transaktionskosten gesenkt werden – kommt bei Konflikten besonders zum Tragen. Konflikte werden potentiell gewaltsam ausgetragen und können zu langwieriger Unterbrechung von Kooperation und Austauschbeziehungen führen (Disruption). Beides vermindert Planungssicherheit und erhöht Transaktionskosten für die Mehrzahl der Betroffenen und kann im Extremfall zur Desintegration von zentralen gesellschaftlichen Zusammenhängen führen.

Konflikte beschleunigen gesellschaftliche Ordnungsprozesse und stellen die Funktionalität von Institutionen, die Konfliktaustragung in Gesellschaften regeln sollten, auf die Probe. In diesem Zusammenhang kann die Beobachtung und Analyse von innergesellschaftlicher Konfliktaustragung als heuristisches Instrument benutzt werden, das wesentliche Rückschlüsse auf die gesellschaftliche Ordnung, das unterliegende institutionelle Rahmenwerk und die Adaptions- und Innovationsfähigkeit von Gesellschaft zulässt. Mit anderen Worten gibt der Umgang von Gesellschaft mit Konflikten nicht nur Aufschluss über bestehende Konflikte, sondern auch über die Effektivität und Anpassungsfähigkeit der bestehenden sozialen Ordnungselemente (vgl. Koehler/Zürcher 2004).

Funktionaler und dysfunktionaler Konflikt – die Rolle von Institutionen und Verfahren

Soziologische Konflikttheorie seit Georg Simmel, und insbesondere seit der kongenialen Neubewertung von Simmel durch Lewis Coser, weist darauf hin, dass Konflikt für den Zusammenhalt von Gruppen sowohl funktional als auch dysfunktional sein kann (Simmel 1992: 284ff; Coser 1956). Dabei spielt die Frage der institutionellen Einbettung von Konflikten eine entscheidende Rolle (vgl. Zürcher in diesem Band). Nach Coser ist Konflikt dann dysfunktional (destruktiv oder disruptiv), wenn einerseits keine Toleranznorm für ein gewisses Maß an Konflikt gesellschaftlich gesetzt ist und andererseits Konfliktaustragung nicht institutionalisiert ist. Eingebetteter Konflikt hingegen ist funktional für sozialen Zusammenhalt, also für Kooperation und reziproke Austauschbeziehungen in Gruppen, die geregelte Konfliktaustragung tolerieren. Institutionalisierter Konflikt ist nicht nur notwendig für die ständige Neuverhandlung von Machtchancen und Kräftegleichgewichten in Gruppen, sondern ist auch wesentlicher Antrieb für institutionellen Wandel und Innovationsleistungen in Gesellschaften. Institutionalisierter Konflikt kann damit wesentlicher Bestandteil der Ordnung sein, die Gruppen zusammenhält (ebd.: 121-128).

Diese Auffassung vertritt pointiert der Wirtschaftswissenschaftler Albert Hirschman für moderne – im Sinne von komplexe, staatlich verfasste – Industriegesellschaften. Er richtet sich gegen die verbreitete kommunitaristische Auffassung, eine liberale Gesellschaft brauche als Funktionsvoraussetzung Gemeinsinn und müsse eine Wertegemeinschaft sein (Hirschman 1994: 293ff). Hirschmans Auffassung zufolge ist es für den Zusammenhalt demokratischer Gesellschaft vielmehr entscheidend, dass sie in der Lage ist, Alternativkonflikte in Gradualkonflikte umzuarbeiten – es also Institutionen gibt, die das Nullsummenspiel des Entweder-Oder (*Winner Takes All*) verlässlich umarbeiten in ein Mehr-oder-Weniger, das für Kompromiss und *Win-Win*-Lösungen offen ist. Er folgt damit Thesen von Marcel Gauchet und Helmut Dubiel, nach denen Konflikte durchaus Baumeister und Kitt von Gesellschaft sein können und das „Geheimnis der integrativen Mechanik kulturell hoch differenzierter Gesellschaften" gerade darin begründet liegt, Konflikte zu einem wesentlichen Bestandteil der Sozialisation in komplexen Gesellschaften gemacht zu haben (s. Dubiel 1991: 140; vgl. auch ebd. 1992 und Gauchet 1990). Forschungsaufgabe von theoretischer und Praxis bezogener Relevanz ist demnach die Identifikation und Untersuchung von Institutionen, die Alternativkonflikte in Gradualkonflikte umwandeln und die Überprüfung der These, ob gemeinschaftlich akzeptierte Regeln der Konfliktaustragung Zusammenhalt unabhängig von geteilten Werten herzustellen vermögen.

Diese Form gesellschaftlicher Kohäsion müsste also qualitativ anders sein als der oft attestierte Gruppenzusammenhalt durch Grenzziehung zu einem kollektiven Gegner. Grenzmarkierung durch gewaltsamen Konflikt kann Gruppenbildung stärken, wie es z.b. für ethnische Gruppen festgestellt wurde.[3] Kohäsion im hier vertretenen Sinne bezieht sich im Gegenteil auf die Herstellung von verlässlichen Beziehungen durch geregelten Konflikt.

Einen an die Argumentation Hirschmans anschlussfähigen theoretischen Ansatz, der dazu gereicht, die Frage nach Kohäsion durch institutionalisierte Konfliktaustragung weiter zu verfolgen, lieferte Niklas Luhmann in seiner maßgeblichen Untersuchung zu einem bestimmten, konfliktrelevanten Typ von Institutionen – dem legitimierenden Verfahren (Luhmann 1983). Luhmann wendet sich gegen ein orthodoxes Verständnis von Legitimation als einer hierarchischen Ordnung von Rechtsquellen, die auf Gerechtigkeit durch Wahrheitsfindung aufbaut. Er argumentiert hingegen, dass Legitimation durch Verfahren eine Errungenschaft ist, deren Funktionalität nicht durch die vorgegebenen Bezüge auf essentielle Kategorien wie den besten Volksvertreter/Politiker (Wahlen), das wahre Urteil (Gericht) oder die richtige Entscheidung (Parlament) zu erklären ist, sondern durch latente Eigenschaften, die es dem Verfahren über die bedingte Zulassung von Konflikt ermöglicht, „sich selbst aufs Änderbare festzulegen" und so „jede mögliche Zukunft auszuhalten". In komplexen Gesellschaften ist dafür nicht eine Konsensbildung entscheidende Voraussetzung, sondern „eine generalisierte Bereitschaft, inhaltlich noch unbestimmte Entscheidungen innerhalb gewisser Toleranzgrenzen hinzunehmen" (ebd.: 28).

---

3 Siehe Elwerts Verweis auf die Entwicklung der Ethnozentrismustheorie im vorliegenden Band. Thomas Scheffler arbeitet für gewaltsame Versuche ethnischer Konsolidierung überzeugend beide Potenziale der Gewalt heraus: Homogenisierung und Heterogenisierung. Oder in seinen eigenen Worten: „Wer homogenisieren will, der spaltet auch". Siehe Scheffler (1995: 27).

Die idealtypischen Kriterien, die Verfahren als Ordnung legitimierende Institutionen der Konfliktbearbeitung erfüllen müssen, werden von Luhmann identifiziert als: (1) Die Schaffung eines eigenständigen Realitätsraumes jenseits der Alltagswelt des Konfliktes, (2) die Ausklammerung der Realmacht der Streitparteien und (3) das Treffen von folgenreichen, nur nach den Spielregeln des Verfahrens erwirkten, nicht vorgegebenen Entscheidungen.

„Eine Institutionalisierung von Konflikten ist nur erreichbar, wenn es gelingt, Macht vorläufig zu suspendieren und doch zu erhalten" (ebd.: 102). Es müssen hinreichend ambivalente Situationen geschaffen und bis zur Entscheidung offen gehalten werden, die aber eine direkte Konfrontation und besonders eine radikale Reduktion von Komplexität im Alternativkonflikt verhindern. Die Offenheit des Ausgangs des Verfahrens und das Streitrecht der Parteien innerhalb des abgesteckten und geschützten Regelwerkes (Realitätsraumes) des Verfahrens stehen der Eindeutigkeit und Durchsetzung der Entscheidung als Ausgang des Verfahrens gegenüber. Das Gerichtsurteil, die Bekanntgabe des Ausgangs von Wahlen durch eine Wahlkommission oder der dritte Hammerschlag bei einer Auktion beenden den (Wett-) Streit. Das Verfahren als spezialisierte Institution der Konfliktaustragung lässt sowohl Gradual- als auch Alternativkonflikte zu; es ist durch die Ausklammerung der Realmacht weniger als andere Konflikt regelnde Institutionen auf Kompromisslösungen angewiesen und daher als neutrale Entscheidungsregel besser gegen eine Vermachtung von Aushandlungsprozessen bei Konflikten gefeit. Damit nehmen Verfahren eine besondere Stellung unter den Institutionen ein, die geregelte Konfliktaustragung in einer Gesellschaft ermöglichen.

Als Institution der Konfliktaustragung, die in ihrer Funktionalität auf einen eigenen, von der Alltagswelt der Streitparteien in Zeit und Raum abgegrenzten und oft durch Rituale markierten Wirklichkeitsbereich angewiesen ist, kommt das Verfahren dem von North für die Veranschaulichung der Definition von Institution bemühten Begriff der Spielregel sehr nahe (ebd.: 3). Der Unterschied zum Spiel, insbesondere zum sportlichen Wettkampf, besteht darin, dass beim Verfahren ein echter Konflikt aus dem Alltag der Akteure in die Arena des Verfahrens transportiert wird, dort das auf Entscheidung kanalisierende Spiel gespielt und entschieden wird und die Entscheidung wieder zurück in den Wirklichkeitsbereich des ursprünglichen Konfliktes übertragen wird – also folgenreich für den Alltag der Akteure ist. Das Spiel hingegen findet insgesamt im Wirklichkeitsbereich des Spieles statt. Fußballmannschaften, Boxer oder Schachspieler haben keinen vom Spiel unabhängigen Streit, den sie durch das Spiel auf Entscheidung prozessieren könnten.

Fallbeispiele

Die Theorie geleiteten Annahmen zur Funktionalität institutionalisierter Konfliktaustragung für Kohäsion und Wandel von Gesellschaft soll nun anhand von drei Fallbeispielen dort nachvollzogen werden, wo die Mikropolitik von

Gesellschaft zumeist stattfindet, also auf der Gemeindeebene. Die drei Fall-beispiele sind dem ländlichen Kontext Tadschikistans bzw. der Tadschikisch (Dari) sprechenden Grenzregion in Afghanistan entnommen. Die Konflikte finden auf Gemeindeebene statt, und die Reichweite der involvierten formel-len wie informellen Institutionen ist auf Gemeinde- bzw. Distriktebene be-schränkt. Den Beispielregionen ist ferner gemeinsam, dass sie in Peripherien von schwachen bzw. nur rudimentär ausgebildeten staatlichen Institutionen in Gebirgsregionen mit knappen natürlichen Ressourcen liegen. Die Gemeinden befinden sich in Gebieten, die bis vor kurzem von Bürgerkriegen betroffen waren. In allen Gemeinden spielt Land und Viehwirtschaft eine dominante Rolle für die Subsistenz von Haushalten.

Porschnev[4]

Das erste Beispiel ist ein saisonaler Konflikt um die knappe Schlüsselressour-ce Bewässerungswasser zwischen Dörfern innerhalb eines administrativen Subdistriktes (*jamoat*) in Tadschikistan.

Porschnev ist eine Gemeinde, bestehend aus neun Dörfern, im Schugnan Distrikt der Autonomen Provinz Berg-Badachschans in Tadschikistan. Die Bevölkerung setzt sich hauptsächlich zusammen aus Pamiris, die sich in Spra-che und Religion (Ismailiten) von Tadschiken (Sunniten) beiderseits der Grenze zu Afghanistan unterscheiden. Die Gemeinde liegt an der Grenze zu Afghan-Badachschan, oberhalb des Grenzflusses Pjandsch auf ca. 2.200 Me-ter über dem Meeresspiegel. Die sieben Dörfer, die in den Konflikt involviert sind, sind ca. zwölf Kilometer von Khorog, der Hauptstadt der Provinz, ent-fernt. Alle Dörfer sind in ihren bescheidenen landwirtschaftlichen Ertrags-möglichkeiten abhängig von einer Bewässerung, die ausschließlich aus dem oberhalb der Dörfer spärlich fließenden Bergbach Barchiddary entnommen wird.

Die alljährliche Konkurrenz um die Verteilung von Irrigationswasser unter den Dörfern wurde von den interviewten Dorfbewohnern einhellig als drama-tischer Konflikt beschrieben. In einem der am stärksten betroffenen Dörfer er-klärte ein Informant, jedes Jahr während der Bewässerungsperiode „sterben zu

---

4   Es wurden im Rahmen einer Konfliktstudie für die *Deutsche Gesellschaft für Technische Zusammenarbeit* (GTZ) 59 Interviews in acht Dörfern geführt; in drei Dörfern fanden mehrwöchige Feldaufenthalte statt. Die einheimischen In-terviewteams bestanden aus jeweils einer Frau und einem Mann, die selbst nicht aus der Gemeinde stammten. Die Teams wurden vor dem Einsatz in einem ein-wöchigen Training vorbereitet und im Feld wissenschaftlich vom Autor sowie den Teamkollegen Christoph Zürcher, Gunda Wiegmann (Tadschikistan) und Kristof Gosztonyi (Afghanistan) betreut. Außerdem wurden vom Autor zusätzli-che Interviews vor Ort geführt. Dieses Vorgehen ist in allen drei hier präsentier-ten Studien identisch. Weitere Informationen zum methodischen Vorgehen kön-nen bei Koehler, Zürcher (2004) eingesehen werden. Siehe auch die Ausführun-gen zur gemeinsamen Methode von Zürcher, in diesem Band.

wollen", und es wurde ein populärer Volksreim zitiert, nach dem der Streit um Wasser jedes Jahr Bruder dem Bruder zum Feind werden lasse.[5] Der Wassermangel führe in manchen Jahren zu einem Verlust von bis zu 50 % der Ernte.

Die Untersuchung bestätigte, dass das für Bewässerungszwecke verfügbare Wasser in der Tat nicht für alle Landwirtschaft betreibende Haushalte in den Dörfern ausreichte. Nach der Privatisierung der Kolchosen und dem Zusammenbruch der während der Sowjetunion zentral subventionierten alternativen Einkommensmöglichkeiten durch die Desintegration der Sowjetunion und den anschließenden Bürgerkrieg, war der Druck auf das in der Hochgebirgsregion ohnehin knappe fruchtbare Land dramatisch gestiegen. Die sowjetische Organisation von Zuteilung und Kontrolle der Wassermenge und technische Instandhaltung des auf Subdistriktebene integrierten Bewässerungssystems – zwei in der Kolchose auf Bewässerung spezialisierte Brigadiere (*brigadiri mirob*) – sind weitgehend aufgelöst. Unter dem sowjetischen Regime reichte das Wasser, um immerhin 90 % der landwirtschaftlichen Nutzfläche zu bewässern.

Trotzt objektiven Mangels und des Zusammenbruchs der Organisation, die diese knappe Schlüsselressource verwaltete, eskaliert der Konflikt nicht und wird alljährlich nach anerkannten Regeln ausgetragen, zuverlässig auf Entscheidung kanalisiert und folgenreich umgesetzt. Alljährlich vor der Bewässerungszeit treffen sich die (informellen, gewählten oder ernannten) Dorfvorsteher der betroffenen Dörfer im Beisein eines autorisierten Vertreters der Subdistriktadministration und handeln einen verbindlichen und detaillierten Zuteilungskalender für die Saison (*grafik*) aus. Das so unter heftigen Kontroversen entstehende schriftliche Dokument wird vom Vertreter der Administration abgestempelt und erhält damit zumindest symbolisch offiziellen Charakter.[6] Für die Überwachung der Einhaltung der Vereinbarung und die Sanktionierung von Regelbruch sind keine spezialisierten offiziellen Instanzen mehr vorhanden; an die Stelle tritt – mit eingeschränkter Effizienz – die soziale Kontrolle über Gemeindemitglieder, die bei Missachtung mit kollektiven, den gesamten Haushalt betreffenden Reputationssanktionen bedroht werden (im Extremfall droht die Ausgrenzung aus der Dorfgemeinschaft). Umgesetzt wird diese Kontrolle von informellen, für die technische Wasserzuteilung verantwortlichen Wasserwarten und die *aksakal*e, Dorfälteste, die bei Verstoß vermitteln.

Diese erstaunliche Organisationsleistung unter den relevanten Akteuren – mündige Familienmitglieder auf Haushaltsebene, Hauhaltsvorstände auf Dorfebene, Dorfvorstände und Wasserwarte auf Subdistriktsebene sowie nicht zuletzt Vertreter der staatlichen Administration – ist deshalb möglich, weil die informellen Spieregeln, die zu einer saisonalen Vereinbarung über Wasserverteilung führen, den Zusammenbruch der offiziellen Institution mitsamt der

---

5   Schriftlicher Bericht von Mairam Jumaeva und Nusairiddin Nizomidinov, März 2004, zur Konfliktstudie in Schugnan, durchgeführt im September und Oktober 2003.

6   Es ist im tadschikischen Kontext mehr als fraglich, ob eine solche Vereinbarung tatsächlich vor Gericht einklagbar wäre.

Umsetzungsorganisationen[7] überlebt hat. Die Existenz von anerkannten Spielregeln ermöglichte es, unter fragilen wirtschaftlichen und politischen Bedingungen, die geregelte Neuorganisation eines Verfahrens zur Wasserverteilung zu installieren. Das lokale informelle Regelwerk, welches schon die ganzsowjetische offizielle Institution der Kolchoswirtschaft funktional redundant unterfüttert hatte, hat eine angepasste Form teilstandartisierter und offiziell sanktionierter interkommunaler Konfliktaustragung ermöglicht. In dem vorliegenden Fall führte der drastische Zusammenbruch der offiziellen öffentlichen Ordnung nach Auflösung der Sowjetunion nicht zu einem Konflikt über essentielle Spielregeln der Konfliktaustragung, sondern zu Anpassung des Verfahrens der Konfliktaustragung und Innovationen im Bereich der austragungsrelevanten Organisationen auf der Grundlage von bestehenden informellen Spielregeln (vgl. Zürcher in diesem Band).

Wardooj-e Bala

Das zweite Beispiel beschreibt einen Konflikt zwischen zwei benachbarten Dörfern in dem Distrikt Baharak der Provinz Afghan-Badachschan um einen Wald, der vor allem zur Feuerholzgewinnung genutzt wird. Die Dörfer liegen in einem *mantaqa*, einer traditionellen geographischen Siedlungseinheit in Afghan-Badachschan, die hier in etwa einer Talschaft entspricht und von der Bevölkerungszahl her mit dem *jamoat* (Subdistrikt) in Tadschikistan vergleichbar ist.[8] Der *mantaqa* Wardooj-e Bala umfaßt ca. 4.500 Einwohner in zwölf Dörfern. Die Einwohner sind ethnische Tadschiken, gehören aber zum Teil der ismailischen und zum anderen Teil der sunnitischen Richtung des Islam an. Die meisten Dörfer haben gemischte Bevölkerung, und Mischehen sind keine Seltenheit, obwohl sich beide Gruppen gelegentlich der Diskriminierung bezichtigen. Die Dörfer, zwischen denen der Konflikt ausgetragen wurde – Dehqalat und Sarask – liegen zwischen 1.500 und 2.000 Meter über dem Meeresspiegel. Dehqalat ist mehr als doppelt so bevölkerungsstark wie Sarask. Die Bevölkerung von Dehqalat ist mehrheitlich sunnitisch, die von Sarask gemischt ismailitisch und sunnitisch.

Während der sowjetischen Besatzung und in Abwehr der nachfolgenden Taliban-Herrschaft waren Kampfhandlungen unter dem Kommando von lokalen Mujaheddin-Führern in der Region verbreitet. In dem *mantaqa* in Frage folgte der Lokalkommandeur Ashur Beg nach dem Fall der Taliban einer Anordnung des Verteidigungsministeriums in Kabul, indem er seine Kämpfer weitgehend demobilisierte und das von ihm kontrollierte Gebiet (Zebak und Wardooj-e Bala) entwaffnete. Seine verbliebenen zwölf getreuen Kämpfer sind neben ihrer Funktion als Bodyguards auch mit der Bewachung des so entstandenen Waffendepots betraut.

---

7 Hier vor allem die Kolchose, der *selsovet* (Landrat) und die Kontrollorgane von Staat und Kommunistischer Partei.

8 *mantaqa* ist arabisch für Gebiet und kann sich grundsätzlich auf Siedlungsräume ganz unterschiedlicher Größe beziehen.

Der Konflikt zwischen den Dörfern Sarask und Dehqalat brach im Herbst 2002 aus. Männer aus Dehqalat wurden dabei gesichtet, Holz in einem Wald zu sammeln, der exklusiv von dem Dorf Sarask beansprucht wird. Die mündigen Männer von Sarask versammeln sich in ihrer Moschee und entscheiden, dass eine Gruppe junger Männer dem Treiben Einhalt gebieten soll. Die Gruppe ist erfolgreich und nimmt den Eindringlingen das gesammelte Feuerholz ab. Daraufhin wird eine *shura* – ein informeller Dorfrat – in der Moschee von Dehqalat einberufen und entschieden, weiter Feuerholz zu sammeln, allerdings unter dem Begleitschutz von eigenen jungen Männern. Es kommt zum Kampf zwischen den Dorfkohorten, bei dem Stöcke und Steine als Waffen zum Einsatz kommen und Menschen von beiden Seiten verletzt werden. Die Gewalt führt zum Abbruch der Beziehungen zwischen beiden Nachbardörfern, man nimmt gegenseitig nicht mehr an Zeremonien teil ,und vorher üblicher Frauentausch (Hochzeiten) findet nicht mehr statt.

Zahlenmäßig eindeutig unterlegen wenden sich Vertreter von Sarask an den ehemaligen Kommandeur Ashur Beg mit der Bitte um Unterstützung. Dieser lehnt ab und verweist auf das neue Amt eines von Kabul aus eingesetzten Distriktadministrators, den *wolliswol*, der nun für solche Angelegenheiten zuständig sei. Mit der Angelegenheit konfrontiert, trifft der *wolliswol* die Entscheidung, dass beide Dörfer den Wald von nun an nutzen dürfen. Die Entscheidung wird von Sarask explizit als ungerecht empfunden, aber man hält sich daran, wohl auch aufgrund der objektiv ungleichen Kräfteverhältnisse, die durch die offizielle Entscheidung indirekt bestärkt wurden. Der gewaltsame Konflikt hört auf, aber es findet keine Versöhnung zwischen den Dörfern statt; die Beziehungen bleiben unterbrochen und feindselig. Die Situation wird letztlich durch den Ältestenrat eines dritten benachbarten Dorfes, Kazdeh, geschlichtet. Die Dorfräte (*shuras*) sind nicht zuletzt miteinander durch den saisonalen Konflikt um Zugang zu Bewässerungswasser aus einem Kanal verbunden, an dem Kazdeh stromaufwärts und Dehqalat sowie Sarask in dieser Reihenfolge stromabwärts liegen. Die *shura* Khazdehs lädt die Ältesten aus den zwei verfeindeten Dörfern in die eigene Moschee ein und ermöglicht so eine gemeinschaftliche Auseinandersetzung der Angelegenheit. Hier markieren die Vertreter Sarasks noch einmal, dass sie die Entscheidung des *wolliswol* zwar für ungerecht hielten, sie aber als Entscheidung akzeptierten. Durch diese öffentliche Erklärung von repräsentativen Würdeträgern wird die Grundlage für eine zukünftige Aussöhnung zwischen beiden Dörfern hergestellt. Seitdem haben sich die Beziehungen wieder weitgehend normalisiert.

Die Konfliktaustragung zwischen kollektiv handlungsfähigen Dörfern um die Nutzungsrechte an einem Wald zeigt, wie dieselben informellen Institutionen funktional sowohl für die Eskalation als auch für die Schlichtung von Konflikten sein können. Nach dem offiziellen Ende des Bürgerkrieges sind *shuras* dort wieder die prinzipielle Institution der Entscheidungsfindung auf Gemeindeebene, wo die Macht der Dorf- und Bezirkskommandeure freiwillig oder durch Druck von der einsickernden neuen Staatsmacht zurückgefahren wurde. Im vorliegenden Fallbeispiel machen ad hoc einberufene *shuras* Dorfgemeinschaften im Konfliktfall kollektiv handlungsfähig. Gleichwohl sind Ältestenrat und *shura* der institutionelle Rahmen, in dem letztlich eine Versöhnung zwischen den Dörfern vermittelt wird. Bemerkenswert ist die Verschiebung von Zuständigkeit auf der für formale Verfahren der Konfliktaustragung kritischen Ebene einer den Konfliktparteien übergeordneten, unabhängigen Entscheidungsinstanz. Der Kommandeur, der während des Krieges zumindest judikative und exekutive Gewalt verkörperte, überträgt den Streitfall an die neue Institution der Distriktadministration. Diese ist logistisch, personell, finanziell nur bedingt handlungsfähig und hat derzeit vor allem symbolisches Gewicht als einzig sichtbare Vertretung des neuen Staates auf lokaler Ebene. Als höhere Entscheidungsinstanz ist ihre Unabhängigkeit in Konfliktfällen noch nicht gewährleistet. War im Falle der Kommandeurjustiz weniger Unabhängigkeit als Neutralität das Problem, so ist Neutralität der neuen Institution gewährleistet, aber es hapert an unabhängiger Durchsetzungsfähigkeit von Entscheidungen. Die Kompromissentscheidung, die vom *wolliswol* getroffen wird, bildet daher auch eher die Realmacht im Konflikt ab. Es ist allerdings ein Teilerfolg formeller Konfliktregelung, dass sich beide Parteien an eine Entscheidung halten, die eine Partei als ungerecht begreift. Die Vermachtung von Verfahren, die sich manchmal hinter Kompromissentscheidungen übergeordneter Instanzen in Konflikten verbirgt, schwächt tendenziell die Bindefähigkeit von Entscheidungen und kann eine Neuauflage des Konfliktes begünstigen, wenn sich Kräfteverhältnisse zu einem späteren Zeitpunkt ändern sollten. In der vorliegenden Fallstudie stoppt die offizielle Entscheidung die gewaltsame Eskalation, aber erst die folgende informelle Schlichtung stellt die unterbrochenen Beziehungen zwischen den Gemeinden wieder her; formelle und informelle Spielregeln greifen in einander und ergänzen sich gegenseitig.

Das Beispiel zeigt auch, dass institutionalisierter Konflikt funktional für die Herstellung von relevanten Zusammenhängen zwischen Dorfgemeinschaften sein kann. Im Unterschied zu dem zunächst gewaltsam ausgetragenen und dann disruptiven Konflikt um den Wald ermöglichte der regelmäßig zwischen den Ältestenräten der drei Dörfer verhandelte saisonale Konflikt um Bewässerungszuteilung dem unbeteiligten Dorf Kazdeh, als Vermittler aufzutreten.

Navdi

Das letzte Beispiel ist vordergründig ein Konflikt um die lokale Verwendung der Schlüsselressource „Entwicklungshilfe", hinter dem ein grundsätzlicher Konflikt zwischen zwei komplexen, dynamischen Gruppen steht, darüber, wer die Macht in der Gemeinde hat, verteilungsrelevante Spielregeln zu setzen.

Der Ort Navdi im gleichnamigen *jamoat* des administrativen Distrikts Rascht in Tadschikistan ist Schauplatz des Konfliktes. Navdi hat knapp über 2.000 Einwohner und liegt fünf Kilometer vom Distriktzentrum Garm entfernt. Das Garmtal bzw. die historische Region Rascht, in der das Garmtal liegt, galt während des Bürgerkrieges 1992-1997 als Hochburg des islamistischen Flügels der *Vereinten Tadschikischen Opposition* gegen die so genannten Regierungskräfte. Auch heute noch gelten die Bewohner des Tales, je nach politischer Couleur des Beurteilenden, als besonders fromm und traditionsbewusst bzw. als besonders islamistisch.

Der Konflikt entbrannte öffentlich zwischen dem Dorfmullah (im Unterschied zum religiös ausgebildeten und einer Moschee zugehörigen Imam ein informeller, vor allem für Zeremonien zuständiger religiöser Funktionsträger) und einer Dorfautorität, die sich als Sportler (Ringer) und Vertreter der männlichen Jugend im Dorf verstand. Damit erhob letzterer Vertretungsanspruch auf mehr als die Hälfte der männlichen Dorfbevölkerung (saisonale Arbeitsmigranten eingerechnet). Zum Höhepunkt der Auseinandersetzung war der Sportler offizieller Leiter einer Jugendorganisation von ca. 300 Mitgliedern, die in der Lage war, in der völlig verarmten Region Mitgliederbeiträge zu erheben und gute Kontakte zu den aus dem Dorf stammenden Arbeitsmigranten in Russland pflegte.

Die für lokale Verhältnisse unerhörte Öffentlichkeit des Streites wurde nur möglich, weil auf Initiative einer einflussreichen, überregionalen NGO eine neue Organisation gegründet worden war, die ein sonst nicht vorgesehenes öffentliches Zusammentreffen zwischen den Generationen und Geschlechtern vorsah. Nach der Satzung dieser Dorforganisationen (*Village Organisation* oder kurz VO), deren Gründung Voraussetzung für den Erhalt von Entwicklungshilfe ist, ist es eine zentrale Aufgabe der Organisation, in geheimer und freier Wahl potenzielle Entwicklungsprojekte zu identifizieren und zu priorisieren. Voraussetzung ist, dass mindestens 80 % der Haushalte Mitglieder der VO sind.

Während der Debatte um die richtigen Entwicklungsprojekte war der Chef der Jugendorganisation dafür, ein bei einem Erdrutsch 1998 teilweise zerstörtes, aus sowjetischer Zeit stammendes Jugend- und Sportzentrum wieder aufzubauen. Das sowjetische Zentrum war pikanter Weise aus einer vorsowjetischen Dorfmoschee hervorgegangen. Der Mullah trat für die Wiedererrichtung eines Gotteshauses zusätzlich zur im Ort vorhandenen zweiten Moschee ein. Die gut organisierte Jugendlobby setzte sich durch und erhielt auch Unterstützung von Teilen der älteren Generation. Der Mullah erklärte öffentlich, dass er das Ergebnis nicht anerkenne und die Verfahren der Dorforganisation für falsch hielt und agitierte weiter für den Bau einer Moschee. Von Seiten der Jugendorganisation wurden Vorwürfe der Einflussnahme und Korruption gegen den VO-Vorsitz erhoben, nachdem die Umsetzung der Entscheidung für ein Jugendzentrum durch den Konflikt ins Stocken geraten war. Letztlich eskalierte der Konflikt im lokalen Teehaus (in dem unverheiratete junge Männer im Garmtal traditionell keinen Zugang finden), und der Chef der Jugendorganisation griff den Mullah physisch an. Dieser verließ daraufhin das Dorf. Der Konflikt spaltete das Dorf. Die Mehrheit der Erwachsenen war der Ansicht, dass der Mullah sich in Dinge eingemischt hätte, für die er nicht zuständig war (so auch der Gemeinderatsvorsitzende), fand das Betragen des Jugendvereins aber auch unerhört. Eine Minderheit unterstützte die organisierte Revolte der jungen männlichen Generation gegen die tradierte gerontokratische Ordnung. Die Ansicht verbreitete sich in der Region, dass das Dorf seine Jugend nicht unter Kontrolle hätte, traditionelle Autoritäten nicht anerkenne und sich kollektiv mit Schande befleckt hätte. Unter dem Druck ließen sich keine *aksakal'e*[9] als informelle Vertreter der Dorfgemeinschaft mehr finden, und auch der gewählte Vorsitzende der VO trat unter Protest zurück. Der Vorsitz der VO wird seitdem von einem Jugendvertreter, dem Bruder des Chefs der Jugendorganisation, ausgeübt.

Der Verlauf dieses Disputes zeigt, wie ein kompromissloser Alternativkonflikt über eine normativ aufgeladene Sachentscheidung letztlich zu einem disruptiven Konflikt über die Entscheidungsregel selbst, also über die Macht, die Spielregeln setzen zu können, geführt hat. Der Versuch, zuverlässige Verfahren der Austragung von Interessenskonflikten über Sachentscheidungen einzuführen (die im Statut der VO festgelegten Wahl- und Abstimmungsverfahren), wurde zunichte gemacht. Institutionalisierte und damit vorhersehbare Konfliktaustragung brach als Folge zusammen.

Die Eskalation dieses Konflikts verweist auf zwei neuralgische Schwächen im vorhandenen Regelwerk für Konfliktaustragung im ländlichen Tadschikistan: (a) dem zunehmenden Widerstand der jungen Generation gegen eine Gesellschaftsordnung, die sie entmündigt und aus lokalen sozialen und politischen Entscheidungen ausschließt und (b) sich gegenseitig ausschließende Lebensentwürfe mit sich widersprechenden Prestigeökonomien unter jungen Männern – lokal interpretierte Varianten des weltlichen (westlichen bzw. post-sowjetischen) Hedonismus, Spiritualismus, angeboten von religiösen, meist islamischen Bewegungen und letztlich das Prestige des lokalen *Big Man*, das die zur Schaustellung von materiellem Wohlstand mit politischer Macht und privaten Gewaltmitteln verbindet.

Ableitungen

Aus Theorie geleiteten Überlegungen und den vorgestellten Fallbeispielen von Konfliktaustragung auf Gemeindebene können eine Reihe von Rückschlüssen abgeleitet werden, die von generalisierter Relevanz für einige der von Elwert markierten Kernbereiche anthropologischer Konfliktforschung sind. Wir konzentrieren uns hier auf (a) die Chance gesellschaftlich eingehegter, gewaltarmer und zuverlässiger Konfliktaustragung; (b) die Frage nach gesellschaftlicher Kohäsion durch institutionalisierten Konflikt und (c) das Problem von

---

9 wörtlich: Weißbart nach turksprachiger Ableitung, wobei *aksakal* (russifiziert) bzw. *oqsoqol* (tadschikisch) geläufiger ist für die Bezeichnung einer informellen Position als Würdenträger und Vermittler auf Gemeindeebene. Die Position wird gewöhnlich als (Dorf-)Ältester übersetzt, eine Position, die eher an Prestige und moralisches Gewicht denn an biologisches Alter gebunden ist. Der tadschikische Begriff *rish-i safed* (Weißbart) bzw. *muyi safed* (Weißhaar) bezeichnet hingegen tatsächlich die Gruppe älterer Männer im Dorf (diesen Hinweis verdanke ich der Ethnologin Sophie Roche).

Veränderung und Innovation im institutionellen Rahmenwerk durch Konfliktaustragung.

Institutionelle Kernfunktionen gewaltarmer und zuverlässiger Konfliktaustragung

Die drei hier gewählten Fallbeispiele berühren drei der vier von Elwert angegebenen Austragungsmodi von Gruppenkonflikten – Verfahren, Selbsthilfe und Meidung. Destruktive Austragungsstrategien, die die Vernichtung eines kollektiven Gegners zum Ziel haben, waren in den hier betrachteten Gemeinden auch während der Bürgerkriege die Ausnahme und sind seit dem Ende der Kampfhandlungen zwischen größeren Gruppen nicht mehr zu verzeichnen.

Die geregelte saisonale Konfliktaustragung im Fall Porshnev, die arbeitsteilig zwischen informellen Lokalinstitutionen und einer offiziellen staatlichen Institution hergestellt wird, ist ein anschauliches Beispiel für Kernfunktionen von friedlicher und zuverlässiger Konfliktaustragung unter Rahmenbedingungen, die Eskalations- oder Vermeidungsstrategien nahe legen würden.

Warum sind destruktive Strategien wahrscheinlich? Bewässerungswasser ist eine Schlüsselressource, die unter den gegebenen Umständen objektiv nicht die Bedarfslage deckt. Konkurrenz ist echt und kritisch. Sie ist für viele Haushalte reproduktionsrelevant. Die offizielle Organisation, die die Verteilung der knappen Ressource früher regelte, existiert nicht mehr. Eine staatliche institutionelle Klammer um Spielregeln der Konfliktaustragung ist im Bürgerkrieg der 1990er Jahre zusammengebrochen, und der postsowjetische Staat hat in der Region bis heute keinen überzeugenden Anspruch auf ein Gewaltmonopol und Rechtshoheit durchgesetzt oder sich in die Lage gebracht, öffentliche Güter zur Verfügung zu stellen wie z.B. die Instandsetzung wesentlicher Infrastruktur. Ferner sind die Dörfer intern gut vernetzt, soziale Kontrolle über die eskalationsrelevante Gruppe junger Männer erscheint gewährleistet (vgl. die Rolle schnell mobilisierbarer junger Männer für die Gewalteskalation im zweiten und dritten Konfliktbeispiel), was bedeutet, dass die Dörfer potenziell in der Lage wären, als Konfliktgruppe kollektiv zu agieren. Die Betätigung der Optionen „Eskalation" oder „Abbruch von Kooperation" (Vermeidung, Rückzug) anstelle von Verfahren kämen also in Frage. Eskalation ist wahrscheinlich, wenn Parteien gemäß der eigenen geschätzten Stärke und Entschlossenheit mehr Ressourcen zu vereinnahmen versuchen (wie im Fallbeispiel 2) oder die Verteilungsregel an sich in Frage stellen (Fallbeispiel 3). Rückzug, Vereinzelung und Zusammenbruch von Kooperation und letztlich Abwanderung sind hingegen die auf Gemeindeebene in vielen Teilen der Post-Sowjetunion am häufigsten anzutreffenden Konfliktlösungsstrategien.

Was sind die entscheidenden Funktionsmerkmale der hier etablierten Konfliktaustragung, die es ermöglichen, ein kompliziertes Aushandlungsprozedere alternativen destruktiven Strategien vorzuziehen?

Die wichtigsten Funktionsmerkmale der gewählten Konfliktaustragung lassen sich auf folgende sukzessive Schritte reduzieren:

1. Es existiert ein in Streitzeit und Streitraum markiertes Verfahren, das nach den Streitparteien bekannten und von ihnen akzeptierten informellen Regeln eine Entscheidung des Konfliktes herbeiführt.

2. Diese Entscheidung wird schriftlich fixiert und der Gehalt der Entscheidung detailliert erfasst (in Form eines schematischen Zuteilungskalenders, der so genannten *grafik*).

3. Die so formalisierte vertragliche Vereinbarung erhält zusätzlich bindenden Charakter, indem sie von einer dem Streitniveau übergeordneten und an dem Konflikt unbeteiligten offiziellen Instanz in Form eines Stempels bestätigt wird. Es entsteht ein förmlich bindender Vertrag mit offiziellem Charakter.

4. Die vertraglich gefasste Entscheidung des Konfliktes im Verfahren wird umgesetzt, d.h. sie ist folgenreich für den Alltagsbereich, in dem der Konflikt entsteht. Das Wasser wird nach der *grafik* zugeteilt, die *grafik* ist einziger legitimer Referenzpunkt für Anspruch auf Wasser.

5. Die Umsetzung der Vereinbarung wird überwacht. Früher waren dafür spezielle offizielle Funktionsträger zuständig, heute übernimmt diese Rolle die informell institutionalisierte soziale Kontrolle zwischen den Dörfern. Da soziale Kontrolle zwischen Dörfern im Vergleich zu sozialer Kontrolle auf Dorf- bzw. Haushaltsebene schwächer ausgeprägt ist und sowohl technische (z.B. Messung des Wasserdurchlaufes) als auch organisatorische (z.B. Zuständigkeit) Möglichkeiten, den wirklichen Wasserverbrauch effektiv zu überwachen, begrenzt sind, ist dieser Bereich als Schwachstelle in der ansonsten robust institutionalisierten Konfliktaustragung anzusprechen. Interpretationskonflikte und die Unterstellung, dass Parteien die Vereinbarungen bisweilen unterlaufen, kommen auch tatsächlich vor und führen mitunter zu Spannungen.

6. Der Bruch der Vereinbarung wird mit glaubwürdigen und für die lokalen Präferenzstrukturen relevanten Sanktionen bedroht. Die prinzipiell zur Verfügung stehenden Sanktionen sind seit dem Niedergang staatlicher Ordnungsmacht vor allem (a) gewaltsame Selbsthilfe, (b) Inanspruchnahme von privaten Gewaltdienstleistungen Dritter gegen Gebühr oder andere Gegenleistung und (c) Reputationssanktionen über die öffentliche Zuweisung von Schande. Im Streitfall Porshnev kommt Sanktionstyp (c) zum Tragen, der potenziell über soziale Ausgrenzung erheblichen materiellen wie moralischen Schaden für einen betroffenen Haushalt oder – wie im Fallbeispiel Navdi ersichtlich – für ein betroffenes Dorf nach sich ziehen kann. Dass aber informelle Sanktionen, die auf soziale Kontrolle angewiesen sind, ohne die offizielle Rückendeckung der Kolchose schlechter gegen ein Unterlaufen der Spielregeln nach vorhandenen Möglichkeiten schützen, zeigt die Tendenz, nach der Dörfer, die stromaufwärts liegen, oft mehr Wasser als vereinbart abzweigen. In sowjetischer Zeit sei die *grafik* strikter eingehalten worden.

Im Fall Porshnev hat sich eine Kombination aus Verfahren als Modus der Konfliktaustragung[10] und mit Reputationssanktionen bewährte soziale Kontrolle für die Lösung eines bestimmten Konflikttyps etabliert. Theoretisch stehen die anderen Modi der Konfliktaustragung auch zur Verfügung – ein Dorf oder ein Zusammenschluss von einflussreichen Familien könnte sich entscheiden, die nach Bedarf orientierte Verteilungsregel nicht nur nach Möglichkeit zu unterlaufen (was wie erwähnt vorkommt), sondern insgesamt in Frage zu stellen. Dies geschieht nicht, weil das Verfahren (a) für alle Haushalte ersichtlich als Mechanik der Konfliktaustragung um eine nie ausreichend verfügbare Ressource funktioniert und sich über Zeit bewährt hat und (b) weil es als etwas Eigenes erkannt wird, also kulturell eingebettet ist. Die Vermutung ist, dass die Akzeptanz eines Verfahrens, das aus der Sicht individueller landwirtschaftlich tätiger Haushalte immer zu suboptimalen Lösungen führt (das Wasser reicht für viele nicht aus), nicht in Frage gestellt wird, weil die langfristigen Kosten einer Ent-Regelung des Konfliktes die kurzfristigen Gewinne durch Eskalation auch für starke Haushalte unkalkulierbar und wenig attraktiv macht.

Institutionalisierte Austragung von Konflikten, insbesondere solche, die um die Zuteilung und Verwertung von Schlüsselressourcen stattfinden, ist ein wesentlicher Bestandteil von Lokalverwaltung und lokaler Selbstverwaltung von Gesellschaft (*local governance*). Auch in Gesellschaften, die über einen funktionierenden staatlichen Verwaltungsapparat verfügen, über den Regierungen das Gewaltmonopol durchsetzen, die Rechtshoheit schützen und im Tausch gegen eingetriebene Steuern ein gewisses Maß an öffentlichen Gütern zur Verfügung stellen, werden Konflikte nur selten alleine durch offizielle staatliche Instanzen ausgetragen. Geschützte und geregelte Verhandlungsräume, Verfahren der Entscheidungsfindung und die Überprüfung der Umsetzung vertraglicher Vereinbarungen werden oft effektiv von zivilgesellschaftlichen Institutionen oder Marktinstitutionen zur Verfügung gestellt. Rechtskräftige Formalisierung von Vereinbarungen und vor allem die Sanktionierung von Regelbruch ist hingegen zumindest in letzter Instanz meist Hoheitsrecht des Staates. Auch im vorliegenden Fallbeispiel spielt die – wenn in letzter Konsequenz vermutlich auch nur symbolische – Bekräftigung des Vertrages durch eine zuständige staatliche Institution eine entscheidende Rolle für die Rechtsverbindlichkeit der Entscheidung. Wenn die Verbindlichkeit einer Vereinbarung – und damit Überwachung und die Androhung von Sanktion – allein von informellen Institutionen sozialer Kontrolle abhängig ist, dann ist die Reich-

---

10 Im strikten Sinne der weiter oben erwähnten Luhmannschen Kriterien für ein Verfahren müsste man von verfahrensartiger Konfliktaustragung sprechen, da die konsequente Umsetzung der durch das Verfahren erwirkten Entscheidung durch Schwächen in Monitoring und Sanktionsandrohung nur bedingt gewährleistet ist. Die Realmacht der Streitparteien (vor allem die Lage des Dorfes in Relation zum Wasserfluss), die während des Verfahrens der Erzeugung einer Verteilungsregel recht konsequent ausgeklammert ist, kann so bei der Umsetzung der Regelung wieder an Bedeutung gewinnen.

weite so abgesicherter Verfahren der Konfliktaustragung auch auf das Blickfeld des „Auge des Dorfes" beschränkt. Interkommunale Verfahrensregeln sind dann unwahrscheinlich. Gerade deshalb ist der Stempel der übergeordneten Instanz im vorliegenden Fall von besonderer Bedeutung: er schafft einen offiziellen Rahmen, der ansonsten informelle, inner-gemeinschafliche Spielregeln inter-kommunal wirkungsmächtig setzt.

Gemessen an diesen Kernfunktionen friedlicher Konfliktaustragung sind die zwei anderen Fallbeispiele unterschiedlich zu bewerten.

Im Fall Wardooj-e Bala existieren zwar informelle Institutionen, die für Konfliktaustragung bemüht werden können und die innerhalb des Dorfes ein hohes Maß an gesellschaftlicher Akzeptanz haben (die Dorfversammlungen und Ältestenräte), aber gerade die neue und schwach ausgeformte staatliche Entscheidungsinstanz bietet kein transparentes Verfahren als Alternative zu gewaltsamer Konfliktaustragung an, sondern trifft eine Entscheidung, die sich vermutlich aus Schwäche nicht an legalistischen Prinzipien, sondern an der Realmacht der Konfliktparteien orientiert. Trotzdem vergrößert die bloße Existenz einer übergeordneten Entscheidungsregel den Verhandlungsspielraum zwischen den informellen Dorfinstitutionen und macht eine durch Dritte vermittelte Befriedung möglich. Ohne Verfahren, Vertrag und überwachte Umsetzung kann die Verbindlichkeit der mündlichen Vereinbarung allerdings leicht in Zweifel gezogen werden, wenn sich die Kräfteverhältnisse ändern sollten. Ein institutioneller Nebenschauplatz des „Waldkonflikts" ist deshalb von großer Bedeutung für die Frage, wie sich Konfliktaustragung zwischen Gemeinden in Wardooj-e Bala und letztlich in der gesamten Provinz Afghan-Badachschan weiter entwickeln wird: die Tatsache, dass ein vergleichsweise besser institutionalisierter Konflikt um saisonale Wasserzuteilung zwischen den Dörfern funktional war für die Vermittlung von Konfliktbeilegung in einem ganz anderen, schon gewaltsam eskalierten Konflikt. Der Wasserdisput wird dabei zwischen *shuras*, Dorfwasserwarten und ehemaligen (entwaffneten) Dorfkommandeuren verhandelt, ohne dass die höhere Instanz des *wolliswol* eingeschaltet wird. Seit Herbst 2003 werden die informellen und oft ad hoc einberufenen Dorf*shuras* im Rahmen des von der Weltbank unterstützten *National Solidarity Programmes* der Afghanischen Regierung in ihren Zuständigkeiten und Regelwerk formalisiert und aufgewertet.[11] Sie sind auch in

---

11 Konsultationen (arabisch: *shura*) mündiger Mitglieder einer Gemeinde oder anderer organisierter Gruppen (z.B. Verwandtschaftsgruppen im Falle von Nomaden) bzw. deren autorisierten Vertretern (*Wesire*, Familienvorstände) sind nach islamischem Recht die angezeigte Form der Verhandlung von Differenzen (vgl. 42. Sure des Koran). Problem bezogen einberufene Ratsversammlungen heißen *jamoat* auf Tadschikisch und *jirga* auf Paschtu (ursprünglich mongolisch für „Kreis"). Der Versuch, diese vielfältigen, ad hoc einberufenen und sich in streit- und stimmberechtigten Teilnehmerkreisen unterscheidenden informellen Institutionen zu formalisieren und als legitime Gemeindevertretung gegenüber den Dorfkommandeuren aufzuwerten, reicht bis in die 1980er Jahre zurück und wur-

der Diskussion um administrative Reform als zukünftige lokale Institution der Selbstverwaltung vorgesehen. Daher könnte das Problem der geringen Reichweite und der Vermachtung von Konfliktaustragung auch ohne höhere, eingesetzte und potenziell korrumpierbare Instanz (*wolliswoli*) in Zukunft entschärft werden.

Navdi ist hingegen ein Beispiel, das zeigt, wie an sich robust verfasste, aber nicht ausreichend geschützte Verfahren der Austragung von Interessenskonflikten selbst zum Konfliktgegenstand werden können und letztlich als Institution zusammenbrechen. Dieser Aspekt ist Gegenstand des folgenden Abschnitts zu Fragen der Kohäsion durch institutionalisierten Konflikt.

Die Bande der Auseinandersetzung – Kohäsion durch institutionalisierten Konflikt

Will man den Begriff gesellschaftlicher Kohäsion für empirische Konfliktforschung operationalisieren, muss zunächst geklärt werden, welche relevanten Gruppen in einer zu untersuchenden gesellschaftlichen Einheit zusammen gehalten werden bzw. anhand welcher Bruchlinien gesellschaftliche Zusammenhänge sich aufzulösen drohen. Die Untersuchungsebene in den vorgestellten Fallbeispielen ist der Mikrokosmos der Gemeindeebene, dort, wo Gesellschaft auf unterster Ebene stattfindet. Um korporative Gruppen mit Spaltungspotential zu identifizieren, ist Elwerts Begriff der endostrategischen Mobilisierung hilfreich; erst die Fähigkeit von Gruppen, im Konfliktfall kollektiv zu handeln, unterscheidet Konfliktgruppen von loser organisierten Wir-Gruppen, die sich lediglich durch gemeinsame Referenz auszeichnen. Kollektive Handlungsfähigkeit in Konflikten setzt ein hohes Maß an nach innen gerichteter Organisiertheit voraus. Diese Organisiertheit ist wiederum abhängig von spezifischen Institutionen, die hierarchische Verteilung von Macht, von Zugang zu konfliktrelevanten Ressourcen und von Entscheidungskompetenzen intern regeln.

In den genannten Fallbeispielen lassen sich unterschiedliche korporative Gruppen mit Spaltungspotenzial auf Lokalebene identifizieren. Im ersten Beispiel, Porschnev, sind es als Dörfer organisierte Haushalte. Im zweiten Fall, Wardooj-e Bala, sind es Dörfer, und innerhalb der Dörfer Generationsgruppen (Kohorten junger Männer, die von der älteren Männern aktiviert werden) und potentiell Bekenntnisgruppen (Ismailiten und Sunniten, die sich gegenseitig Diskriminierung vorwerfen). Im letzten Beispiel, Navdi, spaltet sich die Dorfgemeinschaft entlang von Generationslinien sowie spirituell-traditionellen versus weltlich-hedonistischen Lebensplänen; auf interkommunaler, regionaler Ebene wird das Dorf als rebellisch und traditionsbrüchig als Gruppe kollektiv ausgegrenzt.

---

de damals schon von UN Organisationen in von Sowjetokkupation entsetzten Gebieten unterstützt (diesen Hinweis verdanke ich Bernt Glatzer).

Offensichtlich ist, dass der Grad endostrategischer Mobilisierung für Erfolg im nicht-institutionalisierten Konflikt wichtiger ist als die tradierte, aber im Hinblick auf Gruppenbildungsprozesse unorganisierte Referenz auf geteilte Werte, Bräuche und Identität. Bloße Macht gewinnt an Bedeutung. Dabei kann inszenierte oder anders relevant gesetzte Gemeinsamkeit durchaus Teil nach innen gerichteter Mobilisierungsarbeit sein, aber eben nur als ein Aspekt von kollektiver Handlungsfähigkeit. Besonders deutlich wird dies in Navdi. Während der Mullah auf unter der älteren Generation unangefochtene Werte wie Frömmigkeit und Gehorsam gegenüber der ältern Generation rekurriert und die Mehrzahl der Gemeindemitglieder mit ihm darin übereinstimmt, gelingt es ihm nicht, konfliktfähige Unterstützung gegen die gut organisierte Jugendgruppe mit loser ideologischer Referenz zu mobilisieren. Für den Erfolg der Konflikteskalation in Wardooj-e Bala spielt auch die Kontrolle über die eigenen jungen Männer die entscheidende Rolle, eine Werte ungebundene Realmacht, die für den Konfliktausgang letztlich wichtiger ist als auf vorhandenen Rechtsnormen basierende, im Verfahren erzeugte Entscheidungen.

Die Zugehörigkeit zu unterschiedlichen klassischen Wertegemeinschaften und Identitäten (ethnisch, national, religiös, sozio-professionell) spielt in keinem der drei Fallbeispiele für Gruppenzusammenhalt in der Konfliktaustragung eine vordringliche Rolle. Selbst in Navdi, wo wertegebundene Zukunftsentwürfe und Prestigevorstellungen unter jungen Männern ein Aspekt des Konfliktes sind, bricht die Lokalgesellschaft doch erst dadurch auseinander, dass tradierte Institutionen der Konfliktaustragung (Ältestenrat) versagen und das neu installierte Verfahren (demokratische Wahlen und partizipative Entscheidungsfindung im Rahmen der VO) letztlich zum Gegenstand des Konfliktes werden. Der Konflikt ist vermachtet und findet jenseits akzeptierter Spielregeln statt. Die verfügbaren Institutionen halten in diesem Fall die öffentliche Herausforderung von Normen, die eine gerontokratische lokale Ordnung stützen, nicht aus.

Institutionen regeln Transaktionen zwischen gesellschaftlichen Akteuren und sind damit verteilungsrelevant für Macht und Ressourcen. Konflikte um Institutionen – also um Verteilungsregeln – sind immer riskanter für soziale Kohäsion als Konflikte, die innerhalb von akzeptierten Institutionen ausgetragen werden.[12] Trotzdem sind Konflikte um Institutionen unvermeidbar, ja notwendig, um adaptive Entwicklung von Gesellschaft zu ermöglichen (siehe nächsten Abschnitt). Entscheidend für langfristigen gesellschaftlichen Zusammenhalt erscheint deshalb weder Wertekonsens noch die Einhaltung glei-

---

12 Konflikte um den Bruch einer Norm und Konflikte um Institutionen sind nicht das Gleiche – der gemeine Verbrecher will nicht die Abschaffung des Rechts, das seine Taten als kriminell markiert und strafbar macht; der Revolutionär und der Terrorist hingegen rauben und morden, um letztlich die Regeln neu setzen zu können. Konflikte um Institutionen sind sehr viel eskalationsträchtiger als Konflikte um Normbrüche nach anerkannten Spielregeln. Spielverderber bestreiten funktionsnotwendige Regeln eines Spieles, Falschspieler erkennen die Regeln an, gerade indem sie diese unterlaufen.

cher Normen zu sein, sondern die soziale Akzeptanz und der sanktionsbe-
währte Schutz von spezialisierten Institutionen, die auch Konflikt um und Änderung von bestehenden Normen und Institutionen zulassen.
Diese spezialisierten Institutionen nennen wir Verfahren. Das Fallbeispiel
Navdi zeigt, dass rein funktionale Outputlegitimation nicht ausreicht, um eine
neue Institution gesellschaftlich zu verankern. Das Verfahren muss als etwas
Eigenes wieder erkannt werden. Hierfür kann eine bestimmte Form institutioneller Tandems sorgen, die formale Regelungen mit informellen, sozial eingebetteten und vertrauten Spielregeln in einer redundanten, sich gegenseitig verstärkenden Weise kombinieren.[13] Verkürzt ließe sich sagen, dass, wie im Fall
Porschnev, die informelle, bekannte und bewährte Institution für Akzeptanz
durch Wiedererkennen sorgt und die Kombination mit einer offiziellen Institution (Administration – *grafik* – Stempel) Reichweite und Dauerhaftigkeit des
Verfahrens verstärkt. Dabei ist der Aspekt der funktionalen gegenseitigen
Verstärkung entscheidend (Redundanz). Diesem Zusammenspiel von formellen und informellen Institutionen stehen verschiedene Formen funktionaler
Konkurrenz gegenüber. Informelle Institutionen können auf staatliche Organisationsdefizite reagieren – wie im Fall der Selbsthilfe an manchen Peripherien
der späten Sowjetunion,[14] sie können in offenem Widerspruch zu offiziellen
Regeln stehen – wie im Fall Navdi oder sie können sich als Parallelwelt neben
einer nur marginal oder inkonsequent durchgesetzten offiziellen Ordnung e-
tablieren – wie im Fall Wardooj-e Bala.

Alle drei Fallbeispiele zeigen, dass der Schutz von Verfahren der Konfliktaustragung durch eine neutrale höhere Instanz entscheidend ist, damit
Verfahren wie in Porschnev nicht wie in Wardooj-e Bala vermachten oder wie
in Navdi selbst zum Streitobjekt werden. In letzter Konsequenz ist diese höhere Instanz der Staat oder ein alternatives institutionelles Arrangement, das
Kernfunktionen von Staatlichkeit wie Gewaltmonopol, Rechtshoheit und
Steuerungsvermögen über einen Steuer finanzierten bürokratischen Apparat
großflächig durchsetzt. Vermutlich ist das die singulär wichtigste Errungenschaft moderner staatlich verfasster Gesellschaft, die nicht durch postmoderne
Arbeitsteilung zwischen schwachen Staaten, internationalen Organisationen,
privaten Dienstleistern und NROs ersetzt werden kann. Mit geringerer Reichweite und einem höheren Risiko der Funktionsstörung durch Spielverderber
sind Verfahren als Zusammenhang (Kohäsion) gewährleistende Institution der
Konfliktaustragung auch ohne handlungsmächtige staatliche Klammer möglich. Letztlich entscheidend für die Reichweite von institutionalisierter Konfliktaustragung anstelle von unkontrolliertem Konflikt ist die Fähigkeit, Vereinbarungen zu überwachen und mit Sanktionsandrohung zu schützen. Effektive soziale Kontrolle und Reputationssanktionen sind dabei auf kommunale,

---

13 Erste Ergebnisse aus Feldforschung über formelle und informelle institutionelle
    Konstellationen im Kaukasus und in Zentralsien sind in Koehler/Zürcher (2004)
    veröffentlicht; zur Relevanz von funktionaler Redundanz und Konkurrenz für
    Konflikte siehe auch Zürcher, in diesem Band.
14 Ein Fallbeispiel hierzu aus dem Kaukasus ist in Koehler (1999) ausgeführt.

intersubjektive Zusammenhänge beschränkt, in denen Menschen einander kennen.

Institutionelle Veränderung und Innovation durch Konfliktaustragung

Das Zusammenspiel von gesellschaftlicher Organisation mit formellen und informellen Institutionen ist ein dynamischer Prozess. Selbst bei unverändertem institutionellen Rahmenwerk und dem (theoretischen) Ausschluss erratischer oder denkfauler Optionsbetätigung durch Akteure, gibt es nicht die *eine* effektivste und damit rationale organisatorische Anpassungsleistung, die sich durch natürliche Selektion durchsetzt, sondern eine Bandbreite von Optionen, die durch institutionelle Vielfalt entstehen. Der für die Region typische Rechtspluralismus z.b. macht Referenz sowohl zu kodierten als auch zu informellen Institutionen islamischen Rechts, zu verschiedenen informellen Formen von Gewohnheitsrecht, zu staatlich gefasstem Recht und letztlich auch die Umgehung von Recht durch Zugang zu organisierter, rechtlich nicht gebundener Realmacht möglich. Akteure, die Entscheidung oder Schlichtung in Konflikten suchen, orientieren sich also in einem Koordinatensystem aus verschiedenen, teils kompatiblen, teils widersprüchlichen Rechtsnormen sowie der oft willkürlichen Rechtsetzung durch staatlich verfasste oder außerstaatliche Herrschaft.

Das Beispiel Porschnev zeigt, wie institutioneller Pluralismus es Gemeinden ermöglicht hat, auch unter sich rapide verändernden und äußerst schwierigen Rahmenbedingungen nach dem Zusammenbruch der Sowjetunion, funktionale Stabilität von institutionalisierter Konfliktaustragung durch Anpassung des Regelwerkes und Innovation in der Organisation von Konfliktaustragung zu erhalten. Die Institution wurde durch die Aufnahme informeller Elemente in die Entwicklung des Verfahrens angepasst und die Organisation des Konfliktes durch die Ersetzung von offizieller Überwachung von Vertragseinhaltung mit sozialer Kontrolle erweitert.

Allerdings zeigt das Beispiel Wardooj-e Bala, dass gerade in Bezug auf institutionalisierte Konfliktaustragung Ambivalenz durch verschiedene Referenzinstitutionen leicht dazu führt, dass Akteure mehr Macht ins Spiel bringen als nach den jeweiligen Spielregeln der einzelnen Institutionen vorgesehen. Diese Ambivalenz wird zur Willkür in Situationen, in denen bewaffnete Gruppen über lokale Gewalthoheit verfügen und sich jenseits jeglicher Form von verfügbarem Recht stellen – eine Situation, wie sie in Teilen Afghan-Badachschans und in Rascht in Tadschikistan existiert. Erreicht ein einflussreicher Akteur in diesen Rückzugsgebieten von privatisierter Gewalt seine Ziele nicht über Referenz zu verschiedenen Auslegungen des informellen Gewohnheitsrechtes (*adat*), über formalisiertes Islamisches Recht (*shariat*) oder staatliches Recht kann er sich notfalls noch mit einem starken Lokalkommandeur arrangieren, um seine Interessen durchzusetzen. Unter diesen

Bedingungen ist Anpassung oder Innovation von institutionalisierter Konfliktaustragung kurzfristig ohne Intervention von außen unwahrscheinlich.

Das Fallbeispiel Navdi zeigt aber, wie von außen initiierte Institutionalisierung von Konflikt (*institutional engineering*) die Organisation von Interessen ansonsten ausgeschlossener Gruppen (hier: junger Männer) als Innovation
ermöglicht. Dieses Organisationspotential hat gleichzeitig Nebenwirkungen,
die eben diese eingeführte Institution, die die Entstehung der Jugendorganisation als rationale Entscheidung von Akteuren möglich machte, letztlich zerstören. Die Jugendorganisation wurde durch die inklusiven Verfahren der Inter-
essenskonkurrenz und Entscheidungsfindung in der Dorforganisation aufgewertet und in einer Weise handlungsfähig, die es ihr letztlich ermöglichte, die
Dorforganisation zu dominieren. Damit wurde die Legitimation von zwei
Kerninstitutionen, auf die sich die Dorforganisation gründete, in Mitleiden-
schaft gezogen: nämlich die Besetzung von Funktionen durch Wahlen und die
Verhandlung und Entscheidung von Interessenskonflikten durch das Verfahren der Priorisierung von Entwicklungsprojekten. Es hat den Anschein, dass
die fehlende Einbettung der Institution in das kulturelle Selbstverständnis relevanter Gruppen innerhalb der Gemeinde und in die bisherige soziale Praxis
der Konfliktaustragung auf Gemeindeebene die Abschreibung einer neuen,
verteilungsrelevanten und eigentlich funktionalen Institution beschleunigt hat.

Kulturelle Einbettung von Institutionen der Konfliktaustragung – also das
Wiedererkennen der Regeln als etwas Eigenes – ist für die gesellschaftliche
Akzeptanz von Verfahren als bevorzugter Modus von Konflikt entscheidend.
Wenn diese kulturelle Einbettung wie z.B. in der schon zitierten Arbeit von
North (1990: 36ff) als prinzipiell konservativer, sich nur langsam ändernder
und vor allem für Kontinuität über Zeit zuständiger Bereich menschlicher Lebenswelt gesehen wird, stellt sich die Frage, wie sich Kultur gefesselte Institutionen überhaupt ändern können, ohne ihre funktionsnotwendige Einbettung
zu gefährden. Um dynamische Veränderung von Gesellschaft zu verstehen, ist
ein anderer Begriff von Kultur nötig (vgl. Elwert 1996). Kultur ist demnach
nicht vor allem konservativer Identitätsgarant, abgesichert durch zähe, veränderungsabweisende informelle Institutionen. Menschen haben durch Kultur
die Fähigkeit, Wirklichkeit selektiv in Symbolform abzubilden, bestimmte
Aspekte relevant zu setzen und hierarchisch zu ordnen, eigene Plausibilitätsstrukturen mit Kultur beteiligten Akteuren zu entwickeln und Informationen
schnell untereinander auszutauschen und weiter zu geben. Kultur ist dabei nur
unter ganz besonderen Integrations- und Kontrollbedingungen homogen und
unumstritten. Typisch werden über Kultur alternative, teils widersprüchliche
Interpretationen der Welt transportiert. Kultur ermöglicht Synkretismus, und
kommunizierbare Mischformen von Interpretationen der Wirklichkeit sind
wichtig für institutionellen Wandel. Sie sind deshalb wichtig, weil Menschen
Prioritäten nicht unabhängig von kultureller Information setzten und die Relevanz von rational kalkulierten Kosten und Nutzen in der Betätigung von Optionen nur im kulturellen Kontext verstanden werden kann. Gäbe es die eine
Kultur eines Akteurs als homogenen Monolithen, trüge Kultur in der Tat we-

nig zur Dynamik institutionellen Wandels bei; ist Kultur aber selbst der Motor von gesellschaftlicher Adaption und Arena des Streites um reproduktionsrelevante Deutungen von Wirklichkeit, ist sie für das Verständnis von dynamischen institutionellen Wandel entscheidend.

Der Konflikt in Navdi verweist auf die Verletzlichkeit von Institutionen, die nur schwach in diesen kultur-gesellschaftlichen Zusammenhang eingebettet sind. Die Spielregeln versagen, sowie der vorgesehene Interessenskonflikt über die Zuteilung von kollektiven Ressourcen uminterpretiert wird in einen kulturellen Alternativkonflikt. Dem neuen Verfahren fehlte sowohl der durch Routinisierung erreichbare Vertrauensbonus sowie der äußere Schutz, um an die neue Herausforderung angepasst zu werden und die nicht vorgesehene normative Qualität des Konfliktes auszuhalten. Kultur wurde selbst zur Arena des Streites um das richtige Weltbild – traditionell, fromm und gerontokratisch wie vom Mullah verkörpert oder postsowjetisch materialistisch und hedonistisch wie von der Jugendorganisation repräsentiert. In diesem Widerspruch wurde die durch *institutional engineering* entstandene Organisation (die VO) zur Beute und ihre Spielregeln zum Streitgegenstand zwischen den beiden kulturellen Gegenentwürfen; letztlich büßten dadurch die Institutionen, auf die sich die Organisation (VO) gründete, ihre Funktion der Konfliktregulierung ein.

Zusammenfassung

Ausgangspunkt dieses Aufsatzes war die These, nach der die Akzeptanz gesellschaftlicher Ordnung und die Legitimation von Organisationen, die diese Ordnung garantieren, zu einem hohen Maße von der Funktionalität konfliktverregelnder Institutionen abhängt, die nicht-destruktive und nicht-disruptive Konfliktaustragung ermöglichen. Demnach schaffen besondere Formen institutionalisierten Konfliktes – Verfahren – gesellschaftlichen Zusammenhalt und ermöglichen gleichzeitig bedingten Konflikt um die Spielregeln selbst. Damit machen Verfahren kontrollierte institutionelle Anpassung an sich ändernde Rahmenbedingungen möglich.

Die Konfrontation der Theorie geleiteten Annahmen mit empirischen Untersuchungen zu Konfliktaustragung auf Gemeindeebene in Berg-Badachschan und Garm in Tadschikistan sowie in Afghan-Badachschan qualifizieren diese in mehrfacher Hinsicht:

Zuverlässige Konfliktaustragung mit geringer Gewaltwahrscheinlichkeit ist auch unter Bedingungen scharfer Ressourcenkonkurrenz und schwach ausgebildeter Staatlichkeit möglich. Verfahrensartig institutionalisierter Konflikt muss die Kernfunktionen (a) eines separaten Aushandlungsspielraums mit bekannten und anerkannten Regeln, (b) formalisierter Entscheidung, (c) überwachter Umsetzung der Entscheidung und (d) glaubwürdiger Androhung von Sanktionen für Regel- bzw. Vertragsbruch bereitstellen. Ohne staatliche Klammer (oder post-territorialstaatliche funktionale Alternative) ist die

Reichweite solcher Verfahren auf die Gemeindeebene bzw. auf die Reichweite sozialer Kontrolle als *Monitoring-* und Sanktionsmittel beschränkt. Soziale Kohäsion und Legitimation von Ordnung ist alleine durch die Bereitstellung von Verfahren der Konfliktaustragung nicht zu garantieren. Die oben erwähnten Kernfunktionen sind eine wichtige Voraussetzung, reichen aber nicht aus, um Verfahren gegen Vermachtung oder feindliche Übernahme zu schützen. Damit ein Prozess nicht zum Schauprozess wird bzw. eine Verfassung nicht zum Streitgegenstand jenseits des dafür – sofern vorhandenen – vorgesehenen Verfahrens, muss das Verfahren von potenziellen Konfliktgruppen als etwas Eigenes erkannt werden. Es muss also kulturell, d.h. in die Dynamik der Selbstverortung von Gesellschaft, eingebettet sein. Der Schutz des Verfahrens durch den Staat mag die Relevanz kultureller Einbettung vermindern; da alle Fallbeispiele im Rahmen schwacher bzw. korrupter staatlicher Institutionen stattfanden ist dieser Aspekt allerdings hier nicht zu prüfen. Frei nach Malinowski benötigt das Verfahren als institutionalisierte Konfliktaustragung eben wie ein hochseetüchtiges Kanu der Trobriander sowohl starke Magie als auch versiertes Handwerk (vgl. Malinowski 1983: 15-16).

Redundante funktionale Absicherung durch informelle Institutionen kann Anpassung von offiziellen Institutionen unter neuen Bedingungen erst möglich machen und das Risiko eines Zusammenbruchs der Kernfunktionen dieser Institutionen vermindern. Kultur als dynamischer Prozess konkurrierender Deutungen der Lebenswelt von gesellschaftlichen Akteuren kann institutionellen Wandeln befördern; ohne den garantierten Schutz durch eine staatliche Klammer sind Verfahren auf Gemeindeebene allerdings unwahrscheinlich, die auch die Austragung von ideologisch aufgeladenen Konflikten um die Spielregeln selbst ohne Funktionsstörung aushalten.

Literatur

Cohen, Yehudi A. (1971): „Adaptation and Evolution: An Introduction", in: Y. A. Cohen (Hg.), *Man in Adaptation. The Institutional Framework*, Chicago: Aldine Atherton, S. 1-22.

Coser, Lewis A. (1956): *The Functions of Social Conflict*, London: Routledge & Kegan Paul.

Dubiel, Helmut (1991): „Zivilreligion in der Massendemokratie", in: *Soziale Welt* 41 (2), S. 125-143.

Dubiel, Helmut (1992): „Konsens oder Konflikt? Die normative Integration des demokratischen Staates", in: B. Kohler-Koch (Hg.), *Staat und Demokratie in Europa*, Obladen: Leske und Budrich, S. 130-137.

Elwert, Georg (1996): „Kulturbegriffe und Entwicklungspolitik – über ‚soziokulturelle Bedingungen der Entwicklung'", in: Georg Elwert/Jürgen Jensen/Ivan Kortt (Hg.), *Kulturen und Innovationen. Festschrift für Wolfgang Rudolph*, Berlin: Duncker & Humblot, S. 51-88.

Elwert, Georg, in diesem Band.

Gauchet, Marcel (1990): „Tocqueville, Amerika und wir. Über die Entstehung der demokratischen Gesellschaften", in: U. Rödel (Hg.), *Autonome Gesellschaft und libertäre Demokratie*, Frankfurt a.m.: Suhrkamp, S. 123-207.

Hirschman, Albert O. (1994): „Wieviel Gemeinsinn braucht die liberale Gesellschaft?", in: *Leviathan 2*, S. 293-304.

Huizinga, Johan (1987): Homo ludens: vom Ursprung der Kultur im Spiel, Reinbek bei Hamburg: Rowohlt.

Koehler, Jan (1999): „Parallele und integrierte Rechtssysteme in einer postsowjetischen Peripherie: Swanetien im Hohen Kaukasus", in: E. Alber/J. Eckert (Hg.), *Settling of Land Conflicts by Mediation. Schlichtung von Landkonflikten – ein workshop*, Berlin: Institut für Ethnologie, Deutsche Gesellschaft für technische Zusammenarbeit (GTZ).

Koehler, Jan/Zürcher, Christoph (2004): „Conflict and the State of the State in the Caucasus and Central Asia: An Empirical Research Challenge", in: *Berliner Osteuropa Info*, http://www.oei.fu-berlin.de

Luhmann, Niklas (1983) [1969]: *Legitimation durch Verfahren*, Frankfurt a. M.: stw.

Malinowski, Bronislaw (1983) [1973]: Magie, Wissenschaft und Religion. Und andere Schriften, Frankfurt a.m.: Fischer Wissenschaft.

North, Douglas (1990): *Institutions, Institutional Change and Economic Performance*, Cambridge: CUP.

Scheffler, Thomas (1995): „Ethnoradikalismus: Zum Verhältnis von Ethnopolitik und Gewalt", in: G. Seewann (Hg.), *Minderheiten als Konfliktpotential in Ostmittel- und Südosteuropa*, München: Oldenbourg, S. 9-47.

Simmel, Georg (1992): *Soziologie: Untersuchungen über die Formen der Vergesellschaftung*, Frankfurt a.m.: Suhrkamp.

Zürcher, Christoph, in diesem Band.

FORMEN DER STREITREGELUNG JENSEITS DES STAATES

Georg Klute

Nach dem Ende des Ost-West-Konfliktes und der damit verbundenen Angst vor einem atomaren Krieg rückten innerstaatliche Konflikte und Kleinkriege in das Zentrum der öffentlichen Aufmerksamkeit. Vielleicht weil sie so „klein" und daher handhabbar schienen, vielleicht um neue Geldquellen zu erschließen, befasste sich nun auch die Entwicklungspolitik mit gewaltsamen Konflikten, deren Regelung sie zuvor vollständig staatlicher Diplomatie überlassen hatte. Man suchte nach Möglichkeiten der Prävention und begann den Aufbau von „Frühwarnsystemen", „Präventionsnetzwerken", „Konfliktlösungs- oder Streitregelungsmechanismen".[1]

Die Aussichten zum Anzapfen neuer Geldquellen waren auch in Deutschland günstig, weil die neue rot-grüne Regierung Krisenprävention und friedliche Konfliktbeilegung zu „übergreifenden Zielen" ihrer Politik erklärt hatte.[2] Außen-, Verteidigungs- und Entwicklungspolitik sollten zusammenwirken, um mit einem breiten Spektrum von Maßnahmen der Entwicklungszusammenarbeit wie „klassischen Entwicklungsprojekten", bis hin zu ziviler, aber auch militärischer Beteiligung an „Friedenseinsätzen" der UNO weltweit intervenieren zu können. (vgl. Mehler/Ribaux 2000).

Für die Entwicklungszusammenarbeit ging es zunächst darum herauszufinden, wann und vor allem wie sie zur Streitregelung beitragen konnte. Als Grundlage für eine Reihe von Studien und Untersuchungen, wie etwa einer groß angelegten Untersuchung des Deutschen Instituts für Entwicklungspolitik, die „Wirkungen der Entwicklungszusammenarbeit in Konfliktsituationen" am Beispiel Malis, El Salvadors, Sri Lankas, Äthiopiens, Kenias und Ruandas darstellte (Klingebiel 1999), diente ein Indikatorenkatalog.[3] Dieser Katalog sollte über die Veränderung innergesellschaftlicher Konfliktlinien und die „Gewaltneigung" bzw. „Friedensfähigkeit" von Gesellschaften Auskunft ge-

---

1   Vgl. etwa Matthies (1998); Engel (1999) oder Mehler/Ribaux (2000).

2   BMZ: Zwei Jahre Entwicklungspolitik der Bundesrepublik aus SPD und Bündnis 90/Die Grünen, Halbzeitbilanz und Perspektiven, September 2000, S.16 (www.bmz.de).

3   Dieser von Angelika Spelten entwickelte Katalog (der Speltensche Indikatorenkatalog) wird von der Autorin selbst zusammenfassend der wissenschaftlichen Öffentlichkeit vorgestellt, vgl. Spelten (1999).

ben. Die fraglichen Gesellschaften wurden in ein Schema verschiedener Eskalationsstufen mit den dazugehörigen Schwellenwerten eingeordnet.

Eine solche Vorgehensweise, komplexe Konflikte in sehr unterschiedlichen kulturellen und historischen Kontexten mit einem vergleichsweise einfachen Indikatorenkatalog erfassen zu wollen, geriet bald unter Kritik. Im Besonderen wurde argumentiert, dass einfach „westliche" Vorstellungen von Staatlichkeit und sozialer Ordnung auf andere Kulturen übertragen und als „Messwert" zur Erstellung der Konflikt-Indikatoren herangezogen worden seien. Wie aber jeweils konkret mit Konflikten und Streit umgegangen werde und ob es erfolgreiche Streitregelungsmechanismen auch jenseits staatlichen Eingreifens gebe, werde kaum erfasst. Angesichts der „Schwäche" des Staates in vielen „Entwicklungsländern" seien dies jedoch die entscheidenden Fragen.[4] Auf Grund dieser Kritik begann eine Suche nach traditionellen, d. h. historisch und kulturell „eingebetteten" Mechanismen der friedlichen Konfliktaustragung oder Streitregelung, die vor allem von der nichtstaatlichen Entwicklungszusammenarbeit ausging.

Die Suche nach traditionellen Konflikt- oder Streitregelungsmechanismen wurde zum Königsweg überall dort, wo der jeweilige Staat sein Recht nicht mehr durchsetzen und Streit nicht mehr schlichten konnte. In einem Überblick über die Diskussionen zur Krisenprävention und Konfliktbearbeitung in der Entwicklungszusammenarbeit dämpfen Andreas Mehler und Claude Ribaux jedoch die bisherige Euphorie; sie kennzeichnen traditionelle Streitregelungen als „undemokratisch"; überhaupt dürfe man von solchen Traditionen nur wenig halten, weil sie schließlich die Eskalation bestehender Konflikte in gewaltsame Auseinandersetzungen nicht hätten verhindern können (vgl. Mehler/Ribaux 2000).

Mir selbst allerdings scheint an diesen Versuchen, „traditionelle" Streitregelungsmechanismen wieder zu beleben, um sie zur Lösung aktueller gewaltsamer Konflikte zu nutzen, anderes viel bemerkenswerter: Abgesehen davon, dass es größter Sorgfalt bedürfte, traditionelle, d.h. in diesem Zusammenhang vorkoloniale und vorstaatliche Streitregelungsmechanismen, zu rekonstruieren, abgesehen auch davon, dass die Ausbildung, Einrichtung und Außenfinanzierung von Mediatoren, Schlichtern, Friedenskonferenzen etc. von einiger Blauäugigkeit zeugt, weil nicht immer deutlich ist, was diese gegen die Interessen mächtiger und auch militärisch mächtiger Gruppierungen ausrichten könnten, werden vor allem zwei Sachverhalte übersehen: Zum einen, dass die Regulierung von Konflikten zu den konstitutiven Elementen von Vergesellschaftung und zugleich ihren wichtigsten Voraussetzungen gehört;[5] zum anderen, und mit dem ersten Sachverhalt eng zusammenhängend, die Tatsache,

---

4 Vgl. dazu besonders die Darstellung in Höhne (2002).

5 Georg Elwert hat bei seinen Reflexionen zur Konfliktregulierung vor allem die Tatsache im Blick, dass die Regelung von Konflikten Voraussetzung jeder Vergesellschaftung ist: „...[D]ie Normalisierung und Institutionalisierung von Konflikten [ist] eine unabdingbare Voraussetzung für sozialen Zusammenhalt [...]" (Elwert, in diesem Band).

dass die Institutionalisierung von Richtern, Friedensstiftern oder auch Schlichtungseinrichtungen zu einem Teil von Prozessen der Herrschaftsbildung werden kann. Dies ist allerdings eine alte Erkenntnis; schon im Alten Israel nann-
te man gottbegnadete Volksführer „Große Richter", und auch Könige oder
andere Führer trugen zusätzlich den Richtertitel; im Alten Testament geht be-
zeichnenderweise das Buch der Richter dem der Könige voraus.

Für Max Weber gehörte der Typ des „Richters", neben den Typen des
„Patriarchen" und des „Heerführers" (oder des „Anführers in der Gefahr"), zu
den drei Archetypen von Herrschern. Heinrich Popitz hat gezeigt, dass die Position des „Richters" Antwort auf das grundlegende gesellschaftliche Problem
von Normkonflikten ist (Popitz 1992: 247). Es ist der „Richter", der verhindert, dass „Normbrüche zu endlosen Konflikten führen" (ebd.: 250), und deshalb ist die Position des Richters zunächst viel mehr Instanz der Friedensstiftung als Instanz zum Vollzug der Rache oder der Strafe.

Aus diesen Erwägungen ergibt sich – so meine erste These –, dass die Einrichtung lokaler „traditioneller" Streitregelungsmechanismen durch Projekte
der Entwicklungszusammenarbeit mit einem *doppelten Manko* behaftet ist: einem ersten Manko, das sie mit vielen lokalen Initiativen der Entwicklungshilfewelt teilt, nämlich von außen induziert zu sein, und einem zweiten Manko,
nämlich dass sie Potential für die Akkumulation von lokaler Macht und gegebenenfalls für die Errichtung einer lokalen Herrschaft darstellt, auch ohne dass
die ursprünglichen Initiatoren dies beabsichtigt oder solche Zusammenhänge
überhaupt geahnt hätten. Von außen finanzierte Friedensstifter oder Streitregelungseinrichtungen jedenfalls stellen tatsächlich eine Bedrohung für die
Herrschaft des betroffenen Staates dar und höhlen seine Legitimität in weit
stärkerem Maß aus, als dies, wie Neubert (1997) gezeigt hat, durch wohlfahrtsstaatliche Projekte der Entwicklungszusammenarbeit sowieso schon geschieht.

Meine zweite These ist, dass der Rückgriff auf „traditionelle", vorstaatliche Konflikt- und Streitregelungsmechanismen für die betroffenen Menschen
kein Königsweg ist, sondern eine sekundäre Option darstellt. Ich gehe davon
aus, dass heute jede Herrschaft an der Idee einer *generalisierten Staatlichkeit*
gemessen wird. Der Begriff der generalisierten Staatlichkeit verweist auf die
Kernbereiche moderner staatlicher Herrschaft: Gebietsherrschaft, Streben
nach dem Gewaltmonopol, Normsetzung und Normdurchsetzung. Ich gehe
weiter davon aus, dass sich die Utopie einer generalisierten Staatlichkeit
weltweit durchgesetzt hat und dass die Menschen den Staat heute nicht nur als
gewalttätigen Leviathan vorstellen, sondern auch als äußerst effektive Instanz,
die Recht und Ordnung durchsetzen, vor Gewalt schützen und Konflikte regulieren kann. Deshalb kann die Anwendung vorstaatlicher Konflikt- und Streitregelungsmechanismen, wie sie von einigen Projekten der Entwicklungszusammenarbeit propagiert und gefördert wird, für die meisten Menschen höchs-
tens eine nachrangige, sekundäre Option sein.

Im Folgenden will ich diese Zusammenhänge an einem afrikanischen und
einem südostasiatischen Fall erläutern. Die Gegenüberstellung so weit ausein-

ander liegender und ganz unterschiedlicher ethnographischer Beispiele mag problematisch erscheinen; die von mir gewählten Fälle weisen allerdings eine Reihe von Gemeinsamkeiten auf, die einen Vergleich möglich machen: Bei beiden haben wir es mit einem Kontext schwacher Staatlichkeit zu tun, in dem das staatliche Gewaltmonopol nur mangelhaft oder gar nicht durchgesetzt ist. Dem entspricht, dass auch die Einhaltung bzw. Nichteinhaltung staatlicher Normen kaum sanktioniert wird. In beiden Fällen gibt es Formen der Streitregelung, die als „traditionell" dargestellt werden, und in beiden Fällen schließlich hat sich die Entwicklungszusammenarbeit diesen „traditionellen" Formen der Streitregelung angenommen, um sie an Stelle schwacher, aber doch vorhandener Streitregelungseinrichtungen des jeweiligen Staates zu fördern und zu finanzieren.

Ich werde zunächst beide Kontexte darstellen und dann zu einigen zusammenfassenden Schlussfolgerungen kommen.

Afrikanische Friedenstreffen

Im Dezember 2003 und im Januar 2004 haben in der Südsahara beinahe zeitgleich vier Tuareg-Festivals stattgefunden. Das größte war das „Wüstenfestival" in der Gegend von Timbuktu in Mali. Im Zentrum dieses Festivals steht eindeutig die Musik. International renommierte Künstler wurden eingeladen und zahlreiche Musiker aus Mali, Mauretanien, Senegal, der Elfenbeinküste, Marokko, Algerien, Benin und Niger, aber auch aus Deutschland, Holland, Frankreich und den USA spielten auf dem Festival. Hunderte westlicher Gäste nahmen teil. Die Liste der Sponsoren ist beeindruckend: Das *Afrika-Festival* aus Würzburg, die *Francophonie*, die *Europäische Kommission*, die *GTZ*, *Sfinks* (aus Belgien), *Triban Union* (aus Frankreich) und die *Volkswagen AG*, um nur die größten Geldgeber zu nennen.[6] Das Interesse der Medien, vor allem der Bildmedien, war enorm. Dieses Interesse macht das Sponsoring der kommerziellen Firmen verständlich. Die Entwicklungshilfe und die Politik erklärten die Subventionen ihrerseits mit der Förderung der lokalen Tourismusindustrie.

Die übrigen Festivals setzten andere Schwerpunkte. Das Festival von *Essuk*[7] im Nordosten Malis nicht weit von der algerischen Grenze etwa fand in der Nähe der Ruinen der mittelalterlichen Stadt von *Essuk* oder *Tademekkat* statt, die größer als das zeitgleiche *Kumbi Saleh* gewesen ist und wo die ältesten arabischen Inschriften des gesamten afrikanischen Kontinents – außerhalb Nordafrikas natürlich – gefunden worden sind (vgl. Farias 1990). Mit der Wahl gerade dieses Ortes betonten die Veranstalter die alte Geschichte der Ethnie der Tuareg; denn fast alle übrigen Regionalgruppen der Tuareg nehmen in ihrer jeweiligen Geschichte einen Aufenthalt bei der Stadt *Tademekkat*

---

6   Vgl. etwa: http://www.afro.wuerzburg.de/desert/
7   Vgl.: http://www.kidal.info/FETE/Essouk/ und die weiteren hier angeführten links.

an. Das Festival *tamadacht* in der Gegend von *Menaka* im Osten Malis an der nigrischen Grenze hatte seinen Schwerpunkt in der Darstellung der regionalen Kultur,[8] und sollte, ganz ähnlich wie das „Festival des *Air*" im Norden Nigers, die lokale Tourismus- und die lokale Kunsthandwerksindustrie fördern.

Trotz aller unterschiedlichen Gewichtung, Musik, Geschichte, Kultur, Wirtschaftsförderung, ist all diesen Festivals jedoch eines gemeinsam: die Behauptung nämlich, hier würden uralte Traditionen der Begegnung und des Ausgleichs wieder aufgegriffen, die sowohl unter den verschiedenen Regionalgruppen der Tuareg als auch zwischen den Tuareg und anderen Ethnien dem Aussprechen von Differenzen und der friedlichen Regelung von Streit gedient hätten. Diese vorkolonialen Traditionen seien dann vor allem durch die Errichtung des Kolonialstaates verloren gegangen und würden erst in jüngster Zeit wieder aufgegriffen.

Es lohnt ein kurzer Blick auf die Vorgeschichte dieser Festivals, um solche Behauptungen besser einordnen und meine erste These überprüfen zu können.[9]

Im Jahr 1994 hatten die Tuaregrebellionen in Mali den Charakter eines *ethnischen Konfliktes* angenommen; jede zuvor geltende Beschränkung des Gebrauchs von Gewalt war fallengelassen worden. Es gab keine Unbeteiligten mehr; die Unterscheidung zwischen Bewaffneten und Unbewaffneten wurde durch das Kriterium der Zugehörigkeit ersetzt: Angegriffen wurden all die, die zu „ihnen", verschont all die, die zu „uns" gehörten. In dieser Phase schlugen die Konfliktparteien, immer wieder vorangetrieben von dem Wunsch nach Rache, einen Weg ein, der ohne weiteres in dem Versuch eines gegenseitigen Genozids hätte enden können. Es war eine Phase „verallgemeinerter Gewalt" (Beck 1996: 83), in der jeder Opfer und jeder Täter sein konnte. Neben den offiziell anerkannten Rebellenbewegungen und der malischen Armee operierten nun im Norden von Mali zahlreiche weitere bewaffnete Gruppierungen, die, trotz ihrer oft wohl tönenden Namen, nicht auf politische Ziele, sondern auf lohnende Beute und Rache aus waren, so dass auch sie ihre Angriffe keineswegs auf Bewaffnete beschränkten. Keine der Konfliktparteien war in dieser Phase in der Lage, die unbewaffnete Bevölkerung, ja kaum die eigene Anhängerschaft vor Gewalt zu schützen.

Anfang und Ende dieser Phase unbeschränkter, „verallgemeinerter Gewalt" lassen sich ziemlich eindeutig bestimmen. Sie begann im Frühjahr 1994 und endete um die Jahreswende 1994/95. Je länger diese Phase dauerte, umso kriegsmüder wurde die (unbewaffnete) Zivilbevölkerung im Norden Malis, die am stärksten unter der „verallgemeinerten Gewalt" zu leiden hatte. In dieser Situation ergriff im November 1994 ein Notabler der *Songhaï*, zugleich Bürgermeister der Kleinstadt *Bourem* in der Region von Gao, die Initiative und lud die traditionellen Häuptlinge der Region, Tuareg wie *Songhaï*, zu einem Versöhnungstreffen ein. Das Treffen kam zustande, und die Teilnehmer

---

8 Vgl.: http://www.malitourisme.com/fr/cgi-bin/view_article.pl?id=160.
9 Die folgende Darstellung bezieht sich auf die Schilderung in Klute (2001).

verabredeten schriftlich, dass sich „Nomaden" und „Sesshafte" (sprich: Tuareg und *Songhai*) in Zukunft gegenseitig tolerieren wollten.

Im Nachhinein lässt sich erkennen, dass die traditionellen Häuptlinge beider Seiten nicht nur eine festgefahrene Situation, in der keine der beteiligten Kriegsparteien einen entscheidenden Sieg erringen konnten, aufgelöst haben, sie haben auch verstanden, dass in der Rolle des Mittlers und Friedensstifters ein Potential zur Akkumulation von Macht und gegebenenfalls der Wiederherstellung ihrer vormaligen Herrschaftsposition lag. Während der eigentlichen Kriegshandlungen war den meisten von ihnen jeglicher öffentliche Einfluss verloren gegangen. Gegenüber Bewaffneten, Rebellen oder Militärs, hatten weder ihre auf Abstammung gegründete moralische Autorität, noch ihre vom Staat verliehene Stellung als administrative Häuptlinge gezählt, in dieser (Kriegs-) Zeit sprachen nur die Waffen.

Das Novembertreffen von Bourem gilt als der Beginn des Friedensprozesses, der schließlich im März 1996 mit der zeremoniellen Verbrennung von 3.000 Kriegswaffen in Timbuktu zum Abschluss gekommen ist. Das Treffen von Bourem gelangte jedoch nicht wegen der dort getroffenen Vereinbarungen zu Bedeutung, sondern weil es das Startsignal für Dutzende weiterer ähnlicher Treffen zwischen Nomaden und Sesshaften, von Nomaden oder Sesshaften untereinander, allgemein: aller im Norden Malis lebenden Gruppen in vielfachen Konstellationen gegeben hat. Zunächst folgte im Januar 1995, ebenfalls in Bourem, ein Treffen mit ganz ähnlichen Ergebnissen wie beim ersten Treffen im November 1994: Wiederherstellung der alten Beziehungen zwischen den Ethnien, Aufbau gegenseitigen Vertrauens und Gewährleistung der Sicherheit in der Region etc.[10]

Von den folgenden Treffen ist besonders das von M'Bouna in der *région de Tombouctou* vom 8. bis 11. September 1995 erwähnenswert; zum ersten Mal wird ein Versöhnungstreffen in diesem rein malischen Konflikt weitgehend von außen finanziert. Deutschland stellte über das GTZ-Programm „Programm Mali Nord" für die etwa 2.000 Teilnehmer immerhin 13 Millionen FCFA oder ca. 40.000,- DM zur Verfügung.[11] Nun, nachdem zum ersten Mal die Möglichkeit der Außenfinanzierung solcher Treffen erkannt ist, fanden anschließend an verschiedenen Orten im Norden von Mali zahlreiche Versöhnungstreffen in schneller Folge statt: drei im Oktober 1995, vier im November 1995, drei im Dezember 1995, sechs im Januar 1996, sieben im Februar 1996, zwölf im März 1996 und eines Anfang Juni 1996; diese Treffen wurden mit insgesamt 56.871.000 FCFA oder etwa 190.000 DM von auswärtigen Entwicklungsagenturen finanziert (vgl. Lode 1996: 54). Möglicherweise haben noch viele weitere Treffen stattgefunden, die nach außen jedoch nicht bekannt

---

10 Le Malien 1995, Communiqué de la Rencontre du 10 au 11 Janvier 1995 à Bourem. In: Le Malien, no. 97, du 16 janvier 1995: 3.

11 Rocksloh-Papendieck, Barbara/Touré-Diallo, Fadimata Bintou (1995): Eindrücke vom Aussöhnungstreffen in M'Bouna, Kreis Goundam, Region von Timbuktu vom 8. bis 11. September 1995, Bamako: Projektbericht Programm Mali-Nord.

wurden, weil sie von lokalen (malischen) Organisationen finanziert oder mit eigenen Mitteln durchgeführt worden sein sollen (vgl. Poulton/Ag Youssouf 1998: 110).

In der Welt der Entwicklungshilfe war man überaus begeistert. Versöhnungstreffen waren eben die Ereignisse, die genau den Ansprüchen und zugleich den Interessen von Entwicklungsagenturen entsprachen. Sie gingen von der Bevölkerung aus, versprachen eine einheimische Lösung für ein überaus schwieriges Problem, nämlich die Streitregelung eines Bürgerkrieges, weshalb man große Akzeptanz in der Bevölkerung und „Nachhaltigkeit" der einmal gefundenen Lösung erwarten durfte, sie konnten als „Friedensförderung", „Krisenbewältigung" oder sogar als „Krisenprävention" hervorragend in dem immer enger werdenden Markt der Entwicklungshilfe in den westlichen Geberländer verkauft werden, sie führen meist Mitglieder der so genannten Zivilgesellschaft zusammen, womit die Entwicklungsagenturen einerseits Distanz zum Staat wahren konnten, dessen Vertreter sie als korrupt oder inkompetent oder als beides ansahen, andererseits nicht in den Geruch kamen, mit bewaffneten Rebellen oder Milizionären gemein zu sein, sie sind ungemein billig – bis auf das von der deutschen GTZ finanzierte Treffen in M'Bouna hat keines der folgenden Treffen mehr als 5.000 US $ gekostet – und garantierten bei diesen so günstigen Preisen für die einzelnen Entwicklungsagenturen große Aufmerksamkeit in den nationalen und internationalen Medien.

Vielleicht ebenso begeistert wie die Entwicklungsagenturen waren Lokalpolitiker im Norden Malis. Viele von ihnen erschienen – eingeladen oder nicht – auf den Versöhnungstreffen. Regelmäßig nahmen Vertreter der staatlichen Verwaltung teil, häufig Offiziere der malischen Armee, ebenso häufig Vertreter der verschiedenen Rebellenbewegungen und Milizen, und immer Angehörige des „traditionellen Häuptlingtums", für die die Versöhnungstreffen eine Gelegenheit waren, wieder in der politischen Öffentlichkeit aufzutreten.

Es liegt jedoch auf der Hand, dass Versöhnungstreffen dann sinnlos werden, wenn der Anlass zur Versöhnung nicht mehr existiert. Warum sollte es auch nach dem offiziellen Ende des Bürgerkrieges in Mali im Jahr 1996 weitere Versöhnungstreffen mit den ehemaligen Feinden geben?

Von allen Häuptlingsgruppen in Mali war es als erste diejenige von Kidal im Nordosten von Mali, die den doppelten Nutzen solcher Friedenstreffen erkannte: als Vehikel zur *Kanalisierung auswärtiger Zuwendungen* und als Möglichkeit zur *Konsolidierung ihrer Herrschaft*. Ich habe an anderer Stelle gezeigt, dass es dieser Gruppe gelungen ist, die Mittler- und Friedensdienste, die Teil des Musters von Gruppenstrategien des kolonialen und postkolonialen Häuptlingtums sind, in eine regionale *parasouveräne* Herrschaft zu überführen (vgl. Klute 1998). Sie hat in einem internen Konflikt der Tuareg untereinander Frieden gestiftet, indem sie die augenblickliche Macht des militärischen Sieges in eine *parasouveräne* Herrschaft verwandelte (vgl. Klute 1999). Zu dieser *parasouveränen* Position gehören der Anspruch auf das regionale Gewaltmonopol, das Recht zur Besetzung von regional oder national wichtigen

Ämtern, schließlich auch direkte Beziehungen zu internationalen Organisationen der Konfliktregelung und der Entwicklungshilfe, mit deren Zuwendungen man die *parasouveräne* Position finanziell abzusichern sucht. Diese Häuptlingsgruppe führte die Versöhnungstreffen auch nach Ende des Friedensprozesses einfach weiter. Zunächst trugen die Veranstaltungen wie zuvor den Titel *rencontres intercommunautaires*, vielleicht auch, um weiterhin Zuwendungen aus der Entwicklungshilfewelt zu erhalten, vor allem von norwegischen Organisationen, die sich in dieser Hinsicht einen gewissen Ruf erworben haben. Schon 1997 jedoch war dieses Etikett nicht mehr aufrechtzuerhalten, weil nur noch Tuareg und nur noch Mitglieder der eigenen Regionalgruppe erschienen. Jetzt erfand man die Tradition des *taqubalt* (oder Empfang), auf dem lokale Geschehnisse, Konflikte etc. diskutiert und der regionale Zusammenhalt gestärkt werden sollte. Seither hat es in jedem Jahr eine solche regionale Zusammenkunft gegeben. Alle übrigen Festivals, die ich zu Anfang aufgelistet habe, sind im Übrigen nur dem Beispiel der Tuareg aus Kidal gefolgt.

Wie mit und auf diesen Treffen und Festivals regionale Politik gemacht wird, lässt sich besonders anschaulich an der *taqubalt* von 1999 zeigen. Das Erstaunliche an dem Treffen dieses Jahres war, dass es weit südlich von der Region Kidal, der Herkunftsregion der Organisatoren, in der Region Gao stattfand. Hintergrund für die ungewöhnliche Wahl des Festplatzes war ein jahrelanger Streit zwischen beiden Regionen um eine reiche Viehweide und zugleich um die Wählerstimmen zahlreicher dort lebender Nomaden, der nicht nur verbal, z.B. vor dem malischen Nationalparlament, sondern auch mit Morden, Entführungen oder dem Raub von Wahlurnen ausgetragen worden war. Wieder hatte die *parasouveräne* Häuptlingsgruppe nach dem Muster der kolonialen und postkolonialen Intermediäre das Machtpotential der Vermittlung und Friedensstiftung eingesetzt. Um in diesem Fall jedoch überhaupt als Friedensstifterin auftreten zu können, musste zunächst ein gewaltsamer Konflikt vorhanden sein. Zu diesem Zweck stellte die Häuptlingsgruppe eine bewaffnete Miliz auf, die der Auseinandersetzung einen gewaltsamen Charakter verleihen konnte. Während diese Miliz bewaffnete Aktionen durchführte, boten sich die Häuptlinge als Mittler zu der Miliz an, die von ihnen selbst erst ins Leben gerufen worden war.

Die malische Zentralregierung erkannte zwar die Bedrohung ihres Gewaltmonopols, schätzte sich aber als zu schwach ein, um das Problem militärisch zu lösen. Stattdessen organisierte sie nach dem Vorbild der Friedens- und Versöhnungstreffen eine große Zusammenkunft und entsandte eine Reihe hochrangiger Vertreter: den Präsidenten der Nationalversammlung, den Umweltminister, einen Berater des Präsidenten Konaré, die Gouverneure der betroffenen Regionen und andere. Außerdem wurden die Vertreter der im Norden Malis operierenden Entwicklungshilfeagenturen, die „traditionellen Autoritäten" (sprich: Häuptlinge), die Abgeordneten der betroffenen Gebiete und die Vertreter der (de jure schon seit zwei Jahren aufgelösten, de facto aber noch bestehenden) Rebellenbewegungen eingeladen. Zwar erörterte man drei

Tage lang das Problem, eine Lösung wurde aber nicht gefunden (vgl. Vallet 1998, 145: 16).

Um ihren Anspruch auf das umstrittene Gebiet ostentativ zu demonstrieren und ihren Willen zur Erweiterung ihrer Gebietsherrschaft zu bekräftigen, luden die *parasouveränen* Häuptlinge von Kidal zu einer *taqubalt* in eben dem Gebiet ein, auf das sie Anspruch erhoben. Die *taqubalt* kam in einem traditionellen, folkloristisch geschmückten Gewand daher, ist aber tatsächlich ein Beispiel für eine „erfundene Tradition". Zwar empfingen in vorkolonialer Zeit die Tuareg zahlreiche Gäste und feierten große Feste, periodische, jährliche Zusammenkünfte der Mitglieder einer oder gar mehrerer Regionalgruppen zur politischen Beratung aber, wie sie die Tradition der *taqubalt* unterstellt, hat es in dieser Form überhaupt nicht und zur politischen Beratung nur gelegentlich und unregelmäßig gegeben.

Hinter dem folkloristischen, „traditionellen" Anstrich der *taqubalt* ließ sich ein bedrohlicher Aspekt erkennen: Während die Tuareg mit indigogefärbten Gewändern, Schwertern und Kamelen die Tradition darstellten, warteten – bildlich gesprochen – hinter den nächsten Dünen die Pick-ups und die *Kalashnikow* ihrer Miliz. Jedoch scheint der folkloristische Anstrich der *taqubalt* eine Reihe hochrangiger Gäste zur Teilnahme bewogen zu haben: U.a. kamen der amerikanische Botschafter und Frau, der kanadische Botschafter und Frau und der Vertreter des französischen Botschafters. In der „lokalen politischen Arena" ist der Zentralstaat also keinesfalls nur ein „virtueller Akteur" (Bierschenk/Olivier de Sardan 1996: 24) neben anderen Akteuren, auf den man zur Verfolgung partikularer Interessen zurückgreifen kann oder auch nicht, sondern lokale Politik hat heute einen systematischen Bezug zur nationalen und sogar internationalen Politik. Dieser Bezug erschöpft sich keineswegs in der Zuwendung finanzieller Mittel, sondern es geht auch um politische Symbolik, die vor allem das eigene politische Gewicht sowohl gegenüber regionalen Konkurrenten als auch gegenüber der Zentralregierung erhöhen soll.

Dass die „erfundene Tradition" der *taqubalt* seither jedes Jahr stattgefunden hat, ist Zeichen der weiteren Festigung dieser *parasouveränen* Herrschaft. Die folgenden Zusammenkünfte bekamen deutlich den Charakter einer ritualisierten Konfirmation der Herrschaft der *Parasouveräne*. Die Feste dienten nicht nur der Bestätigung des Zusammenhalts der Regionalgruppe, sondern die Anwesenden wurden auch aufgefordert, wie ich von einem Teilnehmer weiß, der Häuptlingsfamilie auf den Koran die Treue zu schwören.

Kollektive Selbsthilfe auf Sumbawa (Indonesien)

Auszug aus dem Polizeiregister des Bezirks Bima auf der indonesischen Insel Sumbawa zwischen Januar 2000 und Mai 2001:[12]

16.9.2000
Bewohner von Penagra und Penatoi bewerfen sich mit Steinen, 9 Häuser beschädigt, ein Kutsche verbrannt. Grund: Ein Bürger Penagras, aber wohnhaft in Penatoi, hat in einer anderen Sache einen anderen Bürger Penagras verteidigt.

23.9.2000
Einwohner von Bontokape greifen das Dorf Daru an. 8 Häuser total zerstört. Grund: ein Bürger Botokapes wurde von jemand aus Daru geschlagen.

18.10.2000
Einwohner von Ngali greifen den Ort Ncera an, 11 Verletzte durch Pfeile. Grund: Bürger Ngalis in Messerstecherei mit Bürger Nceras verwickelt.

16.11.2000
Konflikt zwischen den Orten Tangga und Sie, 3 Verletzte, davon einer schwer. Grund: Konflikt zwischen Schülern beider Orte.

23.12.2000
Konflikt zwischen Sondosia und Bonto, 4 Verletzte. Grund: Wegelagerei auf Bürger von Sondosia.

29.12.2000
Konflikt zwischen Lido und Ncera, 4 Häuser beschädigt, eine Wasserpumpe kaputt, 4 Verletzte. Grund: Einwohner von Ncera von Einwohnern Lidos verprügelt.

22.1.2001
Konflikt zwischen Rupe, Laju und Tanjung Mas, 36 Häuser verbrannt, 1 Toter. Grund: Streit zwischen zwei Bürgern aus den Gemeinden Sondo und Waworada, sowie Wegblockade in Tanjung Mas.

3.3.2001
Konflikt zwischen Lela und Jatibaru, Büro des Bürgermeisters verbrannt. Grund: Einwohner Lelas verprügelt von Einwohnern Jatibarus.

16.5.2001
Konflikt zwischen Tente und Palibelo, nachdem ein Bürger Tentes verprügelt, getötet, verbrannt und die Leiche in einen Fluss geworfen wurde. Daraufhin greifen Einwohner Tentes den Ort Palibelo an, 2 Verletzte durch selbst gebaute Schusswaffen.

An dieser Synopsis fällt einiges auf: In keinem der dargestellten Fälle greift die Erklärung, die besonders in den multiethnischen und multireligiösen Staa-

---

12 Diese Synopsis wurde von Florian Schlichting (2003: 33) aus den Akten der Polizeikommandantur des Bezirks Bima auf der Insel Sumbawa (Indonesien) zusammengestellt. Fälle von „Selbstjustiz mit Todesfolge" (ebd.) konnte Schlichting allerdings nicht einsehen. Meine Überlegungen zur gewalttätigen Selbsthilfe in Bima beruhen weitgehend auf der Darstellung in Schlichting (2003).

ten der Dritten Welt üblicherweise für gewalttätige Konflikte angeführt wird: die Behauptung von Konfliktlinien aufgrund unterschiedlicher ethnischer oder religiöser Zugehörigkeiten. Tatsächlich handelt es sich bei den Einwohnern des Bezirks Bima – abgesehen von Zuwanderern in den Küstenstädten – um eine ethnisch und religiös weitgehend homogene Bevölkerung, bei der zudem keine eklatanten ökonomischen Unterschiede festzustellen sind. Nicht unterschiedliche ethnische oder religiöse Gruppierungen prügeln hier aufeinander ein, sondern die Bewohner von Dörfern oder Stadtvierteln. Etwas Zweites fällt auf: In allen Fällen erscheint der Anlass für den Ausbruch der Gewalt (der in den Polizeiakten als „Grund" bezeichnet wird) ziemlich beliebig: Schon eine Rauferei zwischen Schülern kann genügen, dass ganze Dörfer aufeinander einschlagen. Ein indirekter Indikator für die Beliebigkeit der Anlässe mag auch die Auflistung der Konfliktursachen aus emischer Sicht sein: diese reichen von Rempeleien, Konkurrenz junger Männer um junge Frauen, Diebstählen, Verkehrsunfällen, Frechheit der Jugend, Niedergang der Moral, hitzigem Temperament der Bimanesen, falschem Verständnis von Demokratie (Volksherrschaft) bis zu Streit um Erbe oder wirtschaftlicher Armut (vgl. Schlichting 2003: 35).

Tatsächlich handelt es sich in den dargestellten Fällen um Beispiele für *kollektive Selbstjustiz* oder *kollektive gewalttätige Selbsthilfe*. Dass die Institutionen des indonesischen Staates, die eigentlich zur Regelung von Streit eingerichtet worden sind, an erster Stelle die Polizeibehörden, in keinem der Fälle wirksam eingreifen oder gar den Ausbruch von Gewalt verhindern konnten, kann zunächst mit der schwierigen Übergangsperiode erklärt werden, in der sich Indonesien zurzeit befindet. Es stößt auf Probleme, in der Nach-Soeharto-Zeit eine demokratische Ordnung zu etablieren; alte Machteliten, allen voran die Armee und der so genannte Soeharto-Klan, blockieren und sabotieren, wo sie nur können; Sezessionsbestrebungen peripherer Landesteile, aber auch die Umbruchssituation sind von Gewalt begleitet; welchen Weg das Land nehmen wird, scheint noch nicht entschieden. So wie der Beginn der Errichtung einer staatlichen Herrschaft von Gewalt, vor allem den gewaltsamen Versuchen von Seiten des Staates zur Monopolisierung aller Gewalt, bestimmt ist (vgl. Klute/Trotha 2000), so ist auch die herrschaftsoffene Situation während der Umbruchssituation in Indonesien durch Gewalt, vor allem durch Formen gewaltsamer Selbsthilfe gekennzeichnet.

Ähnlich wie im Fall der *taqubalt* oder der anderen regionalen Zusammenkünfte bei den *Tuareg* in Mali und Niger wird auch im indonesischen *Bima* für diese manchmal tödlich verlaufenden Dorfkriege eine „uralte Tradition" beschworen: das *Ndempa*. *Ndempa* war eine gewaltsame Auseinandersetzung zwischen einzelnen Dörfern, ein Dorfkrieg, der sich von den heutigen Kriegen vor allem durch eine stärkere Einschränkung der Gewaltausübung unterschieden haben soll. Während heute Waffen eingesetzt werden, kämpfte man früher mit der „offenen Hand". Während Todesfälle früher den Kampf beendet und keine Racheakte nach sich gezogen haben sollen, ist dies heute nicht immer der Fall. Allerdings sind auch die heutigen gewalttätigen Auseinandersetzungen nicht völlig regellos. Die Unterscheidung zwischen Beteiligten und Unbeteiligten, die Ankündigung des Beginns der Auseinandersetzung, die Unterbrechung der Feindseligkeiten zur Beisetzung der Toten, die Beendigung der Konflikte durch Verhandlungen etc. (vgl. Schlichting 2003: 58) zeigen, dass die Regeln des *Ndempa* nicht gänzlich ungültig sind.

Wieweit die revitalisierten Erinnerungen an das Ideal des *Ndempa* tatsächlich zutreffen, können wir nicht entscheiden. Sicherlich jedoch stand auch das *Ndempa* wie alle Formen der gewalttätigen Selbsthilfe vor dem *Konsensproblem*. Gerd Spittler hat darauf aufmerksam gemacht, dass die gewalttätige Selbsthilfe, namentlich die Fehde, die er behandelt, zwar genauen Regeln folgte, dass ihre Effizienz als Mechanismus zur Streitregelung jedoch fraglich war. Es sind im Wesentlichen zwei Probleme, die die Wirksamkeit der gewalttätigen Selbsthilfe als Streitregelungsmechanismus abschwächen: das *Machtproblem* und das *Konsensproblem*. Das Machtproblem bezieht sich darauf, dass beide Konfliktparteien etwa gleich stark sein müssen; sonst setzt sich der Stärkere durch und das Recht des Schwächeren bleibt auf der Strecke. Entscheidender für die Wirksamkeit der gewalttätigen Selbsthilfe zur Streitregelung ist jedoch das Konsensproblem: Beide Konfliktparteien nämlich müssen eine einheitliche Interpretation der Ereignisse sowie der ergriffenen oder noch offenen Sanktionen erreichen; andernfalls kann es nicht zu einer Unterbrechung der für gewalttätige Selbsthilfe typischen Konfliktkette und nicht zu einer Beilegung des Streits kommen (vgl. Spittler 1980).

Ganz offensichtlich ist auch das immer neue Aufflackern von Dorfkriegen in Bima Ausdruck des *Konsensproblems der gewalttätigen Selbsthilfe*. Warum aber greifen die Menschen dennoch auf diese Form der Streitregelung zurück? Ist es die einzige Möglichkeit der Streitregelung oder gibt es Alternativen? Tatsächlich existiert in Bima die Position des *tokoh* (= Autorität), dessen Stellung in vielerlei Hinsicht an die des melanesischen *big man* erinnert.[13] Heute lassen sich zwei Kategorien von *tokoh* unterscheiden: die formellen *tokoh*, das sind diejenigen mit staatlichen Ämtern, Bürgermeister, Abgeordnete, Polizeichefs etc. und die informellen *tokoh*, die ihrerseits in Älteste, religiöse und *tokoh* der Jugend unterschieden werden.

Die *tokoh* treten auf den Plan, wenn die gewalttätigen Auseinandersetzungen zu einem ersten vorläufigen Abschluss gekommen sind. Ziel ist, einen Neubeginn der Kampfhandlungen zu verhindern, indem man bei beiden Parteien eine einheitliche Interpretation der Ereignisse zu erreichen sucht, damit die Konfliktkette unterbricht. Dies geschieht durch die Einladung zu einer Verhandlungsrunde, die in Indonesien *rekonsiliasi* genannt wird. Zunächst begeben sich formelle *tokoh*, deren Aufgabe eigentlich die Konfliktregelung sein sollte, auf die Suche nach informellen *tokoh*, von denen man annimmt, dass sie gute Kontakte zu einer der beiden Konfliktparteien unterhalten. Diese informellen *tokoh* ihrerseits beginnen nun Verhandlungen und Gespräche, de-

---

13 Die Kennzeichnung der *tokoh* folgt Schlichting (2003: 83ff.), der sich vor allem auf eigene Erhebungen bezieht.

ren Ergebnis sie jeweils „ihrer" Konfliktpartei vortragen. Kommt es zu einem Kompromiss, erwartet man von den informellen *tokoh*, dass diese sich für die Einhaltung der Verabredungen einsetzen.

Die Schwächen eines solchen Streitregelungsverfahrens liegen auf der Hand: Zunächst wird es nur zu häufig vorkommen, dass sich kein formeller *tokoh* findet, der die Initiative ergreift. Eine zweite Frage ist, ob es dem *tokoh* gelingt, seinerseits informelle *tokoh* zu finden, die bereit sind, eine Verhandlungsrunde zu eröffnen. Jedes Scheitern müsste sich ja nachträglich auf das Prestige des *tokoh* auswirken, auf dem sein Ansehen vor allem beruht. Schließlich ist entscheidend, wie tragfähig der erreichte Kompromiss ist. Da die Kämpfer selbst nicht an den eigentlichen Verhandlungen teilnehmen, die sowieso sehr informell sind, müssen sie sich nicht verpflichtet fühlen, auf jeden Fall eine neue Runde der Auseinandersetzung zu vermeiden.

Mit Blick auf die *parasouveränen* Häuptlinge der *Tuareg* stellt sich allerdings die Frage, warum die *tokoh* nicht ebenso gehandelt haben. Während jene als Intermediäre der kolonialen und postkolonialen Regime Streitregelungs- und Schlichtungskompetenzen eingeprobt und sie dann in Verbindung mit Gewaltmitteln zur Akkumulation von Machtchancen genutzt haben, um sie in eine *parasouveräne* Position zu überführen, begnügen sich diese mit Prestige. Selbstverständlich sind auch die *tokoh* Intermediäre, und auch sie ziehen neben Prestige auch Macht aus ihren Mittler- und Streitschlichtungsdiensten. Es gibt jedoch wichtige Unterschiede: Während die Gesellschaft der *Tuareg* stark stratifiziert ist und eindeutige Herrschaftspositionen kennt, die nicht an einzelne Personen gebunden sind, ist die dörfliche Gemeinschaft in Bima weitgehend egalitär. Das Prestige eines *tokoh* ist Ergebnis individueller Reputation, die über den Lebenszyklus schwanken kann, und die Herausbildung einer herrschenden Klasse, wie sie der Geburtsadel bei den *Tuareg* darstellte, ist nicht zu erkennen. Ein zweiter Unterschied liegt darin, dass die *parasouveräne* Häuptlingsgruppe in Mali aus der Allianz mit einer Rebellenbewegung über Zwangsmittel verfügt, mit denen sie etwa die Einhaltung von Friedensvereinbarungen sehr wirksam sanktionieren kann. Solche Zwangmittel haben die *tokoh* nicht. Ihre Sanktionsmöglichkeiten beschränken sich weitgehend auf die Berufung der Tradition und moralische Appelle, die aber gerade in Kriegszeiten wenig wirksam sind, weil sich erst im Nachhinein entscheidet, wer als Sieger aus den Auseinandersetzungen hervorgeht und wessen Moral in Zukunft gelten wird.

Wenn die Entwicklungszusammenarbeit – wie in diesem Fall die GTZ – Maßnahmen zur „Krisenprävention und Förderung von Konfliktlösungspotenzialen im Bezirk Bima" durchführt, sollte sie sich – und hier greife ich den Titel der anfangs erwähnten Studie wieder auf – über die „Wirkungen der Entwicklungszusammenarbeit in Konfliktsituationen" so weit wie möglich Klarheit verschaffen: Die Organisierung von *rekonsiliasi*, also Verhandlungsrunden, und die Förderung von Mediatoren, also *tokoh*, können nicht nur dazu beitragen, das Konsensproblem der gewalttätigen Selbsthilfe zu lösen und eine mögliche Konfliktkette zu unterbrechen, sondern auch dazu, einigen *tokoh* über finanzielle Zuwendungen Mittel zur Akkumulation von Machtchancen und gegebenenfalls der Errichtung einer lokalen Herrschaft in die Hand zu geben. In keinem Fall jedoch vermag die Unterstützung der *rekonsiliasi* und der in Bima tätigen Mittler über den Rahmen der gewalttätigen Selbsthilfe in seiner bimanesischen Form des *Ndempa* hinauszuweisen.

Schlussfolgerungen

Anders als evolutionistische oder systemtheoretische Thesen zur Durchsetzung staatlicher Herrschaft annehmen, haben die obigen Beispiele gezeigt, dass sowohl die Aufrechterhaltung als auch die Durchsetzung staatlicher Herrschaft an mannigfache und historisch stets prekäre Voraussetzungen gebunden sind. Es besteht durchaus kein Automatismus einer Entwicklung von der gewalttätigen Selbsthilfe hin zu einer gewaltlos verlaufenden Streitregelung unter Mitwirkung der Institutionen einer staatlichen Macht. Der Prozess der Verstaatlichung der Welt ist nicht irreversibel, sondern durchaus umkehrbar.

Allerdings rede ich hier nicht einer Umkehrung der Entwicklung, einem Rückfall in vorstaatliche Ordnungsformen das Wort. Vielmehr lassen sich neue Formen politischer Herrschaft jenseits des Staates westlicher Prägung mit den ihnen entsprechenden Formen der Streitregelung beobachten. Eine dieser Formen, die ich am nordmalischen Beispiel beschrieben habe, lässt sich als *parasouveräne Streitregelung* kennzeichnen; die gewalttätigen Auseinandersetzungen in Bima hat Florian Schlichting mit dem glücklichen Begriff der *„sekundären gewalttätigen Selbsthilfe"* benannt.

Die erfolgreiche Streitregelung und die gelungene Friedensvermittlung zwischen den Rebellenbewegungen der Tuareg und dem malischen Staat haben den Häuptlingen im Norden von Mali ihre verloren gegangene intermediäre Machtstellung wieder verschafft. Eine der Häuptlingsgruppen hat es zudem verstanden, die aus jeder Streitregelung entstehenden Machtchancen in eine regionale *parasouveräne Herrschaft* zu verfestigen. Dabei bedient sie sich auch der Mittel der internationalen Entwicklungszusammenarbeit, die angesichts der vermeintlichen Schwäche oder Abwesenheit staatlicher Streitregelungseinrichtungen auf „traditionelle Konfliktregelung" setzt, vermutlich, ohne sich über die Konsequenzen einer solchen Intervention gänzlich klar zu sein.

Der einst mächtige indonesische Staat ist mit dem Sturz Soehartos von einem Regime abgelöst worden, dem nahezu alle Elemente des modernen (Weberschen) Staates verloren gegangen zu sein scheinen. Auf lokaler Ebene kann das heutige indonesische Regime weder geltendes Recht, noch gar sein Gewaltmonopol durchsetzen. In dieser Situation des Umbruchs greifen die Menschen zur Selbsthilfe, auch zur *gewalttätigen Selbsthilfe*, die sie eben mit der Schwäche oder gar der Abwesenheit des Staates – und damit an erster Stelle dem Fehlen von Schutz vor Gewalt, der ersten Aufgabe des Staates – begründen und legitimieren.

Die Beschreibung aktueller lokaler Gewaltphänomene entspricht jedoch nur vordergründig dem Hobbeschen Bild von der „Gewalt aller gegen alle". Tatsächlich nämlich ist diese Art der heutigen indonesischen gewalttätigen Selbsthilfe kein Rückfall in den Urzustand des Menschen, sondern eine *nachrangige, „sekundäre" Option*. Sie ist deshalb nachrangig, weil die Menschen den Staat nicht nur als gewalttätigen Leviathan kennen gelernt haben, sondern auch als Instanz, die Recht und Ordnung durchsetzen und die Menschen vor Gewalt schützen konnte. Man hat den Staat als äußerst effektives Mittel der Gewaltbegrenzung, die im Zentrum aller Vergesellschaftung steht, kennen gelernt.

Mir scheint, dass heute jede Herrschaft im Kontext verallgemeinerter Staatlichkeit gesehen wird. Unter diesem Begriff fasse ich einen geographisch und einen inhaltlich bestimmten Aspekt: a) Alle Gebiete der Erde sind unter Staaten aufgeteilt oder werden von Staaten beansprucht. b) Jede aktuelle Herrschaft orientiert sich an Mustern moderner staatlicher Herrschaft. Die Orientierung an Herrschaftsmustern des modernen Staates gilt nicht nur für souveräne Staaten, sondern auch für die neuen Formen politischer Herrschaft jenseits des Staates.

Die Muster, an denen sich aktuelle Herrschaften orientieren, verweisen auf die Kernbereiche moderner Staatlichkeit, Gebietsherrschaft, Streben nach dem Gewaltmonopol, Normsetzung und Normdurchsetzung. Hinter die Utopie des Staates, so möchte ich argumentieren, und vor allem hinter die Utopie des Rechtsstaates mit seiner gelungenen Lösung des Gewaltproblems über die Durchsetzung des Gewaltmonopols auf der einen und die Selbstbeschränkung der eigenen Gewalt auf der anderen Seite, lassen sich die Menschen heute nicht mehr freiwillig zurückführen.

Literatur

Beck, Kurt (1996): „Nomads of Northern Kordofan and the State: From Violence to pacification", in: Georg Klute (Hg.), *Nomads and the State*, special issue of Nomadic Peoples 38, S. 73-98.

Bierschenk, Thomas/Olivier de Sardan, Jean-Pierre (1996): „Les pouvoirs en l'absence de l'état. Configurations du pouvoir politique local et rapports à l'état en milieu rural centrafricain", in: *Working Papers on African Societies* 1, Berlin: Das Arabische Buch.

Elwert, Georg, in diesem Band.

Engel, Ulf/Mehler, Andreas (Hg.) (1998): *Gewaltsame Konflikte und ihre Prävention in Afrika*, Hamburg: Institut für Afrika-Kunde.

Engel, Ulf (1999): EU-Konfliktprävention in Afrika: Konzepte und Perspektiven, in: Hans Peter Hahn/Gerd Spittler (Hg.), *Afrika und die Globalisierung*, Hamburg: Lit, S. 91-98.

Farias, Paulo F. de Moraes (1990): „The Oldest Extant Writing of West Africa: Medieval Epigraphs from Essuk, Saney, and Egef-n-Tawaqqast (Mali)", in: *Journal des Africanistes* 60, S. 65-113.

Hahn, Hans Peter/Spittler, Gerd (Hg.) (1999): *Afrika und die Globalisierung*, Münster, Hamburg, London: Lit.

Höhne, Markus V. (2002): *Somalia zwischen Krieg und Frieden. Strategien der friedlichen Konfliktaustragung auf internationaler und lokaler Ebene*, Hamburg: Institut für Afrika-Kunde im Verbund Deutsches Übersee-Institut.

Klingebiel, Stephan (1999): *Wirkungen der Entwicklungszusammenarbeit in Konfliktsituationen – Querschnittsbericht zur Evaluierung der deutschen Entwicklungszusammenarbeit in sechs Ländern*, Berlin: DIE

Klute, Georg/Trotha, Trutz von (2000): „Wege zum Frieden. Vom Kleinkrieg zum parastaatlichen Frieden im Norden von Mali", in: *Sociologus* 50, S. 1-36.

Klute, Georg (1998): „Hundert Jahre Chef. Vom administrativen Häuptlingtum zur regionalen Parasouveränität", in: *Working Papers on African Societies* 26, Berlin: Das Arabische Buch.

Klute, Georg (1999): „Vom Krieg zum Frieden im Norden von Mali", in: Hans Peter Hahn/Gerd Spittler (Hg.), *Afrika und die Globalisierung*, Münster, Hamburg, London: Lit, S. 455-472.

Klute, Georg (2001): *Die Rebellionen der Tuareg in Mali und Niger*, Manuskript (Habilitationsschrift).

Lode, Kåre (1996): *Synthèse du Processus des Rencontres Intercommunautaires du Nord du Mali (d'Août 1995 à Mars 1996)*, Stavanger: Misjonshøgskolens forlag.

Matthies, Volker (1998): „Die Organisation für Afrikanische Einheit (OAU): Der Mechanismus für die Prävention und die Lösung von Konflikten", in: Ulf Engel/Andreas Mehler (Hg.), *Gewaltsame Konflikte und ihre Prävention in Afrika*, Hamburg: Lit, S. 41-59.

Mehler, Andreas/Ribaux, Claude (2000): *Krisenprävention und Konfliktbearbeitung in der Technischen Zusammenarbeit. Ein Überblick zur natio-nalen und internationalen Diskussion*, Wiesbaden: Schriftenreihe der GTZ.

Neubert, Dieter (1997): *Entwicklungspolitische Hoffnungen und gesellschaftliche Wirklichkeit. Eine vergleichende Länderfallstudie von afrikani-schen Nicht-Regierungsorganisationen in Kenia und Ruanda*, Frankfurt, New York: Campus.

Popitz, Heinrich (1992): *Phänomene der Macht*, Tübingen: Mohr.

Poulton, Robin-Edward/Ag Youssouf, Ibrahim (1998): *A Peace of Timbuktu. Democratic Governance, Development and African Peacemaking*, New York, Geneva: United Nations Publications.

Rocksloh-Papendieck, Barbara / Touré-Diallo, Fadimata Bintou (1995): *Eindrücke vom Aussöhnungstreffen in M'Bouna, Kreis Goundam, Region von Timbuktu vom 8. bis 11. September 1995*, Bamako: Projektbericht Programm Mali-Nord.

Schlichting, Florian (2003): *Selbsthilfe in der Krise des Staates – Eine Fallstudie zur Streitregelung in Bima/Indonesien*, unveröffentlichte Magisterarbeit am Institut für Ethnologie der FU Berlin.

Spelten, Angelika (1999): „Präventive Maßnahmen in der Entwicklungszusammenarbeit. Indikatorenkatalog zur Bestimmung des Einsatzzeitpunktes", in: Österreichisches Studienzentrum für Frieden und Konfliktlösung (Hg.), *Krisenprävention, Friedensbericht 1999*, S. 121-136.

Spittler, Gerd (1980): „Konfliktaustragung in akephalen Gesellschaften: Selbsthilfe und Verhandlung", in: Erhard Blankenburg (Hg.), *Alternative Rechtsformen und Alternativen zum Recht*, Opladen: Westdeutscher Verlag, S. 142-164.

Vallet, Michel (1990-1999): „La vie au Sahara et en zone saharo-sahélienne. Chronique de Michel Vallet", in: *La Rahla – Amicale des Sahariens – Le Saharien* 2 (114) – 4 (151).

GEORG ELWERT UND DIE BERLINER SCHULE DER SKEPTISCHEN SOZIALANTHROPOLOGIE

Thomas Hüsken

Einleitung

Einen Beitrag über Georg Elwerts Arbeiten zur Konflikttheorie zu schreiben, hat für mich einen doppelten Reiz. Er ist einerseits akademisch begründet und betrifft andererseits auch einen unmittelbar biographischen Aspekt. Ich habe am Institut für Ethnologie der Freien Universität Berlin studiert und arbeite als Assistent am Lehrstuhl von Georg Elwert. Bei meinen Ausführungen handelt es sich also auch um eine Selbstbefragung. Subjektstrukturierte Informationen unterliegen bekanntlich spezifischen Verzerrungen. Diese Verzerrungen liegen nicht selten in den Interessen eines Informanten begründet. In meinem Fall liegen diese Interessen auf der Hand. Als Schüler von Georg Elwert stehe ich für eine Ethnologie, für die der Austausch und die Verknüpfung mit der Soziologie, der Politologie und der Ökonomie selbstverständlicher sind als die Anlehnung an die Kulturwissenschaften. In einer Selbstbefragung muss man jedoch beides sein: „Forscher" und „Informant". Ich werde mich deshalb bemühen, die Interessen des Informanten durch den Blick des Forschers zu zähmen. Die Sozialanthropologie des Konflikts und der Streitregelung ist Georg Elwerts zentrales Thema der letzten Jahre. Es ist jedoch eingebettet in einen Kanon eigener und anderer Beiträge, die ich als „Berliner Schule der skeptischen Sozialanthropologie" bezeichnen möchte. Der Begriff „Berliner Schule" bezieht sich auf ein *invisible college* aus Forschungsarbeiten, Wissenschaftlern und Netzwerken, deren gemeinsamer Bezugs- und Ausgangspunkt der Lehrstuhl von Georg Elwert ist. Im Folgenden werde ich die Grundzüge und die Genese dieses *invisible college* nachzeichnen.

Gesellschaftsvergleich

Eine Lokalität ist in der Perspektive der Ethnologie nicht einfach eine geographische Kategorie, sondern ein aussagekräftiger und bedeutungsvoller Ort. In diesem Sinne hatte der Veranstaltungsort eines der ersten Hauptseminare, das ich als erwartungsvoller Student in Berlin besuchte, durchaus eine richtungsweisende Bedeutung. Das Seminar über die „Folgen der Entwicklungszusammenarbeit" fand abwechselnd in der „Babelsburg" des Institutes für Soziologie und in den Räumen des Institutes für Ethnologie unter der Leitung der Ethnologen Georg Elwert, Thomas Zitelmann und des Entwicklungssoziologen Manfred Schulz statt. Diese erste Erfahrung der Integration von Disziplinen durch ein gemeinsames Forschungsinteresse setzte sich in den folgenden Jahren meiner Ausbildung fort. Sie ist ein konstitutives Element dessen, was ich in meinem Beitrag als Berliner Schule verstehe. Diese Berliner Schule hat die Verbindungslinien zwischen der Ethnologie und der Soziologie stets betont. Dabei geht es nicht um eine üblich gewordene Rhetorik der Interdisziplinarität, sondern um gemeinsame Wurzeln, Erkenntnisinteressen und die Vorteile konkreter wissenschaftlicher Zusammenarbeit.

Die Evidenz des gemeinsamen Weges der Ethnologie und Soziologie ist in Deutschland bisweilen durch die Abgrenzungsdiskurse zwischen der amerikanisch geprägten *cultural anthropology* und der *social anthropology* britischer Tradition überlagert worden. René König hat in seinem Aufsatz „Ethnologie und Soziologie" (1984) – auch in Bezug auf die deutsche Wissenschaftsgeschichte – die vielfältigen Überschneidungen und wechselseitigen Bedingtheiten beider Disziplinen verdeutlicht. Die Verbindungen zwischen Ethnologie und Soziologie lassen sich in der europäischen Wissenschaftsgeschichte an den Biographien bedeutender Soziologen, wie Emile Durkheim, ablesen, der sich in der zweiten Hälfte seines Arbeitslebens zum Ethnologen wandelte. Richard Christian Thurnwald begründete das Institut für Ethnologie der Freien Universität. Die von ihm propagierte Ethnosoziologie repräsentiert die für Deutschland typische Durchdringung beider Disziplinen. In Frankreich ist die Verknüpfung von Soziologie und Ethnologie eine vitale Selbstverständlichkeit. Sie artikulierte sich durch die neomarxistische Wirtschaftsanthropologie der 1970er Jahre und besonders prominent in der Praxistheorie Pierre Bourdieus (1979), die ohne eine ethnologische Feldforschung gar nicht denkbar wäre. Die englische Sozialanthropologie versteht sich seit den Tagen von Alfred Reginald Radcliffe-Brown als eine Form der „vergleichenden Soziologie". Das hat ihr im „Lager" der Kulturanthropologie manche Kritik eingebracht.

Nichtsdestotrotz hält das gemeinsame Nachdenken beider Disziplinen über die grundlegende Frage der menschlichen Vergesellschaftung auch in Deutschland bis in die Gegenwart an. Für das Verständnis der Berliner Schule ist ihre Verknüpfung mit der Bielefelder Entwicklungssoziologie und der Sektion Entwicklungssoziologie und Sozialanthropologie der Deutschen Gesellschaft für Soziologie maßgebend. Die Zusammenarbeit zwischen Hans Dieter Evers und Georg Elwert hat Untersuchungsbegriffe kreiert und weiterführende Forschungsprojekte inspiriert, deren analytische und explikative Kraft bis heute wirken. Hierzu gehört insbesondere die Konzeption der „Strategischen Gruppen" von Evers und Schiel (1988) und ihre Übertragung in die Analyse von Projekten der Entwicklungszusammenarbeit durch Bierschenk (1988). Die „Sektion" steht für ein Netzwerk ethnosoziologisch orientierter Lehrstühle und Forschungsprojekte, die das Spezifische und damit Relative, aber auch

das Übergreifende und damit Allgemeine der sozialen, politischen und ökonomischen Dimensionen menschlicher Vergesellschaftung untersuchen.[1]

In Berlin hat Georg Elwert (1984) ausgehend vom Ansatz der Verflechtung von Produktionsweisen (Rey 1973) Überlegungen angestellt, die den üblichen Rahmen ethnologischer Forschungen überschreiten. Die Diskussion
über Entwicklungstheorien, Subsistenz- und Marktproduktion, Migration oder
das Verhältnis zwischen Bauern und Staat in afrikanischen Gesellschaften berühren und durchdringen Untersuchungsfelder der Soziologie, Politologie und
Volkswirtschaftslehre.[2] Anhand der Trias Märkte, Käuflichkeit und Moralökonomie skizziert Elwert eine Sozial- und Wirtschaftsanthropologie des Ge-
sellschaftsvergleichs. Gesellschaftsvergleich heißt hier, aus der „Feldfor-
schungspraxis in den Ländern der Dritten Welt auch Kategorien für eine Analyse von Industriegesellschaften zu gewinnen" (Elwert 1984: 397). Diese Befreiung des ethnologischen Forschens und Denkens von der Perspektive der
„Inselkulturwissenschaft" ist eine zentrale Leistung des Berliner Lehrstuhls.

Im Verlauf der achtziger und zu Beginn der neunziger Jahre hat sich in
Berlin eine in Deutschland einmalige Konstellation an Lehrstühlen in der Ethnologie, Soziologie, Politologie und Volkswirtschaftslehre entwickelt, deren
Forschungsinteressen auf außereuropäische Gesellschaften gerichtet war. Ein
Kernelement der Zusammenarbeit zwischen den Lehrstühlen bestand in der
„Zirkulation" begabter Studenten. So sind beispielsweise unter der Anleitung
von Elwert und dem Berliner Entwicklungsökonomen Dieter Weiss eine Fülle
von Examensarbeiten und Dissertationen entstanden, deren besonderes Kennzeichen die Kombination wirtschaftsanthropologischer und volkswirtschaftli-
cher Herangehensweisen und Fragestellungen ist.[3] Als Orientierung diente
stets ein Satz von Weiss, der auch für das Verhältnis zwischen Ethnologie und
Soziologie gilt: „Es gibt nicht zwei Disziplinen, sondern immer nur eine Fragestellung" (Weiss 1995, unveröffentlichter Brief).

Skeptische Sozialanthropologie

Der postmoderne Kulturrelativismus des *cultural turn*[4] konzentriert sich auf
partikulare Wissenskulturen, Milieus, Netzwerke und Individuen, welche in

---

1   Nicht wenige ihrer Mitglieder sind sowohl Ethnologen als auch Soziologen.
2   Vgl. Elwert (1984: 386f).
3   Vgl. Haile (1992); Hüsken/Roenpage (1998); Solyga (2003).
4   Der Grundton der zeitgenössischen ethnologischen Debatte über Globalisierung,
    kulturelle Identität und interkulturelle Kommunikation wird seit einigen Jahren
    von einer Renaissance der Kulturtheorien gebildet, die als *cultural turn* oder als
    anthropologische Wende bezeichnet worden ist. Wie Andreas Reckwitz in seiner
    Arbeit „Die Transformation der Kulturtheorien" (2000) aufzeigt, hat sich bereits
    zu Beginn der siebziger Jahre in der Soziologie, Ethnologie, Geschichtswissen-
    schaft und Politologie eine konzeptionelle Neuorientierung zugunsten kulturwis-
    senschaftlicher Fragestellungen und kulturtheoretischer Argumentationen voll-
    zogen.

einem grenzüberschreitenden kulturellen Fluxus[5] die „Ordnung der Dinge" sinnhaft produzieren. Inmitten der eifrigen Suche nach subkulturellen Diversifikationen, flüchtigen Trends und Milieus, und im Widerspruch zur Transformation der Ethnologie zur reinen Kulturwissenschaft, wird in Berlin nach verlässlichen Analyseeinheiten und Erklärungsmustern gesucht. Hierzu ist eine Besinnung der Ethnologie auf ihre Wurzeln als empirische Sozialwissenschaft notwendig. Dabei gilt, was für die sozialanthropologische Forschung seit den Tagen von Malinowski eine gute Tradition hat: Der Blick auf die „Praxis" hinter der „Behauptung" auf der Basis teilnehmender Beobachtung, qualitativer und quantitativer Methoden der empirischen Sozialforschung. Diese Herangehensweise bezeichnen wir als skeptische Sozialanthropologie. Die skeptische Sozialanthropologie fügt dem Erkenntnisgewinn des *cultural turn* die Frage nach der gesellschaftlichen Organisation von Heterogenität hinzu. Macht und Herrschaft, formale und informelle Organisation, Prozeduren und Institutionen der Konfliktregulierung sind nicht nur symbolische Ordnungen, sondern haben eine faktisch erlebbare Realität. Jede dieser Dimensionen wird ausdrücklich nicht als abhängige Variable kognitiver Ordnungen und kultureller Prozesse verstanden. Die Berliner Schule will Gesellschaftsstrukturen und soziales, politisches und ökonomisches Handeln erklären. Der Begriff der Kultur erscheint ihr ebenso unscharf wie vorbelastet.[6]

Die skeptische Sozialanthropologie, wie sie von Georg Elwert und der Berliner Schule verstanden wird, besteht aus drei miteinander verknüpften Forschungsfeldern. Sie repräsentieren nicht nur ein gutes Stück der Geschichte des Berliner Institutes für Ethnologie, sondern sie weisen auch in die Zukunft.

---

5 Vgl. Hüsken (2001: 401).

6 In der Perspektive der skeptischen Sozialanthropologie ist die Trennung zwischen Symbol und Praxis notwendig. Ob man Kultur, wie Elwert (1996), als Restkategorie dessen bezeichnen muss, was nicht Recht, Politik und Wirtschaft ist, lasse ich dahingestellt. Seine Kritik am zu breiten Spielraum und der unklaren Definition des kulturanthropologischen Kulturbegriffes ist jedoch mehr als eine rhetorische Provokation. Hinter der Aussage steckt eine berechtigte Sorge des Empirikers. Der Irrgarten nativer Ideologien, erfundener Traditionen und Kulturbehauptungen birgt für die wissenschaftliche Analyse eine Fülle von Fußangeln und Stolpersteinen. Dies gilt umso mehr für den durch unterschiedlichste Motive gekennzeichneten Prozess der Inszenierung des Individuums zur öffentlichen Person. Je flüchtiger und heterogener ein kultureller Prozess ist, desto weniger zuverlässig ist er als analytische und explikative Kategorie. Mir geht es keineswegs darum, die kulturelle Sinnproduktion zur abhängigen Variable einer unvermeidlichen praktischen Logik zu erklären, wie es Marshall Sahlins der formalistischen Wirtschaftswissenschaft vorgeworfen hat, aber es soll ihr ein Platz zugewiesen werden, der sie einer Analyse im Kontext anderer gesellschaftlicher Dimensionen zugänglich macht.

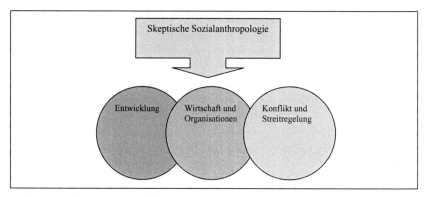

Abbildung 1: Untersuchungsfelder der skeptischen Sozialanthropologie

Sozialanthropologie der Entwicklung

„Entwicklungspraxis als Vermittlung zwischen strategischen Gruppen" (Bierschenk/Elwert/Kohnert 1993: 38): diese Überschrift aus dem Sammelband „Entwicklungshilfe und ihre Folgen" (1993) ist paradigmatisch für die Auseinandersetzung der Berliner Schule mit der Entwicklungshilfe. Jean-Pierre Olivier de Sardan (1993) hat diese als „Sozialanthropologie der Entwicklung" bezeichnet. Die Sozialanthropologie der Entwicklung betrachtet die Projekte und ihre Umfelder als Handlungsfelder unterschiedlicher strategischer Gruppen, Assoziationen, informeller Netzwerke und formeller institutioneller Akteure, die an kontroversen Aushandlungsprozessen teilnehmen. Dabei geht es um die von Thomas Bierschenk (1992) identifizierte Vielfalt divergierender Gruppeninteressen als eigentliche Grundproblematik der Projektpraxis. Diese Praxis ist durch einen „Kampf um Perspektiven, Interpretationen und Zukunftsentwürfe, um materielle Ressourcen und politische Macht, der das strategische Handeln von sozialen Gruppen bestimmt, die im Umfeld eines Entwicklungshilfeprojektes jeweils ihre eigenen Interessen entwerfen und verfolgen" (Bierschenk 1992: 130), gekennzeichnet.

Der Skeptizismus der Berliner Schule drückt sich nicht zuletzt in der Enträtselung entwicklungspolitischer Mythen wie dem „Traditionalismus als Entwicklungshemmnis" von Elwert (1983b) aus. Er bedeutet jedoch auch, die Kulturkonstrukte „lokaler Entwicklungsmakler" (Bierschenk 1998) kritisch zu beleuchten, um dem Gegenmythos von der „Traditionalität und Lokalität als Voraussetzung des Entwicklungserfolges" zu begegnen.[7] Die Sozialanthropo-

---

7   In welchem Maße der Rekurs auf eine vermeintliche kulturelle Identität zu fehlgeleiteten Operationalisierungen auf Projektebene führen kann, zeigt die von Gallon vorgelegte Arbeit „Die Revitalisierung der Fokonolona-Dorfräte im Rahmen der Landentwicklungspolitik der Demokratischen Republik Madagaskar" (1992). Es besteht, wie Gallon empirisch fundiert nachweist, die Gefahr, kulturelle Identität als statische Determinante des sozialen, politischen und öko-

logie der Entwicklung versteht sich nicht als anwendungsbezogene, sondern als kritische Wissenschaft. An dieser Stelle unterscheidet sie sich von der „Entwicklungsethnologie", wie sie von Antweiler, Bliss, Kievelitz und Schönhuth propagiert und betrieben wird. Die Sprachlosigkeit und die bisweilen ostentative Nichtwahrnehmung zwischen der Berliner Schule[8] und der Arbeitsgemeinschaft Entwicklungsethnologie ist eine altbekannte Geschichte. Jenseits des Streites um das bessere Argument hat es sich hier natürlich stets um ein handfestes Konkurrenzverhältnis, um wissenschaftliches Prestige, öffentliche Wahrnehmung und Budgets gehandelt. Aus der Perspektive meiner Generation haben sich die Trennlinien und Meinungsunterschiede über die Jahre in eine Art „identitätsstiftende Folklore" des jeweiligen „Lagers" verwandelt. Diese Folklore verhindert den Blick auf die wissenschaftliche Praxis, die trotz mancher Unterschiede auch Übereinstimmungen und Ergänzungsmöglichkeiten aufweist.[9] Letztere und weniger der kleinliche Streit sollten die Zukunft bestimmen.

Zur Sozialanthropologie der Entwicklung gehört auch die Analyse der Entwicklungszusammenarbeit als institutionelle und organisatorische Struktur. Das von Georg Elwert geleitete Forschungsprojekt „Der Stamm der Experten" setzte an diesem Punkt an. Es konnte zeigen, dass der Mangel an institutioneller und organisatorischer Transparenz, die fehlende Prozessbegleitung der Bereiche *Management, Policy* und interkulturelle Kompetenz zum Arbeitsalltag der Projektexperten gehören.

In Umkehrung der traditionellen Entwicklungsperspektive werden die Projektexperten selbst zu einem „Stamm der Experten". Dieser Stamm kompensiert die Defizite der eigenen Agentur und die Komplexität der Verhältnisse im Einsatzland durch eine Fülle informeller Praktiken, interpersoneller Netzwerke und klientelistisch organisierter Klane.[10] Hinter dem vermeintlichen Kampf der Kulturen, dem Gegensatz zwischen Experten- und lokalem Wissen verbirgt sich ein Defizit an Verfahren und Institutionen zur zivilen und pro-

---

nomischen Handelns in unterschiedlichen Gesellschaften zu begreifen. Gallons Studie offenbart, wie nationale und internationale Geber in ihrem wohlmeinenden Bedürfnis nach Einbeziehung traditioneller sozialer und ökonomischer Institutionen des ländlichen Madagaskar von einer strategisch handelnden Zielgruppe durch die offensive Präsentation einer „erfundenen Tradition" manipuliert werden. Die soziokulturelle Orientierung der Planer und Durchführer wird von der Zielgruppe erkannt und entsprechend ausgenutzt, indem man genau die kulturelle Identität propagiert und vermarktet, die einen Ressourcenzugang sicherstellt.

8   Inklusive der Sektion Entwicklungssoziologie und Sozialanthropologie.

9   Meine Erfahrungen in der gutachterlichen Zusammenarbeit mit Michael Schönhuth zum berüchtigten Thema „Kultur und Entwicklung" im Auftrag des Bundesministeriums für wirtschaftliche Zusammenarbeit bestätigt diese Einschätzung. Der (auch durch Erfahrungswissen geschulte) Blick auf die Entwicklungszusammenarbeit als organisatorische Struktur ist in seiner kritischen Bilanz nahezu deckungsgleich.

10 Vgl. Hüsken (2001 und 2003).

duktiven Aushandlung von Heterogenität. Der Blick auf die institutionelle Dimension der Entwicklungszusammenarbeit ist auch typisch für die Arbeiten des Entwicklungsökonomen Dieter Weiss.[11] Weiss' Thematisierung von kreativer Intelligenz als zentraler Ressource zur Mobilisierung von Entwicklungspotenzialen[12] ist kein kulturalistischer Aufruf zur Veränderung von kulturellen Mentalitäten oder Identitäten. Vielmehr geht es um die Eröffnung von institutionell abgesicherten Spielräumen, in denen sich kreative Intelligenz als universelle menschliche Fähigkeit zur Problemerkennung und Problemlösung entfalten kann.

Sozialanthropologie von Wirtschaft und Organisationen

Die wirtschaftsanthropologischen Arbeiten der Berliner Schule sind von ihrer frühen Phase an mit der Soziologie verknüpft. Dies gilt für Georg Elwerts Arbeit über „Bauern und Staat in Westafrika" (1983a) oder die gemeinsam mit Evers und Wilkens (1983) angestellten Überlegungen über den informellen Sektor. Thomas Bierschenk hat in seinem Buch „Weltmarkt, Stammesgesellschaft und Staatsformation" (1984) eine Synthese aus Entwicklungssoziologie und politischer Anthropologie sowie wirtschaftsanthropologischer und wirtschaftswissenschaftlicher Perspektiven vorgelegt. Ayse Çaglar lieferte mit ihrem Beitrag „McDöner: Döner Kebab and the social positioning struggle of German Turks" (1995) eine durch Feldforschung fundierte Anwendung der Bourdieuschen Kapitalformen. Der theoretisch wie empirisch hoch interessante Beitrag beleuchtet die Verknüpfung zwischen sozialen Prozessen, Symbolen und ökonomischen Strategien eines Einwanderermilieus in Deutschland. In den 1990er Jahren spielt der bereits erwähnte Studententausch mit Dieter Weiss eine stärkere Rolle. Konsequenterweise fließen dann auch volkswirtschaftliche Methoden in die Berliner Wirtschaftsanthropologie ein.

Die von Hüsken und Roenpage (1998) vorgelegte Studie über eine beduinische Ökonomie in der Westlichen Wüste Ägyptens, in der die Analyse der sozialen, politischen und rechtlichen Organisation mit einer volkswirtschaftlichen Gesamtrechnung verbunden wird, belegt dies. In den letzten Jahren sind in Berlin die Grundsteine für eine „Sozialanthropologie von Organisationen" gelegt worden. Georg Elwert hat in seinem Beitrag „Selbstveränderung als Programm und Tradition als Ressource" (2000) Untersuchungen zur Moral- und Gabenökonomie bei Siemens vorgelegt.[13] Der Lehrstuhl arbeitet seit eini-

---

11 Vgl. Weiss (1989).
12 Vgl. Weiss (1994).
13 Elwert zeigt in seinem Beitrag, dass komplexe Organisationen für ihre Selbsterhaltung sowohl Kontinuität als auch Wandel organisieren müssen. Die Tradition fungiert als Ort der Reproduktion und (Rechts-)Sicherheit. Wandel steht für die Fähigkeit zur „Selbstveränderung" (Elwert 2000: 70). Außerdem benötigen Organisationen die Fähigkeit zur „Selbstinformation" (Elwert 2000: 79). Unter Selbstinformation soll die Fähigkeit zum Sammeln, Auswerten und Austauschen

gen Jahren mit einer mittelständischen Unternehmensberatung an Methoden zur sozialanthropologischen Analyse von Unternehmen. Das Erkenntnisinteresse richtet sich auf grundlegende formelle und informelle Strukturen, Funktionen und Prozesse innerhalb und zwischen komplexen (bürokratischen) Organisationen und deren Verhältnis zu anderen Formen der sozialen, politischen und ökonomischen Organisation. Auch die Organisationssoziologie unterscheidet zwischen der formellen Struktur und der informellen Struktur von Organisationen. Bei Niklas Luhmann (1964) werden informelle Praktiken, die neben den formalen Strukturen und Normen der bürokratischen Verwaltung und Arbeitsorganisation verlaufen, als „brauchbare Illegalität" (Luhmann 1964: 304-314) bezeichnet. Im Unterschied zu anderen ethnologischen Beiträgen zur Organisationsforschung[14] teilt die Berliner Schule die These von der kulturellen Inkompatibilität des westlichen Organisationsmodells[15] mit den soziokulturellen Gegebenheiten in den Ländern der Dritten Welt nicht. Die skeptische Sozialanthropologie geht davon aus, dass die produktive Organisation von Heterogenität letztlich alle Gesellschaften vor ähnliche Herausforderungen stellt. In diesem Sinne vertritt sie die Position eines pragmatischen Universalismus. Perspektivisch geht es dabei um die Frage nach demokratisch legitimierten, rechtsstaatlich abgesicherten und moralökonomisch stabilisierten Institutionen und Verfahren zur zivilen Aushandlung unterschiedlicher Ideen und Interessen.[16]

Sozialanthropologie des Konflikts und der Streitregelung

Gewalt und Konflikte prägen das Bild vieler Gesellschaften, in denen Sozialanthropologen forschen. Das von Elwert und Zitelmann geleitete Forschungsprojekt „Konflikttreiber und Konfliktschlichter"[17] markierte Mitte der 1990er Jahre den Beginn einer systematischen gesellschaftsvergleichenden Konflikt-

---

von Wissen über die eigene Organisation, ihre Aufgaben und Ziele verstanden werden.

14 Vgl. Rottenburg (1994); Kievelitz/Tilmes (1992).

15 Das klassische Bild einer Organisation besteht aus einer spezifischen Struktur und ihren Funktionselementen, in denen rationale, arbeitsteilige Prozesse zur Lösung von Aufgaben und Erreichung von Zielen ablaufen. Die reinste Form einer rational auf ihre Ziele ausgerichteten Organisation postulierte Max Weber (1920) am Beispiel der formalen Organisation der Bürokratie (vgl. Weber 1980: 551f). Die „rationale bürokratische Maschine" wurde zum weltweiten Vorbild für die Koordination der Zusammenarbeit von Menschen in Organisationen.

16 Wie Elwert in seinem Beitrag „Selbstveränderung als Programm und Tradition als Ressource" (2000) gezeigt hat, stabilisieren sich die formelle und die informelle Organisation wechselseitig. Eine transparente und rechtssichere formelle Organisation und eine intakte, auf generalisierter Reziprozität basierende Moralökonomie verleihen einer Organisation Kontinuität als auch das Potenzial zur Selbstveränderung.

17 Vgl. Eckert/ Elwert/Gosztonyi/Zitelmann (1999).

forschung am Berliner Institut für Ethnologie. Das Projekt korrespondiert mit einer ganzen Reihe von Arbeiten, die im Kontext der Berliner Schule entstanden oder aus ihr hervorgegangen sind. Hierzu gehören die von Lentz (1998; 1995) betriebenen Studien zu Ethnizität und Nation in Westafrika oder die von Eckert (2003) vorgelegte Arbeit über die Politik der Gewalt in Indien. Studien zu Gewalt und Konflikt sind immer auch Studien über die Modalitäten von Macht und Herrschaft. Erdmute Alber (2000) hat hierzu eine (auch) historisch angelegte Arbeit vorlegt, die sich mit der Transformation des Häuptlingstums in Bénin beschäftigt. Elwert, Feuchtwang und Neubert haben als Herausgeber des Sonderbands „Dynamics of Violence" (1999) einen Kanon sozialanthropologischer und soziologischer Beiträge zu Gewalt und Konflikt vorgelegt. Das Konzept der „Gewaltmärkte"[18] hat aufgrund seiner analytischen und explikativen Kraft über die akademische Debatte hinaus auch Eingang in politische Diskussionszusammenhänge und Entscheidungsprozesse gefunden. Ebenso gilt dies für Georg Elwerts Ausführungen zum terroristischen Netzwerk der Al-Qaida. Es zeigt, was eine kritische Sozialwissenschaft leisten kann, wenn sie mit klaren und generalisierbaren Analyse- und Explikationskategorien arbeitet.

Die Berliner Sozialanthropologie des Konflikts und der Streitregelung will Gewalt und Konflikte erklären. Ihr besonderes Erkenntnisinteresse gilt gesellschaftlichen Formen der Konfliktregulierung. Dabei wird davon ausgegangen, dass Konfliktregulierung nicht nur die Konfliktintensität zwischen Personen und Gruppen reduziert, sondern die Akteure gleichzeitig an eine Prozedur bindet und auf diese Weise soziale Kohäsion schafft. Eine sozialanthropologische Theorie des Konflikts und der Streitregelung ist deshalb immer auch eine Theorie der sozialen Entwicklung. Ihre Überlegungen korrespondieren sowohl mit Luhmanns Arbeit „Legitimation durch Verfahren" (1969) als auch mit Dahrendorfs (1964) Ausführungen über die Rolle von zentralisierten Institutionen der Konfliktregulierung für den Entwicklungsweg von Gesellschaften. Sie geht jedoch über diese hinaus, weil sie auch jene Formen der Konflikt und Streit regelnden Prozeduren und Institutionen untersucht, die sich jenseits von Staatlichkeit und damit zentralisierten, formellen Institutionen oder eines kodifizierten Rechts vollziehen.[19] Der Topos „Herrschaft ohne Staat" ist in vielen Ländern dieser Erde Teil der gesellschaftlichen Realität. Er ist damit wissenschaftlich und gesellschaftspolitisch von Relevanz. Die Berliner Schule kann hier ihre Vorteile ausspielen, weil sie im Unterschied zur Soziologie, Politologie oder der Volkswirtschaftslehre mit der Analyse informeller Formen der politischen Organisation, seit den Tagen von Fortes und Evans-Pritchard

---

18 Unter einem Gewaltmarkt versteht Elwert Wirtschafts- und Gesellschaftsverhältnisse, in denen Gewalt in Form der Androhung und Ausübung physischer Vernichtung und Verletzung, Überwältigung, Erpressung und Plünderung das dominierende Handlungsmuster bilden. In Gewaltmärkten operieren Gewaltunternehmer und *warlords*, die von der Gewaltordnung profitieren und diese (häufig mit Hilfe aus dem Ausland) aufrechterhalten.

19 Klute/von Trotha (2000); Spittler (1980).

(1940), vertraut ist. Die Überlegungen über Streit regelnde Institutionen berühren natürlich auch das Feld der Rechtsethnologie. Anstelle des populären Begriffs des „Rechtspluralismus" (Benda-Beckmann 1994) diskutieren wir in Berlin die Verflechtung von Rechtssystemen. Hierunter verstehen wir die Verflechtung staatlich kodifizierten Rechts mit traditionell verankerten Gewohnheitsrechten, Formen des Klientelismus, der Korruption und der Vermachtung der Konflikt- und Streitregelung. Aus der Perspektive der „Rechtssuchenden" erscheint die Verflechtung der Rechtssysteme nicht immer als Chance, sondern häufig als fundamentaler Mangel an Rechtssicherheit.

Die Debatte über die Perspektiven von Staatlichkeit im Kontext der Globalisierung wird von zwei gegensätzlichen Positionen geprägt. Die These vom unausweichlichen Sieg des (westlichen) Ordnungsmodells „Staat" entspricht der Homogenisierungsthese innerhalb der Globalisierungsdebatte. Ihre Vertreter sehen in der Globalisierung von Warenformen, Informationen, Gebrauchswertmustern, aber eben auch Ordnungs- und Rechtsformen vor allem einen Prozess der Verwestlichung im Sinne einer globalen „McWorldisierung" (Barber 1996). Das Globale erscheint dem Lokalen gegenüber als übermächtig. Die Gegenthese einer durch Globalisierungsprozesse beförderten Heterogenisierung der Welt geht von einer Kreolisierung (Hannerz 1987), Hybridisierung und Synkretisierung, also von einer Vermischung von globalen und lokalen Elementen zu einer Vielzahl neuer kultureller Formen aus. Dabei wird die Existenz nichtstaatlicher politischer Gruppierungen – von Nichtregierungsorganisationen, über internationale kriminelle oder terroristische Netzwerke bis zu Kriegsherrenorganisationen –, die quer zu staatlichen Strukturen organisiert sind oder sogar gegen Staatlichkeit an sich agieren, sowohl als Merkmal einer heterogenen Globalisierung als auch als Beleg gegen die These vom Sieg des Staates interpretiert (Chabal 1992). Strittig bleibt bei allen Ansätzen und Perspektiven jedoch vor allem die Frage nach der Zukunft des modernen (Weberschen) Staates als einer global gültigen Referenz.

Es ist oben gesagt worden, dass die Berliner Schule davon ausgeht, dass die Organisation von Heterogenität letztlich alle Gesellschaften vor ähnliche Herausforderungen stellt. Die Organisation von Heterogenität ist ohne die Ausprägung demokratisch legitimierter, rechtsstaatlich abgesicherter und moralökonomisch stabilisierter Institutionen und Verfahren zur zivilen Aushandlung divergierender und damit konfliktträchtiger Ideen und Interessen nicht denkbar. Demokratie und Rechtsstaatlichkeit als zentrale Erfolge im Prozess der Zivilisierung Europas dürfen dabei durchaus als Orientierungsmuster fungieren, wenn klar bleibt, dass dieser Zivilisierungsprozess bereits das Ergebnis einer verwobenen Moderne ist, zu der im Osten wie Westen, Norden wie Süden wichtige Beiträge geleistet worden sind. Anstelle von wohlfeilen Debatten für und wider die Globalisierung oder der Position einer ethnologischen Anwaltschaft für das Lokale sind Georg Elwerts Überlegungen über die Perspektiven von Staatlichkeit vom nüchternen Blick des Empirikers geprägt.

Mit dem Begriff des „Kommandostaates" hat Georg Elwert (2001) die Dominanz von Elementen einer Willkürherrschaft in vielen postkolonialen

Staaten beschrieben. Hinter der Fassade moderner Staatlichkeit etablieren sich Klientelismus und Korruption als Ordnungsmuster, die durch die Transferleistungen der Entwicklungshilfe stabilisiert werden. Wie sich diese Praxis in lokalen Handlungsarenen darstellt, hat Bierschenk (1999) konkret und genau am Beispiel einer afrikanischen Mittelstadt gezeigt. Ausgehend von Elwerts Überlungen haben Zürcher und Koehler (2001) die Transformation von Staatlichkeit in den postsozialistischen Gesellschaften der ehemaligen UdSSR untersucht. Ihre Konzeption des „network state" (Zürcher/Koehler 2001), bezeichnet die Verflechtungen von Staatlichkeit mit Netzwerken nichtstaatlicher Akteure. Gegenwärtig forschen Georg Klute und Thomas Hüsken zu Phänomenen der Parastaatlichkeit und der Parasouveränität in Nordafrika. Hierbei geht es um die Analyse von Prozessen, in denen lokale Machtgruppen sozialer, politischer oder ökonomischer Art einen Teil der souveränen Rechte des Staates übernommen haben, ohne dass diese Übernahme rechtlich geregelt wäre. Die Übernahme souveräner Rechte geschieht als Teil eines informellen Enteignungs- und Privatisierungsprozesses staatlicher Souveränität, der nicht nur in den Postkolonien, sondern weltweit und in unterschiedlichen Formen zu beobachten ist, etwa als Privatisierung oder auch Kommunalisierung von Ordnungs- und Schutzfunktionen, auf die bislang der Staat alleinigen Anspruch erhob. In den Peripherien der Postkolonien allerdings sind die Träger solcher Enteignungsprozesse staatlicher Souveränität typischerweise Mitglieder korporativer Gruppen, die sowohl dem Kolonial- wie auch dem Postkolonialstaat als Intermediäre gedient haben. Die (gescheiterte) Utopie von moderner Staatlichkeit und Entwicklung wird durch eine Praxis ersetzt, die von informellen arbeitsteiligen Prozessen zwischen der staatlichen Justiz, lokalen Gewohnheitsrechten und Formen klientelistischer Vermachtung des Rechts durch verschiedene „strategische Gruppen" handelt. In der Praxis agieren Gewalt- und Machtunternehmer[20], die man regionale „Parasouveräne" nennen könnte, „als Hüter des Rechts". Die Staaten akzeptieren diese Praxis, so lange sie stabil erscheint und solange das jeweilige Regime profitiert.

Schluss

Im Denken Georg Elwerts spielt die Fähigkeit des modernen, demokratischen Verfassungsstaates, seinen Bürgern Rechtssicherheit zu garantieren, eine zentrale Rolle. Rechtssicherheit ist für die Konflikt- und Streitregelung eine grundlegende Voraussetzung. Die Rechtssicherheit wird durch formell gesatzte Ordnungen, Erzwingungsmöglichkeiten, Belohnungs- und Bestrafungssysteme stabilisiert. Rechtssicherheit ist jedoch auch ein wichtiger Teil des mora-

---

20 Als Machtunternehmer verstehe ich, in Anlehnung an Elwerts Gewaltunternehmer, strategische Akteure, deren Handeln auf die Wahrnehmung von Machtchancen und die Verfügungsgewalt über knappe Ressourcen ausgerichtet ist. Im Unterschied zu den Gewaltunternehmern gehört die Drohung oder Vollzug mit Gewalt und physischer Auslöschung nicht zu ihrem Repertoire.

lisch-ethischen Gebäudes, das ein Klima von Treu und Glauben als elementare moralische Grundlage gesellschaftlichen Handelns schafft. In seinen wirtschaftsanthropologischen Arbeiten hat Georg Elwert der Moralökonomie diese Funktion zugewiesen: Märkte, Unternehmen und Organisationen können nur funktionieren, wenn eine Einschränkung der Bereiche der Käuflichkeit stattfindet. Es werden Institutionen benötigt, welche die Bereiche der Käuflichkeit von den Bereichen der Nicht-Käuflichkeit trennen.

In dem Maße, in dem jedoch vertrauensstiftende Institutionen – Recht, Freundschaft, religiös-moralische Kontrolle – auf einem Markt dem je Meistbietenden zu Diensten sind, unbeständig werden, in dem Maße kann das Marktversprechen nicht mehr garantiert werden. Statt den Vertrag zu erfüllen, kann man Erzwingungsinstanzen bestechen. Und des schlechten Gewissens entledigt man sich durch Geldzahlungen an Gottes Vertreter (Elwert 1985: 509f).

Die formelle und moralökonomische Zivilisierung der Konflikt- und Streitregelung ist in der Perspektive Georg Elwerts und der Berliner Schule die zentrale Herausforderung gesellschaftlicher Entwicklung. Sie markiert einen notwendigen Prozess der Rationalisierung, Normensetzung und moralischen Verankerung unverbrüchlicher und handlungsmächtiger institutioneller Arrangements wider die Vermachtung des Rechts durch partikulare und klientelistische Interessen. Habermas (1998) hat in seinen Überlegungen zur kulturellen und emotionalen Verankerung von Demokratie und Rechtstaatlichkeit in Europa thematisiert, dass die konfliktträchtige Heterogenität Europas als Anlass und Anreiz zur Zivilisierung durch rationale Institutionen zu verstehen ist. Die Arbeiten Georg Elwerts und der Berliner Schule fokussieren dabei immer das empirische Fallbeispiel. Ihre Forschungsarena sind die Mikroebene, die Logiken und Strategien lokaler Akteure, seien es Bauern, Unternehmer, Entwicklungsexperten oder Entwicklungsmakler, Politiker oder Gewaltunternehmer. Von dieser empirischen Basis aus vollzieht sie den Gesellschaftsvergleich. Sie gehört damit zum Feld jener Sozialwissenschaften, die anstelle einer „Anthropologie des Partikularen" (Abu-Lughod 1991), an der Formulierung von Gesellschaftstheorien arbeiten. Georg Elwert hat, wie kaum ein anderer Sozialanthropologe in Deutschland, mit seinen Überlegungen und Beiträgen zur Sozialanthropologie der Entwicklung, der Wirtschaftsanthropologie und der Sozialanthropologie des Konflikts und der Streitregelung Schlüssel- und Arbeitsbegriffe für die vergleichende Analyse zentraler Formen gesellschaftlicher Organisation vorgelegt.

Literatur

Abu-Lughod, Lila (1991): „Writing against Culture", in: Richard Gabriel Fox (Hg.), *Recapturing Anthropology: Working in the Present*, Santa Fe, New Mexico: School of American Research Press, S. 137-162.

Alber, Erdmute (2000): *Im Gewand von Herrschaft – Modalitäten der Macht im Borgou (Nord-Benin) 1900-1995*, Köln: Köppe.

Benda-Beckmann, Franz von (1994): „Rechtspluralismus: Analytische Begriffsbildung oder politisch-ideologisches Programm?", in: *Zeitschrift für Ethnologie* 118 (2), S. 1-16.

Bierschenk, Thomas (1984): *Weltmarkt, Stammesgesellschaft und Staatsformation in Südostarabien*, Saarbrücken: Breitenbach.

Bierschenk, Thomas (1988): *Entwicklungshilfeprojekte als Verhandlungsfelder strategischer Gruppen oder: Wie viele Tierhaltungsprojekte gibt es eigentlich in Atakora (VR Benin)?* Sozialanthropologisches Arbeitspapier Nr. 8, Berlin: Hans Schiler.

Bierschenk, Thomas (1992): „Ein Projekt ist wie ein komplexes Schachspiel", in: Dirk Kohnert/Hans-Joachim A. Preuß/Peter Sauer (Hg.), *Perspektiven zielorientierter Projektplanung in der Entwicklungszusammenarbeit*, München: Weltforum, S. 129-139.

Bierschenk, Thomas/Elwert, Georg/Kohnert, Dirk (1993): „Entwicklungshilfe und ihre Folgen", in: Thomas Bierschenk/Georg Elwert (Hg.), *Entwicklungshilfe und ihre Folgen. Ergebnisse empirischer Untersuchungen in Afrika*, Frankfurt a.M.: Campus, S. 7-39.

Bierschenk, Thomas/Elwert, Georg, (Hg.) (1993): *Entwicklungshilfe und ihre Folgen. Ergebnisse empirischer Untersuchungen in Afrika*, Frankfurt a.M.: Campus.

Bierschenk, Thomas (1998): „Lokale Entwicklungsmakler. Entwicklungshilfe schafft neue Formen des Klientelismus in Afrika", in: *Entwicklung und Zusammenarbeit* 39 (12), S. 322-324.

Bierschenk, Thomas (1999): „Herrschaft, Verhandlung und Gewalt in einer afrikanischen Mittelstadt (Parakou, Rép. du Bénin)", in: *Afrika-Spectrum* 34 (3), S. 321-348.

Bourdieu, Pierre (1979) [1972]: *Entwurf einer Theorie der Praxis*, Frankfurt a.M.: Suhrkamp Verlag.

Çaglar Ayse S. (1995): „McDöner: Döner Kebab and the Social Positioning Struggle of German Turks", in: Jeannine Arnold-Costa/Gary Bamossy (Hg.), *Marketing in a Multicultural World*, London: Sage, S. 25-45.

Chabal, Patrick (1992): *Power in Africa: An Essay in Political Interpretation*, Basingstoke/New York: Macmillan/St Martin's.

Dahrendorf, Ralf (1964): „Amba und die Amerikaner: Bemerkungen zur These der Universalität von Herrschaft", in: *Europäisches Archiv für Soziologie* V, S. 83-98.

Eckert, Julia/Elwert, Georg/Gosztonyi, Kristóf/Zitelmann, Thomas (1999): *Konflikttreiber – Konfliktschlichter: Erste theoretische Ergebnisse einer vergleichenden Untersuchung in Bosnien, Bombay und Oromiya Regional State (Äthiopien).* Sozialanthropologisches Arbeitspapier 75, Berlin: Hans Schiler.

Eckert, Julia (2003): *The Charisma of Direct Action*, Delhi, Oxford: Oxford University Press.

Elwert, Georg (1983a): *Bauern und Staat in Westafrika – Die Verflechtung sozioökonomischer Sektoren am Beispiel Benin*, Frankfurt a.M.: Campus.

Elwert, Georg (1983b): „Der entwicklungspolitische Mythos vom Traditionalismus", in: Dieter Goetze/Heribert Weiland (Hg.), *Soziokulturelle Implikationen technologischer Wandlungsprozesse*, Saarbrücken: Breitenbach, S. 29-55.

Elwert, Georg/ Evers, Hans-Dieter/ Wilkens, Werner (1983): „Die Suche nach Sicherheit: Kombinierte Produktionsformen im sogenannten informellen Sektor", in: *Zeitschrift für Soziologie* 4, S. 281-296.

Elwert, Georg (1984): „Die Verflechtung von Produktionsweisen: Nachgedanken zur Wirtschaftsanthropologie", in: W. E. Müller/R. König/K.P. Koepping/P. Drechsel (Hg.), *Ethnologie als Sozialwissenschaft*, Kölner Zeitschrift für Soziologie und Sozialpsychologie, Sonderheft 26, Opladen: Westdeutscher Verlag, S. 379-402.

Elwert, Georg (1985): „Märkte, Käuflichkeit und Moralökonomie", in: B. Lutz (Hg.), *Soziologie und gesellschaftliche Entwicklung, Verhandlungen des 22. Deutschen Soziologentages in Dortmund 1984*, Frankfurt a.M., New York: Campus Verlag.

Elwert, Georg (1996): „Kulturbegriffe und Entwicklungspolitik – über ‚soziokulturelle Bedingung der Entwicklung'", in: Georg Elwert/Jürgen Jensen/ Ivan Korth (Hg.), *Kulturen und Innovationen. Festschrift für Wolfgang Rudolf*, Berlin: Dunker & Humblot, S. 51-87.

Elwert, Georg/ Feuchtwang, Stephan/ Neubert, Dieter (Hg.) (1999): *Dynamics of Violence. Processes of Escalation and De-Escalation in Violent Group Conflicts*, Berlin: Duncker & Humblot.

Elwert, Georg (2000): „Selbstveränderung als Programm und Tradition als Ressource", in: Beate Hentschel (Hg.), *Verborgene Potentiale*, München, Wien: Hauser: 67-94.

Elwert, Georg (2001): „The Command State in Africa. State Deficiency, Clientelism and Power-locked Economies", in: Steffen Wippel/Inse Cornelssen (Hg.), *Entwicklungspolitische Perspektiven im Kontext wachsender Komplexität. Festschrift für Prof. Dr. Dieter Weiss*, München, Bonn, London: Weltforum, S. 419-452.

Evers, Hans-Dieter/Schiel, Tilman (1988): *Strategische Gruppen: Vergleichende Studien zu Staat, Bürokratie und Klassenbildung in der Dritten Welt*, Berlin: Reimer.

Fortes, Meyer/Evans-Pritchard, Edward (1940): *African Political Systems*, London: Oxford University Press.

Gallon, Thomas-Peter (1992): *Die Revitalisierung der Fokonolona-Dorfräte im Rahmen der Landentwicklungspolitik der Demokratischen Republik Madagaskar*, Saarbrücken: Breitenbach.

Habermas, Jürgen (1998): „Die postnationale Konstellation und die Zukunft der Demokratie", in: Jürgen Habermas (Hg.), *Die postnationale Konstellation. Politische Essays*, Frankfurt a.m.: Suhrkamp, S. 91-169.

Haile, Thomas (1992): *Die Ökonomie der Intifada, Fallstudie in einem palästinensischen Dorf in der Westbank*, Münster, Hamburg: Lit.

Hüsken, Thomas/Roenpage, Olin (1998): *Jenseits von Traditionalismus und Stagnation. Analyse einer beduinischen Ökonomie in der Westlichen Wüste Ägyptens*, Münster: Lit.

Hüsken, Thomas (2001): „Überlegungen zur interkulturellen Kommunikation und zum interkulturellen Management in Projekten der deutschen staatlichen Entwicklungszusammenarbeit", in: Steffen Wippel/Inse Cornelssen (Hg.), *Entwicklungspolitische Perspektiven im Kontext wachsender Komplexität. Festschrift für Prof. Dr. Dieter Weiss*, München, Bonn, London: Weltforum, S. 379-417.

Hüsken, Thomas (2003): *Der Stamm der Experten, Chancen und Probleme der interkulturellen Kommunikation und des interkulturellen Managements in Projekten der deutschen staatlichen Entwicklungszusammenarbeit*. Sozialanthropologisches Arbeitspapier Nr. 97, Berlin: Hans Schiler.

Kievelitz, Uwe/Tilmes, Klaus (1992): „Die interkulturelle Problematik von ZOPP", in: Dirk Kohnert/Hans-Joachim A. Preuß/Peter Sauer (Hg.), *Perspektiven zielorientierter Projektplanung in der Entwicklungszusammenarbeit*, München: Weltforum, S. 155-167.

Klute, Georg/Trutz von Trotha (2000): „Wege zum Frieden. Vom Kleinkrieg zum parastaatlichen Frieden im Norden von Mali", in: *Sociologus* 50 (1), S. 1-36.

König, René (1984): „Soziologie und Ethnologie", in: W. E. Müller/R. König/K. P. Koepping/P. Drechsel (Hg.), *Ethnologie als Sozialwissenschaft*. Kölner Zeitschrift für Soziologie und Sozialpsychologie. Sonderheft 26, Opladen: Westdeutscher Verlag, S. 17-35.

Lentz, Carola (1995): „Ethnizität und Tribalismus in Afrika. Ein Forschungs-Überblick", in: *Leviathan* 23 (1), S. 115-145.

Lentz, Carola (1998): *Die Konstruktion von Ethnizität: Eine politische Geschichte Nord-West Ghanas 1870–1990*, Köln: Rüdiger Köppe.

Luhmann, Niklas (1964): *Funktionen und Folgen formaler Organisation*, Berlin: Duncker & Humblot.

Luhmann, Niklas (1969): *Legitimation durch Verfahren*, Neuwied am Rhein: Luchterhand.

Olivier de Sardan, Jean-Pierre (1993): „Bäuerliche Logiken und die Logiken der Entwicklungshilfe. Zu den Aufgaben einer Sozialanthropologie der Entwicklung", in: Thomas Bierschenk/Georg Elwert (Hg.), *Entwicklungshilfe und ihre Folgen*, Frankfurt a.M.: Campus, S. 41-53.

Reckwitz, Andreas (2000): *Die Transformation der Kulturtheorien*, Velbrück: Weilerswist.

Rey, Pierre-Philippe (1973): *Les alliances de classes*, Paris: F. Maspero.

Rottenburg, Richard (1994): „Formale und informelle Beziehungen in Organisationen", in: Achim von Oppen/Richard Rottenburg (Hg.), *Organisationswandel in Afrika: Kollektive Praxis und kulturelle Aneignung*, Berlin: Das Arabische Buch, S. 19-34.

Solyga, Alexander (2003): *„A Pal na Tabu – Muschelbanken diesseits von Primitivität"*, Magisterarbeit.

Spittler, Gerd (1980): „Konfliktaustragung in akephalen Gesellschaften: Selbsthilfe und Verhandlung", in: Erhard Blankenburg et al. (Hg.), *Alternative Rechtsformen und Alternativen zum Recht*. Jahrbuch für Rechtssoziologie und Rechtstheorie 6, Opladen: Westdeutscher Verlag, S. 142-164.

Weber, Max (1985) [1921]: *Wirtschaft und Gesellschaft. Grundriss der verstehenden Soziologie*, Tübingen: Mohr.

Weiss, Dieter (1989): „Volkswirtschaftliche Beratung und Politikdialog – Die institutionelle Dimension", in: Heiko Körner (Hg.), *Zur Analyse von Institutionen im Entwicklungsprozess und in der internationalen Zusammenarbeit*. Berlin: Duncker & Humblot, S. 53-76.

Weiss, Dieter (1994): *Entwicklung als Wettbewerb von Kulturen. Betrachtungen zum Nahen und Fernen Osten*. Berlin: Das Arabische Buch.

ZU DEN AUTOREN

Erdmute Alber forscht und lehrt als Juniorprofessorin für Ethnosoziologie an der Universität Bayreuth. Ihre Forschungsschwerpunkte sind politische Anthropologie; Anthropologie der Kindheit und Familie. Regionalschwerpunkte sind Westafrika und der Andenraum. Publikationen: *Im Gewand von Herrschaft. Modalitäten der Macht bei den Baatombu (1895-1995)*, Studien zur Kulturkunde 116, Köln: Rüdiger Köppe Verlag, 2000.
erdmute.alber@uni-bayreuth.de

Franz von Benda-Beckmann leitet zusammen mit Keebet von Benda-Beckmann seit Juli 2000 die Projektgruppe „Rechtspluralismus" am Max-Planck-Institut für ethnologische Forschung in Halle/Saale. Seit 2002 ist er Honorarprofessor für Ethnologie an der Universität Leipzig und seit 2004 Honorarprofessor in der Rechtswissenschaft an der Universität Halle. Bis 2000 war er Professor für Recht und Entwicklung an der Universität Wageningen in den Niederlanden.
fbenda@eth.mpg.de

Keebet von Benda-Beckmann ist seit 1981 Professor für Rechtsanthropologie an der Erasmus Universität Rotterdam in den Niederlanden, seit 2003 Honorarprofessor für Ethnologie an der Universität Leipzig und seit 2004 an der Universität Halle. Seit Sommer 2000 leitet sie, zusammen mit Franz von Benda-Beckmann, die Projektgruppe „Rechtspluralismus" am Max-Planck-Institut für ethnologische Forschung in Halle/Saale. Ihre Publikationen befassen sich mit methodologischen und theoretischen Fragen der Rechtsethnologie. Seit 1999 untersucht sie die Auswirkungen der Dezentralisierungspolitik in West Sumatra.
kbenda@eth.mpg.de

Thomas Bierschenk ist Professor für Kulturen und Gesellschaften Afrikas am Institut für Ethnologie und Afrikastudien der Johannes Gutenberg-Universität Mainz. Er beschäftigt sich schwerpunktmäßig mit politischen Entwicklungen in den frankophonen Ländern West- und Zentralafrikas. 1998 veröffentlichte er zum Beispiel zu diesem Thema zusammen mit Jean-Pierre Olivier de Sardan (Hg.): *Les pouvoirs au village. Le Bénin rural entre démocratisation et décentralisation*, Paris: Karthala.
biersche@mail.uni-mainz.de

Artur Bogner ist Soziologe und arbeitet zu den Forschungsschwerpunkten Analyse ethnischer Konflikte; Entwicklungssoziologie und soziologische Theorie. Neueste Publikation (als Hg. mit Bernd Holtwick und Hartmann Tyrell): *Weltmission und religiöse Organisationen*, Würzburg: Ergon, 2004 sowie „Macht und die Genese sozialer Gruppen", in: *Sociologus* 53 (2) 2003, S. 167-181.
artur.bogner@t-online.de

Barbara Christophe ist wissenschaftliche Mitarbeiterin an der Fakultät für Kulturwissenschaften der Europa-Universität Viadrina in Frankfurt/Oder; Forschungsschwerpunkt Machtstrukturen und Konflikt im postsowjetischen Raum. 2002 veröffentlichte sie: „When is a Nation? Comparing Lithuania and Georgia", in: *Geopolitics* 7 (2), S. 147-172.
christophe@euv-frankfurt-o.de

Julia Eckert ist wissenschaftliche Mitarbeiterin in der Projektgruppe „Rechtspluralismus" am Max-Planck-Institut für ethnologische Forschung in Halle/Saale. Sie forscht zu rechtsethnologischen, konflikt- und demokratietheoretischen Fragen in Zentral- und Südasien. Gegenwärtig arbeitet sie an dem Projekt „Security, Citizenship and Democracy in India". Zum Hindunationalismus als sozialer Bewegung erschien 2003: *The Charisma of Direct Action*, Delhi, Oxford: Oxford University Press.
eckert@eth.mpg.de

Georg Elwert ist Professor für Ethnologie am Institut für Ethnologie der Freien Universität Berlin und designierter Direktor des Institut Universitaire d'Étude du Développement (IUÉD), Genf. Seine Forschungsschwerpunkte umfassen Konflikttheorie; Gewalt (Gewaltmärkte); Nationalismus und Ethnizität; Entwicklungssoziologie; Wirtschaftsanthropologie. Kürzlich erschien von ihm: „Biologische und sozialanthropologische Ansätze in der Konkurrenz der Perspektiven", in: Wilhelm Heitmeyer/Georg Soeffner (Hg.), *Gewalt. Entwicklungen, Strukturen, Analyseprobleme*, Frankfurt a.M.: Suhrkamp, 2004, S. 436-472.
elwert@zedat.fu-berlin.de

Wolfgang Gabbert ist Ethnologe und Soziologe und seit 2002 Professor für Soziologie an der Universität Hannover; Feldforschungen in Costa Rica, Nicaragua und Mexiko; Arbeitsschwerpunkte: Ethnohistorie und Sozialanthropologie Lateinamerikas; afroamerikanische Kulturen; Ethnizität und Nationalismus; soziale Bewegungen; politische Anthropologie; Konflikt/Gewalt; Mission. Kürzlich erschien von ihm: *Becoming Maya? Ethnicity and Social Inequality in Yucatán since 1500*, Tucson: University of Arizona Press, 2004.
w.gabbert@ish.uni-hannover.de

Chris Hann ist einer der Gründungsdirektoren am Max-Planck-Institut für ethnologische Forschung. Seit 1999 lebt er in Halle/Saale und leitet die Abteilung „Postsozialistisches Eurasien". Die eigene Feldforschung hat in Ungarn, Polen, der Türkei und Xinjiang (China) stattgefunden. Er hat u.a. den Band *„Postsozialismus"* herausgegeben, der 2002 bei Campus erschienen ist. hann@eth.mpg.de

Thomas Hüsken ist wissenschaftlicher Mitarbeiter am Institut für Ethnologie der Freien Universität Berlin. Die Schwerpunkte seiner wissenschaftlichen Arbeit liegen in der Wirtschaftsanthropologie und der Sozialanthropologie der Entwicklung. Sein regionaler Schwerpunkt sind der Mittlere Osten und Nordafrika. Neben seiner Tätigkeit als Hochschulassistent arbeitet er als freier Gutachter in der deutschen staatlichen EZ und als Dozent für die Fachhochschule des Auswärtigen Amts und das Deutsche Institut für Entwicklungspolitik. Gegenwärtig forscht er zu Phänomenen der Parastaatlichkeit und Parasouveränität in der libyschen Wüste. huesken@gmx.de

Georg Klute ist Professor für die Ethnologie Afrikas, Universität Bayreuth. Seine Forschungsinteressen und Forschungsprojekte gelten folgenden Themen: Anthropologie des Geldes; Anthropologie der Gewalt und des Krieges; neue Formen politischer Herrschaft in Afrika; Nomaden und Nomadismus. 2003 erschien zum Problemfeld: „L'islamisation du Sahara (re)mise en scène. Les idéologies légitimatrices dans la guerre fratricide des Touareg maliens" in: Laurence Marfaing/Steffen Wippel (Hg.), *Les relations transsahariennes à l'époque contemporaine. Un espace en constant mutation*, Paris: Karthala : 361-378. georg.klute@uni-bayreuth.de

Jan Koehler ist Ethnologe und Mitarbeiter am Osteuropa-Institut der Freien Universität Berlin. Dort ist er mitverantwortlich für die Leitung eines Forschungsprojektes zu Konfliktaustragung und der Entwicklung von Staatlichkeit im Kaukasus und in Zentralasien. Seit 1991 betreibt er Feldforschung in der ehemaligen Sowjetunion vor allem zum Zusammenhang zwischen informellen gesellschaftlichen Institutionen, Staatszerfall und der Eindämmung von Gewalt in Konflikten. 2003 gab er zusammen mit Christoph Zürcher *Potentials of Disorder. Explaining Conflict and Stability in the Caucasus and in the Former Yugoslavia*, Manchester, New York: Manchester UP heraus. jkoehler@zedat.fu-berlin.de

Dieter Neubert ist Professor für Entwicklungssoziologie an der Universität Bayreuth mit den Arbeitsgebieten Entwicklungssoziologie mit politischer Soziologie; Soziologie der Gewalt; Entwicklungspolitik; partizipative Methoden; Globalisierung; lokales Wissen. Aktuelle Publikation zu Themenfeld Gewalt:

333

„The ‚Peacemakers' Dilemma'. The Role of NGOs in Processes of Peace-building in Decentralised Conflicts", in: Marie-Claire Foblets/Trutz von Trot-ha (Hg.), *In Search of Peace*, Oxford: Hart, (im Druck)
dieter.neubert@uni-bayreuth.de

Juliana Ströbele-Gregor ist Altamerikanistin, Ethnologin und Pädagogin. Ih-re Forschungsschwerpunkte sind die Ethnologie der Andenländer und Guate-malas; Religionsethnologie; politische Anthropologie; Geschlechterforschung. Sie ist freie Gutachterin in der Entwicklungszusammenarbeit und Mitheraus-geberin des „Jahrbuches Lateinamerika – Analysen und Berichte". Derzeit forscht sie im Rahmen des EU-Forschungsprojekts „Mulikulturelle Autono-mien in Lateinamerika". Zuletzt erschien von ihr: „Kritische Partizipation oder Konfrontation? – Indígena-Organisationen in den Andenländern", in: S. Kurtenbach/M. Minkner Bünjer/A. Steinhauf (Hg.), *Die Andenregion – neuer Krisenbogen in Lateinamerika*, Schriftenreihe des Instituts für Iberoamerrika-Kunde Frankfurt a. M., S. 163-188, 2004.
jstroebelegregor@gmx.net

Tatjana Thelen arbeitet am Max-Planck-Institut für ethnologische Forschung in Halle/Saale zum Wandel sozialer Sicherung in den neuen Bundesländern. Der vorliegende Beitrag basiert auf Ergebnissen ihrer Dissertation, die 2003 unter dem Titel: „*Privatisierung und soziale Ungleichheit in der osteuropäi-schen Landwirtschaft. Zwei Fallstudien aus Ungarn und Rumänien*" bei Cam-pus veröffentlich wurde.
thelen@eth.mpg.de

Thomas Zitelmann ist Privatdozent am Institut für Ethnologie der Freien Universität Berlin. Von 1981-2001 war er Mitinhaber von Verlag und Buch-handlung „Das Arabische Buch" in Berlin und von 2000-2004 Vizedirektor am Geisteswissenschaftlichen Zentrum Moderner Orient Berlin. Forschungs-aufenthalte in Nordostafrika und dem Nahen Osten. 2001 veröffentlichte er: „Krisenprävention und Entwicklungspolitik. Denkstil und Diskursgeschich-ten", in: *Peripherie* 84, S. 10-25.
zitel@zedat.fu-berlin.de

Christoph Zürcher ist Privatdozent am Otto-Suhr-Institut der FU Berlin und Inhaber der Forschungsdozentur des Stifterverbandes für die deutsche Wis-senschaft „Konfliktforschung und Stabilitätsexport" am Osteuropa-Institut der Freien Universität Berlin. 2003 gab er zusammen mit Jan Koehler (Hg.): *Po-tentials of Disorder. Explaining Conflict and Stability in the Caucasus and in the Former Yugoslavia*, Manchester, New York: Manchester UP, heraus.
zürcher@zedat.fu-berlin.de

Die Neuerscheinungen dieser Reihe:

Katharina Lange
Authentische Wissenschaft?
Arabische Ethnologie und
Indigenisierung

Dezember 2004, ca. 350 Seiten,
kart., ca. 35,00 €,
ISBN: 3-89942-217-1

Julia M. Eckert (Hg.)
Anthropologie der Konflikte
Georg Elwerts konflikt-
theoretische Thesen
in der Diskussion

Oktober 2004, 336 Seiten,
kart., 26,80 €,
ISBN: 3-89942-271-6

Heiner Bielefeldt,
Jörg Lüer (Hg.)
**Rechte nationaler
Minderheiten**
Ethische Begründung,
rechtliche Verankerung und
historische Erfahrung

Oktober 2004, ca. 200 Seiten,
kart., ca. 23,00 €,
ISBN: 3-89942-241-4

Doris Weidemann
Interkulturelles Lernen
Erfahrungen mit dem
chinesischen ›Gesicht‹:
Deutsche in Taiwan

Oktober 2004, 346 Seiten,
kart., 28,80 €,
ISBN: 3-89942-264-3

Christian Berndt
Globalisierungs-Grenzen
Modernisierungsträume und
Lebenswirklichkeiten in
Nordmexiko

September 2004, 332 Seiten,
kart., 28,80 €,
ISBN: 3-89942-236-8

Susanne Schwalgin
**»Wir werden niemals
vergessen!«**
Trauma, Erinnerung und
Identität in der armenischen
Diaspora
Griechenlands

September 2004, 276 Seiten,
kart., 26,80 €,
ISBN: 3-89942-228-7

Robert Pütz
Transkulturalität als Praxis
Unternehmer türkischer
Herkunft in Berlin

September 2004, 294 Seiten,
kart., 27,80 €,
ISBN: 3-89942-221-X

Mark Terkessidis
Die Banalität des Rassismus
Migranten zweiter Generation
entwickeln eine neue
Perspektive

Oktober 2004, 224 Seiten,
kart., 23,80 €,
ISBN: 3-89942-263-5

**Leseproben und weitere Informationen finden Sie unter:
www.transcript-verlag.de**

Die Neuerscheinungen dieser Reihe:

Klaus E. Müller,
Ute Ritz-Müller
**Des Widerspenstigen
Zähmung**
Sinnwelten prämoderner
Gesellschaften

September 2004, 214 Seiten,
kart., 23,80 €,
ISBN: 3-89942-134-5

Martin Sökefeld (Hg.)
**Jenseits des Paradigmas
kultureller Differenz**
Neue Perspektiven auf
Einwanderer aus der Türkei

Juli 2004, 184 Seiten,
kart., 23,80 €,
ISBN: 3-89942-229-5

Robert Frank
**Globalisierung »alternativer«
Medizin**
Homöopathie und Ayurveda in
Deutschland und Indien

Mai 2004, 310 Seiten,
kart., 28,80 €,
ISBN: 3-89942-222-8

Kulturwissenschaftliches
Institut (Hg.)
Jahrbuch 2002/2003

April 2004, 316 Seiten,
kart., ca. 19,80 €,
ISBN: 3-89942-177-9

Andrea Lauser
**»Ein guter Mann ist harte
Arbeit«**
Eine ethnographische Studie zu
philippinischen Heirats-
migrantinnen

April 2004, 340 Seiten,
kart., 28,80 €,
ISBN: 3-89942-218-X

Irina Yurkova
**Der Alltag der
Transformation**
Kleinunternehmerinnen in
Usbekistan

März 2004, 212 Seiten,
kart., 25,80 €,
ISBN: 3-89942-219-8

Helmut König,
Manfred Sicking (Hg.)
**Der Irak-Krieg und die
Zukunft Europas**

Februar 2004, 194 Seiten,
kart., 21,80 €,
ISBN: 3-89942-209-0

Wilhelm Hofmeister,
H.C.F. Mansilla (Hg.)
**Die Entzauberung des
kritischen Geistes**
Intellektuelle und Politik in
Lateinamerika

Februar 2004, 240 Seiten,
kart., 23,80 €,
ISBN: 3-89942-220-1

Markus Kaiser (Hg.)
Auf der Suche nach Eurasien
Politik, Religion und
Alltagskultur zwischen
Russland und Europa

2003, 398 Seiten,
kart., 25,80 €,
ISBN: 3-89942-131-0

**Leseproben und weitere Informationen finden Sie unter:
www.transcript-verlag.de**